KB151322

인간현상과
인성교육의 현상학

Human Phenomenon
& Phenomenology of Character Education

고요한

박영story

인간의 역사는 교육의 역사다. 즉, 인류역사의 존재론적 원형은 교육이다. 결국 인간은 교육적 존재다. 이러한 인간교육의 원형은 인성이다. 다시 말해 인간의 종(種)특성은 바로 '인성'이다. 시대마다 파괴되기도 하고 오도되는 인성을 바로잡으려는 노력이 바로 학교 인간교육의 고고학이며 지금도 이것은 여전히 지속되고 있다. 인성에 대한 학문적 인식관심과 대중적 필요인식이 그 어느 때보다 강렬하다. 이러한 현상의 기저에는 학교 인성교육의 가능성에 대한 희망과 더불어 어쩌면 그것의 복원이 어려울지도 모를 거라는 의식의 이중성이 도사리고 있다. '인성교육법'을 제정하여 인성교육을 학교태(schooling)라는 공적인 힘으로 바로잡으려는 움직임이 일고, 대중은 이러한 조치에 열광적인 심리적 지지를 보내고 있다. 그러나 인성의 개별성과 교육의 공공성 간에 드러나는 충돌의 불가피성에 대하여 진지하게 생각하는 노력은 상대적으로 미흡한 것이 사실이다.

이 책은 이러한 학교 인성교육에 대한 인식관심에서 시작하여 인성교육의 어려움에 대한 문제의식을 통해 학교 인성교육의 가능성을 모색하려는 단순하지만 무거운 책무성에서 출발하였다. 각 장에서 논의한 내용들은 단박에 서술한 것이 아니라 오랜 기간 동안 학회발표나 학회지 논문기고를 통해 일관된 목표를 바탕으로 이루어진 것이다. 한독교육학회, 한국인격교육학회, 한국교육철학회, 한국교육철학학회, 한국교육사상연구회 등은 우리나라 학교 인성교육의 담론을 활성화시켰고, 학교 인성교육에 대한 해석학적－현상학적 연구의 특성화를 주도했다. 본인도 지속적인 참여와 관심을 통해 학교 인성교육의 철학적 방법론을 치밀하게 연구하여 마침내 이 책을 꾸미게 되는 원동력이 되었다. 어느 학회든 그 존재이유는 학술담론의 다양성을 확대하고 연구성과를 일반화하는 것이다. 이에 따라 교육학술담론체에도 학교교육에 대한 철학적 사유의 이해지평을 확대하고 학교개혁을 선도하는 것이 부과된 책무다. 이런 점에서 학회활동의 참여는 개별학자의 자유로운 선택행위일지라도 그러한 참여를 보장하고, 자유로운 논의를 가능하게 만드는 환경을 조성하여 학자의 진지한 사유와 서술을 치밀하게 만들어준 점에 깊이 감사드린다. 지난 1－2년여 동안 다양한 교육학술담론체에 참여하여 자극받은 결과를 묶어 비록 명작은 못되더라도 졸작만은 면하기를 바라는 마음에서 이 책을 펴내게 되었다.

　인성교육에 대한 학술담론이 학회차원의 논란에 그치지 않고, 실제 학교교육 현장에 적용되는 실질적인 성과로 이어지기 위해서는 학계는 물론 교육행정을 담당하는 관료들의 깨어있는 의식이 뒷받침되어야 한다. 그러나 무엇보다 중요한 것은 교육의 본질에 대한 대중의 올바른 판단과 인성교육의 본질을 진지하게 성찰하는 비전문적인 교육철학자들의 편재(遍在)가 이루어져야 한다는 사실이다.

　매번 한 권의 책을 만들어내는 데는 많은 사람들의 보이거나 보이지 않는 도움의 손길과 지지들이 있기 마련이다. 평생을 올바른 학교교육의 본질탐구에 천착하신 오인탁 교수님의 학자적 풍모와 삶의 모본은 이 책을 만들어내는데 가장 큰 힘이 되었다. 학회에서 슬그머니 던져주시는 한마디 한마디로 학자의 자존과 체면을 지키도록 자극해주신 목영해 교수님도 마음의 빚을 남겨 주셨다. 교육철학 학술담론체에서 보이지 않는 연구경쟁으로 자극을 준 신창호 교수도 빼놓을 수 없는 동료이너 후원자다. 미숙한 학생에서 성숙한 학자가 되어 교육학술담론체의 당당한 일원이 된 성은혜 박사의 치열하면서도 조직적인 토론의 순간들은 이 책의 마디마디에 스며들어 있다. 같은 학교에 재직하면서 동학(同學)의 선배로서 때로는 연구동료로서 자극과 영감을 준 신태진 교수님과 김성학 교수님도 고마움의 당당한 대상이다. 오랫동안 한국의 학술수준을 끌어올리는데 견인차 역할을 자처한 출판명가 박영사에서 이 책의 꾸밈과 펴냄을 맡아주심에 깊이 감사드린다. 오래 전 대학 다닐 때 박영사에서 출판한 교재를 보며 공부하던 시절을 훌쩍 넘어 이제 박영사에서 나의 책을 출간한다는 사실에 벅찬 감동과 무상한 세월의 흐름을 느끼게 되면서, 한편으로는 마음이 든든하고, 어려운 부탁임에도 흔쾌히 들어준 것에 대한 미더움을 감출 수 없다.

2016년 11월 어느 날

제1부 인간현상과 인성교육론

제2부 인성교육의 방법과 실제

제1부

인간현상과 인성교육론

제1장

인성담론의 기초

본 장에서는 인성담론의 기초로서 샤르댕(P.T. Chardin)의 인간현상론, 아렌트(H. Arendt)의 인간조건론, 카텝(G. Cateb)의 인간존엄론, 프뢰벨(F. Fröbel)과 아리에스(P. Ariès)의 인간교육론을 해석학적 연구방법으로 고찰함으로써 이후 논의하는 학교 인성교육의 현상학적 본질과 그 적용방안에 대한 기저이론을 탐색한다.

1 샤르댕의 인간현상론

샤르댕은 우주생명의 길, 인간됨의 길을 '인간현상'이라는 제목으로 물질과 정신의 연결사를 분석하였다. (그는 세상을 설명하는 것이 아니라 설명으로 이끄는 것이 '현상'이라고 정의하였다. 따라서 인간현상이란 사람을 중심에 놓고 그 사람의 둘레에서 일어난 사건들 사이에 어떤 전체적인 질서가 있는가를 찾는 것이다.) 물질주의와 정신주의의 통합만을 인류의 희망으로 여긴 그는 생명의 역사가 한 방향으로 움직이는 정향진화라고 주장하였다. 사람은 물질과 정신이 어우러져 이루어지며 어느 한 가지만으로 되지 않는다.

"사람 됨됨이(Humanitè)를 보지 않고 사람(Homme)을 제대로 볼 수 없다. 사람 됨됨이는 생명(Vie)을 보지 않고는 볼 수 없고, 생명은 우주(Univers)를 보지 않고 볼 수 없다. '이른 생명', '생명', '생각'이라는 세 사건은 하나의 궤적을 과거 속에서 그려내고 그 궤적을 미래(다음 생명)에 주문한다. 이것이 바로 인간현상의 밑그림이다. 인간현상에는 두 가지 의미가 담겨 있다. 첫째, 사람은 자연 속에서 하나의 사실이라는 것, 그래서 과학의 방법과 요구를 거쳐 간다는 의미가 있다. 둘째, 인간현상보다 더 특이하고 강렬한 것은 없다."(P.T. Chardin, 1997: 44-45).

그가 펼치는 인간현상의 논리를 인성과 관련지어 요약하면 다음과 같다. 동물에 비하여 인간의 뛰어남을 따져보려면(이 문제는 단순히 알아보는 것뿐만 아니라 윤리를 위해서도 짚고 넘어가야 한다) 한 가지 방법밖에 없다. 그것은 사람의 내면이 드러나는 활동 중에서 부수적이고 이상한 것들을 제외하고 가장 중심되는 현상인 반성행위를 살피는 것이다. 그에 의하면 반성이란 우리 자신에게로 되돌아가는 의식의 힘이다. 또한 자기 자신을 대상으로 놓고 자신의 존재와 가치를 헤아리는 능력이다.

그러므로 반성은 단지 아는 게 아니라 자신을 아는 것이요, 그냥 아는 게 아니라 '아는 것을 안다는 것'을 의미한다. 이처럼 안쪽 깊은 곳에서 자신을 개별화한다… 추상화, 논리, 선택, 발명, 수학, 예술, 공간, 시간, 사랑의 꿈 등이 바로 거기서 나온다(P.T. Chardin, 1997: 160-161). 초기의 인간현상에서 사람은 누구나 반성적 행위를 통하여 개별화된 지성과 인성형성의 길로 향한다. 샤르댕은 인류 진화라는 거대담론에서 개별화를 거론했지만 이는 한 개체인간의 전(全) 생애발달이라는 장면으로 확대 적용이 가능하다.

독특한 사색가인 샤르댕에게는 인간학이란 말보다 인간생성론이 더 적절한 표현이다(O.F. Bollnow, 1994: 171). 그는 20세기 들어 자연과학의 엄청난 발달로 인해 공허해진 우리의 정신세계에 새로운 희망을 던져주고, 정신세계를 자연과학과 별개로 두지 않는 정신과학을 통하여 희망의 정신세계를 마련했다. 몸의 측면에서 보면 그는 물질주의자도 정신주의자도 아니다. 그의 독특한 개념인 얼(정신)의 완성도(의식의 집중도)와 물질(몸)의 합성도(복잡함)는 동일한 현상의 두 가지 측면이다. 그 둘은 마치 신체와 정신처럼 서로 연계되어 있다. 이것이 그가 생명현상 혹은 인간형상을 전개하는 일관된 관점이다.

그에 의하면 인간은 정신과 물질의 양면성을 지니지만 어느 한쪽에 편향되어 이해하는 것은 독단이다. 그리하여 정신주의의 이원론과 유물론적 일원론 등은 극복의 대상이다. 샤르댕에 의하면 인간은 과거로는 미세한 물질과 이어져 있으며, 미래로는 '큰 사람'과 이어져 있다. 생명의 역사는 그 물질에서 이미 시작된다. 물질에도 생명이 있고 넋이 있다.[1] 샤르댕은 에너지를 물질에너지와 얼에너지로 구분한다. 그러나 모든 에너지는 기본적으로 얼에너지의 성질을 지닌다. 다시 말하면 우리가 물질로 보는 것들도 모두 그 속에 영혼이 있다. 그리고 그 영혼은 물질의 종합과 함께 의식의 깊어짐으로 이어진다(Chardin, 1997: 24).

'여럿으로 흩어짐'에서 '하나됨', 사물의 겉과 안, 사람의 몸과 마음 등이 모두 그런 방향(깊어짐)으로 움직인다. 그에 의하면 생명의 역사는 정향진화(正向進化)한다. 그러한 생명운동이 찾은 해결책이 인간이다. 사람은 사람 이전에 이 땅에 나타난 모든 존재들의 수고와 노력의 결실이다. 그런 점에서 사람은 얼마나 귀중한가? 그러나 사람이라는 존재는 사람 이전의 동물뿐만 아니라 물질에까지 그 뿌리가 이어져 있다. 즉, 그 연장선상에 있다. 엄밀히 말하면 인간은 정신과 물질의 복선적 결합이다. 사람을 이해하기 위해서는 생명의 역사적 과정을 알아야 하고 생명을 알려면 우주의 역사를 보아야 한다. 그리하여 지구발생 – 생명발생 – 사람발생은 정향적으로 전개되는 연속운동이다.

샤르댕의 정향진화론과 달리 베르그송(H. Bergson)에 의하면 우주는 작용 – 반작용하는 속에 있다. 그리고 생명체는 이 물리적 운동 속에 삽입되어 있으며, 생명체들은 물리적 작용들을 어떤 방식으로 받아들여 자연으로 돌려보낸다. 이처럼 생명체는 물질로부터 작용을 받고 그것을 물질로 반송하는 수로처럼 존재

---

1 이에 대하여 장회익(1999)은 온생명론을 전개하고 있다. 즉, 생명의 단위는 전체를 포괄하는 하나의 완결적인 단위와 각 단계의 개체들을 나타내는 조건부적인 단위로 구분하여 상정할 수 있는데 전자는 온생명(global life), 후자는 개체생명이다. 결국 생명현상이란 '온생명'을 이루며 그 세부적 존재양상은 각 단계의 '개체생명'을 형성하는 존재이므로 이 두 측면을 각각 개념화하여 파악하는 동시에 이들 사이의 관련성을 함께 이해해야 한다. 결국 온생명이란 인간을 비롯한 지구상의 모든 생물과 자연적 요소 그리고 물리적 힘은 서로 뗄 수 없는 의존관계를 맺고 있으며, 이 유기적 총체는 온생명 체계(whole life system)를 이루고 있다는 것을 의미한다.

한다. 그러나 이 생명체의 작용과 반작용은 내적인 관점에서 볼 때 물질의 작용, 반작용과는 전혀 다르다. 작용, 반작용하는 물질의 운동 속에서 생명체란 무엇인가?

생명적 존재란 물질의 운동 속에서 그가 받은 작용들을 자발적인 방식으로 돌려보내는 사발성의 중심이다. 이리한 지발적 운동이란 물질의 운동처럼 반작용이 작용으로부터 직접적으로 도출되지 않는다는 것을 의미한다. 따라서 생명체란 작용, 반작용하는 우주의 운동 속에 있는 비결정성의 중심이기도 하다. 베그르송의 인간담론에서 소위 자발적인 비결정성의 중심, 이것이 바로 생명존재의 전제조건이다.

어쨌든 생명현상이 신비로운 것은 그것이 안과 밖이라고 하는 서로 다른 두 가지 양상을 지니고 우리 앞에 나타난다는 점이다. 사람은 누구나 '나'라고 하는 자의식을 지니고 내 몸을 주체적으로 느끼며(즉, 체험된 몸으로) 살아간다. 이것은 생명을 안에서 바라봄이요, 밖에서 바라볼 수도 있다. 그러나 타자의 내부에 들어가 자신의 내적 체험을 미루어 그의 의식을 직접적으로 이해할 수는 없다. 이것은 어디까지나 유추 혹은 해석의 문제일 뿐 몸과 마음을 직접적으로 의식하는 것과는 다르다(장회익, 1999: 198).

자연과학이 인간의 외적 측면을, 인문학이 내적 측면을 고찰한다고 해서 서로 독립적인 것은 아니다. 두 가지 특성상 본질적으로 독립된 것이 아니라 한 현상의 두 가지 측면이다. 그러므로 생명과 인간에 대한 온전한 이해를 추구하기 위해서는 두 측면을 무리 없이 결합해야 한다. 생명이 지니는 외적 모습은 소위 몸으로 대표되었으며, 그 안쪽은 마음만에 의하여 감지되는 것으로 간주되어 왔다. 이를 소위 몸과 마음의 관계사라고 부른다. 그러나 생명문제는 과학적 사실과 주체적 직관을 최대한 연관시킴으로써 현재 우리가 그려 낼 수 있는 생명과 인간의 모습이 어떠한가를 보아야 한다(장회익, 1999: 199).

이러한 입장에서 야스퍼스(K. Jaspers)는 이미 과학만으로 인간을 해명하는 것은 미신이라고 주장한 바 있다. 즉, 과학의 방법론은 물질을 효과적으로 다루지만 정신계를 분명하게 설명하지 못한다. 그렇다면 과학은 물질을 책임지고 철학과 신학은 기계론적 과학으로 분석되지 않는 정신(얼누리)을 다루면 된다는 소박한 의견도 가능할는지 모른다. 그러나 인간현상은 그처럼 영역을 엄격하게 갈라 문제를 해결할 성질이 아니다. 어차피 인간은 몸과 넋과 얼로 이루어져 있고 삶은 물질과 정신이 어울려 이루어진다. 어느 하나만을 갖는 인간존재는 상정할 수 없다. 각각 구한 서로 다른 답을 단순히 합치는 것으로 인간의 삶의 모양이 설명되지는 않는다. 이것이 샤르댕의 철학적 사유의 출발이 되었다.

샤르댕에 의하면 정향진화의 역사가 '이른 생명', '생명', '생각', '다음 생각' 등으로 이루어진다고 본다. 전자의 둘은 과학적이며, 후자의 둘은 철학적이다. 그에 의하면 역사에도 뜻이 있고, 모든 존재에도 뜻이 있고, 인간의 삶에도 뜻이 있으며, 그 뜻은 우리를 이끌어 자기만 아는 본능을 억누르고 더불어 살도록 유도한다. 사람에게 뜻이 없으면 그것은 죽음이다. 그러므로 뜻은 곧 생명이다. 그리하여 그는 우주존재의 뜻을 규명하고 그 속에서 사람의 뜻을 고찰할 필요성을 제기한다.

샤르댕에 의하면 우리 모두는 이미 사람이지만 사람으로 만들어지거나 되어야 할 존재다. 이러한 사람됨의 문제는 개인의 문제일 뿐만 아니라 인류라는 종(種)전체의 문제이기도 하다. 인류 속에 내재하는 동물적인 힘들을 얼로 다스려 참다운 인류문명을 구축하는 것, 이것이 바로 사람됨의 길이다. 이 길은 온갖 대결(개인 간, 국가 간, 민족(인종) 간, 집단 간)이 극복되고 개체성이 더욱 확연해진다. 즉, 개체가 함몰되는 전체주의가 아니라 개체성이 부각되는 공동체주의가 실현된다.

샤르댕은 정향진화의 시발점을 무기물이 모여 결정체를 이루는 상태에서 찾는다. 즉, 무기물의 운동에서 생명진화의 시작이 있다. 그는 기초물질을 에너지로 보고 에너지의 기본을 얼(정신)에너지로 보았다. 얼의 작용은 이미 무기물 속에 내재한다. 이는 사람과 다를 바 없다. 전통적인 과학이 물질을 죽은 것, 분석 가능한 대상으로만 간주해 왔다면 그는 만물을 우리와 상대할 대상으로 보고 있다.

샤르댕은 추상이 아니라 현상, 그것도 전체현상으로 인간을 이해해야 한다고 주장한다. 여기서 그가 설명하는 '현상'이란 이미 앞서 살펴본 바와 같이 사람을 중심으로 삼고 그 사람둘레에 일어난 사건들 사이에 어떤 일관된 질서를 찾아보려는 것이다. 그것은 우주 요소들 사이의 존재론이나 인과론에 따른 관계의 체계를 규명하는 것이 아니라 시간의 흐름에 따라 이어져 나타나는 그들의 출현을 표현할 수 있는 어떤 경험법칙을 찾으려는 것이다. 그것은 신학과 철학이 아니라 우선적으로 과학 작업이다(Chardin, 1997: 29).

'이른 생명'에서 나타난 얼에너지는 생명과 생각의 진화과정에서 확대되고 인간의 표상이 된다. 얼과 물질을 동일한 관점에서 묶기는 어렵다. 그러나 우리 삶에서 얼과 육체가 서로 유기적이기를 바란다면 그 두 강줄기에 다리를 놓는 일이 무엇보다 시급하다. 얼과 몸이라는 두 에너지를 일관된 방식으로 연결시키는 작업을 과학은 일단 유보했다. 그러나 우리는 그 문제를 회피할 수 없다. 샤르댕에 의하면 이 둘은 반드시 만나야 하고 또 만날 수 있다(Chardin, 1997: 62-73). 그는 두 에너지의 문제에 대하여 다음과 같이 설명하고 있다.

사물의 안과 밖이 어떤 역학관계에 놓여 있는가를 이해하려면 우리 자신을 스스로 들여다보아야 한다. 그러나 그것은 쉬운 것이 아니다. 어떤 현실적 행위 속에서 우리는 이 두 가지 에너지가 결합되어 있음을 느낀다. 이미 데카르트에 의하여 개진된 바대로 경험상은 결합되어 있다. 그러나 우리는 그것이 어떻게 기능하는가에 대하여 무지하다. 얼에너지 문제를 이치에 알맞게 생각할 때 중요한 점은 우리 행동이 물질의 힘에 얼마나 의존하고 있으며 얼마나 독립되어 있는가라는 점이다. 이 점에 대하여 샤르댕은 분명히 의존한다고 단언한다(Chardin, 1997: 70).

얼의 활동에는 물질에너지가 반드시 필요하다. 물질에너지와 얼에너지는 그 어떤 무엇을 통하여 서로 연결되고 결합되어 있다. 그리고 더 내밀하게 들여다보면 우주에는 하나의 에너지만 있을 것이며 존재하는 어떤 방식이 있을 것이다. 이는 일견 영혼과도 같은 것이다. 그래서 자연의 통로에 따라 들어온 물질의 힘이 그 영혼 속에서 아름다움과 진리로 속을 갖추고 승화된다고 상상할 수 있는 것이다.

그러나 두 에너지가 직접 교환된다는 생각은 일견 타당해 보이지만 엄밀히 따져 보면 사실과 다르다. 왜냐하면 두 에너지는 결합되어 있으면서도 각각 독립적이기 때문이다. 세상의 안팎을 이루는 물질과 얼의 두 에너지는 전체로 보면 같이 움직인다. 결합되어 있기도 하고 서로 모습을 바꾸기도 한다. 그러나 그들의 행적을 반드시 일치하는 것으로 볼 수는 없다. 사물의 안과 밖은 서로 의존해 있다. 그러한 상호의존은 전혀 다른 질서로 이루어진 복잡한 상징물 같은 것으로 보아야 한다(Chardin, 1997: 71).

따라서 이원론은 과학적으로 적합하지 않을 뿐만 아니라 불가능하다. 이원론을 극복할 수 있는 대안은 무엇인가? 샤르댕은 이에 대하여 다음과 같이 설명한다. '모든 에너지는 기본적으로 얼의 성질을 지닌다. 그러나 개별원소들 속에서 이 기초에너지는 서로 다른 두 개의 구성체로 나뉜다. 하나는 탄젠트(tangent)에너지로서 이는 자기와 같은 차원의 다른 요소들과 단단히 결합하도록 하는 일종의 수렴적 에너지다. 다른 하나는 방사에너지로서 더욱 복잡하고 집중된 상태를 향하여 앞으로 끌고 나가는 일종의 확산적 힘이다'(Chardin, 1997: 72). 이러한 현상은 인간존재나 활동에도 적용된다.

이제 '이른 생명'을 지나 '생명'을 거쳐 '생각'이 등장하는 시기가 되었다. 생명의 단계에서 사람은 조용히 등장했다(Chardin, 1997: 74-80). 생각의 단계에서는 복잡한 '얼누리'[2]가 펼쳐진다. 사람은 희미한 본능을 따라 첫 출현점을 넘어 지구를 모두 뒤덮을 때까지 퍼져 나간다. 다른 형태의 생명을 능가해서 살만한 곳을 차지하기 위하여 생각도 많아진다. 달리 말하면 얼이 얼세계의 군(群)들을 펼쳐 나가는 셈이다. 인간의 역사는 그처럼 조직된 팽창과 증식의 역사다.

샤르댕에 의하면 인간은 '이른 사람'에서 '새로운 사람'으로 진화되었다. 새로운 사람은 바로 호모사피엔스다. 분명한 것은 이른 사람에서 호모사피엔스에 이르기까지 공통적으로 얼이 작용하고 있다는 점이며, 다만 진화는 그 작용을 팽창시켰을 뿐이다. 진화는 해부학의 차원을 넘어 개인과 집단의 얼의 자유 속으로 영역을 옮겨간다(Chardin, 1997: 193). 진화는 의식의 상승이고 의식의 상승

---

2 이는 생물권(생물계)의 대립개념으로서 정신계 혹은 정신권(noosphere)이라 부른다. 샤르댕에 의하면 인간 이전에도 생물은 있었고 무생물에도 얼, 곧 내면은 있었다. 그러나 사람만이 오로지 얼이 세계를 이루는 '얼누리'를 지닌다. 존재는 이미 얼을 의미한다. 그런데 사람의 얼과 그 이전 단계의 얼은 반드시 구별되어야 한다. 공통으로 사용가능한 말은 프시케(psyche)다. 샤르댕에 의하면 돌멩이에도 프시케가 있다. 서양사상에서 프시케보다 차원 높은 말로 누스(nous)가 있다. 그렇다면 사람의 얼은 누스요, 사람 이전 단계의 얼은 프시케라 부를 수 있다. 샤르댕은 사람의 얼을 spirit이라 쓰기도 하고, 성경에서는 푸뉴마와 프시코스를 구분하여, 소위 영과 혼으로 구분하여 사용한다. 그리하여 프시케, 프시코스, 혼, 넋 등은 생물체의 목숨이나 의식이 붙어 있도록 하는 그 무엇을 말한다. 정신은 물질과 육체 위에 있지만 물질과 육체에 상관하면서 그 존재를 지탱하는 힘이다. 한편 누스, 푸뉴마, 영, 얼 등은 육체를 넘어 자유를 향한 순수한 정신적 차원을 가리킨다. 프시케가 하향적 질서라면 누스는 상향적 질서다. 무생물과 동물에 넋이 있다면 인간은 그러한 넋과 더불어 얼이 있다는 것이 샤르댕의 이해틀이다.

은 하나 되는 효과다. 다시 말하면 큰 종합이다(Chardin, 1997: 228-229).

샤르댕의 '큰 종합'을 인간에 적용하면 '큰 사람'이 된다. 이는 탄젠트에너지가 극대화되어 큰 종합을 달성하고, 즉 방사에너지가 큰 비약을 이루게 되며 우리의 의식도 복잡성을 더해 간다. 우주는 그 본질상 하나의 몸체다. 인간은 집단을 넘어 큰 사람으로 향해 간다. 그 끝, 즉 오메가 포인트에 달하면 '얼 발생'을 통하여 생긴 의식들이 모이고 쌓여 충만해진다. 결국 의식은 수렴한다.

몸을 이루는 세포든 사회를 이루는 구성원이든 얼의 종합을 이루는 개인이든 모두 살아 있다. 전체조직을 통하여 각 부분이 자기완성을 도모한다. 의식들은 서로 섞이지 않는다는 사실과 하나됨의 역학, 이 둘이 합해져 얼의 농축으로 이루어지는 마지막 상태는 통일성과 함께 복합성이 같이 있는 조직이 될 것이다. 이런 의미에서 오메가 포인트는 여러 중심들이 이룬 유기체 한가운데서 빛나는 중심인 셈이다. 즉, 매우 자율적인 하나 아래에서 전체의 하나됨과 각 개체의 개체화가 서로 혼합되지 않고 동시에 최고로 달한다(Chardin, 1997: 243-244). 여기서 나와 남의 관계문제가 대두된다.

'자기'와 '나'는 분명 다르다. 남과 자꾸 떨어지면 자기는 설 수 있다. 그러나 서로 자기만 알면 물질이 된 세상으로 떨어진다. 나를 잃게 된다. 그리하여 나를 뺀 나머지와 만나고 '남'을 향하여 내가 발전해야 한다. 독창성이 있으려면 자기가 아닌 '나'가 되어야 한다. 그 '나'는 세상의 진화구조로 볼 때 우리가 하나 되면서 찾을 수 있다. 통일 없이는 얼도 없다. 개체는 자신을 세계에 열면서 참다운 개체가 된다. 통일적 얼누리를 구성하는 얼의 상호관계에는 여러 형태가 있지만 우리는 무엇보다 중심끼리 만나는 힘을 인식하고 이를 붙들고 발전시켜야 한다. 그것이 샤르댕이 말하는 사랑에너지다. 이것의 가장 지고한 형태는 우주차원의 사랑이다(Chardin, 1997: 247).

샤르댕에 의하면 미래는 사람과학의 시대가 될 것이다. 즉, 앎의 대상인 사람이 모든 자연과학의 열쇠임을 알게 될 것이다. 물질로 볼 때 우리 몸은 별다른 뜻이 없고 순간에 머물며 매우 유약하다. 그러나 사람과학은 반드시 탐구해야 할 몇 가지 연구대상들이 있다. 우선 사람 몸의 장래에 대한 문제다. 즉, 유기체의 까다로움과 튼튼함의 문제다(Chardin, 1997: 260). 그것은 또한 정신화의 문제이기도 하다. 샤르댕에 있어 물질적인 것의 심적-정신적인 것으로의 이행을 목표로 하는 모든 행동과 인간의 실존방식은 바로 정신화다. 그러나 이러한 정신화가 명확하게 드러나는 것은 오직 인간이 능동성을 갖고 진화의 적극적이고 촉진적인 힘에 봉사할 때이다. 그것은 정신계를 확대시키고 사회화를 신장시키는 것에 따라 심적－정신적 에너지의 활동영역을 확장시키는 한 정신화다. 결국 '정신화'란 곧 인성의 현상학－해석학을 의미하는 또 다른 표현인 셈이다.

2 인간현상론의 확장

전통적인 인간이해의 거대담론 구성체로 형질인간학, 철학적 인간학, 신학적 인간학, 문화인류학, 교육인간학 등이 있다. 각각의 담론을 구획/분파적으로 이해하는 것을 초월하여 이들 담론들이 지닌 공통된 토픽은 아마 인간의 사고, 존엄, 인격, 교육을 아우르는 '사람'일 것이다.

표 1-1 인간담론의 스펙트럼

구 분	유 형	인성관련	핵심 되는 내용	주요학자
사람임 man	인간현상론	사고의 탄생	인간의 종 특성에 대한 진화론/발생학/형질인간학적 고찰	P. T. Chardin
사람같음 manlike	인간조건론	인격의 탄생	근본악과 세계애의 충돌 상황에서 필요한 인간생존의 제반조건들의 탐색	H. Arendt
사람다움 manhood	인간존엄론	인권의 탄생	개인의 존엄성과 공적 가치에 대한 세속적 탐색	G. Cateb
사람됨 human	인간교육론	아동의 탄생 교육의 탄생	아동의 본유성/독자성에 기반을 둔 참(authentic) 교육의 원리와 방법론 제시	F. Fröbel P. Ariès

아렌트는 '세계와 그 곳에 거주하는 사람들은 동일하지 않다. 세계는 사람들 사이에 놓여 있다.'고 하여(H. Arendt, 1996: 23에서 재인용) 인간을 어떤 도그마를 통해 동일성으로 회귀시키거나 전제적으로 일체화시키려는 노력, 과학기술주의에 의하여 인간성이 매몰되는 것의 위험성을 체계적으로 논의하였다. 그녀는 인간의 근본적인 활동(vita activa)으로 노동, 작업, 행위를 들고 있는데 이들은 인간이 세상에서 살아가는데 주어진 기본적인 조건들이다. 여기에서 인성과 관련지을 때 행위의 다원성 문제는 중요하다.

> "행위는 사물이나 물질의 매개 없이 인간 사이에 직접적으로 수행되는 유일한 활동이다. 행위의 근본조건은 다원성으로서 인간조건, 즉 보편적 인간(man)이 아닌 복수의 인간들(men)이 지구상에 살아가며 세상에 거주한다는 사실에 상응한다. 인간조건의 모든 측면들이 다소 정치에 관련되어 있지만 다원성이야말로 모든 정치적 삶의 필요조건일 뿐만 아니라 가능조건이다 … 어떤 누구도 지금껏 살았고, 현재 살고 있으며, 앞으로 살게 될 다른 누구와 동일하지 않다는 방식으로만 우리 인간은 동일하다. 이 때문에 다원성은 인간행위의 조건이다."(H. Arendt, 1996: 56).

위 인용문에서 알 수 있듯이 그녀가 말하는 다원성은 앞서 샤르댕이 말하는 개별화와 약간의 차이가 있다. 샤르댕은 전체적으로 인간현상이 개별화를 거쳐 궁극적으로 하나됨(일종의 동일성)으로 정향진화한다고 본 반면, 아렌트는 어떤 상황이나 조건이든 동일성으로 회귀시킬 수 없는 다원성(일종의 개별성)이야말로 모든 인간행위, 인간존재, 인간현상의 본질이라고 보았기 때문이다. 여기에서 개별성과 동일성, 사적인 영역과 공적인 영역 간의 충돌양상이 충분히 감지되고 있다.

한편 카텝은 우리가 인간의 존엄함을 논의함에 있어 개인의 존엄성과 인류 전체로서의 존엄성 간에는 차이가 있다고 주장한다. 또한 인권의 문제는 실존적 요소와 도덕적 요소로 구분되며 양자 간에 항상 충돌이 발생하기 마련이다. 한마디로 개인의 존엄성이 실존적 요소라면 인류 전체로서의 존엄은 도덕적 요소이다. 인권에 대해 그가 주장하는 요지는 도덕적 요소(동일성)에 선행하는 실존적 요소(개별성)에 대한 선위성 문제다.

> "우리는 스스로를 집단과 분리하여 상상할 수 없다. 그러나 사람들이 개인
> 의 인권을 인식하고 국가가 그러한 권리를 인정하고 존중하는 사회에서는
> 특별한 자의식이 발전할 것이다. 즉, 자아가 어떤 방법으로든 성장해 나간
> 다는 것이다 … 인권에 기반을 둔 자아개념은 사람을 냉정하고 침착하게
> 만든다. 즉, 자신이 외부의 위협을 받거나 정신적인 세뇌를 당할 수 있다는
> 사실을 알게 된다. 우리는 (사회적) 규칙, 관습, 관행 등에 철저하게 얽매
> 이지 않고 순종적인 습관에 젖어들지 않아야 하며, 어떤 이념(도그마)을
> 단순화하지 않기 위해 자기 스스로를 알아야 한다."(G. Cateb, 2012:
> 262-263).

인성과 관련지어 볼 때 그의 논의에서 주목해야 할 것은 습관의 문제다. 즉,
인성은 개별의 실존적인 문제인데 인성교육이 개별성을 위협하거나 세뇌시킬
수 있는 개연성을 감안할 때, 인성은 오히려 왜곡되고 인성교육 역시 반(反)교
육으로 변질될 수 있다는 점이다.

마지막으로, 아리에스는 고고학적 관점에서 아동, 인권, 인성, 교육의 문제를
추적하였다. 그는 전통적으로 아동을 어른의 축소판(ready-made miniature
adult)으로 간주하던 사고의 관습이 아동은 누구나 독자적인 발달 시기를 거치
는 인격체라는 근대적 자각으로 전환된 것은 근대교육의 진화과정에서 서서히
형성되었다고 여겼다. 그러나 그의 장황한 논의의 결론은 역설적이다. 아동을
사회로부터 분리시켜 학교라는 공적 제도 안에 감금한 결과는 개인주의(개별화)
의 승리가 아니라 오히려 가족생활의 통제강화로 이어져 공동체사회의 건전함
이라는 인간유산을 상실함으로써 전통적 사회성의 쇠퇴로 이어졌다. 다시 말해
아동의 개체성 보호라는 미명(美名)에서 시작된 공적 개입(학교교육)에 의해 오
히려 탈(脫)개별화라는 역설적인 역사가 시작되었다는 것이다(함인희. 동아일보.
2002. 10. 4일자). 여기에서 인성의 개별성과 교육의 공공성 간에 긴장과 충돌이
이미 시작되었다고 해도 과언이 아니다.

이상의 논의들을 종합해 보자. 우리가 인성교육의 시스템과 콘텐츠를 설계하거나 시도하려는 노력에 선행해야 하는 것은 '인성교육이라는 것이 개별아동(학생)을 대상으로 인간의 보편적인 종 특성을 교육시키는 단순한 문제가 아니라 사고, 인격, 인권 등을 아우르는 다소 복합적인 문제점이 도사리고 있다.'는 점을 진지하게 지각하는 것이다. 아래에서 보는 것처럼 인성이란 어떤 단일국면으로 한정하여 논리적으로 설명할 수 있거나 객관화시킬 수 있는 단순한 이데올로기가 아니다.

표 1-2   인성의 다의/다층성

구 분		주요 특성
소기	성 품	천부적으로 품부 받은 개별적 기질의 총체적 특성
	성 격	내면의 개별성과 성품의 공공성을 조율하기 위한 사고 특성
	성 질	사회대응 방식인 선택-행위-습관의 메커니즘을 형성해 나가는 데 작용하는 개별적인 기질 특성
능기	성 향	선택-행위-습관의 메커니즘 반복에 의해 형성된 개별적인 취향 혹은 경향성
	성 능	비(非)가시적인 내면의 속성들이 구체적인 표현행위로 드러나게 만드는 심리적인 추동력(drive)
	성 미	개인의 독특한 내부성향들이 발동하거나 외현적으로 직동하는 데 관여하는 시간적인 속성

인성은 개별성을 전제로 하는 품, 격, 질을 바탕으로 공공성을 지향하는 향, 능, 미와 어우러지는 입체적이며 복합적인 특성을 담지한다. 이 때문에 우리는 '인성교육을 한마디로 정의하라!'는 요구에 어떻게 답할지 혼돈스러워질 것이다. 인성교육이 소기로서의 기질문제를 다루는 것인가? 아니면 능기로서의 성향이나 경향과 관련된 문제인가? 전통적으로 소기는 심리학 분야에서, 능기는 정치사회학 분야에서 주목하는 영역으로 분리되어 다루어져 왔다. 그러나 본질적으로 인성의 전일성에 대한 이해와 인성교육은 이러한 소기와 능기로 가르지 않

고 통합적 인식관심으로부터 출발해야 한다. 과연 오늘날 공권력이 구상하고 있는 인성교육의 디자인은 이 점을 충분히 고려하고 있는지 의문이다. 여기에서 또 다른 문제가 발생하는데 인성이 지닌 고고학적 특성이다.

표 1-3 인성의 고고학

단계		인성요소의 주요활동
출현	지성 오성	– 사람임, 사람같음의 의미 원형(archtype)을 스스로 자각함 – 이를 바탕으로 사회적 관계 장면에서 드러내게 될 개인적 속성들을 스스로 규정함 – 자신의 의지와 무관하게 앞으로 부딪치게 될 사회적 관계 장면에서 이러한 속성들을 '어떻게 체득하고 드러낼 것인가?'에 대한 자의식을 스스로 형성함
체현	체성 감성	– 자의식 기반의 사고를 본질적으로 담지한 채 다양한 관계 장면을 통해 사람다움, 사람됨에 대한 공적 담론을 수의적/비(非)수의적으로 경험함 – 구체적인 관계 장면에 적극 참여하거나 간접적으로 경험함으로써 나름대로 개별적인 사회대응의 메커니즘(자기선택–수도행위–습관형성)을 체득함
발현	덕성 이성	– 비구조적인 개별경험들을 통해 인성의 사적 측면이 공적으로 확장된 공공의 가치구조(사람됨, 사람다움)를 내면화함 – 구조화된 학습경험을 통해 인성의 공적 담론이 지닌 공공 가치(도덕, 윤리, 공동체 등)를 내면화함 – 이를 기반으로 나름대로 인성의 다층적 구조를 재구성함으로써 자신이 개성을 넘어서는 공적(도덕적) 존재임을 인식함 – 그러나 이 단계에서 인성의 사적 측면과 공공성 간의 갈등과 충돌이 불가피하게 드러남을 인식함
구현 실현	영성	– 위의 갈등과 충돌문제를 해결하기 위한 자구적인 노력을 스스로 모색함 – 인성의 개별성과 공적 담론의 충돌사태를 뛰어넘는 초월적인 비가시적 세계(divine)에 대하여 동경함 – 이를 기반으로 하는 고도의 비(非)지적 의식 활동을 수행함 – 세속에 대한 초월성에 근거한 색다른 원칙을 모색함(S. Sennett)

개체발생론의 관점에서 볼 때 모든 개별적인 인성은 탄생 → 진화 → 성숙 → 승화(사람임, 사람같음, 사람다움, 사람됨의 변화구조와 일치하는)라는 공통된 과정을 거쳐 부단히 변해갈 뿐 미리 정해놓은(다시 말해 목적론적으로) 어떤 완성태나 정형화된 속성으로 마감되지 않는 특성이 있다. 이규호는 이 점에 대하여 다음과 같이 명료하게 표현한 바 있다.

"사람이 사회적인 기능을 다하기 위해서는 오랜 기간의 교육을 필요로 하며 더 나아가 정신적으로 완전한 사람이 된다는 것은 있을 수 없는 일이다. 그것은 사람이 고정적인 형식의 모습을 갖고 있지 않기 때문에 '무엇이 완전한 모습인가?'하는 것도 문제이며 따라서 사람됨은 일생동안 그의 삶을 통해서 되어가는 과정이기 때문이다. 이런 점에서 사람이란 단 한 번도 완전한 존재가 되어봄이 없이 죽어가는 동물이다."(이규호, 1982: 17-18).

따라서 우리가 인성문제를 공론화하거나 공적 간섭(학교교육)을 통해 인성을 교육시키기 위해서는 우선 인성의 개별성, 즉 개별자의 인간스러운 본연성, 본래성, 고유성이 지닌 특성과 미완결성의 속성을 충분히 고려한다는 사실을 전제로 할 때 비로소 그러한 인성교육은 가능하고 교육적 필요성이 용인된다. 그럼에도 불구하고 여전히 인성의 개별성과 인성교육의 공공성 간에 발생하는 긴장과 충돌의 개연성은 상존한다. 만약 우리 사회풍토가 건전한 공적 합의가 결여된 도그마를 인독트리네이션(indoctrination)하려 강제하는 저급한 수준에 머물 경우 이러한 긴장과 충돌의 개연성은 더욱 더 극대화된다. 다음 장에서는 이 점에 대하여 조직적으로 논의하게 될 것이다.

참고하거나 더 읽을 책

고요한(2011). 인간교육의 심리철학적 이해. 서울: 일문사.

고요한(2008). 몸과 배움의 철학. 서울: 학지사.

고요한(2007). 교육의 철학-소유에서 존재로. 서울: 서현사.

고요한(2001). 몸에 대한 교육인간학적 연구. 연세대학교 박사학위논문.

이규호(1982). 사람됨의 뜻. 서울: 제일출판사.

장회익(1999). 삶과 온생명-새 과학문화의 모색. 서울: 솔.

함인희(2003). "아동이 인격체 되기까지: 교육적 진화과정 자세히 밝혀". 동아일보.
   2003. 10. 4일자.

Arendt, H.(저), 이진우, 태정호(역)(1996). 인간의 조건. 서울: 한길사.

Ariès, P.(저), 문지영(역)(2003). 아동의 탄생. 서울: 새물결.

Bollnow, O.F.(저), 하영석 외(역)(1994). 교육학과 인간학. 서울: 형설출판사.

Cateb, G.(저), 이태영(역)(2012). 인간의 존엄. 서울: 말글빛냄.

Chardin, T.(저), 양명수(역)(1997). 인간현상. 서울: 한길사.

Fröbel, F.(저), 김병옥, 양병택(역)(1983). 인간의 교육. 서울: 대양서적.

제2장

인성의 개별성과 교육의 공공성

개별과 개합의 충돌

본 장에서는 개별성으로서의 인성을 공적 담론이나 기제를 통해 공공성으로 전환시키려는 사회적 의도와 정책적 시도에 의문을 품는 것에서 출발하여, 인성교육의 가능성과 필요성 이전에 인성의 복잡성에서 기인하는 그것의 실질적인 어려움을 논의한다. 학교 인성교육의 가능성과 어려움에 대한 논의는 성격의 가변성과 불변성에 대한 논란(P. Tough, 2012: 59)과 관계가 있다. 또한 인성은 사적인 영역인 개별성의 문제인 반면, 인성을 교육한다 함은 공적인 개입작용을 통한 개합(介合)성의 문제이기도 하다. 이러한 충돌에도 불구하고 역사적으로 볼 때 공권력(공적 개입)이 사적이며 개성적인 차원의 인성 문제를 공적 담론(혹은 공적 개입)인 도덕/윤리문제로 전환시킴으로써 학교장면에서의 도덕교육과 윤리교육은 대중적으로 그 정당성을 용인 받아 왔다.

최근 우리 정부(교육부)의 정책기조를 보면 인성은 물론이거니와 보건, 안전, 행복, 창의성까지도 다양한 형태와 방식을 통해 제도교육이라는 일종의 완력(?)으로 '개별성을 동일성 내지 공공성으로 충분히 회귀시킬 수 있다.'는 교묘한 자신감에 차 있는 듯하다. 과연 그러한가? 다시 말해 개별적인 의지와 무관하게 공적 담론(공적 개입)으로 정당화된 채 학교교육과정을 통해 묵시적으로 용인되어 온 도덕 및 윤리교육이 사회문화적으로 소기의 성과가 확인된 것이 과연 얼마나 되는가? 오히려 역설적인 결과를 초래한 경우를 우리는 선연히 기억하고 있다.

　주지하듯 1980년대 초 정의롭지 못하게 정권을 잡은 군부는 '정의사회 구현'을 국정지표로 내세우며 교육과정 개정에 깊숙이 관여함으로써 중등학교에 '국민윤리' 과목 신설은 물론 대학에 국민윤리교육 전공을 개설하였다. 그러나 역설적이게도 정의사회 구현을 표방한 윤리교육을 받은 학생들은 윤리적으로 순순히 정치되기는커녕 당대 정권에 거칠게 저항하였다. 결국 개별인성의 둔감(무력)화를 통한 부정한 정권의 정당화 전략은 오히려 정반대인 윤리교육 세대의 정권퇴진운동에 의한 정치－경제－교육의 민주화를 이끌어내는 동인이 되고 말았다. 불순한 의도에서 출발한 정부의 윤리교육 정책과 결과 간 불일치라는 아이러니는 (의도의 순수와 불순의 문제를 넘어) 이 시대에도 여전히 그 개연성만큼은 상존한다.

> "시민교육을 통해 보편적이고 가치중립적인 공동선을 가르친다면 그것이 정치에 이해관계가 끼어드는 것에 대처하기 위한 가장 좋은 방법이겠지만 목적론적 정의론에 입각하여 보편적인 가치를 가르친다는 것은 불가능에 가까운 일이다. 현대사회에서 정부는 지금도 목적론적 정의론에 입각하여 교과서를 통해서 좋은 시민을 양성하고, 시민의 좋은 자질을 배양하며, 선을 장려하는 목적에 몰두하는 것처럼 보인다. 그러나 자본주의에서는 대학에서조차 자유경쟁과 순이익 극대화를 불문율이자 공동선으로 가르치며 현대인들은 그것의 순수성과 보편적 가치를 믿어 의심치 않는다. 그나마 학교에서 가르치는 약간의 보편적 가치도 사회에 나오는 순간 무용지물이 된다."(태기석, 2012: 34).

　위의 글은 탁월한 철학자, 정치학자, 교육학자가 아닌 나와 다를 바 없는 보통 시민의 독설 아닌 역설이다. 그의 논지는 '공적 시스템(공교육)을 통해서 시

민교육, 윤리교육, 도덕교육이라는 미명으로 정의(正義)나 인성을 목적론적 입장
에서 개별학생들을 가르친다는 것이 얼마나 허구적인가?'의 문제를 잘 보여주고
있다. 다시 말해 자연적인 개별인성을 공적 개입으로 개합(介合)작용(일종의 공
교육)을 통하여 사회적 공동선을 이루자는 교육적 도그마(dogma)도 중요하지만
그보다 더 선행(先行)하거나 오히려 필요한 것은 사회적 인성(social personality)
이다. 부정의나 부조리가 사회에 만연하고 정권(혹은 기득권)의 부정함이 존재하
는 가운데 (성장세대를 위한) 학교에서의 인성교육, 시민교육, 평등교육이 과연
가능할 것인가?

　이는 사회풍토와 윤리(혹은 인성)교육 간 실재하는 괴리를 창조적으로 해결
하거나, 인성의 개별성과 교육의 공공성을 변증적으로 통합하고자 할 때 발생하
는 정합성 문제와 관련된 가장 근본적인 물음이다. 여기에서 인성의 개별성과
인성교육의 공공성 간 충돌문제가 필연적으로 드러나게 된다. 학교에서 인성관
련 교육(교과학습은 물론 프로그램 참여를 통한)을 제대로 받아 도덕이나 윤리시
험에서 100점을 받은 학생은 과연 사람다운 사람이며, 그들이 하나같이 이 사회
에 나와 본인이 교육받은 대로 시민으로서의 정의로움을 순수하게 행함으로써
행복하고 만족한 삶을 영위할 수 있을 것인가?

2　인성의 개별성과 인성교육의 공공성

　개별성과 공공성의 충돌현상(긴장과 갈등)에 대한 담론의 기점은 어디이며
과연 오늘날에도 여전히 실재하는 딜레마인가? 인류 지성사를 살펴 볼 때 이 문
제로부터 자유로웠던 탁월한 순수철학자나 정치사회학자는 아무도 없어 보인
다. 한마디로 이 문제는 고대 헬라(Hella)의 탁월한 현자로부터 현대의 대중적인
철학자에 이르기까지 역사적 연속성을 지닌 인간담론의 핵심이 되는 테마이다.

　　"과연 정부는 도덕적으로 중립을 지켜야 하는가? 아리스토텔레스에 의하면
　　정치는 모든 사람들로 하여금 좋은 인격을 기르게 하고 좋은 시민이 되도

록 해야만 한다. 따라서 정부가 도덕적으로 중립을 지키기보다 오히려 정의
와 도덕(교육)에 적극 개입해야 한다고 주장한다. 반면에 센델은 '정치가
좋은 삶에 상응하는 미덕을 키우는 것이라는 생각은 현대인들에게 생소하
고 위험하기까지 하다.'고 말한다 … 이처럼 오늘날 공동체의 목적에 부합
하는 좋은 삶 혹은 공동선이 먼저냐 아니면 개별인간의 자유와 의무, 권리
가 먼저인가를 논의할 때 이러한 담론이 어려운 이유는 아리스토텔레스가
앞서 말한 개별성에 대한 국가의 간섭의 정당성을 어떻게 이해하는가의 문
제에서 비롯된다."(태기석, 2012: 155-157).

충돌의 단초는 인간을 도덕적 선입견(목적론적 인성관)에 사로잡힌 존재로
보는 것이 아니라 자유로운 자기결정권(상황론적 인성관)을 지닌 개별적인 자아
로 보는 것에서 비롯된다. 즉, 공동체의 목적(공공성)과 독립적인 자아(개별성)의
대결이 불가피한 인간세사(人間世事)의 본연성에 기인한다. 플라톤의 개인과 국
가의 관계(개인의 확대는 국가요, 국가의 축소는 개인이라는 포월적 관점)에 대한
논의나 루소가 말하는 개별의지와 일반의지의 관계(개별(특수)의지는 일반(보편)
의지에 종속된다는 포섭적 관점)에서 다루어진 논의는 별개로 하더라도 역사적으
로 전개된 인간담론(인간학)에서 개별성과 공공성(혹은 동일성) 간에 발생하는
긴장과 갈등문제로부터 자유로운 존재자는 지금까지 하나도 없었다.
　　인간의 존재자체는 물론 인성이나 가치문제도 예외는 아니다. 결국 인성(혹은
인간)의 개별성과 인성교육의 공공성 간에 발생하는 긴장과 충돌은 결코 피할 수
없다는 것이 중론(衆論) 혹은 범론(汎論)이다. 이 점에 대하여 세네트(S. Sennett)
의 공생활과 사생활, 아렌트의 공론 영역과 사적 영역, 카텝의 개인과 공공에
대한 논의를 중심으로 살펴보기로 한다.

1) 공생활과 사생활

세네트에 의하면 몰락의 길을 걷던 고대 로마사회에 닥친 위기와 현대사회
가 겪는 위기에는 매우 비슷한 현상이 존재한다. 그것은 공생활(public life)과
사생활(private life) 간의 균형에 관한 것이다(S. Sennett, 1982: 15). 그의 분석에

따르면 public이라는 단어는 사회 내의 공동선, 어느 누구라도 볼 수 있는 상태, 국가, 사교성, 가족과 친구대상의 생활권 밖에서 영위되는 활동 등 다양한 용례로 변화되어 왔다. 공적인 행위는 첫째, 자아와 자아의 현재적인 역사, 환경, 필요성과는 거리가 먼 행위이며, 둘째, 시간과 공간의 한계를 필요로 하지 않는데 이것은 어떠한 시간과 공간에서도 공통적으로 적용된다(S. Sennett, 1982: 142). 그런데 만약에 이러한 공적 행위를 기반으로 하는 개인의 공생활이 형식적인 의무감에서 행해질 경우, 다시 말해서 공적 권력(국가)이 수행하는 일에 대하여 대중이 수동적(비수의적)으로 묵종할 경우, 사회전반에 걸쳐 공생활에 대한 대중적인 무기력증이 생기게 된다. 또한 공생활이 거부되는 자리에는 사사로운 개인적 생활이 들어선다(S. Sennett, 1982: 30). 이 경우 대인관계에서 발생하는 모든 매너나 의례적인 행위조차 거짓이나 사기행위로 간주되기에 이른다.

> "공생활의 물질적 동기와 그 정감적인 표현수단은 현대인에게 공생활의 반대되는 면, 즉 사적인 면에 대한 일정한 소재들을 암시한다. 자아에 근접한 가정과 친구들의 영역, 이곳에서 사람들이 자기들의 특수성, 분명한 개성, 불가분성을 표현함에 더욱 흥미를 가지는 것은 마치 이성적인 것처럼 보이지만 이러한 이성적 기대는 왜곡된 것이다."(S. Sennett, 1982: 144).

개성이 공적 영역으로 파고 들어갈 때 공적 인간의 주체는 두 개로 분열된다. 마침내 사람들은 공공성을 거역하는 또 하나의 원칙, 세속에 대한 초월성에 근거한 색다른 원칙을 모색하게 된다. 이러한 갈등 속에서 리즈먼(D. Riesman)이 밝힌 사회풍토의 양분이 불가피해진다. 그는 사회를 인간이 자신의 내부에서 일어나는 목표와 감정에 근거하여 사회적 책임을 완수하고 행위를 추구하는 내부지향형 사회와 그와 반대로 이러한 일정과 사회적 책임완수가 타인의 기분에 의하여 좌우되는 타자지향형 사회로 대조시켰다(S. Sennett, 1982: 19에서 재인용). 현대 심리학은 이러한 내부지향형 사회를 죄의식 문화(guilty culture), 타자지향형 사회를 수치심 문화(shame culture)라고 구분하는데 두 문화 간의 핵심적인 차이는 양심과 체면(다음에 논의하게 되지만 아렌트는 수치와 명예로 구분함)이다.

이러한 현대사회의 이중성 속에서 공생활의 문제는 양면성을 띠게 되는데 첫째, 개성이 개입되지 않는 행위와 결과는 열정을 일으키지 않는다는 점이며, 둘째, 이러한 행위와 결과가 마치 개성이 개입된 것으로 잘못 다루어지는 경우에야 비로소 열의를 갖게 된다는 사실이다(S. Sennett, 1982: 21). 그래서 공적 영역은 그 안에서 (본연적 자아를) 표현하고자 하는 사람들이 없어지면서 텅 비게 되었다. 즉, 표현의 상황이 가면의 표상으로부터 가면에 인간의 개성, 인간의 얼굴을 노출하는 것으로 옮겨가게 되었다(S. Sennett, 1982: 411). 그리하여 공적 장면에서 상호 간 상대방을 보호하며 또한 서로 간의 교제를 허용하는 활동이 바로 예의인데, 가면을 쓰는 것(이는 체면과 크게 다를 바 없음)이 바로 예의의 본질이 된다(S. Sennett, 1982: 415). 결국 공적 연기자로서의 이미지가 현대의 인간상으로 경화(硬化)되어 오늘에 이르게 되었다.

그렇다면 공생활 및 사생활에 대한 방대한 그의 논의가 오늘날 인성교육론 설계에 주는 함의는 무엇인가? 이 물음에 답하기 전에 그 문제에 선행하는 의문점을 먼저 해결해야 한다. 체면을 중시하는 사회풍토에서 인성교육을 통해 학생들에게 양심을 가르칠 때, 반대로 양심을 중시하는 사회풍토에서 체면을 가르칠 때 과연 그 사회에는 어떤 일이 벌어질까? 그것은 강하게 표현하면 공공성과 개별성의 대(大)충돌(갈등과 긴장)이 필연적이며, 약하게 표현하면 공사(公私) 간의 혼동현상일 것이다. 그러므로 개별자에 대한 인성교육을 통해 공공성을 간취(看取)할 수 있다는 사실은 허구이고 오히려 사회적 인성이 개별적 인성에 반드시 선행해야만 한다는 사실을 대중적으로 자각하는 것이 무엇보다 중요하다.

2) 공론 영역과 사적 영역

아렌트는 활동적 삶이라는 토픽을 중심으로 전체주의와 기술주의에 의해 상실된 인간의 조건을 집요하게 천착하였다. 그녀에 의하면 '공적인'이라는 용어는 서로 밀접하게 연관되어 있으나 완전히 일치하지 않는 두 가지 현상을 의미하는데, 첫째, 공중 앞에 나타나는 모든 것은 누구나 볼 수 있고 들을 수 있으며 그러므로 가능한 가장 폭넓은 공공성을 가진다는 것을 의미하며, 둘째, 공동의 세계가 우리 모두에게 공동의 것이고 사적인 소유자와 구별되는 세계 그 자체를 의미한다(H. Arendt, 1996: 102－105).

> "공적인 무대에 있는 타인의 항상적 현존에서 오는 강력한 빛을 견디어내
> 지 못하는 것들도 많다. 공론 영역에서는 보고 듣기에 적절한 그리고 그럴
> 가치가 있다고 생각되는 것만이 공적인 빛을 견딜 수 있다. 따라서 그러지
> 못한 것들은 자동적으로 사적인 문제가 된다. 이것은 사적인 관심이 일반
> 적으로 부적절하다는 것을 의미하지는 않는다."(H. Arendt, 1996: 104).

한편 '박탈된'이라는 의미를 갖는 '사적인'이라는 용어는 공론 영역의 이러한
다양한 의미와 관련되어 있다. 그녀에 의하면 누군가 완전히 사적인 생활을 영
위한다는 것은 우선 진정한 그 자신에게 필수적인 것이 박탈되었음을 의미한다.
이러한 박탈은 다음의 두 가지 양상에서 발생한다.

> "타인과의 객관적 관계의 박탈, 삶 자체보다 더 영속적인 어떤 것을 성취할
> 수 있는 가능성의 박탈 등은 타인의 부재에 기인한다. 타인에게 관심을 갖
> 는 한 사적 인간은 나타나지 않으며 따라서 마치 그는 존재하지 않았던 것
> 처럼 된다. 사적인 인간이 행하는 것은 무엇이든 타인에게는 아무런 의미도
> 중요성도 없으며 그에게 문제가 되는 것은 다른 사람에게는 아무런 관심거
> 리가 되지 못한다."(H. Arendt, 1996: 112).

이러한 '사적인' 것은 가족관계나 소유를 통하여 분명하게 이루어지며 '공적
인' 것들과 대결하게 됨으로써 새로운 지평으로서 '사회적인' 것들이 등장한다.
아렌트의 고찰에 의하면 '사회적인' 것은 사적인 관심사에서 공적인 관심사로 변
형되는 시기에 발생하였다. 근대에 '친밀성'의 발견은 모든 외부로부터 도주하여
개인의 내적 주관성으로 들어가는 것을 의미하였다. '주관성'은 전통적으로 사적
영역이 보호하던 은신처였다. 그러나 이러한 친밀성의 해체는 사적인 영역이 사
회적인 영역으로 해체되는 가장 명확한 현상이었다(H. Arendt, 1996: 124).
사적 영역과 공론 영역의 구별이 필연성과 자유, 무상성과 영속성, 수치와
명예(앞서 리즈먼은 내부와 타자, 현대심리학에서는 수치와 양심으로 구분함)의

대립과 일치할지라도, 사적 영역은 필수적인 것, 무상한 것, 수치스러운 것만의 적절한 장소라고 말하는 것은 잘못이다. 두 영역의 가장 근본적인 의미는 한편으로는 숨겨져야 할 것이 존재하고, 다른 한편으로는 존재하기 위해서 반드시 공공적으로 드러나야 할 것이 있다는 사실이다(H. Arendt, 1996: 127).

> "공동세계의 조건에서 실재성을 보증하는 것은 이 세계를 구성하는 사람들의 공통적 본성이 아니라 다양한 입장과 관점에도 불구하고 모든 사람은 언제나 같은 대상에 관심을 갖는다는 사실이다. 만약 대상의 동일성이 해체되어 더 이상 식별될 수 없다면 인간의 공통본성 혹은 대중사회의 인위적인 순응주의도 공동세계의 파괴를 막을 수 없다. 이와 같은 공동세계의 파괴는 대개 한 대상이 인간의 다원성 속에서도 자신의 동일성을 드러내고 유지할 수 있는 다양성이 파괴됨으로써 실행된다."(H. Arendt, 1996: 111).

이처럼 공론 영역과 사적 영역의 대립구도를 통해서 인간과 사회를 이해하는 그녀의 인식방식은 루소의 반(反)전체주의, 반(反)인위주의, 반(反)기술주의의 사상적 전통을 계승한 것으로 보인다.

> "루소가 사회에서 반대하는 것은 거대도시화, 자유와 선의를 압제하는 독재성인데 이것들은 moeurs(번역하면 완전한 매너, 한 인간이 가지는 생활양식으로서의 도덕, 신념 등의 혼화된 의미를 지님)의 부패에서 비롯된다. 루소의 주장에 의하면 사람들이 근로, 가정, 시민의 의무를 초월하는 스타일을 형성하게 되면 moeurs는 부패하게 된다. 기능적인 생존의 맥락을 벗어나는 일, 쾌락을 생각하는 일이 바로 부패다."(S. Sennett, 1982: 184-185).

> "친밀한 생활의 강력한 힘(마음의 열정, 정신의 자유, 감각의 즐거움 등)조차도 탈(脫)사적, 탈(脫)개인적으로 변형되어 공적 현상에 적합한 형태를 갖지 못하는 한 그리고 가질 때까지는 불확실하고 비현실적인 존재로서의

삶을 영위할 수밖에 없다."(H. Arendt, 1996: 103).

루소와 아렌트는 개인이라면 누구나 필연적으로 참여하게 되는 공적 영역장면에서 '어떻게 하면 선(善)함으로서의 본연적 자아를 온전하게 보존할 수 있는가?'의 존재론적 문제를 제기하였다. 그들은 결코 탈(脫)사적, 탈개인적으로 변형되지 않은 친밀성의 복원이야말로 부당한 공적 기제나 간섭으로부터 개별성을 보호할 수 있는 올바른 방법임을 간파하였다. 그렇다면 전체주의, 물신주의, 과학기술주의에 의해 지배되는 현대사회에서 인간의 존재론적 조건으로서 공론영역과 사적 영역에 대한 그녀의 분석이 인성교육에 관한 담론에 시사하는 바는 무엇인가?

아렌트에게 인식론적 영감을 준 루소의 예언대로 어떤 인간이 자신의 영달이나 명예를 위하여 어떤 가식적인 포즈를 취하고 타인과 친하지도 않으면서 마치 친한 척하면서 그에 적응하거나 거짓된 친절을 취할 때, 누구나 자신만의 온전한 인성이나 정신을 갖기 어려운 까닭에 그 인간은 끝장난 것처럼 보인다(S. Sennett, 1982: 193). 그러므로 향후 우리가 추구해야 할 인성교육의 이데올로기는 탈(脫)사적, 탈개인적 친밀성을 인지적으로 조작하여 마치 그것이 온전한 인성인 것처럼 공적 간섭과 개입작용을 통하여 교묘하게 조작하려는 음모를 반드시 경계해야 한다.

3) 개인과 공공

카텝은 기본적으로 개인의 존엄과 인류의 존엄을 구분함은 물론 인권옹호에서도 도덕적 요소와 실존적 요소로, 개인의 도덕성과 공공의 도덕성으로 구분할 수 있다는 신념으로 인간존엄의 담론을 전개한다. 즉, 인권의 원형에서는 개인과 집단 간, 인권의 보호에서는 개인과 국가 간, 도덕성 차원에서는 개인과 공공 간 긴장 국면으로 각각을 논의한다. 특히 인권보호의 경우 도덕적인 견지에서 보면 인권은 도구적인 가치고, 실존적 입장에서 보면 인권의 가치는 비(非)도구적이다. 인권의 도덕적 측면이 주는 이점은 국가의 개입과 간섭으로부터 오는 부당함으로부터 대중을 보호함으로써 고통을 덜어주는 것이요, 인권의 실존

적 측면이 주는 이점은 한 인간을 다른 인간과 동등한 지위를 갖는 독자적인 존
재로 인정함으로써 공적인 간섭이나 개입이 제한되어 국가가 개인의 권리를 존
중하는 것이다(G. Cateb, 2012: 50).

> "인권의 옹호에는 두 가지 요소가 있다. 도덕적인 요소와 실존적인 요소가
> 그것이다. 도덕적 요소는 필요한 것이지만 충분하지 않다. 대부분의 사람들
> 이 인권옹호는 전적으로 도덕적이고, 도덕적 옹호는 보다 구체적으로 정치
> 적인 세상의 성격에 의하여 수정이 가해진 도덕성의 옹호이기 때문이다 …
> 인권옹호에 있어 실존적 요소와 도덕적 요소가 협력적이지 못한 경우가 많
> 다. 사람들은 누구나 필요 이상의 고통을 겪지 않고 있을지라도 인간의 존
> 엄성과 평등한 지위를 보장받지 못할 때 실존적 요소와 도덕적 요소는 충
> 돌하게 된다."(G. Cateb, 2012: 66-78).

카텝의 인권에 대한 논의에서 인성교육과 관련되어 유의한 부문은 '개인의
도덕성과 공공의 도덕성에 차이가 있다.'는 관점이다. 그는 일상생활에서 사람
간에 서로 지켜야할 도덕성과 국가가 개인에 개입하거나 관여하여 그들이 지닌
권리를 인식하고 존중할 때 지켜야할 도덕성 간에 차이가 있음을 논증했다.

> "개인의 도덕과 공공의 도덕이라는 두 종류의 도덕성은 완전히 불연속적인
> 것은 아니지만, 각각의 동기와 범위에는 상당한 차이점이 있다. 이 두 가지
> 형태의 도덕은 '사람은 각자의 몫이 있다.'는 가장 보편적인 교훈을 따른다
> 는 공통점이 있다 … 이 교훈에는 모든 인간이 지켜야만 할 첫째 의무가
> 내재되어 있는데 그것은 인간이라면 누구나 공적, 사적 관계 모두에 있어
> 다른 사람에게 속한 것을 부당하게 침해, 강탈, 파괴, 외면하는 행동을 해
> 서는 안 된다는 것이다."(G. Cateb, 2012: 94).

개인의 도덕성과 공공의 도덕성으로 구별하여 그 차이를 논증하려는 이해방
식은 인성의 측면에서 인성의 개별성과 개합성으로 구분하여 그 차이에 대한
논증도 충분히 가능하다는 점을 시사하고 있다. 어쨌든 카텝은 최상의 개인적인

도덕성은 황금률(일종의 탈개인적 인성)이고, 최상의 공공도덕은 권리에 대한 국가정의(일종의 사회적 인성)라고 설명한다. 특히 황금률의 본질에 대하여 그는 다음의 예로 설명하고 있다.

> "착한 사마리아인의 이야기는 황금률의 전형적인 사례다. 우리는 착한 사마리아인의 도덕적 성격을 딱 한 가지의 행동으로부터 짐작할 수 있다. 그러나 사마리아인의 정신(혹은 인성)이 그저 드러난 한 가지의 도덕적 행동에 불과한 것인가? 그렇다면 문제가 매우 간단할 것이다. 착한 사마리아인의 정신(혹은 인성)은 하나의 성향(앞서 인성의 다의성에서 이미 다룬 바 있음)임에 틀림없으며 그도 자주 시험에 들 수 있다. 그 사마리아인은 선하기 위해서 사는 것이 아니다. 그러나 그는 그가 선해야 할 때 선할 것이며 그에게는 도덕적인 선행뿐만 아니라 해야 할 일이 많을 것이다."(G. Cateb, 2012: 99).

카텝은 자신을 사랑하듯 남을 사랑하라는 가르침에도 불구하고, 사랑이라는 것은 본질적으로 도덕의 영역이 아니라고 주장한다. 사랑은 연민, 동정, 관대함, 공감과 유사한 감정을 갖지만 그 어디에도 속하지 않는다. 그것은 아마도 황금률과 같은 도덕성에 해당될 것이다. 이러한 차원의 도덕성이 중요한 것은 비록 그것이 일상에서 마주하는 친밀하지 않은 관계에서도 의미가 있다는 사실에 있다. 이 점에 대하여 카텝은 다시 의문을 던진다.

> "황금률은 공공도덕의 교훈이 될 수 없는 것처럼 보인다. 황금률이 공공도덕으로서의 역할을 수행하기에는 너무 까다롭다. 황금률은 지극히 사적이고 개인적인 도덕에 적용될 수 있을 뿐이다. 그러나 얼마나 많은 (개별적인) 사람들이 얼마나 자주 황금률을 실천하며 살고 있는가? … 더욱 난처한 문제는 일상에서 황금률을 준수하는 사람들이 때로는 정치적으로 반(反)도덕적인 정책을 지지한다는 점이다. 그들은 개인적인 삶에서는 도덕성을 지키고 공적인 삶에서는 도덕성을 배제함으로써 개인적인 측면과 공적인 측면에서의 행동을 분리한다. 그것은 마치 개인으로서 타인에게 행하는

선(善)한 행동만이 마치 유일한 선인 것처럼 간주한다."(G. Cateb, 2012: 101-107).

도덕성의 차원을 개인성과 공공성으로 구분한 카텝의 논의가 인성교육의 담론에 던지는 교훈은 무엇인가? 그것은 한마디로 최상의 개인적인 도덕성은 결코 교육될 수 없다는 점이다. 또한 개인적인 도덕성 수준이 항상 공공의 도덕수준과 일치하지 않고 결코 대체할 수도 없다는 것이다.

이상의 세 가지 논의에도 불구하고 오늘날 대부분의 인성교육 옹호론자들은 개별성을 소외시킨 도덕적(공공적) 가치의 연역적 명료화, 교육장면(교수-학습) 참여를 통한 가치내면화, 인성교육의 개별적 성취와 공공수준의 성과 도출의 프로세스가 '공적 시스템으로 가능하고 반드시 필요하다.'는 점을 인식의 착점(着點)으로 삼고 있다.

표 2-1   인성교육의 도그마에 포섭되는 도덕가치 덕목들

학 자	가치목록	비 고
T. Lickona	자신감, 용기, 탁월, 공정, 자유, 신앙, 용서, 겸손, 행복, 정직, 사랑, 학습, 애국심, 존중, 책임감, 죄의식, 스포츠맨십, 사고, 이해	
T. Lickona	양심, 자긍심, 감정이입, 선애(善愛), 관용, 사려, 자기규율, 상호부조, 동정, 협동, 겸양	위 내용에서 추가된 것들
M. Borba	공감능력, 분별력, 자제력, 존중, 친절, 관용, 공정	도덕지능 필수덕목
M. Borba	결단력, 감사, 자비, 단호, 정직, 우정, 충성, 중용, 친절함, 정당, 재치, 공감능력, 겸손, 긍정성, 성실, 존경, 상냥함, 절제, 정숙, 청렴, 자애, 감성, 공정, 근면, 예의, 사랑, 독창성, 용기, 통찰, 책임, 침착, 올바름, 융통성, 관용, 끈기, 순종, 동기부여, 인내, 정다움, 협력, 존중, 자제력, 평온, 검소, 존경, 의지, 신중, 민감성, 온화, 이타	도덕지능 강화덕목

	주의, 확신, 탁월성, 이해력, 관대, 신뢰, 배려, 순수, 연민, 기쁨, 진실, 헌신, 이상, 극기	
D. Lennick & F. Kiel	성취, 협력, 절약, 창의, 자율, 편안, 안전, 지혜, 기쁨, 우정, 건강, 안정, 봉사, 공동체 의식, 독립심, 충성심, 호기심, 영성, 이타주의, 인내, 내적 평화, 감사, 열린 마음, 적성, 영향력, 영속성, 도전, 협동	
M. Seligman	호기심, 공부, 정의, 독창성, 사회성, 지각, 용기, 인내, 신실, 친절, 사랑, 시민성, 공정, 리더십, 자기통제, 신중, 겸손, 감상력, 희망, 영성, 용서, 유머, 정열	
M. Buckingham & D.O. Clifton	공감, 공평, 관계, 긍정성, 매력, 미래지향성, 분석적 사고, 신념, 신중, 의사소통, 자기확신, 적응력, 조화, 착상, 책임, 탐구, 학습, 행동	
대한민국 교육부 인성검사지	정직, 절제, 자율, 책임·성실, 배려·소통, 예의, 정의, 시민성, 인류애, 지식·지혜	초·중·고생의 인성지수 측정

공적인 삶을 위해 사적인 개인으로서의 삶을 무시해야 한다는 것은 전체주의이고 사를 위하여 공을 희생시키는 것은 이기적 연고주의다(김낙진, 2004: 240). 이 점은 아렌트의 근본악과 세계애의 충돌에 대한 논의에서 (정확히 일치하지는 않지만) 비슷한 뉘앙스로 이미 개진된 바 있다. 동양 및 한국의 탁월한 유학자들이 고민한 것이 바로 '공적인 가치로 가득차야 할 세계에서 저버릴 수 없는 사사로움(세네트는 이를 온정, 신뢰, 기탄없는 감정의 표현을 함축한 말이라고 설명하였음(S. Sennett, 1982: 19))을 선택해야 하는 비상상황에는 어떻게 해야 하는가?'의 문제였다. 이러한 공과 사의 문제는 대부분 개인화와 사회화, 자연성과 사회성이라는 전형적인 이항(二項)모형으로 설명된다.

이 점에 대하여 이규호는 '사회화는 사회와 그 문화적 유산의 공동성 때문에 인간의 획일성을 가져올 것이 아니냐는 문제, 다시 말해 사회화와 더불어 이와 역행하는 개인화를 생각해야 할 문제가 나타난다.'(이규호, 1982: 162)고 주장했다. 인성(인권, 인격, 교육도 관련된)과 관련된 공과 사, 사회화와 개인화, 자연성과 사회성, 개별성과 공공성 간 발생하는 충돌(긴장과 갈등)문제를 해결하기 위한 단초는 프뢰벨(F. Fröbel)의 다음과 같은 3단계 설명에서 찾을 수 있다.

> "인간은 어려서부터 통일로서 직관되는 것이며, 이렇게 하여 인간의 미래의 전 활동은 어려서부터 싹으로서 간주되는 것이다. 더욱이 그것은 또 그렇게 되지 않으면 안 될 것이다. 인간은 자기를 그리고 자기 속에서 인류를 전면적으로 발달시키기 위해서 이미 어려서부터 (지상의) 관계의 전체성 속에서 전면적으로 그리고 통일적으로 직관되지 않으면 안 된다. 그러나 모든 통일은 그것이 나타나는 경우에 개별적인 것을 요구하는 것이고, 모든 전면성은 그것이 나타나는 경우에 계기와 연속을 전제로 하거나 필요로 하기 때문에 세계와 생명도 어린이에게 혹은 어린 시절에는 개별적인 것으로서만 또 계기적인 형태로서만 전개되어야 한다."(F. Fröbel, 1983: 162).

> "교육은 인간이 자기 자신에 대하여 또 자기 자신에 있어서 자기를 명확하게 인식하고 자연과 화합하고 신과 더불어 하나가 되도록 인간을 인도하여야 되고 또 그렇게 하지 않으면 안 된다. 그러므로 교육은 인간으로 하여금 자기 자신과 인간을 인식시키고 다시 신과 자연을 인식시키며 그리고 이러한 인식 위에서 순수하고 신성한 생명을 구현시키도록 인간을 높이지 않으면 안 된다."(F. Fröbel, 1983: 141).

> "의식하고 사유하고 인식하는 존재로서의 인간을 자극하고 지도하여 그 내적인 법칙을, 그 신적인 것을 의식적으로 또 자신의 결정으로서 순수하고 완전하게 하는 것 그리고 그를 위한 방법과 수단을 제시하는 것 이것이 인간교육이다."(F. Fröbel, 1983: 140).

위와 같이 '인간은 …', '교육은 …'이 결합한 인간교육의 구조에서 프뢰벨이 제시한 긴장 해소책은 다소 초월적인 혹은 신적인(divine) 것으로 지향되어 그의 이론을 일반화 내지 보편화할 수 있는 가능성의 폭과 깊이는 다소 좁고 얕아 보인다. 그럼에도 불구하고 그의 논의는 앞으로 다루게 될 인권, 인격 등을 기반으로 하는 사람임, 사람같음, 사람다움, 사람됨을 위한 바람직한 교육이데올로기이며, 동시에 인성교육을 추구할 때 참조할 만한 이상적인 전형으로 손색이 없다고 평가할 수 있다.

참고하거나 더 읽을 책

고요한(2014). "인내경 연구: 인내에 대한 내러티브의 교육인간학적 의의". 인격교육학
　회. 인격교육. 8권 3호. pp. 89-115.

고요한(2013). 가르침의 교육현상학적 이해. 서울: 학지사.

고요한(2013). "Lickona의 인격교육론에 대한 조직교육학적 재구성". 인격교육학회. 인
　격교육. 7권 2호. pp. 5-26.

김낙진(2004). 의리의 윤리와 한국의 유교문화. 서울: 집문당.

이규호(1982). 사람됨의 뜻. 서울: 제일출판사.

태기석(2012). 정의가 이끄는 삶. 서울: 두리미디어.

Arendt, H.(저), 이진우, 태정호(역)(1996). 인간의 조건. 서울: 한길사.

Borba, M.(저), 현혜진(역)(2005). 도덕지능. 서울: 한언.

Buckingham, M., Clifton, D.O.(저), 박정숙(역)(2013). 위대한 나의 발견, 강점혁명.
　서울: 청림출판.

Cateb, G.(저), 이태영(역)(2012). 인간의 존엄. 서울: 말글빛냄.

Coles, R.(저), 정홍섭(역)(1997). 도덕지능(MQ). 서울: 해냄.

Fröbel, F.(저), 김병옥, 양병택(역)(1983). 인간의 교육. 서울: 대양서적.

Lennick, D. & Kiel, F.(저), 정준희(역)(2006). 성공하는 사람들의 도덕지능. 서울: 북
　스넛.

Lickona, T.(저), 박장호. 추병완(역)(1998). 인격교육론. 서울: 백의.

Lickona, T.(1992). *Education for Character: How our schools can teach respect and
　responsibility*. New York: Bantam Books.

Schopenhauer, A.(저), 김미영(역)(2004). 도덕의 기초에 관하여. 서울: 책세상.

Seligman, M.E.P.(저), 김안자(역)(2007). 긍정심리학. 서울: 도서출판 물푸레.

Seligman, M.E.P.(2002). *Authentic Happiness*. New York: Free Press.

Sennett, S.(저), 김영일(역)(1982). 현대의 침몰. 서울: 일월총서.

Tough, P.(2012). *How Children Succeed*. London: Random House Books.

제3장

인성의 비교육적 메커니즘

1 인성발현의 비교육성

앞에서의 논의에서 알 수 있듯이 인성의 개별성과 인성교육의 공공성 간 발생하는 충돌현상(긴장과 갈등)으로 인해, 공적 기제(학교)나 간섭(법률)을 통한 인성교육의 필요성과 가능성을 논의하는 것은 결코 쉬운 일이 아니다. 그렇다고 해서 학교 인성교육을 무시할 수는 없다. 다만 공적 간섭을 미분(微分)화시키고 개별성을 적분(積分)화시키는 묘합(妙合)의 방안을 모색하는 것이 교육학자의 고통스러운 의무라는 점을 감안할 때, 본 장에서는 인성의 개별성을 극대(極大)화시켜 사회적 도덕성을 극도(極度)화시킬 수 있는 세 가지 비(非)교육적 방안들을 논의하고자 한다.

1) 좋은 행위/행동

우리는 행위/행동을 설명할 때 do, action, act라는 단어를 구별하여 사용하는 경향이 있다(A.R. White, 1970: 1). 첫째, do는 어떤 행위동사에 대한 조동사의 역할을 수행한다. 둘째, action은 움직임의 상태와 침묵 상태 간의 대조적 상황을 설명하는 데 사용한다. action은 준비, 활성화(활기를 띰), 시도 혹은 연기와 관련된 something이다. 또한 그것은 명백한 침묵상태와 명백한 행동의 순간에 벌어지는 차이를 표시하기도 한다. 때로는 말만 하는 사람과 그것을 행동으로 옮기는 사람의 차이점을 나타내기도 한다(A.R. White, 1970: 2). 셋째, act는 어떤 행위/행동을 시도하거나 구체적으로 취하는 것을 의미한다.

우리는 '그의 처음이자 마지막 행동', '어떤 행동을 취하다' 등의 표현을 통하여 행동의 과정과 효율적인 행동을 비교할 수 있다. 예를 들어 자비심과 절망감은 act이지 action은 아니다. 반대로 부드럽고 아름다운 것은 action이지 act가 아니다. 또한 '어떤 것'을 얻거나 수행하기 위하여 무언가를 시도하는 것은 act이지만, 그 '어떤 것'을 단순히 생략하는 것은 act가 아니다. 이것들은 행동에 대한 철학적 개념논의에서 '한다, 믿다, 의도하다, 의미하다' 등과 같은 정신적 행동(mental act)과 '의도, 목적, 의식, 의지, 의욕, 선택' 등과 같이 자발성에 기반을 둔 인간행동(human action)의 차이점을 설명하는 데 활용되고 있다.

act는 '그 무엇'을 생산하거나 그것이 일어나는 원인이 되도록 만든다. 반면에 action은 '그 무엇'에 대한 일종의 동인(bringing)으로 볼 수 있다(A.R. White, 1970: 2). 예를 들어 표현, 사고, 가창(歌唱) 등은 action인 반면, 표현력, 사고력, 가창력 등은 act가 되는 셈이다. 이러한 인간행동은 자발적이건 아니건 성장하거나 진보를 위한 이유나 목적을 지니고 있다. 그렇다고 해서 인간의 모든 행동이 자발적, 의도적, 목적지향적, 의식적인 것만은 아니다(A.R. White, 1970: 8).

칸트는 오로지 이러한 행위/행동을 통해서 타인을 이해하고 행위/행동을 통해서 자신을 배운다고 주장했다(A. Schopenhauer, 2004: 104에서 재인용). 물론 그가 규정한 행위/행동은 언어적 측면과 비언어적 측면을 모두 포함하며, 그리하여 듀이(J. Dewey), 아렌트, 홉즈(T. Hobbes) 등은 그의 주장을 확대 수용하였다. 우선 듀이는 '행위를 통하여 인간성이 구현되고 행위를 통하여 인간성이 드러난다고 아주 요연하게 양자 간의 관계를 설명했으며 그 중간을 매개하는 것이 바로 습관과 교육'이라고 하였다(J. Dewey, 1982: 222). 또한 아렌트에 의하면 누구나 '말과 행위 속에서 그의 인격이 드러난다.', '인간의 활동 중에서 행위만큼 말을 필요로 하는 것은 없다.', '말과 행위로서 우리는 인간세계에 참여

한다.', '말과 행위는 사람들 사이에서 이루어지며 사람을 지향한다.'고 하였다
(H. Arendt, 1996: 235-243). 그녀는 언어와 행위의 필요성과 유용성을 다음과
같이 더욱 확대하여 설명하고 있다.

> "말과 행위는 유일한 차이성을 드러낸다. 사람은 말과 행위를 통하여 내가
> 다른 사람과 다르다는 것을 뛰어넘어 능동적으로 다른 사람과 자신을 구
> 분할 수 있다. 말과 행위는 인간이 물리적 대상으로서가 아니라 인간으로서
> 서로에게 자신을 드러내는 양식이다 … 이러한 참여는 제2의 탄생과 비슷
> 하다."(H. Arendt, 1996: 236-237).

> "모든 인간 활동은 사람들이 공동으로 살아간다는 사실에 의해 조건 지어
> 져 있지만 인간사회를 벗어나서는 상상조차 할 수 없는 것은 오로지 행위
> 뿐이다 … 행위만이 오로지 타인의 지속적인 현존을 자신의 전제조건으로
> 삼는다."(H. Arendt, 1996: 74).

또한 그녀는 '사람들은 행위하고 말하면서 자신을 보여주고 능동적으로 자신
의 고유한 인격적 정체성을 드러내며 인간세계에 자신의 모습을 나타낸다.'고
하였다(H. Arendt, 1996: 239). 결국 개별인간의 내재된 인성은 그가 구사하는 행
위와 언어에 의하여 객관적으로 확인되거나 비교, 검증될 수 있다. 한편 홉즈는
'인격이란 그의 말이나 행위가 그 자신의 것으로서 또는 그것들이 사실이거나
꾸며서든지 간에 귀속되는 어떤 다른 사람 또는 어떤 다른 것의 언어나 행위를
표시하는 것'을 말한다.(T. Hobbes, 1982: 249-250)고 정의하였다.

홉즈의 인격에 대한 논의에서 우리가 주목할 것은 인격의 이중성이다. 즉,
그는 말이나 행위가 그 자신의 것으로 생각될 때 이를 자연적 인격이라 부르며,
또 그것들이 타인의 말과 행위를 나타내는 것으로 생각될 때 그것을 가상적 혹
은 인위적인 인격이라 부른다(T. Hobbes, 1982: 250). 우리는 종종 인위적인 인
격을 자연적인 인격인 양 거짓으로 연기하는 경우(사기꾼이나 정치인의 경우가
가장 전형적임)를 쉽게 목격한다. 이러한 문제에 기인하여 '인간의 모든 행위가
선(善)하고, 유용하고, 바람직한가?'라는 행위의 유·무익성 문제가 생긴다.

아리스토텔레스는 그의 탁월한 『윤리학』을 논함에서 유의한 행위와 무의한 행위를 분명히 구별할 수 있다고 주장하였다(Aristoteles, 1994: 60-65). 유의적 행위란 그 행위의 발단이 행위자 자신에 속해 있고 그가 그 행위를 에워싼 특유한 상황을 잘 알고 있는 경우다. 반면에 무의적 행위는 외부의 권력이나 강제에 의하거나 개인의 무지에 의하여 비롯된다. 여기에서 강제적이라 함은 어떤 행위가 이루어지는 발단이 외부에서 주어지는 경우를 말한다. 어느 경우든 유의적이라는 말과 무의적이라는 말은 행위를 하는 순간과 관련시켜 사용하여야 한다.

따라서 개별인간의 행위에 관한 한 행동주의심리학에서는 유의(有意)한 행위, 행동과학/인간행동학에서는 유익(有益)한 행위와 관련된 것들에 주목하게 된다. 이것은 아리스토텔레스가 인격이란 도덕적이고 올바른 방식으로 행동하도록 정해진 성향(M. Borba, 2005: 9에서 재인용)이라고 한 점을 온전히 수용한 결과다. 여기에서 인격적 행동의 정향성이란 말은 곧 행동의 유의성과 같은 의미다. 그러나 유의한 행동을 지향해야 하는 행동주의심리학이나 인간행동학이 왜곡되거나 변질되어 학교현장을 지배할 때 (예를 들어 시험, 검사, 평가 등과 같이 인간행동에 대하여 탈가치 혹은 가치중립적인 기제를 중요하거나 필요한 것으로 취할 때) 인격, 인권, 인성의 교육도 동시에 심각하게 왜곡된다. 이 점이 행위와 관련지어 인성교육을 논의할 때 반드시 고려해야 할 사항이다. 아래와 같은 동양의 지혜를 다시 한 번 음미하면서 인성교육을 설계할 필요가 있다.

> "유교적 덕성은 사회적 교육을 통해 얻어지는 것이라고 하겠지만 유학자들은 아주 일찍부터 그 덕성이 타고난 것이라는 의견에 동의하였다. 이에 유교적 도덕의 삶은 인간이 지향해야 하는 단 하나의 목표가 되었으며, 덕성의 성취와 그에 입각한 (실천적) 행위는 어떤 이익이 수반되지 않더라도 그 자체로 즐거운 인생의 목적으로 간주되었다."(김낙진, 2004: 141).

2) 좋은 선택

사토 도미오(S. Domio)는 인간의 선택에는 좋은 선택과 나쁜 선택이 있는데 반드시 하나를 선택해야 한다면 더 좋은 상태로 이끌어 갈 수 있는 선택을 해야 하는데, 올바른 선택을 할 수 있는 힘이야말로 인간이 지닌 가장 위대한 힘이라고 역설했다(S. Domio, 2007: 24). 이는 지극히 당연한 주장이며 지극히 정상적인 논리다. 그러나 정작 인간은 누구나 선택의 순간에 이러한 아주 평범한 메시지를 깜빡 잊고 자신도 모르게 비이성적, 비인간적인 선택행위를 하는 경우가 허다하다. 인간의 유의적 행위와 무의적 행위를 구분하여 논의한 아리스토텔레스는 행위보다 더 우선해서 고려할 점은 선택의 문제라고 보았다. 그의 『윤리학』에서 이러한 선택은 덕성과 가장 긴밀한 관계가 있다. 왜냐하면 사람들의 여러 가지 성격(인성)을 알아내는데 그가 행한 것보다 그가 한 선택을 알아보는 것이 더 낫기 때문이다.

　대부분의 사람들은 무의적인 것을 배제하고 유의적인 것을 선택하는 것처럼 보인다. 그러나 아리스토텔레스는 '선택은 유의한 것처럼 보이나 사실은 유의적인 것과 동일하지 않으며 유의적인 것보다 훨씬 범위가 넓다.'고 하였다(Aristoteles, 1994: 66). 왜냐하면 유의적인 행동은 미숙한 아동이나 동물에게도 찾아볼 수 있지만 선택은 그렇지 않기 때문이다. 우리는 건강하기를 바라지만, 건강을 위한 행위 뿐 아니라 건강을 해치는 행위도 선택하게 된다. 아리스토텔레스에게 선택이란 우리의 힘이 미칠 수 있는 것들이다. 그는 분노나 욕정 같은 격동에서 비롯된 행위는 선택에서 비롯된 행위와 거리가 멀다고 했다. 또한 선택은 억견(넓게는 의견)과 분명히 다르다는 점을 다음과 같이 설명하였다.

"억견은 참이냐 아니냐에 따라 구분이 지워지며, 좋고 나쁜 것으로 구분되지 않으나 반면에 선택은 이와는 달리 좋고 나쁜 것에 따라 구분된다. 그러므로 누구도 전반적으로 선택은 억견과 다르다고 말하지만 실상 선택은 어떤 종류의 억견과도 같지 않다. 왜냐하면 선악 간에는 어느 것을 선택함으로써 그가 어떤 성격을 가진 사람이라는 점이 드러나지만 어떤 억견을 갖고 있다고 해서 그렇게 되는 일은 없기 때문이다. 그리고 우리는 선악 중에서 어느 것을 취하거나 버림으로써 (개별적인 차원의) 선택행위를 한다."
(Aristoteles, 1994: 68).

그의 『윤리학』에서 선택 문제에 대한 논의의 핵심은 '그것이 참이냐? 아니냐?'와 같은 도덕적 인지보다 '그것이 좋으냐? 나쁘냐?'라는 도덕적 판단과 태도를 바탕으로 (공적 강제나 간섭 없이) 자의적으로 선택한 유의한 행위에 초점을 맞추어야 한다는 사실이다. 그는 선택이 의견보다 앞서는가 아니면 선택에 의견이 따르게 되느냐의 문제는 크게 중요하지 않다고 여겼다. 오히려 그가 초점을 맞춘 것은 선택이 어떤 의견과 일치하는지의 문제다. 그러나 우리 교육현장에서 실제로 이루어지는 도덕(인성)교육장면을 보면 억견(의견)이 행위보다 선위(先位)적인 것처럼 교활하게 교사(敎唆)하고 있으며, 유의한 선택을 지향하는 개인의 행위나 그 결과에 대하여는 아무런 관심을 기울이지 않는다. 이것이 바로 학교교육을 통한 인성교육의 무용론을 주장하는 근거다.

3) 좋은 습관

리코나(T. Lickona)는 성공적인 학교 인성교육을 설계하는 데 필요한 세 개의 영역과 각각의 하위 구성요소(가치덕목들)를 다음과 같은 등가(等價)배열로 조직화하였다(T. Lickona, 1992: 53-56). 아래 [표 3-1]에서 우리가 주목해야 할 것은 각각의 도덕 영역에 대응하는 습관의 양상들이다. 한마디로 도덕이나 인성은 습관의 구성체다. 리코나는 습관이란 정형화된 장면은 물론 비정형적 장면에서 직면하게 되는 갖가지 선택의 순간에 진실, 신실, 전심, 대담, 친절, 공정 등을 바탕으로 자신이 행위/행동하도록 만드는 깅력힌 힘이리고 히였다(T. Lickona, 1992: 61-62). 리코나는 인성교육이 행위-선택-습관의 홀리스틱한 구조를 통해 이루어질 수 있다고 본 선구자다.(비록 그가 학교교육장면을 중심으로 이러한 구조를 설명한 한계가 있을지라도)

표 3-1 훌륭한 인격형성의 영역

영　역	선(善)의 측면	구성요소	습관의 측면
도덕적 인지	선을 아는 것	도덕적 인식, 도덕적 가치 인식, 관점 수립, 도덕적 추론, 의사결정, 자기인식	사고습관

도덕적 감정	선을 바라는 것	양심, 자긍심, 감정이입, 선함을 사랑하기, 자기통제, 겸양	심정습관
도덕적 행동	선을 행하는 것	수행능력, 의지, 습관	행동습관

듀이는 이러한 습관이 지닌 다이내믹한 힘에 대하여 '습관들 서로 간의 연속성과 결부해서 생각해 보면 성격과 행위, 동기와 행동, 의지와 행실의 통일성이 명백해진다.'라고 설명하였다(J. Dewey, 1982: 222). 따라서 우리는 습관의 투영력과 습관들 사이의 포섭관계를 결코 무시해서는 안 된다. 좋은 성격(인성)과 좋은 덕을 연결하는 고리는 바로 (좋은) 습관이다. 그것은 선천적인 지능, 재능, 인지적 성취, 사회적 지위와 무관한 일종의 비(非)교육적인 성과다. 극단적으로 말하면 개인의 습관은 결코 공적 기제(학교)에 의하여 교육되지 않는 지극히 사적이며, 개인적이며, 개별화된 성격이나 성품이 지향하는 성향의 결과다.

"습관은 행동이다. 행동이 모여 습관이 된다. 사람은 이러한 습관에 따라 (서로 다른) 시간, 장소, 환경 속에서 좋고 나쁨의 성질이 바뀔 수 있다. 결국 인생이 곧 습관인 셈이다."(B. Landon, 2006: 34).

"성격은 기본적으로 습관의 합(合)이다. 습관적인 행동방식이 바로 개인의 성격이다. 습관이 성격을 결정한다."(J.D. Hodge, 2008: 24).

"습관은 사람의 생각과 행동의 지도자다. 습관이란 오랜 시간에 걸쳐 형성된 쉽게 변하지 않는 동작, 생활방식, 사회풍조 등을 의미한다. 사실 넓은 의미에서는 이것 이외에도 인류의 모든 우수한 특성들까지도 포함한다. 즉, 습관은 지식, 기교, 염원 등의 혼합체인 것이다. 모든 일의 성공에는 좋은 습관이라는 기초가 반드시 필요하다. 습관이 말을 하는 것은 아니지만 그것은 우리 행위의 대변인과도 같다."(박금실, 2011: 21).

"인격을 받쳐주는 최선의 지주는 바로 습관이다. 그 습관에 따라 의지의
힘은 자비심 많은 지도자를 만들거나, 잔혹한 독재자를 만들기도 한다. 우
리들은 습관에 대해 그것을 즐거운 마음으로 기꺼이 따르는 신하가 되기도
하고 맹종하는 노예가 되기도 한다. 습관은 선한 길을 걷는 사람에게 힘을
주기도 하며, 파멸의 길로 사람을 내몰기도 한다."(S. Smiles, 2013: 114).

습관과 덕(인격)의 관련성에 대한 아리스토텔레스의 논의에 의하면 덕에는
두 가지가 있는데 그것은 이지적인 것과 윤리적인 것이다. 이지적인 덕은 대체
로 교육에 의하여 발생하기도 하고 성장하기도 하지만(그러므로 경험과 시간이
필요하다) 윤리적인 덕은 (좋은 행위의 선택에 의한) 습관에서 비롯된다. 이지적
인 에티켓(도덕적, 윤리적)이라는 말은 윤리적인 에토스(관습 혹은 습관)라는 말
을 변경시켜 만든 것이다(Aristoteles, 1994: 38). 덕이란 정의(情意)도 능력도 아
닌 성품(인성의 한 차원)이다. 그러므로 좋은 습관으로서의 덕은 재능이나 능력
의 문제가 아니다.

누구에게나 미덕을 만드는 것은 정당하고 절도 있는 행동으로 이루어진 습
관이며 이것은 한 개인의 삶 이상의 범위까지 그 영향력을 발휘한다(J.D. Hodge,
2008: 25). 왕옌밍(王彦明, 2008)의 말처럼 습관은 과학도 바꿀 수 없다. 그러므
로 학교교육에서 아무리 이지적 덕을 중요한 것으로 간주한다 할지라도(왜냐하
면 덕을 정의나 능력으로 보려는 경향 때문에 비롯되는) 공적 간섭이 배제된 개인
의 습관에서 비롯되는 윤리적 덕의 중요성은 반드시 그 이상의 가치가 있어야
한다. 그런데 여기에서 습관의 자율성과 타율성의 문제가 제기된다. 이 점에 대
하여 아리스토텔레스는 다음과 같이 설명하고 있다.

"청소년 시절의 올바른 성장과 교훈을 받는 것만으로 충분하다고 볼 수
없으며, 어른이 되어서도 이것들을 실천해야 하며, 또한 그것이 하나의 좋
은 습관이 되어 있어야만 한다. 그러므로 이를 위한 법률이 필요하다. 왜냐
하면 거의 모든 사람들은 가르침에 의해서보다 마지못해 따르게 되며 또한
고귀하고 아름다워서가 아니라 처벌이 두려워 따르게 마련이기 때문이다."
(Aristoteles, 1994: 315).

좋은 습관형성의 자율성과 타율성에 대한 아리스토텔레스의 논란은 여전히 지속되고 있다. 쇼펜하우어는 인간에게 내재된 근본동인이 이기주의(반(反)도덕적 동인)이기 때문에(A. Schopenhauer, 2004: 139) 이에 대한 적절한 대응기제의 필요성 제시로 아리스토텔레스의 논의를 창조적으로 계승하기도 하지만, 반대로 아리스토텔레스에 대해 비판적인 입장인 니일(A.S. Neill)과 같이 참교육(반(反)공교육)을 주창하거나 실천하는 사람들은 좋은 습관형성의 타율성이 지니는 교육적 역기능에 주목하는 경향이 많다. 따라서 우리는 인성교육과 습관과의 관련성을 고찰할 때 두 가지 사실을 유의해야 한다. 첫째, 쇼펜하우어가 주장하듯 개인적으로 이루어지는 도덕적 동인은 자신의 의지를 움직이는 모든 동기와 마찬가지로 반드시 저절로 나타나는 어떤 것이어야 한다(A. Schopenhauer, 2004: 67). 둘째, '개인의 좋은 습관을 형성시킬 수 있다는 공적 담론에 선행해야 할 것은 사회적 인성으로서의 아비투스(habitus: 부르디외(P. Bourdieu)가 사용한 개념으로 특정유형의 환경을 구성하는 조건에 의해 생산되는 것으로 실천과 재현을 발생시키고 구조화하는 원칙)가 형성되어 있어야 한다.'는 사실을 명심해야 한다.

최근 우리나라에서는 '인성교육진흥법 제정, 세계 최초 인성교육 의무화, 각급 학교에서 표준화된 인성검사 실시, 인성평가지표 개발연구, 인성교육 인증제 실시 … 휴마트 인성스쿨 개교, 인성교육대상 시상, 교원양성과정(유치, 초등, 중등 모두) 및 임용고사에서 인성요소 반영, 대학입학전형에 인성요소 반영, 대학생 인성교육 강화 … 각 기업들 스펙 안보고 인성평가로 인재선발' 등 대한민국은 현재 가정, 사회, 학교, 기업체마다 온통 인성 열풍으로 홍역을 앓고 있다. 모든 현상의 저변에는 이렇게 하면 모든 자녀, 학생, 시민, 직장인이 좋은 인성, 훌륭한 인격을 갖춘 사람들이 될 것이라는 어처구니없는 환상이 자리하고 있다.

제대로 된 인성교육프로그램을 디자인하는 데 필요한 것은 도덕적 교육력보다 더 중요한 도덕적 상상력이다(R. Coles, 1997). 올바른 인성형성은 결코 도덕적 교육의 전유물이 될 수 없으며 되어서도 안 된다. 그렇다면 도덕적 교육력을 대신해야 하는 도덕적 상상력이란 무엇인가? 그것은 인성형성이 반(反)교육, 비(非)교육, 탈(脫)교육 장면이나 상황을 통해 단속(斷續)적으로 이루어지고(앞서 살펴본 행위-선택-습관의 메커니즘을 통해서) 또한 그러한 형성은 입체적으로 구조화된 학교장면이 아니라 비록 사소할지라도 일상사를 통해 다중의 층위와 다양한 양상으로 구현된다는 점을 인정하는 것이다.

아무리 뛰어난 학자나 정치가라 할지라도 이 사실을 인정, 고백, 결단하기란 쉽지 않을 것이다. 공적 간섭으로서의 학교교육을 통해 인성이 지적으로 조직화, 연속성, 객관화되었다고 해서 좋은 사람, 훌륭한 사람이라고 부르지 않는다는 사실을 잘 아는 사람들이 공권력의 비호아래 여전히 인성(교육)을 조작적 차원에서 다루고 있다. 그들이 인성교육을 위한 도덕적 상상력을 갖추고, 사사로움을 버린 참된 리더십을 복원하기 전에 학교 인성교육은 희망이 없을 뿐 아니라 오히려 기존의 인성수준마저 갉아 먹는 해충이 될 수 있다.

2 인권과 인성교육

인권과 인성의 프레임으로 들여다 본 학교의 현실은 여전히 사각지대다. 푸코(M. Foucault)가 학교, 교도소, 정신병원, 군대를 탁월한 통제메커니즘으로 파악한 것은 여전히 유효하다. 인식론의 역사상 최초로 학생인권 담론이 시작된 이래 여전히 학교는 변한 것이 하나도 없다. 물론 문화와 역사, 민족성의 차이에 따라 그 강도와 방식에 차이는 있을 수 있다. 그러나 지금 우리가 주목하는 것은 바로 우리나라다. 미(美)군정 이후 입시문화의 정당성과 전통적인 권위주의(형식주의)의 이중주로 인해 학생들은 여전히 인권으로부터 소외되어 있고, 이곳저곳에서 학생인권 운동이라는 이름으로 전개되는 학생인권 바로잡기 상황 속에서도 학교는 여전히 변한 것이 없다. 이러한 현상의 본질은 무엇인가?

오늘날 어느 국가나 문화에서도 입시제도 혹은 입시문화는 실재(實在)한다. 그러나 유독 극동아시아의 사회풍토에서 대학입시제도라는 괴물의 실체에 종속된 채 학생인권의 거부와 옹호의 갈등이 지속되고 있다. 이러한 국면 속에서 모든 학생들은 물론 학부모들조차 순종과 저항, 순응과 반항의 중간지대에서 혼란과 자조(自嘲)의 삶을 이어가고 있다. 통제기관으로서의 학교는 질서에 대한 편집증 내지 강박증을 여전히 유지하고, 이러한 학교병리에 학생들도 적응과 부적응의 적응병리를 재생산하고 있다. 다시 말해서 규칙과 질서에 적당히 적응할 것인가? 아니면 소위 엇나갈 것인가?의 심리적 줄다리기를 지금도 지속하고 있는 실정이다.

이러한 상황에서 학생인권과 인성의 논의는 어찌 보면 사치다. 한마디로 인간/교육적 모순이 지배하는 상황에서 학생인권이나 인성에 대한 공적(公的) 논의나 정책입안은 허구요, 기만일 뿐이다. 학교를 둘러싸고 있는 각종의 규율과 규제는 인권침해의 일상적인 장치로 작동하고, 어찌된 영문인지 의식 있는 기성인들조차 이러한 왜곡된 장치들에 대하여 애써 외면하고 있다. 이 장치 속에서 학생들의 영혼은 물론 신체마저 정복당하고 있다. 허울 좋은 체육, 가식적인 음악과 미술교육은 오히려 학생의 인권을 더욱 옥죄이는 필요악으로 기능하고 있다. 더욱이 각종의 검열시스템은 외현적으로 세련된 통제처럼 기능하지만, 현상학적으로 보면 학교의 안정성 나아가 사회의 안정성을 유지하려는 교묘한 장치다. 나아가 드러난 말, 보이지 않는 언어의 폭력들이 학교 안에서 난무하고 심지어 상징적, 심리적 폭력이 어우러져 학교는 일종의 '폭력 콘서트장'이 되어버린 지 오래다.

오늘날 우리 사회에서 학생인권 옹호가 아니라 인권박탈 내지 침해의 메커니즘이 가능한 핵심적인 기원(起源)은 일제(日帝)의 잔재로 유산처럼 잔존하는 권위주의, 관료주의, 형식주의다. 교육민주화가 이루어졌다고 호도하는 지금 이 순간에도 도처에서 학교 마음대로, 교장 마음대로, 이사장 마음대로 학교는 굴러가고 있으며, 학생참여가 철저히 배제된 채 오로지 공권력만이 자의적으로 결정한 공교육과정은 정확하게 잘 지켜지고 있다. 이 속에서 학생들은 인권배제와 소외의 모순된 길을 지극히 당연한 것으로 여기며, 또한 습관처럼 자신의 인권 포기를 당연시하며 오늘도 학교생활을 영위하고 있다. 학생자치라는 이름으로 운용되는 갖가지 활동이나 역할들이 과연 학생들로 하여금 자치, 자활, 자율, 자생의 역량을 도모하는 데 기여하고 있는가? 불편한 진실이지만 강요된 자발성, 억눌린 자치역량이 학생들의 현실일 것이다.

학생들은 학교교문을 나서는 순간 전혀 다른 존재로 살아간다. 반(反)교육적인 학교규율과 비인간적인 입시문화의 억눌림에서 비롯된 온갖 트라우마를 의도적이든 즉흥적이든 잊으려고 갖가지 몸짓으로 무한대의 자유를 꿈꾸기도 하고, 실제 일탈행동으로 학교 밖에서의 사회생활을 보여준다. 이는 기성인과 기성문화에 대한 강렬한 저항의 몸짓이요, 자유를 꿈꾸는 몸부림이다. 인권은 비단 학생들에게만 국한된 문제가 아니라 인간생존의 본질과 관련된 현상학적 문제다. 인권은 인류보편의 언어다. 아리에스가 주장한 『아동의 탄생』은 어쩌면 인권의 탄생이기도 하다. 아동(학생)의 탄생은 기성인에 의한 작의적인 보호대상으로부터 자율적, 독자적, 창조적 권리의 주체로 거듭나는 일종의 '인간현상'이다.

그러므로 학생인권이나 인성은 주어진 권리라기보다 획득한 권리가 되어야 한다. 그럼에도 불구하고 마치 기성인의 너그러운 시혜(施惠)에 의하여 학생인권이 보장된 것처럼 여기는 세력이 있다. 학생은 단순히 학생이 아니라 이미 인간이다. 여학생도 아니고 남학생도 아닌 모두 인간이다. 시골학생도 아니고 서울학생도 아닌 모두 인간이다. 인권의 문제는 바로 여기서 출발해야 한다. 인간으로서의 보편성을 담지(擔持)한 학생으로 이해하지 않는 한 여전히 학생은 인권사각지대에 머물 수밖에 없을 것이다. 그렇다면 소중한 학생인권을 옹호, 수호, 보호하기 위한 자구적인 노력은 어떻게 이루어져야 하는가?

본질적으로 참여와 연대는 적극적 행위의 산물이다. 행동 없는 의식이나 행위 없는 주장은 아무런 성취도 이룰 수 없다. 학생을 넘어 청소년인권은 주도적이고 능동적인 참여와 연대를 통하여 그 성과를 거둘 수 있다. 그것은 철저히 자생적이고 자발적인 의식과 지향성을 기반으로 이루어져야 한다. 공권력이 개입되거나 의례적으로(들러리로 참여하는) 이루어지는 참여나 연대는 기득권이나 권력에 조종당하는 수준에 머물 것이다. 청소년인권의 진정한 완성은 청소년의 참여나 연대에 의하여 완성될 뿐 관련법 제정이나 허울뿐인 학교교육과정을 통하여 이루어지지 않는다.

그렇다면 청소년의 본유성, 고유성, 독자성을 지키기 위한 참여와 연대란 무엇인가? 그것은 그들 안에 내재된 잠재된 힘의 표현일 뿐 기성인이 예단(豫斷)하거나 재단(裁斷)하는 성질의 것이 아니다. 학생이나 자녀를 하나의 인격체로 존중하는 부모나 교사의 태도는 결코 자신들의 시각이나 기호(嗜好)에 의하여 자신의 학생이나 자녀를 응대하는 것이 아니라, 그저 자연의 법칙에 근거하여 그들과 동화(同和)되는 것이다. 일찍이 루소나 케이, 몬테소리 등이 주창한 아동의 본유성, 고유성이 바로 이러한 사실에 기반을 두고 있다.

청소년인권과 참여에 대한 담론의 핵심은 무엇인가? 그것은 사람에 대한 존중과 배려의 심층적 의식과 행위(하비투스)에 기반을 두어야 한다는 사실이다. 그것은 결코 가장되거나 실정법에 의하여 지배당하지 않고 진실을 바탕으로 한 인간에 대한 예의와 경외심이다. 오래 전부터 우리 사회에서는 '청소년은 미래 사회의 주역'이라고 호들갑스럽게 떠들지만, 과연 우리 사회는 이러한 도그마를 진심으로 인정하고 용인하는 성숙한 시민의식을 갖추고 있는지 자성(自省)할 때다. 앞서 논의한 바 있듯이 기성인의 성숙한 반성의식에 바탕을 둔 '사회적 인성'이야말로 청소년에 대한 배려와 존중의 의식이 배양되는 큰 터전이 될 것이다. 학생의 인성이나 인성교육을 논하기 전에 가정의 인성, 사회의 인성, 민족의 인성, 정치인의 인성, 기업인의 인성(Homo symbious)이 오히려 더 중요하고 긴요한 전제조건임을 인식하고 문제해결을 위한 구체적인 행동을 보여줄 때야 비로소 온전하게 학생인권과 참여 문제가 해결될 것이다.

참고하거나 더 읽을 책

고요한(2014). "인내경 연구: 인내에 대한 내러티브의 교육인간학적 의의". 인격교육학회. 인격교육. 8권 3호. pp. 89-115.

고요한(2013). 가르침의 교육현상학적 이해. 서울: 학지사.

고요한(2013). "Lickona의 인격교육론에 대한 조직교육학적 재구성". 인격교육학회. 인격교육. 7권 2호. pp. 5-26.

김낙진(2004). 의리의 윤리와 한국의 유교문화. 서울: 집문당.

박금실(2011). 성장하는 세 가지 힘. 서울: 스타북스.

Arendt, H.(저), 이진우, 태정호(역)(1996). 인간의 조건. 서울: 한길사.

Aristoteles(저), 최민홍(역)(1994). 윤리학. 서울: 민성사.

Borba, M,(저), 현혜진(역)(2005). 도덕지능. 서울: 한언.

Coles, R.(저), 정흥섭(역)(1997). 도덕지능(MQ). 서울: 해냄.

Davidson, D.(1982). *Essays on Actions & Events*. Oxford University Press.

Dewey, J.(저), 신일철(역)(1982). 인간성과 행위. 서울: 삼성출판사.

Domio, S.(저), 이수미(역)(2007). 선택. 서울: 대교베텔스만.

Hobbes, T.(저), 한승조(역)(1982). 리바이던. 서울: 삼성출판사.

Hodge, J.D.(저), 김세중(역)(2008). 습관의 힘. 서울: 아이디북.

Kant, I.(저), 전원배(역)(1982). 순수이성비판. 서울: 삼성출판사.

Landon, B.(저), 류건(편역)(2006). 습관의 법칙. 서울: 바람.

Lickona, T.(1992). *Education for Character:* How our schools can teach respect and responsibility. New York: Bantam Books.

Schopenhauer, A.(저), 김미영(역)(2004). 도덕의 기초에 관하여. 서울: 책세상.

Smiles, S.(저), 강형구(역)(2013). 인격론. 서울: 해피 & 북스.

White, A.R.(ed)(1970). *The Philosophy of Action*. Oxford University Press.

王彦明, 宿春礼(저), 김락준(역)(2008). 습관. 서울: 예문.

제4장

리코나의 인격교육론

본 장에서는 리코나(T. Lickona)가 제시한 도덕 및 가치 기반의 인격교육론에 대하여 교육인간학적으로 재구성하고, 비교교육학적 연구방법을 통해 그의 이론을 비판적으로 분석하였다.[1] 리코나는 뉴욕주립대학교에서 심리학을 전공하여 박사학위를 받았고 모교에서 교육학과 교수로 재직하면서 저술은 물론 대중 및 방송 강연회 등 다양한 사회활동을 통하여 인격 및 도덕교육의 공론화 및 보편화에 앞장서고 있다. 이 글에서는 그의 저작물 중에서 특히 『Education for Character』(1992), 『Raising Good Children』(1983)을 중심으로 분석하였다. 그의 저작물이나 강연회가 주목을 받게 된 배경에 대하여 박장호 등(1998)은 다음과 같이 설명하고 있다.

> "1980년대 중반 이후 미국에서는 인격교육이 각광을 받고 있는 가운데 도
> 덕교육에 대한 새로운 접근법으로 크게 부각되고 있다. 리코나 교수도 이러
> 한 인격교육 사조를 선도해 가고 있는 대표적인 인물 가운데 한 사람이다.
> 그러나 도덕교육에 대한 리코나의 입장은 포괄적이고 통합적이라는 데 그

---

1 고요한(2013). "Lickona의 인격교육론에 대한 조직교육학적 재구성". 인격교육학회. 인격교육. 7권 2호. pp. 5-26을 수정 보완한 것임.

특징이 있다. 그는 전통적 형태로서의 인격교육으로 되돌아가야 한다는 보
수주의자들의 논리에도 반대하며, 도덕교육의 목적은 아동의 도덕적 추론
능력을 함양시키는 것이라는 인지발달론자의 논리에도 반대한다. 리코나
교수는 이 양 극단의 장점들을 통합하려는 통합적인 접근을 시도하고 있
다. 또한 그는 도덕교육의 문제들을 학자들의 현학적인 논의 수준에서 대
중적인 관심사로 전환시키는 데도 많은 관심을 표명하고 있다"(박장호 외
(역), 1998: 525).

리코나가 의도하는 학교에서의 도덕 혹은 가치 교육의 최종목적은 보편적
인격의 함양이다. 그의 인격교육이론에 따르면 하나의 가치가 하나의 덕(德)이
될 때 우리의 인격은 점차 발달해 나갈 수 있다. 이 때 인격이란 도덕적 인지,
도덕적 감정, 도덕적 행동을 포함하는 통합적이면서도 복합적인 개념이며, 이는
정신의 습관, 마음의 습관, 행동의 습관이라는 용어로도 표현할 수 있다. 따라서
여기서 말하는 인격이란 추상성을 극소화시긴 행위기치들이라고 규정할 수 있다.
　　그는 이러한 인격형성의 핵심이 되는 두 가지 중요한 가치로서 존중과 책임
감을 제시하고 있다(박장호 외(역), 1998: 525−526). 한편 그의 인격교육론은 인
간의 보편적인 도덕성 발달에 대하여 체계적이고 조직적인 이론을 정립하고 보
편화시킨 콜버그(L. Kohlberg)와의 지적(知的) 교유(交遊)를 통하여 부단히 영향
을 주고받았는데, 이는 도덕적 추론을 통한 도덕교육방법론에 잘 드러나 있다.
　　최근 우리나라 교육의 최대 현안문제는 폭력으로부터 자유로운 학교문화를
구축하기 위한 인성, 도덕, 공동체교육의 필요성과 방법론에 대한 절박한 모색
이다. 역사적으로 동서양의 수많은 학자들이 도덕, 인성, 인격, 가치교육의 필요
성과 방법을 주창했고, 이것들은 정책적으로도 부단히 관심을 기울여온 주제들
중 가장 절실한 문제임에 틀림없다. 리코나의 인격교육론에 대한 교육인간학적
재구성과 비판적 해석은 학교폭력, 인성 및 가치교육, 다문화 공동체교육 등과
관련된 우리 교육의 현안문제들에 대하여 교육정책 차원에서 해결의 단초를 제
공하는 시도로서 의의가 있을 것이다.
　　기본적으로 리코나는 도덕과 가치 기반의 인격교육론을 전개하고 있다. 나
아가 이러한 도덕과 가치학습이 인지적 수준을 넘어 반드시 어떤 행위가 동반

되는 형성(formung)이라는 측면에서 교육인간학적 구조를 띠고 있음은 자명하다. 이를 이념-내용-방법의 조직적이고 체계적인 교육이론으로 재구성하면 다음과 같다.

1 인격교육의 이념

리코나는 교육의 위대한 두 가지 목표로 지적(知的)인 총명함과 도덕적 선(善)함을 제시했다. 그는 이 둘이 반드시 동일한 것이 아님을 분명히 밝혔고 이런 이유로 플라톤 이래 도덕적 선함의 교육적 필요성이 재고되어야 한다고 분석했다(T. Lickona, 1992: 6). 다시 말해 고대철학에서 광범위하게 다루어진 지식과 지성의 차별성과 공존성에 대한 담론(談論)들이 오늘날에 와서 도덕교육의 필요성과 가능성에 대한 이해의 지평으로 확대된 것이다.

특히 교육학 분야에서 이에 대한 조직적-체계적 논의는 헤르바르트(J.F. Herbart)에 의하여 수립되었다. 헤르바르트는 '일반교육학'으로 잘 알려진 조직교육학이론에서 교육의 최종목적을 도덕성으로 규정하고 있는데, 그는 도덕성을 도덕 판단, 열정, 결의, 자기강제 등의 복합체로 여겼다(김영래(역), 2006: 195). 리코나는 헤르바르트의 교육학 체계를 비교적 온전히 수용하여 교육의 목적이 도덕성에 있음을 인정하면서도 도덕성에 대한 교육적 정의(定義)가 도덕성 발달에 대한 이론적 논의보다 선행해야 함을 주장하였다. 여기서 우리는 인격교육의 이념을 모든 교육행위가 추구해야만 하는 핵심가치들(core values)이라는 개념으로 대체하여 이해할 수 있다.

이에 대한 구체적인 논변(論辨)으로 리코나는 도덕성의 핵심이야말로 존중(respect)과 책임감(responsibility)이라는 점을 분명히 했다. 특히 전자(前者)에 대하여 자신에 대한 존중, 타인에 대한 존중, 모든 생활양식과 그것을 유지하는 환경에 대한 존중을 제시했다. 이 점은 그가 주장하는 인격교육론의 이념적 지표로 그의 이론체계에서 일관성 있게 작용하고 있다. 그는 존중의 세 가지 양상에 대하여 다음과 같이 설명하고 있다(정세구(역), 1994: 24-25; T. Lickona,

1992: 43-44).

> 첫째, 자신에 대한 존중은 우리들이 나 자신과 자신의 인생을 가치 있는
> 것으로 다룰 것을 요구한다. 그렇기에 자기 파괴 행동에 빠지는 것은 나쁜
> 것이다.
> 둘째, 타인에 대한 존중은 모든 인간을 우리와 마찬가지로 가치, 권위 그리
> 고 권리를 가진 존재로 다룰 것을 요구한다. 그것이 바로 황금률, 즉 '다
> 른 사람이 너에게 해 주기 원하는 대로 타인에게 해주라!'는 것이다.
> 셋째, 모든 삶의 양식에 대한 존중은 주변의 하찮은 동물들을 잔인하게
> 다루지 않음은 물론 자연환경이나 우주에 대해서도 주의 깊게 행동하고
> 다룰 것을 요구한다.

결론적으로 리코나는 존중이라는 가치가 내포하는 도덕적 의미에 대하여 사람이나 사물이 지닌 고귀한 가치에 대하여 일종의 경의(敬意)를 표하는 것으로 민주주의의 중대한 조직 원리의 기초라고 간명(簡明)하게 정의했다(T. Lickona, 1992: 44). 그가 인격교육의 이념으로 이러한 존중과 더불어 중요하게 제시한 것은 책임감이다. 이는 도덕적 추론과 마찬가지로 아이들이 도덕적으로 행위하는 방법을 깨닫도록 조력할 수 있기 때문에 중요하다. 그는 책임감이란 존중의 확대라고 간단하게 정의(定義)한 후, 이 두 가지의 관계에 대하여 '존중이 소극적 책무성을 강조한다면 책임은 우리들의 적극적인 책무성을 강조한다.'고 설명한다(T. Lickona, 1992: 44-45). 이러한 책임감의 두 가지 양상에 대하여 그는 다음과 같이 설명하고 있다(정세구(역), 1994: 44-45; T. Lickona, 1992: 44-45).

> 첫째, 그 누구든지 책임감을 발달시키기 위해서는 스스로의 책임감을 가져
> 야만 한다. 이러한 자신에 대한 책임감은 주어진 과제를 성실히 수행하거
> 나 자신의 소유나 수입을 잘 관리하는 것, 모든 약속을 지키는 것 등과 같
> 이 다양한 양상으로 나타난다.
> 둘째, 이러한 자기중심적 책임감은 반드시 가족이나 모든 인간들에게 확대
> 된 타인지향적인 책임감이 동시에 형성되어야 하고, 이때 인격교육의 이념

적 가치로서 책임감은 비로소 온전해진다.

그의 생각에 의하면 책임감에 대한 도덕적 추론과 실천은 좋은(good) 행위는 물론 옳은(fair) 행위의 양식을 구성하는 데 필요한 학습경험이 된다. 결국 책임감이야말로 모든 관계를 온전하게 만들어주는 교육이념으로 의미가 있음을 알 수 있다. 이처럼 인격교육의 이념으로 리코나가 주장하는 존중과 책임감은 도덕과 가치 기반의 인격을 형성시키는 데 필수적이며, 이들은 모든 학습참여자에게 일종의 마음의 습관을 만들어낸다. 도덕적 추론형성을 일종의 '마음의 습관'으로 간주할 때, 존중과 책임감이라는 핵심가치야말로 이를 형성시키는 가장 근원적이고 필수적인 교육적 자원(資源)이 될 수 있다.

이처럼 존중과 책임감은 그의 표현대로 인격형성을 위하여 반드시 가르쳐야 할 위대한 가치들이다. 리코나는 이들 가치들이 보편적, 공적 도덕성의 중핵(中核)을 이룬다고 단언한다. 그것들은 모든 공동체의 선과 개인의 선을 도모한다는 점에서 객관적이며, 근거 있는 가치를 가지며, 근본적으로 이것들은 건강한 개인발달, 서로가 배려하는 관계, 인도적이며 민주적인 사회, 공정하고 평화로운 세계를 온전하게 구현하기 위하여 절대적으로 필요하다(T. Lickona, 1992: 44-45). 존중과 책임감은 학생들을 윤리적으로 계몽된 존재로, 책임 있는 사회의 한 시민으로 성장시키는 요소로 학교에서 가르칠 수 있을 뿐만 아니라 반드시 가르쳐야만 할 가치들이다(T. Lickona, 1992: 43).

2 인격교육의 콘텐츠

1) 도덕적 가치

인격교육을 위한 교수-학습 콘텐츠, 즉 도덕적 가치들은 무엇인가? 이는 학자(연구자)별, 국가상황별, 대상별 특수성이 실재(實在)하기 때문에 주관성에 기반을 둔 채 보편성을 주장하거나 합의를 종용하는 것이 무리이고 모순이다. 이

를 고려하여 리코나는 도덕교육을 위한 핵심가치로 1983년 발간한 저서에서는
존중과 책임 이외에 다음의 18가지를(정세구(역), 1994: 395-415) 제시하였고,
1992년 발간한 저서에서는 몇 개의 가치들을 추가로 제시하고 있다(T. Lickona,
1992: 44-45). 리코나는 아래의 모든 가치목록을 존중과 책임감으로부터 파생
된 것으로 여긴다.

표 4-1 인성교육을 위한 도덕적 가치들(1983년 발표)

핵심가치	교육목표
자신감 (believing in Yourself)	생산적인 삶을 위한 긍정적인 자기개념의 형성
용기(courage)	실패상황을 극복하기 위한 일종의 회복탄력성으로 개인적 위험 혹은 사회적 고난에 직면하여 올바른(fair) 것을 행할 수 있는 도덕적 용기를 갖춤
탁월함(excellence)	완전성을 추구하는 개인적 노력의 수행
공정함(fairness)	도덕적 황금률을 배우고 이를 개인적인 갈등상황들과 사회문제들에 적용하는 방법 획득
자유(freedom)	민주주의의 초석이 되는 양대 가치 중 하나인 자유에 대한 이해를 통해 자신의 자유는 물론 타인의 자유도 존중하도록 배움
신앙(faith)	긍정적인 도덕적 가치들과 함께 인격적, 관계적으로 성장하도록 조력
용서(forgiveness)	타인을 용서함으로써 비로소 나 자신을 용서할 수 있다는 위대한 진리
겸손(humility)	자신의 잘못을 솔직히 고백하고 밝혀진 진실에 대하여 진정으로 인정하는 태도 형성
행복(happiness)	삶에서 기쁨을 누리는 마음의 습관 형성 및 행복과 선함(goodness) 사이의 관련성 이해
정직(honesty)	마음의 습관 중 가장 가치 있는 자산(資産)으로 정직함을 위한 결정적인 특질인 신실함(integrity)을 이해
사랑(love)	사랑과 공명정대함의 차이점을 파악함은 물론 미덕으로서의 사랑과 감정으로서의 사랑, 자기애(自己愛)적 사랑과 이타적 사랑의 차이점을 이해

학습(learning)	모든 학습경험은 자신을 성장시키고 변화시키는 일종의 취향임을 자각
애국심(patriotism)	자신을 초월하는 어떤 존재에 대하여 관심을 갖고 이 존재와 자신을 결부시킴
존중(respect)	존중은 도덕성 발달의 근원임을 정확하게 이해. 이는 법과 정당한 권위에 대한 존중, 인간의 권리에 대한 존중, 모든 형태의 환경과 삶에 대한 존중을 망라
죄(sin)	비록 죄 자체는 미덕이 아니지만 사람의 죄성(罪性)이나 '죄를 범하는 것이 결코 좋지 않다!'는 것을 깨닫는 것은 미덕임을 자각
스포츠맨십(sportsmanship)	자부심, 소속감, 자기단련, 도전의식을 기반으로 하는 통합적인 인성을 계발
사고(thinking)	가치갈등, 문제 장면에 기반을 둔 의사결정과정에서 자신을 참여시키고 도덕적으로 결정하게 만드는 동인(動因)
이해함(understanding)	다른 사람을 동정적으로 이해

표 4-2 인성교육을 위한 도덕적 가치들(1992년 발표)

핵심가치	교육목표
관용(tolerance)	사상, 인종, 신조가 나와 다른 사람들에 대한 공정하고 객관적인 태도임. 윤리적 판단을 피하려는 중립적인 상대주의로 흐를 위험성이 내재함. 그럼에도 불구하고 관용은 인류문명의 징표임을 이해함
사려(prudence)	우리 자신의 도덕적 혹은 신체적 위험성으로부터 거리를 두게 만드는 힘을 형성함
자기규율(self-discipline)	자기비하, 자기파괴적인 쾌락에 빠지는 것을 방지하고 우리에게 좋은 것을 추구하게 만드는 힘을 형성함. 당장의 만족을 지연시키고 우리의 재능을 계발하고 미래의 목적을 위해 우리의 삶을 성공적인 그 어떤 것으로 만들도록 해줌
상호부조(helpfulness)	친절을 행하는 데서 기쁨을 얻도록 만듦
동정(compassion)	우리의 책임이 무엇인지를 자각하게 만들 뿐만 아니라 책임의 감정을 느끼게 해줌
협동(cooperation)	상호의존성, 공존공생을 통한 생존원리를 깨닫게 해줌

리코나는 인격교육을 위한 도덕적 가치들이야말로 어떤 개인이나 집단에 의하여 독단적으로 정형화되거나 고정화시킬 수 있는 것이 아니라 공적 담론을 통해 부단히 개발해야 할 유동성, 보편성을 추구해야 하는 지향성, 학교교육을 통해 반드시 다루어져야 할 책무성 등을 함축하고 있음을 적시(摘示)하고 있다.

2) 성 모럴(Sex moral)

현대사회에서 성인은 물론 청소년들의 성 모럴 문제는 심각하다. 리코나는 이 점을 간과하지 않았다. 그는 성교육이야말로 가치교육 중에서도 가장 격론이 벌어지는 주제라고 표현했다(T. Lickona, 1992: 348). 왜냐하면 그것은 지식의 문제가 아니라 가치관의 문제이기 때문이다. 그러므로 그는 다각적인 방법으로 학교교육 프로그램을 통해 적극적으로 도덕적 차원의 성교육, 다시 말해 성애(性愛)의 도덕성을 가르쳐야 한다고 주장하였다(T. Lickona, 1992: 348). 그가 지각하는 성애교육의 필요성은 개인이 지각하는 도덕성의 주관적 가치가 '나와 너'라는 관계를 기반으로 하는 공유(共有)가치로 확대된 것 중에서 가장 분명한 것이라는 점에 기인한다. 청소년들에게 성애와 관련된 도덕적 문제를 이해시키고 성애에 대한 자제력을 계발시켜야 할 필요성은 긴박한 학교교육의 책무로 대두되고 있다.

리코나는 이러한 성애의 본질에 대하여 인간에게 성애가 지닌 감정적, 정신석 차원이야말로 바로 인간을 다른 피조물과 구별시켜 주는 가장 독특한 특징이라고 설명하고 있다(추병완(역), 2000: 45). 그는 이를 성애의 진정성이라고 표현하고 있으며 그 속에 존재하는 핵심적 가치는 기다림의 미학(美學)이다. 이것은 어떤 폭력이나 강요된 선택으로부터 최대한 자유로운 것이다. 그는 이 점을 학교에서 이루어지는 성 모럴 교육의 핵심으로 간주하고 있다.

리코나의 분석에 의하면 성애의 도덕성에 대한 교육은 크게 상대주의적 혹은 자유주의적인 접근과 금욕주의적 접근으로 대별된다(T. Lickona, 1992: 353 - 354). 도덕상대주의의 가정에 따르면 성애와 관련된 모든 것은 사적(私的)인 결정에 기반을 두고 있어서 누구든 함부로 개입하여 지도할 어떤 객관적, 합리적인 윤리가 존재하지 않는다. 그러나 그는 아무리 사적인 판단에 근거를 두고 있을지라도 인간이 행하는 모든 행위는 도덕 판단의 대상이 되어야 한다고 보았다. 또한 그는 도덕상대주의가 아닌 금욕지향의 접근법이 성애와 관련된 도덕교육과 공공정책 양자 모두의 관점에서 윤리적인 의미를 갖게 된다고 보았으며 그 내용을 요약하면 다음과 같다(T. Lickona, 1992: 354-355).

첫째, 금욕의 실천은 (금욕을 어김으로 인해 비롯되는 온갖) 마음의 상처인 상실감, 죄의식, 배반감, 억울함 등을 예방할 수 있는 최선의 방책이다.
둘째, 금욕의 실천은 인격발달의 장기적인 목표인 자기통제, 자기규율, 자기완성, 만족지연, 충동조절 등의 심리적 측면과 일맥상통한다.
셋째, 금욕 지향적 접근법은 성적 강렬함의 진실을 직시하게 만든다. 다시 말해 한 개인의 왜곡된 성 모럴로 인한 지각 왜곡, 즉 착각 유발에서 비롯된 모든 성관련 행위들이 초래하는 진실들(예를 들어 성적 착취, 성적 문란, 강간, 매매춘, 음란, 아동 성학대 등)을 올바로 깨닫게 만드는 유용성이 있다.
넷째, 학교교육을 통해 청소년들에게 금욕의 가치를 가르쳐야 한다는 확실한 신념은 학생들에게 분명한 도덕관을 심어주는 강력한 동인(動因)이 된다. 학생들은 이러한 학습경험을 통해 내면화된 신념과 가치를 형성하게 되고, 이 때 비로소 어떠한 유혹에도 흔들림이 없이 지속 가능한 성 모럴의 도덕적 가치를 견고하게 형성하게 된다.

금욕지향의 성 모럴 교육이 능사(cure-all)는 아니다. 그럼에도 불구하고 금욕의 가치가 가져다주는 참 자유의 의미를 도덕적으로 명료화하여 학생들에게 적극적으로 가르쳐야 할 책무성은 교육활동에 종사하는 모든 사람들의 몫이다. 다음의 메시지는 금욕이 주는 교육적 효과를 잘 드러내고 있다.

"금욕은 감정을 공유하고, 기술과 능력을 계발하고, 건강한 자아인식을 계발하며, 결혼에 대하여 창의적인 설계를 가능하게 만드는 (온전하고 상식적인 수준에서 용인되는) 자유를 허락한다."(T. Lickona, 1992: 357).

그렇다면 우리 사회에서 이루어지는 성 모럴 교육의 현실은 어떤가? 정치경제적 자유주의 풍토는 도덕적 자유주의에 영향을 미치게 되고, 이는 학교교육에서 이루어져야 할 금욕지향의 성 모럴 교육을 교묘하게 방해하고 있다. 온전하고 효과적인 성 모럴 교육을 교육과정에 녹아나게 할 수 있는 역량 부족은 물론 올바른 성문화를 가능하게 만드는 도덕적 가치들의 공유의식이 부족한 것도 사실이다.

리코나의 존중과 책임감이라는 핵심가치를 기반으로 하는 인격교육론의 교육인간학적 의의를 성 모럴 교육과 연계시킬 때 그 이념과 방법론은 자명하다. 그것은 성적 자기결정을 원칙으로 하는 성적 존중과 성적 책무성이 절대적으로 필요하다는 사실이다. 지금 우리에게 필요한 성 관련 교육은 성기(性器)의 구조나 성병의 문제가 아니라 성적 존중과 책임의 가치를 올바로 구현하기 위하여 체계적이고 현실적인 성 모럴 교육콘텐츠를 과감하게 인격교육의 중요한 영역으로 편입시키는 것이다.

3 인격교육의 방법

리코나가 제시한 인격교육을 수행하는 방법은 다양하다. 그것은 크게 교수학적 방법과 커뮤니케이션 기법으로 대별되며, 특히 전자(前者)는 모본(模本)을 통한 시각적 교수, 말을 통한 청각적 교수, 생각을 통한 사색적 교수, 내러티브를 통한 감성적 교수, 가족건강성을 통한 환경적 교수 등으로 정리할 수 있다. 우선 교육적 장면(educational situation)에서 인격형성을 목적으로 하는 교수학적 방법을 분석하면 다음과 같다.

1) 교수학적 방법

이 방법들은 일반적인 교육상황이나 장면에 유용한 교수학적 기법들을 제시하는 것으로 구안되었지만 리코나는 대부분 구조적인 교육상황의 대표적인 장면인 학교를 염두에 두고 예시하고 있다.

첫째, 자녀(학생)들의 도덕적 추론을 실제적인 도덕적 행동으로 옮기도록 하는 가장 확실한 방법은 본보기로 가르치는 것이다. 이는 가르치는 사람이 아이들을 존중함으로써 존중을 가르치는 것이 무엇보다 중요하다는 것을 의미한다(정세구(역), 1994: 38).

둘째, 본보기로 가르치는 것이 중요하다 할지라도 그것만으로 충분하지 않다. 왜냐하면 아이들은 나쁜 본보기에도 노출되어 있을 수 있기 때문이다. 아이들은 어른들의 행동뿐만 아니라 말을 필요로 한다. 아이들은 어른들이 자신의 삶을 좋은 방향으로 이끄는 것을 볼 필요가 있지만 또한 '왜 인간이 그것을 행해야 하는가?'를 들어서 알 필요가 있다(정세구(역), 1994: 40, 393−422).

셋째, 모본만으로 도덕성이 중요하다는 것을 가르치는 것은 충분치 못하다. 우리들은 모든 아이들이 그것이 도덕성이든 아니든 스스로 생각하도록 가르쳐야만 한다. 리코나는 특히 도덕적 이슈들을 생각하고 토론하는 아이들이 그렇지 못한 아이들보다 도덕적 추론 단계를 통해서 더 많은 진전을 보이고 있음을 지적했다(정세구(역), 1994: 43−44, 369−392).

넷째, 아이들이 가치에 대하여 배우는 가장 즐거운 방법들 중의 하나는 좋은 내러티브로부터이다. 리코나는 좋은 책이야말로 아이들에게 그들 스스로에 대하여 믿음을 가지도록 가르칠 수 있음을 확신하였다. 문학작품을 통해 가치를 가르치는 것은 인간이 사용한 가장 오래된 가르침의 하나다. 책은 단지 동일시하고 격려를 주는 인물들을 아이들에게 제공하는 것뿐만 아니라 그들이 닮기를 열망하게끔 하는 훌륭한 인격자, 다시 말해 닮고 싶은 이상적인 인물상을 잘 보여준다. 교수학적 측면에서 볼 때 근본적으로 독서행위가 독자의 감성을 자극하는 것은 자명하다. 다시 말해 지어낸 이야기든 다큐멘터리든 독서를 통해 사람들, 특히 아이들은 영웅에 대한 갈망, 공감과 감정의 이입, 상상력 등 우리들의 감정을 강하게 흥분시키는 경험을 한다. 이처럼 비(非)구조적으로 이루어지는 감성과 감정의 학습경험은 마침내 감동으로 이어지고, 이로 말미암아 리코나의 표현처럼 악(惡)에 대한 선(善)의 부단한 투쟁을 지속적으로 탐구할 수 있게 된다(정세구(역), 1994: 416-419). 교육의 궁극적 목적은 이선승지(以善勝之)의 교훈적인 이야기들을 통해 벅찬 감동을 맛보고, 이를 자신의 행위양식에 적극적으로 반영하려는 실천적 의지를 정립하는 데 있어야 한다.

다섯째, 굳이 프로이트(S. Freud)의 정신분석이론을 끌어들이지 않더라도 아이들이 기초적인 도덕성을 추론해가는 원형(archtype)이 가정임에는 틀림없다. 리코나는 이 점을 결코 간과하지 않았다. 많은 분석가들은 물론 그 역시 청소년들의 도덕성 붕괴는 파괴적 요소의 결합, 즉 증가하는 또래의 영향과 더불어 약화되는 가족의 결속 때문이라고 믿는다(정세구(역), 1994: 49-52). 그는 가족결속(가족건강성과 가족민주성으로 이루어지는)이 좋은 아이를 키우는 데 가장 중요하다고 역설하였으며, 현대교육의 붕괴나 왜곡문제를 인식하는 누구든 그의 주장에 공감하지 않을 수 없다. 교수학적 측면에서 볼 때 약화된 가족결속이라는 환경적 변인이야말로 단순히 인격교육의 방법을 뛰어넘어 온전한(holistic) 인격교육을 수행하기 위한 효과적인 교육플랫폼(educational platform)으로서 매우 중요하다고 볼 수 있다.

2) 커뮤니케이션 기법

리코나는 도덕적 추론, 도덕적 행위의 중요한 교육플랫폼으로 가치갈등 기반의 커뮤니케이션을 설정하였다. 이러한 가치갈등 상황에 대한 커뮤니케이션의 제일원칙은 공정성의 수립 혹은 공정한 접근이다. 이는 공정한 주제 선정, 공정한 토론(혹은 의사소통), 공정성에 대한 공감 등으로 이루어진다. 이에 대한 그의 논의를 요약하면 다음과 같다.

첫째, 일방적인 부모의 견해가 공정한 커뮤니케이션의 주제가 되어서는 안 된다. 토론하고자 하는 문제에 대하여 쌍방의 견해를 유도하거나 상호 허용해야만 한다. 이 상황에서 교사나 부모는 최대한 가치중립적(value-free or on fair) 관점에서 문제를 기술하거나 자신의 관점을 제시해야 한다(정세구(역), 1994: 343).

둘째, 리코나는 일종의 단계적 절차에 따라 공정한 토론이 가능하다고 하였다. 그것은 상호이해의 획득단계, 문제해결의 단계, 종결 및 후속조치의 단계 등으로 이루어진다(정세구(역), 1994: 347). 우리가 이를 실제 장면에 적용할 때 각 단계에서 유의해야 할 주요원칙은 각각 상호성, 공정성, 지속성 등이다.

셋째, 리코나는 공정성에 대한 공감이야말로 가치갈등 기반의 도덕성 교육에서 가장 중요한 이슈임을 지적하고 있다. 그는 "공정성의 정신, 공정하고자 하는 부모(혹은 교사)의 진지한 노력이 부모(혹은 교사)가 사용하고자 하는 특별한 말보다 더 중요하다."라고 주장하였다(정세구(역), 1994: 342). 그러나 그는 '무엇이 공정한가?'에 대해서는 반드시 일치하지 않을 수도 있음을 지적하고 있다. 이 때 필요한 것은 공감적 경청이다.

리코나는 공정한 접근에 대하여 독립과 통제, 즉 독립하려고 하는 자녀(혹은 학생)의 욕망과 어느 정도 필요한 정도의 통제를 행할 수밖에 없는 부모(혹은 교사)의 책임 사이에서 일종의 균형을 맞추어 나가는 것이라고 정의(定義)했다. 동시에 이러한 공정한 접근은 자녀(혹은 학생)의 공정심을 계발할 수 있는 대화 장면 속으로 그들을 참여시키게 되는데, 이것이 장기적인 차원에서 볼 때 도덕성 발달의 가장 중요한 부분으로 작용하게 된다(정세구(역), 1994: 351).

결국 우리 아이들의 도덕성은 가치갈등 장면에 대하여 공정한 커뮤니케이션 혹은 공정한 접근의 경험을 통하여 온전하게 정치(精緻)되거나 좋은 혹은 옳은 방향으로 향상될 수 있음을 알 수 있다. 이러한 커뮤니케이션 기법은 가정장면, 학교장면 등과 같이 특수성(특수한 상황이나 장면)을 전제로 하지 않을 수 없지만 공정성 계발을 통한 인격형성이라는 보편성(일반교육이 추구하는 목적)을 감안할 때 어느 정도까지의 일반화된 지도원칙을 설정할 수 있다.

3) 학교장면에서의 포괄적/통합적 접근법

리코나는 가치교육이 절실한 현대사회에서 위의 방법들이 학교장면이라고 하는 특수한 상황에서 가장 적합하게 활용될 수 있는 방안을 구체적으로 제시했다. 그는 이에 대하여 다음과 같이 감정 섞인 어조(語調)로 대중을 설득했다.

"학생들의 삶에 좋지 못한 영향을 미치는 사회 풍토에 직면해 있는 오늘날의 시대상황 속에서 학생들의 인격을 온전하게 발달시키고자 의도하는 많은 학교들은 학교에서 이루어지는 모든 생활들의 측면을 적극 활용하는 포괄적이고 통합적인 접근이 반드시 필요하다. 이는 '존중과 책임감'이라는 두 가지 핵심가치들을 학생들의 인격형성 교육장면에 끌어 들이고, 그들의 인격 속에서 생동하는 가치가 되도록 하는 데 근본적인 목적이 있다."(T. Lickona, 1992: 68).

리코나는 가치붕괴라는 시대상황의 전환 필요성, 인격교육의 현실적 필요성, 학교교육장면에서의 가치 및 인격교육의 방법론에 대한 탐색의 필요성 등을 염두에 둔 인격교육의 방법론을 제시하면서 교실장면에서 이루어지는 교육적 상황을 인도하는 교사의 역할을 중요하게 거론하였다. 그는 학교교육의 마이크로(micro)한 측면으로 교사의 역할 9가지와 매크로(macro)한 측면으로 기관(학교)의 역할 3가지 책무에 대하여 다음과 같이 적시(摘示)하고 있다. 우선 교사의 역할은 다음과 같이 요약할 수 있다(T. Lickona, 1992: 68-70).

첫째, 교사는 학생들을 사랑과 존경으로 대하고, 그들에게 좋은 본보기가 되며, 학생들의 사회 동화(同化)적 행동들을 지지하고, 잘못된 행동들은 고쳐주도록 안내하는 역할을 수행한다. 본질적으로 교사는 배려의 제공사, 롤 모델, 도덕적 스승의 표상으로 행동해야 한다.

둘째, 교사는 학생들이 상호 간 서로 친숙하고, 원만하게 소통하고, 서로 존중하는 가운데 보살펴 줄 수 있도록 그리고 집단 속에서 자신이 소중한 구성원임을 자각할 수 있도록 조력해야 한다. 한마디로 교실은 하나의 도덕공동체로 유지시켜 나가야 한다.

셋째, 교사는 도덕적 추론, 자아통제, 타자(他者)에 대한 보편적이고 일반화된 존중의 구체적인 참여기회를 제공하기 위하여 각종 규칙을 제정하거나 이를 합리적으로 실행하는 것에 관심을 두어야 한다.

넷째, 교사는 교실이라는 장소를 다양한 학생들이 존재하고 학습하기에 적합한 장소로 만들기 위하여 학생들이 의사결정과 공유된 책임에 개입 혹은 관여할 수 있도록 지속적인 관심을 기울여야 한다. 다시 말해 민주성이 지배하는 교실장면 혹은 교실공동체를 구축해야만 한다.

다섯째, 교사는 각 교과들을 운용할 때 기본적으로 윤리적인 가치들을 조사, 탐색하기 위한 일종의 도구나 수단으로 교육과정을 설계하고 활용해야 한다. 다시 말해 교육과정 설계의 기조는 가급적이면 핵심가치 기반의 인격형성에 정향(定向)되어 있어야만 한다.

여섯째, 교사는 학생들에게 상호 조력하고 협력하는 성향과 기능들을 효과적으로 가르치기 위하여 협동학습 장면이나 상황을 의도적으로 조성해 나가야 한다. 개별학습의 특장(特長)은 유지하되 협동학습 방법에 내재된 도덕적 가치교육의 유용성을 늘 염두에 둔 수업장면을 설계 및 실행해야 한다.

일곱째, 교사가 학생들의 학업성취에 대한 책임을 져야 함은 당연하다. 그러나 더욱 중요한 것은 학습 및 과제수행과정에 필요한 학생들의 존중감을 조성함으로써 과제수행과정에 필요한 양심을 발달시켜 주도록 신경 써야 한다.

여덟째, 교사는 교실 안에서 이루어지는 독서활동, 글쓰기, 토론활동, 의사결정 훈련, 논쟁(대립적 토의) 등의 교수학적 방법을 통하여 도덕적인 측면에서 사유하도록 수업장면 참여를 적극적으로 조장해야 한다.

아홉째, 교사는 학생들이 공정성을 기반으로 폭력으로부터 자유로운 방법으로 현안문제나 갈등상황을 해결하려는 능력과 마음가짐을 지닐 수 있도록 효과적이고 민주적인 갈등해결 전략과 기법을 가르칠 필요가 있다.

학교교육에서 가치교육에 대한 포괄적 혹은 통합적인 접근을 극대화하기 위하여 기관(학교)차원에서 실천하거나 적극적으로 고려해야 할 사항에 대하여 리코나가 제시한 내용들을 요약하면 다음과 같다(T. Lickona, 1992: 70).

첫째, 기본적으로 학교는 교실장면에서 이루어지는 도덕학습을 넘어서 교실 밖에서도 이를 실천할 수 있는 네트워크나 프로그램을 개발, 실시하여 배려의 중요성을 체험으로 학습하도록 만들어야 한다. 다시 말해 타인들을 보살피는 선행을 실천함으로써 학생들에게 배려의 중요성을 체험하도록 하는 학습장면을 설계해야 한다. 이는 학교 및 지역사회 봉사활동을 위한 역할모델과 기회들을 활용함으로써 충분히 가능해진다.

둘째, 교실에서 배운 도덕적 가치들을 지지해 주고 이를 무한 확대시켜 줄수 있도록 만드는 통합적이고 유기적인 학교환경을 구성할 필요가 있다. 다시 말해 모든 학교는 행정시스템은 물론 교실장면을 망라하여 긍정과 낙관성이 지배하는 도덕공동체 문화를 창조해야 한다. 이를 위해 필요한 것은 학교장의 민주적인 리더십, 기관의 민주적인 규율 제정, 공동체의식이 지배하는 학교문화, 민주적인 학생자치활동 보장, 도덕적 관심을 제고할수 있는 시간 및 공간 설계 등이다.

셋째, 학교장면에서 이루어지는 인격교육의 완성은 학부모와 지역사회의 연대를 통하여 이루어진다. 다시 말해 학부모와 지역사회의 가용(可用) 자원들을 수업장면에 중요한 협력자로 끌어 들여야 한다. 예를 들어 학부모들이 자녀들에 대한 일차적인 도덕교사로서의 역할을 수행하도록 보장해주거나, 학부모들이 학교의 교육프로그램을 지원할 수 있도록 참여를 유도하거나 종용하는 유인(誘引)시스템이 구축되어야 한다. 비단 학부모뿐만 아니라 지역사회에 산재해 있는 다양한 교육자원들, 예를 들어 인적(人的) 자원은 물론 교육인프라를 포함한 모든 가용 자원들이 효율적인 가치교육을 위하여 학습장면에 적극적으로 활용되는 방안을 모색하는 것이 무엇보다 중요하다.

4　인격교육의 통합적 구조

리코나는 '도덕적 가치들이 학교교육에서 어떻게 수용되는가?'에 대하여 다음과 같이 설명하고 있다. 즉, 존중과 책임 그리고 이들로부터 파생되는 다른 모든 가치들은 민주사회에서 가르칠 수 있고 또한 반드시 가르쳐야 할 도덕적 내용들이다. 그러나 학교는 이러한 일단(一團)의 가치목록 그 이상의 것을 필요로 하고 학교는 이를 인격교육으로 명목(名目)화시킴은 물론 학생들의 인격을 계발하겠다는 다짐으로 전환시켰다(T. Lickona, 1992: 49). 그는 인격을 다음과 같이 설명하였다.

> "인격은 살아 숨 쉬는 가치들, 행동으로 드러나는 가치들로 구성된다. 가치가 미덕, 즉 주어진 상황에 도덕적으로 혹은 좋은 방식으로 반응하려는 믿을만한 내적 경향성이 되었을 때 인격발달이 이루어진다. 이러한 관점에서 볼 때 인격은 상호 연관된 세 개의 부분으로 구성된다."(T. Lickona, 1992: 51).

앞서 제3장에서 살펴본 바와 같이 인격교육을 구성하는 세 개의 영역과 각각의 구성요소가 제시되었고 이들은 다음과 같이 다양한 이름을 갖는다.

표 4-3 훌륭한 인성형성의 영역

영 역	선(善)의 측면	습관의 측면
도덕적 인지	선을 아는 것	사고의 습관
도덕적 감정	선을 바라는 것	심정의 습관
도덕적 행동	선을 행하는 것	행동의 습관

위와 같은 인격형성의 도덕적 측면을 살펴보면 전통적인 교육이해의 방식, 즉 지-덕-체, 지(知)-정(情)-의(意), 진-선-미, 지(智)-인(仁)-용(勇), 인지-정서-행위의 삼분(三分)형태와 크게 다르지 않음을 쉽게 알 수 있다. 결국 일반교육학이론과 리코나가 주장하는 인격형성을 위한 교육론은 그 구조와 형태상 동일한 양식을 담지하고 있음이 분명하다. 중요한 것은 각각의 영역과 요소들이 지닌 차별성과 이를 구조적으로 통합하는 연관성에 주목해야 한다는 사실이다. 이에 대하여 리코나는 다음과 같이 설명하고 있다(T. Lickona, 1992: 53-56).

표 4-4 각 영역의 구성요소(도덕성 교육의 콘텐츠)

영 역	구성요소
도덕적 인지	도덕적 인식, 도덕적 가치 인식, 관점수립, 도덕적 추론, 의사결정, 자기인식
도덕적 감정	양심, 자긍심, 감정이입, 선(善)을 사랑하기, 자기통제, 겸양
도덕적 행동	수행능력, 의지, 습관

1) 도덕적 인지

도덕적 인지란 나 자신이 행하거나 혹은 타자가 보여준 어떤 행위에 대하여 '옳고 그른가?'를 판단하는 일종의 지적(知的) 판단작용이다. 다시 말해 이들은 도덕성을 지각하게 만드는 정신적인 특질들이다. 리코나는 이러한 도덕적 판단이 도덕적 감정을 야기하며 도덕적 정서 또한 사고에 영향을 미칠 수 있다고 여겼다. 이러한 도덕적 판단과 감정이 도덕적 행위에 양(兩)방향적으로 영향을 미치는 것은 자명하다. 이러한 도덕적 인지를 구성하는 요소는 무엇인가?(T. Lickona, 1992: 53-56).

표 4-5 도덕적 인지의 구성요소

요 소	내 용
도덕 개념인식	'과연 무엇이 옳은 일인가?'와 같이 자신의 지성을 활용하여 도덕적 판단을 필요로 하는 상황이 언제인가를 알고자 하는 노력과 수고를 행함
도덕적 가치인식	생명과 자유에 대한 존중, 타인에 대한 책임, 정직, 공정, 관용, 예의, 자기규율, 성실, 친절, 동정, 용기 등과 같은 도덕적 가치들의 필요성을 지각함. 이를 바탕으로 다양한 상황에서 어떻게 그것들을 응용할 것인가를 인식함

관점수립	도덕적 판단의 전제조건으로 이는 '타자의 관점을 내가 취해볼 수 있는 능력, 관점을 공유할 수 있는 능력, 다른 사람은 어떻게 생각하고 반응하고 느낄 것인가를 상상할 수 있는 능력'들을 포함함
도덕적 추론	'도덕적이라는 것이 무엇이며, 우리는 왜 도덕적이어야 하는가?'를 지각함. 이를 위하여 도덕에 관한 고전적인 공리(公理)들을 이해함
의사결정	도덕적 문제들을 해결하기 위한 반성적(反省的)인 의사결정을 기술함
자기인식	개인마다 자신의 장단점을 이해하고, '자신의 약점을 정당화하려는 경향성을 어떻게 보완할 것인가?'를 정확하게 인식함

2) 도덕적 감정

리코나는 도덕적 인지에 비하여 도덕적 감정에 대한 교육이 상대적으로 소홀했다고 비판했다. 우리는 '무엇을 안다.'는 것만으로 어떤 행동을 담보할 수 없다. 다시 말해서 도덕적 지식이 반드시 도덕적 행동의 원천이 되지는 않는다. 나아가 바람직한 도덕적 인지와 감정이 수반되는 행위야말로 옳거나 혹은 좋은 것이 된다. 리코나는 이 점에 착안하여 학교에서 이루어져야 할 도덕적 감정을 다루는 교육의 중요성을 반복적으로 역설하였고, 학교 밖에서 이루어지는 비(非)구조적 교육장면인 가정, 사회에도 많은 관심을 두어야 한다고 주장하였다. 그가 설정한 도덕적 감정의 하위요소들은 다음과 같다(T. Lickona, 1992: 56-61).

표 4-6 도덕적 감정의 구성요소

요 소	내 용
양 심	양심은 인지적 측면(무엇이 옳은지를 앎)과 정서적 측면(옳은 것을 행해야 함을 느낌)으로 구분됨. 도덕적 당위의식과 동시에 건전한 죄의식(파괴적 죄의식의 반대)을 통한 양심을 형성함
자긍심	자신을 가치 있는 존재로 여기며 자기를 긍정적으로 존중함. 다른 사람들로부터의 평가나 판단으로부터 비교적 자유로울 수 있는 여유 있고 당당한 마음가짐

감정이입	다른 사람의 상태와 자신의 감정 상태를 동일시하거나 대리경험을 하는 능력. 일종의 공감화 능력으로 상대방에 대한 지속적인 관심과 애정을 기반으로 함. 일반화된 감정이입, 공통된 인간애에 부응하려는 종류의 감정이입을 발달시키는 것이 중요함
선(善)함을 사랑하기	선행(善行)은 선을 사랑하는 것에 대한 직접적인 증거로 그것은 의무의 도덕성(morality of duty)을 넘어서는 열망의 도덕성(morality of desire)에서 비롯됨. 선행의 가장 구체적인 방식은 자원봉사임
자기통제	이성을 압도하는 감정을 통제하는 힘. 자기파괴, 자기탐닉을 제어하여 우리의 행동을 윤리적인 방향으로 인도하게 만드는 힘임
겸 양	자기에 대한 지식의 감정적 측면으로 이는 진리에 대한 진지한 개방성이며 동시에 자신의 잘못을 기꺼이 고치고자 하는 전향과 악행을 근본적으로 예방하게 만드는 마음자세임

리코나는 위와 같은 도덕적 감정의 교육적 중요성을 지속적으로 강조하고 있다. 그 이유는 이들이 자신, 타인 그리고 선함 자체에 대한 감정들이 도덕적 인지와 더불어 인간들을 도덕적으로 동기화시키는 중요한 원천들이기 때문이다.

3) 도덕적 행동

우리는 무엇을 행해야 하는지를 잘 알면서도 상황과 장면에 따라 자신의 생각과 감정을 행동으로 전환시키지 못하는 경우가 허다하다. 그러므로 '과연 무엇이 사람들에게 도덕적으로 행위하게 만드는가?'의 문제를 이해할 필요가 있다. 리코나는 이 점에 대하여 다음과 같이 설명하고 있다(T. Lickona, 1992: 61-62).

표 4-7   도덕적 행동의 구성요소

요 소	내 용
수행능력	도덕적 판단능력과 감정을 효과적이고 구체적인 도덕적 행동으로 전환시킬 수 있는 실제적인 능력
의 지	이성으로 감정을 통제하는 힘. 당장의 쾌락을 포기하고 의무를 수행하

	려는 경향성, 부당한 압력이나 흐름에 저항하거나 당당히 맞서는 힘의 발현
습 관	정형화된 장면은 물론 비정형적 장면에서 직면하게 되는 선택의 순간에 진실, 신실, 전심, 대담, 친절, 공정을 바탕으로 자신이 행위하도록 만드는 힘

이상의 논의에서 드러나듯이 리코나는 존중, 책임감이라는 핵심가치와 더불어 도덕적 인지, 도덕적 감정, 도덕적 행동들이야말로 학교교육을 통해 정당하게 가르칠 수 있는 중요한 가치들임을 분명히 했다. 나아가 그것들이 인격형성의 주요한 특질들임도 강조했다. 따라서 우리는 학교교육장면에서 구현해야 할 인격형성 교육프로그램에 필요한 교수학과 심리학적 기술 및 방법들에 대하여 부단히 탐구해야만 한다. 이러한 상황에서 그는 학교에서의 인격형성 교육에 대한 현실적이고 구체적인 방법들을 이미 오래 전부터 탐구하고 공론화하는 데 앞장선 학자로 높이 평가할 만하다.

윤리, 가치, 도덕, 인격의 문제는 인류지성사에서 보편적인 담론이다(김민철(역), 2004). 이러한 맥락에서 리코나의 저작물을 중심으로 그가 제시한 인격교육론에 대하여 해석학적 연구방법을 통하여 교육인간학적으로 재구성하고, 그의의를 분석함과 동시에 비판적으로 검토하는 것은 의미있다. 리코나는 1980년대부터 저술과 외부활동 등을 통하여 도덕, 가치, 인격교육의 필요성과 다양한 교육장면에서의 교수방법들에 대하여 활발하게 공론화를 주도한 학자이다. 이러한 이유로 인해 2010년대의 시대상황과 다소 부합하지 않는 주장과 입장이 있는 것도 사실이다. 그러나 보편적 교육론을 추구했던 그의 의도와 노력을 감안할 때 그의 인격교육론은 오늘날도 여전히 유용한 것으로 평가할 수 있다. 이는 다음과 같은 인격과 가치교육의 필요성에 대한 그의 표현을 감안할 때 더욱 그렇다.

"부모와 교사가 하는 일 중에서 아이들을 올바르게 기르는 것보다 더 중요한 일은 없다. 부모나 교사의 입장에서 보면 아이들이 현명하고, 운동도 잘하고, 예술적인 재능도 있고, 외모도 매력적이면 좋을 것이다. 비록 그들이 그러한 특성을 지니고 있지 않을지라도 그들이 하나의 소중한 개인임은 분명하다. 그러나 만약 아이들이 선하지 않고 건전하지 않다면 그것은 다른 문제다. 그 경우 그들은 인간으로 떳떳하게 살아갈 수 없고 그들의 인간성은 감소될 수밖에 없다."(정세구(역), 1994: 17).

리코나는 인간성이 감소 혹은 궤멸되어 나가는 사회적 실태를 정상적으로 회복하는 것이야말로 가정과 학교교육의 중대한 책무임을 분명히 하고, 이를 통해 자녀나 학생들을 선행, 공정, 정직, 신뢰, 존중, 책임, 관용, 사랑 등의 가치를 갖춘 올바른 인간(성인)으로 성장시켜야 할 필요성과 가능성에 대하여 낙관적인 입장을 견지하고 있다. 이외에도 다음의 몇 가지 측면에서 그의 이론이 지닌 학문적 탁월성을 발견할 수 있다.

첫째, 모든 교육행위의 본질적인 목적으로 도덕성을 설정한 것은 헤르바르트의 일반교육학이론을 학문적 유산으로 수용하여 현대적인 감각으로 재구성하고 있음을 알 수 있다. 이는 현대교육이 지닌 주지주의, 형식주의의 학습경험들에서 비롯되는 인간교육의 실패 내지 약화를 반성적으로 성찰하게 만드는 유용한 지침으로 작용하고 있다.

둘째, 아이들이나 학생들이 올바른 인격을 갖춘 개체적 존재로 성장하거나 관계적 존재로 공존하기 위한 인격교육의 방법으로 단순히 학교교육장면에만 의존할 것이 아니라 가정과 학교를 협력적 동반자로 간주하여 적극 소통할 것을 주장한 점도 두드러진 업적이다. 그는 가정과 학교가 본질적인 협력자가 될 때 아이들이나 학생들의 인격교육은 온전하게 완성될 수 있음을 적시(摘示)했다.

셋째, 인격을 구성하는 요소로 인지적 측면, 정서적 측면과 더불어 행동적 측면까지 통합하여 구조화한 것은 아이들이나 학생들에게 '도덕에 대한 민감성을 인격교육의 중요한 부문으로 끌어들였다.'는 점에서 높이 평가할 만하다. 물론 이 점은 그의 학문적 동지였던 콜버그와의 지적 교유(交遊)를 통한 영향에서 비롯된 것으로 볼 수 있다.

넷째, 도덕적 행동의 구성요소로 봉사활동의 중요성을 적시(摘示)한 것도 타당한 관점으로 긍정적인 평가를 할 수 있다. 비록 오늘날 학교교육 프로그램에서 자원봉사가 그 본질을 망실(忘失)한 채 형식적 봉사로 전락하여 그 의의가 퇴색했다 할지라도 봉사를 학교교육의 프로그램으로 적극 끌어들였다는 점은 지극히 정당한 주장이다.

리코나의 인격교육론이 담지하고 있는 가장 중요한 교육인간학적 의의는 도덕적 가치 기반의 인격교육에서 특히 도덕적 행동에 주목하고 있다는 점이다. 도덕적 행동은 개인의 도덕적 인지나 정서를 뛰어넘는 용기와 도덕적 사회의 정당성에 대한 민감성을 바탕으로 한다. 리코나는 이 점에 대하여 습관이라는 용어를 통하여 도덕성을 기반으로 하는 인격교육의 전체성을 도모했다. 한마디로 도덕적 행동이란 의도성이 최소화된 연습(습관)의 결과라는 것이다. 물론 이러한 습관에도 보이지 않는 여러 가지 패러독스(습관과 이성의 문제, 앎과 행위의 문제 등)가 존재함은 사실일지라도(박재주, 2012: 59) 습관은 지적 단련보다 중요한 도덕적 행동형성의 원천임을 밝혔다. 그러나 그의 논의는 방대함으로 인해 몇 가지 보완되어야 할 점들이 발견되고 있다.

첫째, 리코나는 인격교육의 구성요소로 도덕적 인지, 도덕적 감정, 도덕적 행동을 들고 있다. 그런데 여기서 도덕적 인지의 구성요소로 언급한 도덕적 인식, 도덕적 가치 인식, 관점 수립, 도덕적 추론, 의사결정, 가치지식 등이 구체화된 인지적 특성 등에 대한 논의는 생략되고 있다. 이것은 예를 들면 아이들이나 학생들이 지닌 자제력, 책임감, 사리분별력, 공정에 대한 태도나 의식 등과 같이 구체적인 행동양식들을 제시하는 것이 더 적절하다고 생각한다.

둘째, 리코나는 존중과 책임감을 인격형성(교육)의 핵심가치로 여기고 있다. 물론 추상적이고 현학적인 가치를 제시하기보다 구체적이고 명료한 가치를 제시한 것을 용인하더라도 존중과 책임감보다는 좀 더 메타개념의 성격을 지닌 상위가치로 인격교육의 이념을 설정하는 것이 바람직할 것으로 보인다. 예를 들어 공정성(혹은 사회적 정의에 선행하는 교육적 정의), 생태적 삶, 비(非)경쟁성(혹은 평화나 공생(共生))에 기반을 두는 인격교육론의 이념과 방법론을 상정할 수 있을 것이다. 우선 사회적 정의에 선행하는 교육적 정의(fair education) 혹은 정의를 위한 교육(education for justice)은 어찌 보면 리코나가 주장하는 존중과 책임을 통합하는 메타개념일 수 있다(L. Brown, 1985; 이동훈·이기문(역), 1985; R. Barrow, 1979). 맥킨타이어(MacIntyre)는 이러한 교육적 정의 혹은 정의를 위한 교육이 개인의 미덕을 넘어서는 공공선(公共善) 혹은 공동체주의에 의하여 가능하다고 주장하였다(A. MacIntyre, 1984: 256).

리코나가 인격교육의 필요성에 대해 절박하고도 짜임새 있는 주장을 펼쳐 많은 사람들로부터 공명(共鳴)을 얻었다 할지라도 우리 사회의 도덕적 행태와 도덕성 수준을 볼 때 현실적인 적용문제가 그리 낙관적인 것만은 아니다. 인격교육 프로그램이나 콘텐츠를 통해 아이들은 '사람이라면 누구나 도덕적이어야 하고 그렇게 될 수 있다.'는 구조적(명시적) 학습내용을 경험한다. 그러나 자유를 기반으로 하는 시장경제체제에서 비롯된 도덕적 상대주의의 실체를 목격할 때 아이들은 모순 속에서 혼란스러워할 것이다.

다시 말해 마치 정글 같은 경쟁의 사회구조 속에서 '도덕적으로 살면 절대적으로 손해를 본다!'는 기성세대의 오도된 의식과 비(非)도덕적인 기업인들의 행태(묵시적 실재)가 아이들에게 자연스럽게 우연학습 혹은 비(非)구조적 사회학습으로 이루어진다. 이러한 모순은 사람들이 도덕에 관한 한 언행불일치에 심정적으로 동조하거나 극단적으로 정당화하려는 성향을 보이게 만든다.

이러한 학습경험과 사회적 실재 간 발생할 수 있는 인격교육의 모순성에 대하여 리코나는 도덕성의 기본을 타인의 시선 혹은 탈(脫)자아중심성에 두고 문제해결의 실마리를 찾았다는 점에서 탁월하다. 그럼에도 불구하고 오늘날 과학기술의 발달과 더불어 이전의 산업화시대보다 더욱 더 경쟁적인 사회풍토를 감안할 때 '도덕성 = f(인격, 권위에의 복종, 경쟁적 상황, 익명성, 기타)'의 방식으로 도덕성의 본질을 이해하고 이에 부응하는 바람직한 인격교육의 인프라와 콘텐츠를 마련하는 것이 시급하다.

참고하거나 더 읽을 책

박재주(2012). 인격함양의 도덕교육. 서울: 철학과 현실사.

Barrow, R.(1979). *Moral Philosophy for Education*. London: George Allen & Unwin.

Brown, L.(1985). *Justice, Morality and Education*. London: Macmillan Press Ltd.

Herbart, J. F.(저), 김영래(역)(2006). 헤르바르트의 일반교육학. 서울: 학지사.

Kohlberg, L.(저), 이동훈·이기문(역)(1985). 도덕교육철학. 서울: 대한예수교장로회총
　　회교육부.

Lickona, T. 외(저), 추병완(역)(2000). 성과 사랑. 서울: 백의.

Lickona, T.(저), 정세구(역)(1994). 자녀와 학생들을 올바르게 기르기 위한 도덕교육.
　　서울: 교육과학사.

Lickona, T.(저), 박장호·추병완(역)(1998). 인격교육론. 서울: 백의.

Lickona, T.(1992). *Education for Character: How our schools can teach respect and
　　responsibility*. New York: Bantam Books.

MacIntyre, A.(저), 김민철(역)(2004). 윤리의 역사, 도덕의 이론. 서울: 철학과 현실사.

MacIntyre, A.(1984). *After Virtue*. University of Notre Dame Press.

제5장

알랭의 인격교육론

알랭(1868-1951)은 필명이고 그의 본명은 Emile-Auguste Chartier로[1] 노르 망디 지역에서 출생하였다. 파리의 유명 교원양성기관인 Ecole Normale Supérieure(고등사범학교)를 졸업한 후(졸업과 더불어 철학교수 자격시험에 합격하였으나 곧바로 lycée(뽕띠뷔 지역 중등학교)교사로 부임함. 교사 재직 중 세속적인 명예를 비난하며 La Sorbonne대학의 철학교수 임용을 거부하기도 함) 루앙, 콩도르세, 앙리 4세 등 주로 lycée에서 1933년 정년퇴직할 때까지 줄곧 철학 교과목을 가르쳤다. 40여 년의(1892-1933) 교직생활을 통해 당대 유명 철학자들을 길러낸

---

1 대학 졸업 후 여러 도시의 lycée에서 가르쳤는데, 특히 루앙에서 학교교사 재직 시 처음으로 당대의 정치적 현실에 관여하게 되었고, 급진적인 신문에 600단어짜리 짧은 글들을 기고하기 시작했다. 문학적으로도 높은 수준임을 인정받은 그의 글들은 대중들의 관심을 끌게 되었고, 마침내 그의 에세이들은 단행본으로 출판하기에 이르렀다. 파리 소재 '리세 앙리 카트르'에서 철학을 가르칠 때 그는 이미 수많은 리세 철학교사들 중에서 두드러진 역량을 지닌 인물이 되었다. 대중의 견해와 달리 제1차 세계대전을 예견, 비난했으며 전쟁 발발과 함께 포병에 입대했다. 복무 중 정당한 진급을 거절하고 내내 사병으로 지냈으며, 이 때 『정신과 정열에 관한 81개 항목(Quatre-vingtun Chapîtres sur l'esprit et les passions)』, 『예술론(Système des beaux-arts)』, 『전쟁의 신 마르스 또는 전쟁의 진실(Mars, ou la guerre jugée)』 등을 썼다. 전후 평범한 교사로 복귀했고, 은퇴 후 1951년에 프랑스 문학대상을 받았다. 주요 저서로는 『이념과 시대(Les Idées et les âges)』, 『바닷가의 대담(Entretiens au bord de la mer)』, 『이념(Idées)』, 『신(神)들(Les Dieux)』, 『내 사상의 역사(Historie de mes pensées)』, 『사랑의 모험(Les Aventures de cœur)』 등이 있다.

교육자로도 명성을 얻었지만, 교단에 종사하면서 치열하게 사유했던 교육의 이념, 내용, 방법 등에 대한 그의 성찰은 어느 교육학자 못지않은 뛰어난 학술적 역량을 지니고 있었다.

1 알랭의 교육이데아

알랭은 살면서 두 가지 커다란 사회적 혼란을 겪게 되었으며 이는 그의 인간관, 사회관, 교육관을 형성하는 데 큰 영향을 미친 것으로 보인다. 첫째, 1894년 '드레퓌스 사건'으로 프랑스 사회가 온통 시끄러웠을 때 그는 급진적인 사회사상을 바탕으로 온순하지만 결코 종속당하지 않는 시민정신을 몸소 보여주었다. 지식인들이 주축이 되어 약 3년 동안 전개된 '민중대학'에 참여하여 사회적 불의를 극복하기 위한 교육적 노력을 전개했다. 그는 '민중대학'을 통해 일반대중들에게 야간과정에서 교양교육을 가르쳤다. 정치적으로는 다소 진보적 성향을 지닌 알랭이 학교교실에서 보여준 보수적 성향에서 비롯된 이중성은 다소의 아이러니를 보여주고 있다.

둘째, 1914년 제1차 세계대전이 발발하자 징집의무가 없었음에도 불구하고 46세의 나이로 지원병이 되어 약 3년 동안 참전하였다. 그는 이 사건을 통해 진실을 인식하고 그것을 실천에 옮기는 용기를 보여주었다. 여기서 그는 교육의 궁극적 목적으로서 행복의 본질에 대하여 치열하게 성찰한 것으로 보인다. 그는 행복의 비결이란 다름 아닌 행복하고자 하는 의지에 달려 있으며 이를 몸소 실천했다. 그는 행동하지 않는 것은 의지의 부재요, 그것은 교육도 행복에도 아무런 의미가 없음을 분명하게 보여주었다. 한마디로 교육의 정신은 행복을 향한 의지적 실천행위임을 강조했다.

알랭은 당시 학교를 지배하기 시작한 심리검사의 만연에서 비롯된 인문학습의 형식성을 단호히 거부하였다. 그는 생각 없는 뛰어난 기술학습보다 교사의 개입이 최소화된 자유로운 사색의 중요성을 강조하는 교수법, 학생들의 개별능력이 지닌 평등성에 대한 신념, 테스트의 인간화 등에 대한 일련의 노력들을 통해 오늘날 학교교사들로 하여금 교직의 본질을 다시 생각하게 만든다. 알랭이 생각하는 교육적 경험의 본질은 모든 학생들로 하여금 인내(참을성)라는 교양 (인간적인 사고와 행동양식들)을 얻는 것이다. 이는 다음의 글에 잘 드러나 있다.

> "나는 이렇게 말한다. 학생들의 공부(교육)는 성격의 훈련이지 지성의 훈련은 결코 아니다. 정서법(正書法)이건 번역이건 계산이건 문제는 하고자 하는 방법을 학생 스스로 배우는 일이다. 또한 자신의 기분을 극복하는 일이다. 사람들은 여기서 교양이라는 것의 헤아릴 수 없을 정도의 커다란 가치를 이해하고 또한 그것에 놀랄 것이다. 교양이란 궁극적으로 탁월한 자기통어를 의미한다. 라틴어를 배운 유익함은 라틴어 자체가 아니라 어렵고, 까다롭고, 번거로운 것들을 스스로 극복하여 어렵사리 그것들을 익히고 배웠다는 점 그 자체에 있다. 그러나 대부분의 학생들은 이러한 종류(학습)의 시련을 거부한다."(방곤(역), 1982: 325).

알랭은 인간, 교육, 예술, 행복, 종교, 심리 등에 대한 명철한 사상가로 이름 났지만 상대적으로 우리나라 학계에서는 연구가 미진한 다소 생경한 학자다. 더욱이 알랭이 평생 교직에 봉직하며 남긴 인간, 예술, 교육 등에 대한 글이나 저술조차 우리나라 교육학 분야의 학술담론체에서 거의 주목하지 않는 실정이다. 오히려 알랭에 대한 국내의 전문 학술논문은 불문학자인 정봉구(1977)의 "Alain의 윤리관과 교육관 연구"와 김영숙(1988)의 "알랭의 미적교육론: 인간이해에 대한 미학적 조명" 등이 대표적일 뿐이다.[2] 또한 프랑스에서 최초 간행되고 이것이 영역본으로 발간되었다가 또다시 우리글로 번역되어 일반에 소개된 저서들이 몇 권 있었지만 널리 알려져 대중적인 독서열풍을 일으키지는 못했다.[3]

그러나 명예의 상징인 대학교수직을 마다하고 중등교육 현장의 교사로서 생

---

2 정봉구(1977)의 "Alain의 윤리관과 교육관 연구―특히 동양적인 사고방식과의 대비", 상명여자사범대학교, 『상명대학교논문집』, 제6권, pp. 307－369., 김영숙(1988)의 "알랭의 미적교육론: 인간이해에 대한 미학적 조명", 이화여자대학교 박사학위논문.

3 정봉구(역)(1979), 교육에 관한 51장, 서울: 정음사, 박은수(역)(1982), 교육에 관한 프로포, 서울: 홍성사, 성옥연(역)(1983), 알랭의 교육론, 서울: 제일출판사, 박은수(역)(1998), 교육에 관한 프로포, 서울: 인플리오 등이 있다.

생하게 경험하고 치열하게 사유했던 인간, 교육, 심리 등에 대한 그의 흥미로운 단상(斷想)들을 교육사상이나 철학 연구 분야에서 좀 더 정중하고 진지하게 살펴볼 필요가 있다. 물론 알랭이 인간, 예술, 교육 등에 대하여 체계적이고 조직적인 학술서적을 저술하거나 편집, 발간한 것은 아니다. 다만 그가 보여준 모든 사유의 단초는 1903년 7월 9일부터 신문에 투고하기 시작한 'Propos'라는[4] 독특한 형식의 글쓰기를 통해 개진된 그의 언설(言說)들을 우리가 해석학−현상학적 연구대상으로 삼을 때 의미 있게 재발견 될 것이다.

알랭은 평생에 걸쳐 거의 5천 편이 넘는 Propos를 썼고, 프랑스 출판사들은 그의 난삽하고 무질서한 글들을 교육, 인간, 행복, 예술, 종교 등과 같이 일정한 주제묶음을 통해 각각 교육론(교육에 관한 프로포), 인간론, 행복론, 예술론, 종교론(이상은 우리나라에서 이미 번역 출간됨) 등으로 출간하여 대중들에게 그의 글들이 쉽게 읽히도록 만드는 데 앞장섰다. 이를 통해 현직교사, 교육학자들은 물론 20세기 초반의 특별한 삶을 영위하던 수많은 대중들은 인간, 교육, 예술, 종교 등에 대한 성찰을 할 때마다 고갱이로 삼아야 할 이데올로기로서 알랭의 휴머니즘, 보수주의, 훈련주의 등의 의미를 재발견하는 재미를 맛볼 수 있었다.

정봉구(1977)는 알랭의 인간관과 교육사상에 대한 연구는 라뇨(J. Lagneau)−알랭−모로아(A. Maurois)로 이어지는 사제 간에 오고간 인간적 숭앙(崇仰)의 본연을 밝히고, 또한 학자로서, 철학자로서, 교육자로서 그들 사이에 공존하는 어떤 교육학적 존귀성을 찾는 것에 의의가 있다고 하였다. 스승 알랭에 심취한 제자 모로아의 개인적인 경험에 의한 판단이기는 하지만 그는 '나의 스승 알랭이야말로 학생들에게 가르친 그대로의 생활방식으로 살다 간 현자이며, 그는 단 한 번도 남을 속이거나 실망을 준 적이 없는 교육자 본연의 모습으로 제자들에게 영향을 미친 스승이었다.'고 술회했는데, 이는 알랭이 단순히 학교교사를 넘

---

4 일간신문의 고정칼럼을 위해 200자 원고지 10여 매 정도에 해당하는 짧은 글로 일정한 테마를 설정해 자신의 견해를 바탕으로 쓴 글, 생활표현에 가장 적합한 문학의 한 장르, 즉 일종의 단편 에세이와 미셀러니의 복합적 성격을 띤다고 할 수 있다. Propos의 특징에 대한 비평적 이해는 다음의 글에 잘 드러나 있다. "비근한 현실문제들을 보는 알랭의 눈이 체계 있는 철학적 사변을 통해 비길 데 없이 날카로울 뿐더러, 프랑스적 에스프리가 넘치는 그 재치 있고 기발한 문체가 이와 절묘한 조화를 이루고 있어 정말 에세이다운 에세이, 수필다운 수필을 읽는 즐거움을 느끼지 않을 수 없다."(박은수(역), 1998: 302).

어 모든 제자들에게 인간적 구도자의 역할을 수범적으로 실천한 현자이었음을 짐작할 수 있다(정봉구, 1977: 308, 317).

또한 '알랭은 어떠한 경우에도 거짓말을 하지 않는 것을 생활의 신조로 삼았고 어리석은 꿈에 잠긴다거나 자유를 잃는다거나 우유부단함에서 주저하는 일은 결코 용납하지 않았으며 어떠한 도취로부터 각성되기를 스스로 원했으며 제자들에게 이 점을 깨닫게 만들었다.'(정봉구, 1977: 312). 모로아는 계속해서 스승에 대하여 말하기를 '그는 자기의 영혼을 다하여 진리로 가야한다고 제자들을 가르치던 선생이었으며 그를 처음 만났을 때 내겐 마치 세상이 개벽하던 날이었다.'고 술회했다(정봉구, 1977: 311).

제자들의 증언에 의하면 알랭은 언행이 일치한 사람이며 이러한 언행일치의 덕망은 많은 제자들에게 그리고 알랭을 접하는 모든 친지나 이웃에게 여러모로 전수되었다고 한다. 그는 단순히 학교교사가 아니라 만나는 모든 인간에게 좋은 영향을 미치는 사람이었던 것이다. 이 점은 오늘날 교권의 실추를 외치는 교사들에게 물리적/경제적 조건과 같은 외적 요인이 아니라 인격적/윤리적 조건과 같은 내부 요인으로 스스로를 반성적으로 성찰하게 만드는 교훈을 던져주고 있다.

2 인간본성론

알랭의 인간본성관은 기본적으로 성선론의 견해에 가깝다. 그는 '사람의 천성은 선하다.'는 것을 확신하고 있었으며 모든 사람들에게 최선을 다해 그 천성들을 도야, 신장시키기를 독려했다. 그는 자신의 소망대로 (특히 교사들이) 이를 올바로 실천한다면 학생 저마다 자기가 가질 수 있는 (참된) 것을 가져 그것을 (온전히) 자기 것으로 삼게 될 것이라고 여겼다(박은수(역), 1998: 71).

1) 인간의 본성

알랭에 의하면 인간의 존재론적 의미는 곧 이야기(내러티브)의 역사 속에 담겨있다. 다시 말해 현존했었지만 사라져버린 수많은 사건과 인물들의 이야기가 전대에서 후대로 전승되는 것이 곧 인간의 삶이며 이것의 연속이 곧 역사다. 그러나 '동물들에게 결여되어 있는 것은 기념물과 예의범절이다. 즉, 존속하여 다음 세대에 교육하는 것이 없다.'라 하여 교육적 존재로서의 인간의 의미를 확연하게 드러냈다(방곤(역), 1982: 227, 229). 그에 의하면 인간은 본질적으로 생물학적 존재의 특성을 뛰어넘어 내러티브(역사적 텍스트)를 기반으로 현존하는, 사유하는 존재자로서의 종(種)특성을 지닌다. 이에 따라 모든 아이들은 유년시절부터 학령기에 이르기까지 부모나 어른들이 들려주는 이야기를 듣거나 스스로 읽으면서 그것들을 믿고, 자유롭게 상상하면서 자란다.

알랭은 '아이들이 듣거나 읽는 이야기들이 비록 사실이 아닐지라도 어린이들은 이야기의 나라에서 세상물정을 알게 된다.'고 하였다(방곤(역), 1982: 208, 220). 그는 단속(斷續)적인 형태를 띠는 이러한 이야기 듣기와 읽기 경험들을 통해서 동물과 다를 바 없던 폭군으로서의 아이들의 기질(방곤(역), 1982: 172)이 순화, 정치(精緻)된다고 여겼는데, 이는 공자가 말하는 교기질(矯氣質)을 통하여 동물성을 벗어나 바람직한 인격을 구유한 사람됨의 면모를 갖추게 된다는 인간이해 방식과 유사하다. 또한 그는 동물성에 대하여 '그 형태에 따라 또한 평면에 따라 굴러다니는 물질적인 것이다. 또한 동물은 무언가를 생각하지 않는다. 동물의 자세는 전적으로 그들의 형태에 의존한다.'고 설명하였다(방곤(역), 1982: 186-187). 이와 철저히 대비되는 것이 바로 인간성이고 이것은 좋은 습관에 의하여 형성되는데 그것은 인간만이 지닌 독특한 표정에 의하여 드러난다.

> "인간의 역사란 표정의 역사이며 바꾸어 말하면 종교의 역사다. 정신은 언어(내러티브)의 부단한 형성에 의하여, 즉 표정의 해석에 눈을 떠 왔다. 행동이란 하나의 대상으로 충분한 것이 아니다. 숙고하기 위해서는 표정이 있어야만 한다. 의미가 충만한 표정이야말로 사상의 거울이다."(방곤(역), 1982: 189).

이와 더불어 몸짓이야말로 예절을 이루는 중요한 통로요, 형식이다. 이에 대하여 알랭은 '몸짓의 훈련, 이것이야말로 예절 그 자체인 것이다. 그러므로 사람

은 누구든 이러한 예절 없이 취미를 기를 수 없다. 다만 그때 그때의 인상만 가
질 뿐'이라고 말했다(방곤(역), 1982: 298). 이러한 예절의 형성은 교양교육과 크
게 다르지 않다. 알랭은 '애써 침묵하는 일, 깊이 생각하여 판단하는 것, 아름다
운 정신을 가꾸는 것이야말로 유일한 인간의 태도이며 바로 교양이다.'고 하였
다(방곤(역), 1982: 298). 그러므로 그가 말하는 습관, 표정, 몸짓(행위), 숙고, 정
신 등으로 이루어지는 인간의 역사성은 곧 내러티브(다양한 역사적 텍스트들)를
기반으로 이루어지는 자기 자신의 완성 혹은 깊은 교양인 셈이다. 이러한 인간
이해의 역사성은 앞서 논의한 바 있는 샤르댕의 인간현상론과 매우 흡사한 점
이 발견된다. 샤르댕이 말하는 인간현상과 알랭이 표현한 깊은 교양을 이루는
핵심은 곧 인간으로서의 예의범절과 정의로움으로서, 특히 알랭은 '동물들에게
결여되어 있는 것은 행동을 삼가게 만드는 존경, 사과 혹은 예절이다.'고 하여
예의를 인간적인 존재에 필요한 최상의 가치로 여겼다.

그의 관찰에 따르면 어린이들은 어머니를 본보기로 아버지를 존경하는 방법
을 배우고, 또한 특히 아버지의 본보기를 따라 어머니를 사랑하는 원초적인 예
절을 배운다(방곤(역), 1982: 193). 알랭은 어머니의 정신적 역할을 모랄리스트
로, 아버지의 정신적 역할을 물리학자로 비유하여 교육목적에서 필요한 양성성
을 재치 있게 설명하고 있다. 비록 이것이 감성적 도야로서의 여성성과 지성적
도야로서의 남성성을 상징하는 이분법적인 이해방식일지라도 두 가지는 궁극적
으로 인간교육 혹은 인간현상의 전일성(holism)을 지향하는 중요한 원천이 된
다. 이것은 가정교육의 우회로(학교에 대한 알랭의 독특한 표현임)인 학교장면에
외연적으로 확장되어 아이들의 교양수준을 향상시켜 준다. 이처럼 아이들에게
영향을 미치는 힘이 유년기에는 가정에서의 부모나 어른들에 의하여, 학령기에
는 학교교사들에 의하여 전적으로 이루어지게 된다. 여기서 교육적 존재로서의
인간과 이러한 인간을 교육하기 위한 학교의 존재론적 의미가 확연히 드러나고
있다.

2) 인간의 교육

기본적으로 교육인간학은 '모든 인간을 교육적 존재로 파악한다.'는 전제를

바탕으로 한다. 알랭은 이러한 교육인간학적 관점에서 존재-성격-교육의 연관성을 이해하였다. 그는 지성의 정도, 성향의 차이, 선호성향 등에 따라 사람마다 차이가 난다고 여겼다. 그는 지성의 정도를 발견하는 것이 비록 쉬운 일은 아니지만 가능하다고 보았다(방곤(역), 1982: 324). 알랭은 인간이 지닌 정신적, 물리적 능력에는 '차이가 실재한다.'는 점을 주장하였다. 예를 들어 얽힌 실뭉치를 푸는 참을성을 충분히 갖고 있으면서도 관념의 덩어리를 푸는 참을성이 없는 사람이 있는가 하면 그 반대의 경우도 있을 수 있다. 이처럼 인간의 차이를 만드는 것은 대개 '기억력'으로 사람들은 그것을 천성적인 것으로 여긴다. 그러나 실상을 보면 천성적인 기억력보다 오히려 그것을 발휘하도록 만드는 조건이나 환경, 예를 들어 노력이나 몰두가 더욱 중요함을 발견할 수 있다.

> "필요할 만큼 공부한 사람은 악보 없이도 연주할 수 있으며 이것은 전혀 이상할 게 없다. 이것은 어떠한 종류의 지식에 관해서도 마찬가지다. 기억력은 공부의 조건이 아니라 오히려 그 결과인 것이다."(방곤(역), 1982: 325).

기억과 노력의 문제와 더불어 그는 지배하기 좋아하는 사람과 물건을 만들기 좋아하는 사람의 상반된 성격특성에[5] 주목하였다. 여기서 '좋아하는'의 의미는 일종의 재능으로 파악할 수 있다. 다소 작위적일지 모르지만 알랭의 재능관은 대인(사회)선호 성향과 대물(자연)선호 성향으로 대별할 수 있고, 각각의 타입은 교육의 방향을 규정하는 중요한 단서로 작용한다. 즉, 전자의 성향에 부합하는 교육과 후자의 경우는 상이하고 이는 교육의 시초부터 나타난다(방곤(역), 1982: 274). 알랭에 의하면 전자의 특성을 지닌 학생들은 책모, 계략, 신중함, 대

---

5 알랭은 성격을 의식된 기질, 속박된 기질, 밖으로부터 받은 각인이라고 정의하였다. 그는 '기질이란 생각할 겨를을 갖지 않는다. 단지 외치고 때릴 뿐이다. 반대로 성격은 곰곰이 생각한다. 처음에는 생각하는 일밖에 하지 않는다.'고 하였다. 또한 성격에는 위장(僞裝)이 있을 수 있고 엷은 비애(悲哀)가 있을 수 있다. 왜냐하면 인간을 우울하게 만드는 것 중의 하나는 오랜 경험에 의하여 스스로 마치 걱정거리를 예상하는 일이다. 성격이 특이한 경우 행복조차도 의심하게 된다. 사실 사람은 자기의 성격으로부터 자기가 하고자 하는 바를 이룩할 수 있고 사람마다 굳이 자신의 성격은 바꿀 필요가 없다. 성격에는 체질도 기질도 모두 포함되어야 한다. 난폭함, 겁쟁이, 장난기, 거짓말 등은 기질에서 비롯되지만 사회에 힘입은 바도 크다. 문제가 되는 것은 성격이나 기질을 가만히 내버려두는 처사다(방곤(역), 1982: 326 -330).

담성, 설득력 등의 성향을 지니고 있어 사람을 상대로 하는 성직자, 변호사, 교육자, 은행가, 군인, 외교관, 관리 등의 직업에 유용한 교육을 필요로 하고, 반면 후자의 특성을 지닌 학생들은 짜증, 소심함, 격함, 대인관계의 불편함, 상대의견 수용의 어려움, 인내부족 등의 성향을 지니고 있어 사물을 대상으로 하는 직업에서 성공할 가능성이 높다. 왜냐하면 이러한 성질은 물건에 대해서 화낼 필요도 없고, 더욱이 원만한 의사소통이 전혀 필요 없기 때문이다. 다만 이들에게 필요한 직업적 특성은 대부분 실증가로서의 자질들이다.

이러한 개인적 기질을 기반으로 하는 교육인간학적 이해의 방식은 공자가 상지하우론(上知下愚論)을 통해 플라톤이 『Politeia(정의로운 국가교육론)』에서 이미 개진한 바 있다. 그러나 알랭은 공자나 플라톤의 교육인간학에 대한 사상적 유산의 틀에 머물지 않고 오히려 이를 뛰어넘는 교육인간학적 이해를 다음과 같이 주장하였다.

> "위의 설명에 부연해서 말하고 싶은 것은 '어떤 작업을 위한 적성의 징후에 따라 교육의 방향을 정해서는 안된다.'는 사실이다. 왜냐하면 우리는 기호(嗜好)라는 것에 속는 수가 있기 때문이다. 그리고 또한 자기가 알고 싶지도 않은 것을 배우는 것은 좋은 일이기 때문이다. 그러므로 기호에 반대되게 가고 이를 오래가도록 하는 것도 좋다. 과학을 싫어하는 학생이 있다고 하자. 그 학생은 역사나 법률이나 문학을 공부해야 한다. 그 학생에게는 그것이 필요하다. 또한 반대로 시인의 재능이 있는 학생에게 수학이나 수공을 권할 수 있다. 그것은 어떠한 사람이든 보편적인 재능으로 간주되어야 할 것이기 때문이다. 그렇지 않다면 교육 따위는 입에 올리지 않는 것이 좋다."(방곤(역), 1982: 275-276).

여기서 우리는 알랭이 견지하는 교육인간학적 이해의 독특성을 쉽게 파악할 수 있다. 즉, 개별학생들은 재능이나 성향이라는 특수성을 기반으로 누구든 자유롭게 교육생태계 속으로 들어오지만, 교육제도나 체제는 그들로 하여금 인간의 보편성에 다다르기 위한 학습기회와 경험을 제공함으로써 모든 인간이 이를 자아실현의 우회로로 삼아야 한다는 사실이다. 알랭은 자아실현이란 자기를 있는 그대로 이해하고 자기를 존중할 줄 아는 사람의 바람직한 성취라고 설명한다.

> "자기를 업신여기는 사람은 오만한 사람이다. 이러한 사람은 속박되고, 잔뜩 죄어져 있는 사람이다. 반대로 절도는 순수한 힘이다. 이것은 인간의 아름다운 순간이다. 또한 이것은 한가하고 편안한 상태다. 우리는 주의나 욕망의 표징(表徵)에 의하여 몸을 경직하게 하거나 잔뜩 옥죄게 해서는 안된다. 좋은 학생의 특성은 단순하고 힘찬 절도를 갖춘 사람이다."(방곤(역), 1982: 312).

위의 인용은 앞서 다룬 존재론적 의미의 예절과 더불어 교육인간학적 의미의 절도가 인간교육에서 왜 필요한지 분명하게 적시하고 있다. 알랭은 자신이 가르치는 학생들을 절도 있는 사람이 되도록 훈육하기 위하여 '주의하라! 나 자신을 잘 보라! 주먹을 꽉 쥐고 입술을 다물어라!'라고 채근하기보다, 오히려 '지나치게 바라지 마라! 여무는 대로 내버려 두어라! 겨를은 있다! 웃어라! 급히 달릴 것도 없다! 멀어져간 관념은 반드시 되돌아 올 것이다!'라고 말할 것임을 천명했다.

왜냐하면 이러한 절도는 스스로 생각하는 것 이상으로 많은 것을 이루게 만들기 때문이다. 그런데 '예절은 아무 것도 목표로 삼지 않는다. 이에 반하여 절도는 훨씬 멀리 목표를 둔다.'는(방곤(역), 1982: 313) 알랭의 주장은 무엇을 의미하는가? 그는 인간다운 존재의 보편적 필요성에 예의범절을, 온전한 자아실현을 이룬 교육된 인간의 특수성에 절도를 대응시킴으로써 앞서 논의한 바가 있는 지각, 의지, 행동을 일치시키기 위한 인간교육의 전일성(교육인간학적 인간이해)을 분명하게 제시하였다.

3) 인간의 정신

인간의 종(種)특성이 생각(얼)에 있음은 자명하고 알랭도 간단한 이 사실을 간과하지 않았다. 알랭은 인간정신이야말로 반성을 거듭하여 이해가 무엇이고 지식이 무엇인지를 알게 만드는 힘이라고 간주했다(박은수(역), 1998: 209). 그는 인간정신의 세 가지 특성에 대하여 다음과 같이 구체적으로 설명하고 있다.

"정신들이 저마다 어디로 가든 그것은 자기 다리로 가는 것이지, 이웃사람 다리로 가는 것은 결코 아니다. 자기 이웃사람과 같은 완전함이 자기에게는 전혀 필요 없다. 남들을 위해 존재하려 들거나, 남들에게 칭찬받을 이유들을 자기에게서 발견하려 들고, 자기도 모르게 남들을 위한 자신을 그리게 되는 것이 곧 허영심이다. 이 고약한 버릇은 자기공포, 자기혐오를 전제로 한다... 나를 받쳐주고 나에게 도움이 되는 것은 바로 철저히 자기 자신인 사람이다. 자기 자신의 생각으로 되돌아오는 나는 자기 자신을 일반성으로서가 아니라 보편적으로 생각해야 한다. 이게 자기를 살리는 일이다. 위대한 정신들은 자기 고유의 장애들을 이겨내기 위해서 노력하였다."(박은수(역), 1998: 186-189).

"관념을 형성하려면 유연성을 바탕으로 하는 주의력이 필요하다. 그러므로 교사는 학생들을 풀어주도록 해야만 하고 그 좋은 방법은 읽고 또 읽는 일, 암송하는 일이다. 더욱 좋은 것은 쓰는 일이다. 마치 조각가처럼 빠르지 않고 찬찬히 말이다. 아름다운 노트에 아름다운 여백들을 긋는 일이다. 균형 잡혀 아름답고 알찬 문례들을 베끼는 일, 이것이야말로 관념의 보금자리를 만들어주는 유연하고 행복한 작업이다. 또한 이것들은 교양의 조건이 된다. 아무리 말을 잘 하는 교사라 할지라도 학생들 앞에서 지껄이지 말고 학생들로 하여금 쓰게 만들라. 칠판은 기하학을 가르치기 위한 도구가 아니라 아이들로 하여금 글을 쓰게 만드는 엄격한 시련의 마당으로 만들어야 한다. 한 획 한 획 그어나가는 학생은 이미 제 스스로 인간 활동을 시작하는 것이다."(박은수(역), 1998: 180).

"인식이 경험에서 온다는 것은 시대의 정설(定說)인지라 반대하지는 않지만 좀 더 세련되게 말할 필요가 있다. 즉, 현실인식이란 어떤 성질의 것이건 다 경험이다. 여기서 경험이란 눈앞에 있는 하나의 실제 대상을 지각하는 것이다. 그러나 점점 추상성이 한 인간의 경험 속으로 들어가게 된다... 언어가 아이들을 당장에 추상적인 것으로 끌어 올리지만 자신의 경험과 사회질서에 의하여 거기서 현실로 돌아와야 한다. 아이들의 첫 관념들은 비유의 상태로 옮아가고, 동시에 정신 모두는 추상적인 것에서 구체적인 것으로 진보된다."(박은수(역), 1998: 104-106).

알랭은 학생들에게 '생각하지 않는 법을 배우라!'고 하는 것은 결코 교육이 아님을 분명히 밝혔다. 그러나 부득이하게 교육장면 속으로 말없는 생각, 습관화된 무비판적인 생각 등이 개입되기 마련인데, 그것들은 학생들로 하여금 탐구심보다는 조심성이 지배하도록 만들기 때문에 여기서는 틀리고, 부수고, 잃고 하는 어린애의 순수한 정신들이 말살된다. 알랭에 의하면 만약 학습장면을 습관화된 무비판적인 생각이 지배하게 된다면 학생들은 조심성을 너무 일찍 갖게 되고 자발적으로 '무언가를 하지 않도록 배우게 된다.'고 생각했다(박은수(역), 1998: 97–98). 따라서 학생들로 하여금 자기의 발걸음마다에서 비롯된 경험, 상상력, 추리력 등을 다 모아서 스스로 생각하거나 배우도록 만들어야 한다(박은수(역), 1998: 211–212). 이를 위하여 학생들은 좋은 기분으로 실수하는 법도 배워야 한다.

대부분의 사람들은 틀릴까봐 겁을 내기 때문에 생각하기를 좋아하지 않는다. 그러나 생각한다는 것은 근본적으로 틀림에서 틀림으로 가는 것이다. 아무것도 완전히 참되게 되지 않는다. 알랭은 학생들에게 수학공부가 하나의 무서운 시련이 되는 이유는 바로 수학이 틀림을 결코 용납하지 않기 때문이라고 생각했다(박은수(역), 1998: 109). 그는 정신작동의 수단과 방법들은 모두 언어 속에 들어 있고 그래서 언어에 대하여 숙고(생각)해 본 적이 없는 사람은 어떠한 숙고도 해본 적이 없는 사람이라고 하여(박은수(역), 1998: 213), 기술정신에 대한 인문정신의 선위(先位)성을 특별히 강조했다. 이 점은 이후 논의하게 되는 교육의 이념, 목적, 내용, 방법론을 지배하는 담론의 핵심이 되고 있다.

3 인격교육론의 구조

학교교사로서 알랭은 단순히 지식을 가르치는 기계적인 역할을 뛰어넘고 있었다. 정봉구는 이 점에 대하여 다음과 같이 평가하고 있다. "교사로서의 위대성은 그의 많은 학생들에게 교화력 있는 사상을 심어주었다는 점과 그에 영향을 받은 제자들에 의하여 전수된 그의 신앙과도 비견될만한 아름다운 (인간교육의) 정신이다."(정봉구, 1977: 208).

1) 교육이념 및 목적론

알랭이 일관되게 견지하는 교육이론의 핵심은 '교육은 철저히 비(非)경제적이어야 한다.'는 점이다. 이 때 생산성, 효율성, 경쟁력 등과 같은 경제학적 관념과 체제는 가급적 최소화된다. 이 점에 대하여 그는 '교육은 아무래도 뒤지기 마련이다. 그것은 뒷걸음질 친다는 말이 아니라 정반대다. 교육이 주춤하는 것은 곧바로 걸어가기 위해서다. 올바른 움직임에 따르는 사람은 어려움을 이겨내고 굳건한 정신들을 만들어낸다.'고 하였다(박은수(역), 1998: 57). 한편 목적론적 관점에서 그는 교육성과의 의의에 대하여 다음의 두 가지로 설명하고 있다.

첫째, 교육은 학생들로 하여금 지식을 단순히 소유하는 것이 아니라 그들이 부딪치게 될 다양한 삶의 장면에서 현명한 판단을 가능하게 하는 탁월한 안목을 기르는 것이다.

> "교양이란 전달되지도 요약되지도 않는다. 교양을 얻는다는 것은 어느 부문에서나 원전으로 올라가 빌린 잔이 아니라 자기 손으로 직접 받아 마시는 일이다... 평범함보다는 차라리 난삽함이 낫다. 또한 참된 것보다는 아름다운 것이 낫다. 왜냐하면 판단력을 밝혀주는 것은 가장 오래되고 가장 시련을 잘 겪어온 아름다움을 택하는 안목이다. 그런데 판단력이란 부단히 훈련해야만 얻는 것이다."(박은수(역), 1998: 147).

둘째, 현명함을 지향하는 탁월한 안목과 더불어 학생들에게 필요한 교육적 성취는 바로 창의성(발명)인데 이것들은 실수, 호기심, 모험, 도전 등을 두려워하지 않는 갖가지 모방에서 비롯된다.

> "창조를 하는 데는 모방이라는 한 가지 방법 밖에 없다. 생각을 제대로 하기 위해서는 시련을 겪어 온 '어떤 옛날부터의 생각'을 이어나가는 한 가지 방법 밖에 없다. 이러한 (과거의) 관념은 (현재의) 반성에 적합한 관념 자체의 본보기인 것이다. 아이들은 교사가 안내하는 고전 읽기를 통하여 창조적이게 된다. 배우는 비결이란 오랫동안 모방하고 베끼는 것이다."(박은수(역), 1998: 175-176).

그는 '우리는 변명하지 못할 실수들에 의해서만 배우는 것이다. 배움은 흥미를 우선시해야 한다.'고 하여 스스로 '무엇을 해보려고 드는 관심이 무르고 게으른 호기심보다 사뭇 더 낫다는 것을 보여주고 싶다.'고 밝혔다(박은수(역), 1998: 182-183). 이처럼 알랭은 자기통어력, 판단력, 창의성 등을 교육의 이념과 목적으로 삼고 있다. 특히 '인간이 스스로 소유하는 모든 것을 소유하고 또한 자기 자신도 소유하는 것은 통어된 노력에 의해서다.'라고(방곤(역), 1982: 254) 하여 인내라는 교양의 지고한 가치를 우리에게 분명히 일러주고 있다. 그것들이 형성된 결과는 무엇인가? 알랭이 생각하기로 그것은 자유로서 배움의 즐거움이다.

> "독서의 즐거움은 독서의 훈련이 없는 사람에게는 없는 것이나 마찬가지다. 그림을 그리는 즐거움, 등산의 즐거움도 마찬가지다. 자기가 자기의 즐거움을 획득하는 것이 반드시 있어야만 한다. 그뿐 아니라 노력을 거듭하여 자기 자신으로부터 그러한 즐거움을 이끌어내는 것이어야 한다. 즐기고 있는 사람들은 부럽다. 사람들이 즐거워하는 사람들을 보면 부러워서 흉내를 낸다. 그러나 이로 인하여 곧바로 권태를 느끼고 만다. 그림을 그리는 즐거움을 맛보기 위하여 더덕더덕 색칠만 하기 시작한다면 분명 미친 짓이다."(방곤(역), 1982: 317).

그는 '이 규칙에서 벗어나는 (선생으로서의) 예의를 전혀 인정하지 않는다.'고 스스로 단언하였던 것이다. 왜냐하면 즐거움(진정한 쾌락)은 자기 자신 이외에 아무도 증인이 될 수 없는 것이며 그것은 스스로에 대한 갈채로, 그것은 자유로운 것이다. 참다운 내심의 쾌락이야말로 마침내 유일한 심판자이며, 이러한 쾌락, 행복이야말로 유일한 선(善)인 것이다. 그러나 이것은 누구나 움켜쥔다고 해서 얻는 것은 아니다. 사람이 진실로 얻기를 원하는 것은 위대한 자유로운 힘이다(방곤(역), 1982: 318-319).

2) 교육과정 및 방법론

알랭은 학생 스스로 공부를 청하는 것이야말로 가장 바람직한 공부라고 규정했다. 그는 이러한 태도나 습관은 거의 모든 학교에서 관행처럼 굳어버린 '들으면서 배우는' 공부 버릇을 통해서는 결코 형성되지 않는다고 여겼다. 나아가 이를 해결하기 위한 방안으로 고전학에 대한 학습의 중요성을 강조하였음은 물론 '현대사상은 고대 사상만큼 희망이 없다.'고 못 박았다(박은수(역), 1998: 231). 그는 우리가 고대사상이 담긴 위대한 고전들을 공부하지 않는다면 우리는 영원히 수수께끼 같은 동물들일 뿐이라고 주장했다(박은수(역), 1998: 219).

그에 의하면 고전을 공부하기 위한 조건은 우선 고전어를 배우는 것이다. 알랭은 지식학습을 위한 기초적인 준비에 관한 의견을 자신에게 물을 때마다 누구에게든 '우선 희랍어를… 희랍어 문법을 내팽개치지 말기를 …'이라고 대답하였다. 즉, '공부는 언제나 호머와 플라톤에게서 시작해야 한다. 왜냐하면 그들은 모든 것들의 순수한 시초이기 때문이다 … 호머를 읽을 때 나는 시인과 사귀게된다.'는 점을 역설적으로 표현한 것이다(박은수(역), 1998: 222-224).

알랭은 당대의 저명한 사회학자 콩트(A. Comte)가 말한 '고전은 알려진 존재들 중에서 가장 현실적이고 가장 생생한 것'이라는 주장에 깊이 공감하였고, 한 걸음 더 나아가 고전은 실재하는 하나의 사실이라고 주장했다. 또한 콩트가 주장한 '인간의 불안정한 존재감을 고전이 다듬어 준다.'는 생각에도 역시 깊이 공감하여 '우리의 생각들이란 부단한 (과거에 대한) 추모에 불과하다.'고 주장했다(박은수(역), 1998: 226-227). 알랭은 수업 전체나 고전을 정서법에 따라 단순히

베끼는 재구성 공부야말로 학생들로 하여금 다른 어떤 공부보다 나은 판단능력
을 훈련시킨다고 여겼다. 즉, 모든 학생들로 하여금 생각하는 학습조건을 제공하
기 위해서 읽기, 쓰기, 암송하기, 그리기, 셈하기는 항상 필요하다. 여기서 교사
의 역할은 위대한 책들에 대하여 그저 말하는 것뿐이다(박은수(역), 1998: 116).

알랭은 어린애가 읽거나 쓰지 않는 수업은 다 헛된 수업일 뿐이라고 강하게
비판한다. 또한 학생들에게 올바른 맞춤법과 문법을 새겨 넣는 좋은 방법은 되
풀이하기와 되풀이시키기이며, 교사의 고쳐주기와 학생 스스로 고치게 만들기
라고 주장한다. 수업한다는 것은 길들여진 머리(학생들) 서른 개를 교사가 자기
눈앞에 두고 떠들어대는 일이다. 학생들이 좋은 책을 듣기만 하지 않고 차례차
례 읽어나간다면 모든 수업은 동시에 읽기 수업이 될 것이다. 책 읽기가 힘들다
는 것, 아무리 변변찮은 독서라도 교양의 조건이 된다는 사실은 다 알고 있다.
그러나 알랭의 경험에 의하면 현대 교육학자들은 이 점을 간과하여 '학교교사의
수업이야말로 마치 미사나 설교처럼 웅변적이고, 감동적이고, 활기가 있어야 한
다.'고 주장하는 오류를 범하고 있다. 그는 수업장면에서 웅변은 설득하기일 뿐
가르치기가 아니라고 했다.

> "수업은 모조리 독서가 될 것이다. 역사, 지리, 위생학, 윤리학을 읽게 될
> 것이다. 모든 독서에서 읽기 기술만 얻는다 하더라도 충분하다. (현행 학교
> 수업의 가장 전형적인 형태들인) 온갖 종류의 웅변(혹은 근사한 연설), 아
> 무 목적도 없는 '독본해석'들을 몰아내야 한다. 학생들로 하여금 무엇을
> 알도록 읽히는 것이 아니라 즐겁게 읽을 수 있는 것이 무엇보다 중요하
> 다."(박은수(역), 1998: 140).

이 때 심성훈련과목인 가치관련 수업도 읽기수업과의 통합이 가능해질 수
있는데 왜냐하면 윤리나 도덕수업은 객관화된 가치를 정형화하여 관념적으로
가르치는 것이 아니라 지속 가능한 가치 기반의 고전을 부단히 읽는 경험을 통
하여 이루어져야 하기 때문이다. 알랭이 주장하는 읽기수업의 특장(特長)은 다
음과 같다.

"내가 초등교육국장이라면 모든 프랑스인들에게 읽기 공부를 시키는 것을
내 유일한 목표로 삼겠다. 쓰기와 셈하기도 중요하지만 그것들은 저절로
잘 되어간다. 진짜 어려운 것은 읽기공부다."(박은수(역), 1998: 144).

이처럼 고전읽기 공부의 경험은 학생들로 하여금 획일적으로 고정된 단일생
각이 아니라 유연하고 확장된 사고를 자극하고 적극적으로 계발하는 심리철학
적 유용성을 담지(擔持)한다. 알랭의 견해대로라면 수업의 현상학적 본질은 생
각의 형성과 확장이라는 점이어야 하며, 이때 중요한 환경과 조건은 바로 교과
담당 교사의 역할과 위상이다. 이 점에 대하여 그는 다음과 같이 분명한 어조로
설명하고 있다.

"내가 생각하는 학교교실은 교사는 도무지 일을 하지 않고 아이들이 일을
많이 하는 곳이다. 비처럼 쏟아지는 것을 학생들이 듣는 수업이 아니다.
아이들이 읽고, 쓰고, 셈하고, 암송하고, 베끼고, 정서하는 그런 수업이다...
선생에게는 그다지 피로가 없으면서 아이들에게는 이익이 되도록 천천히,
되풀이해가며, 시간을 충분히 주어서 말이다. 특히 교사는 바르게 정서(正
書)하는 시간을 충분히 주어 베끼기를 통하여 학생 스스로 생각하게 만드
는 수업환경을 만들어야 한다."(박은수(역), 1998: 111).

"읽고 쓰는 훈련을 통하여 맞고 틀리는 과정을 거쳐 올바른 맞춤법을 배
우게 되고 이것이 정신을 일깨우게 된다. 수업은 생각과 판단의 훈련시간이
다."(박은수(역), 1998: 127-128).

"생각하는 방식이 세부에서 전체로 가는 것이라면 그것은 아무런 생각도
하는 것이 아니다. 왜냐하면 세부란 다 갈라지고, 끝이 없기 마련이다. 통
째의 정신, 그것이 바로 정신인 것이다."(박은수(역), 1998: 131).

알랭은 생각의 형성과 확장이라는 측면에서 읽기의 유용성을 주장한 것과

동시에 맞춤법 공부의 심리철학적 유용성에 대하여 더불어 강조하였다. 그는 맞춤법의 연습이야말로 마치 예의범절 공부와 같은 것이라 학교교육에서 마땅히 중요하게 여겨야 한다고 생각했다. 많은 학생들이 맞춤법 공부가 어렵다고 하지만 그들은 춤이나 예절을 공부하는 것도 맞춤법 학습 못지않게 어렵다는 사실을 알아야 한다. 이런 것들을 배운다는 것은 큰 이득이다(박은수(역), 1998: 163-164). 교수법에 관해 알랭이 일관되게 주장하였고 실제로 교단에서 스스로 실천한 원칙은 엄격함 속의 시련, 즉 합리적 권위주의이다. 그는 올바른 수업이야말로 침묵과 주의력에 따라 이끌어 나가야 하며(박은수(역), 1998: 42), 여기서 수월한 주의력은 전혀 주의력이 아니라고 여겼다. 그는 시련을 차츰 늘려나가며 노력을 가감하는 것이 주의력의 비결이며 그것은 결코 남의 어떤 도움도 없이 얻어져야 한다는 점을 강조했다(박은수(역), 1998: 10-11).

> "나는 우선 학생들에게 복종을 가르친다. 그러나 그것은 절대적인 권력, 극도의 협박, 최고의 처벌, 평화의 상실, 파시즘, 권력지향성 등이 철저히 배제된 가르침에 대한 복종일 뿐이다."(박은수(역), 1998: 268).

그는 모든 수업장면에서 교사가 유지하는 엄격성(특히 읽기수업 장면에서의 침묵과 고도의 주의력)이야말로 학생들의 성격을 도야시킬 수 있다고 생각했다(박은수(역), 1998: 127, 160). 또한 모든 공부들에는 몸의 알맞은 자세와 스스럼없이 사물을 대하는 마음의 여유가(앞서 논의한 교육의 비경제성) 있어야 하는데 이러한 비경제적이고 오래 걸리는 힘겨운 공부의 경험을 통해서 정신이 참다운 이치를 깨우치게 된다(박은수(역), 1998: 75).

> "엄격성을 상실한 교사에게 배운 학생들은 '배우기란 어렵지 않고 학교공부는 마치 하나의 규칙적인 놀이에 불과하다.'는 생각을 갖게 되는 것이 사실이다. 그러나 이것은 일종의 조직적인 부주의와 오로지 형식만을 따지는 일종의 노쇠함만을 가져올 생각들이다. 만약 제대로 된 유아원이라면 이러한 어른들의 미숙함보다 자신들의 진지함으로 이러한 잘못들을 스스로 이겨낼 것이다."(박은수(역), 1998: 243).

그렇다면 학생들로 하여금 생각 및 올바른 성격(참을성과 창의성 등)의 형성과 확장을 연습시키기 위하여 필요한 학교교과목들은 무엇이며, 그것이 기존의 교과특성과 어떤 차별성을 지녀야 하는가? 이 점에 대하여 알랭은 다음과 같이 설명하고 있다.

"가장 좋은 교육을 위하여 학생이나 가정에 '무엇을 배울 것인가?'를 스스로 택하게 하는 것은 우스운 일이다. 또한 국가가 학생들에게 배워야 할 이것저것들을 부과한다고 해서 누구든 비난해서도 안된다. 아무도 택해서는 안 되고 선택은 이미 되어 있다. 선택의 여지없이 모든 사람이 반드시 공통적으로 알아야 할 것은 나폴레옹의 주장처럼 기하학과 라틴어다."(박은수(역), 1998: 63).

알랭은 극단적으로 수업은 기하학과 시(詩)교육만으로, 특히 초등교육에서는 읽기와 셈하기만으로도 충분하다고 주장한다. 특히 읽기를 위한 교과서(책)들이 지닌 가장 좋은 것들 중의 하나는 학생들에게 기억과 회상이라는 관념을 주기 때문이다(박은수(역), 1998: 50). 그러나 읽기, 기하학만으로 단위학교 혹은 국가 수준 교육과정을 구성한다는 것은 현실적으로 불가능하다. 다양한 교과목들이 학교에서 다루어질 수밖에 없음을 알랭도 인정했지만 다만 그는 읽기와 셈하기의 유용성을 모든 교과목들과 연결시키고 있다.

표 5-1 학교 주요 교과목별 교육내용 및 교수법

교과목	주요 교육내용 및 교수법
읽기	읽기수업은 단지 글자를 알아 모인 글자들을 발음하는 것(노예 같은 읽기)이 아니라 글귀 전체를 탐색하는 훈련이다. 읽는 법을 배우는 것은 생각하는 것을 배우는 법이다. 눈으로 읽기, 변치 않는 대상을 느끼기, 한눈에 살펴보기, 다시 살펴보기의 과정이 완전한 읽기수업이다. 학생들이 무언가를 배우게 되는 것은 읽기를 통해서다. 쓰기와 셈하기에 비하여 읽기는 어렵다. 귀를 통한 듣기가 아니라 눈을 통한 읽기로써 학생들의 생각과 도야가 이루어져야 한다. 정말로 읽을 줄 아는 사람은 입술이 아니라

	눈으로 읽는다.
기하학	기하학은 자연의 열쇠다. 기하학의 좋은 점은 증명들의 단계가 있고, 모든 증명에 명확하고 건전한 그 무엇이 있기 때문이다. 기하는 학생들에게 자연을 가르쳐준다. 기하학 수업은 어렵기 때문에 참을성을 갖고 가르쳐야 한다. 학문은 대상물의 인식을 목적으로 삼는다. 대상이 인식되면 학문은 이루어진 것이라는 공자(孔子)의 말은 옳다. 실물 수업은 산수나 기하학적이어야 한다. 사실상 모든 과학은 기하학에서 비롯되었다. 기하학은 산수와 같이 특이하면서도 수들보다 자연에 좀 더 가까운 그런 관념들을 우리에게서 태어나게 하는 하나의 불가사의한 세계다.
음 악	음악학습은 이치를 깨닫게 만든다. 그러나 음악을 너무 많이 듣거나 새로운 음악을 지나치게 많이 듣는 사람들은 이따금 즉흥적인 기분에 떨어지기 쉽다. 음악교육이 갈채받기를 목적으로 삼았다면 이것은 허영심에 지나지 않는다.
국 어	국어학습은 위대한 작가들에 의해 가능하다. 가장 빈틈없고 가장 알차고 가장 깊이 있는 구절들에 의해서이지, 회화 교과서의 어리석은 수작들에 의해서가 아니다.
시	시는 인간질서의 열쇠이고 넋의 거울이다. 이때의 시는 아이들을 위해 만든 것이 아니라 가장 고귀하고 가장 존경받는 시를 말한다. 시의 힘은 읽을 때마다 우리에게 무엇을 가르쳐주기 전에 먼저 그 음과 리듬으로 우리를 하나의 보편적인 인간전형에 따라 가다듬어준다. 이것은 어린아이들에게 좋은 것이다. 시의 암송을 통해 정념들을 가다듬음으로써 학생들은 인간감징에 도달해 모든 정념들을 이해하게 된다. 위대한 시는 모든 사람을 쥐고 흔든다. 되도록 모든 학생들에게 온전한 시, 온전한 언어를 모방하는 훈련을 통해 인간이 되도록 만들어야 한다.
과 학	과학교과목 자체보다는 과학정신을 가르치는 것에 주력해야 한다. 과학에서 가장 나은 것은 가장 오래된 것, 가장 확실하게 밝혀진 것, 보편적으로 적용되어 가장 익숙한 것들이다. 과학수업의 잘못은 물리학의 최근 논쟁을 요약하여 학생들을 가르치려 드는 것이다. 오히려 과학을 바로 이해시키는 것은 많은 독서와 오랜 숙고다. 천재적인 과학자들이 발견, 발명한 것으로 그대로 가르치는 것은 마치 초보자가 처음부터 뛰어난 선수와 경주하는 것처럼 어리석은 짓이다. 학교에 적합한 과학교과들은 천문학, 지렛대, 도르래, 빗면, 쐐기, 못, 나사못, 프로펠러 같은 단순기계 과목들로

	이들은 학생들로 하여금 정신들을 전적으로 계발시킨다. 모든 과학은 기하학에서 비롯되었다.
수 학	수는 어떤 의미에서 기계와 같다. 수학이야말로 관찰의 가장 좋은 학교이며 유일한 관찰의 학교다. 수(대수)와 도형(기하)말고 우리를 속이지 않는 관찰, 속기를 바라는 관찰은 세상에 없다. 기하학과 산수에는 아무런 비밀이 없다. 그러므로 수학이 모든 과학 중에서 어렵다는 학교식 편견에서 해방되어야 한다. 오히려 수학은 가장 쉬운 과학이고 어린 시절에 가장 알맞은 유일한 과학이다.
체 조	체육수업은 몸의 본성을 고치자는 것이 아니라 오히려 그 본성을 풀어주기 위한 활동이다. 또한 몸짓과 발짓과 같은 근육체조는 모두 언어에 직접 연결되어 있다.
공 민 도 덕	어른들이나 교사 자신도 이해하기 애먹거나 모르는 관념적인 모든 것을 학생들에게 가르치기 위해 교과 프로그램이나 콘텐츠를 만들어서는 안된다. 더욱이 '정치적 도그마'를 가르치기 위한 수단적인 교과목이 되어서는 안된다. 정치적인 복종도 거역도 모두 광신이다. 공민도덕 교과를 통해 교사는 학생들에게 어떠한 광신에 치우치지 않도록 가르쳐야 한다. 아이들은 관념이 아니라 자신과 남을 맺어주는 '사회적 감정' 덕분에 모든 명예와 모든 수치가 제 구실을 하게 된다. 이것 때문에 동물적인 이기주의를 넘어서고 학생들은 남을 위해 살고 행동하며 실제로 미덕을 성장시킨다. 학생들은 이러한 사회적 감정을 통하여 남을 사랑하는 법을 배워야 한다.

이상의 분석에서 드러난 바와 같이 모든 교과에 통할(統轄)하도록 만드는 학습지도의 제일원칙으로 알랭은 수업(혹은 교사)의 엄격성을 들고 있다. 그는 엄한 방법에 따라 제 힘으로 얻는 것에 의해서만 사람이 된다고 여겼다. 따라서 엄한 방법을 거부하는 자들은 아무짝에도 쓸모가 없을 것이다. 결국 학생 스스로 어려움을 찾아야 하고 남의 도움이나 아낌 받기(특히 부모나 교사로부터)를 단호히 거부해야만 한다(박은수(역), 1998: 13). 알랭은 이에 대하여 '(비록 어렵더라도) 우선 배우라! 그런 후에 모든 보물들을, 겹겹이 쌓인 보석들을 열어 보라. 감탄과 숭배(경외심)없이 학생들은 결코 향상할 수 없다.'고 주장하였다(박은수(역), 1998: 21). 그의 생각에 의하면 엄격성을 기반으로 이루어지는 수업은 결

코 재미있는 놀이가 아니다.

> "놀이의 형태를 띠는 재미있는 수업은 별로 믿지 않는다. 아이의 주의력은
> 단순한 쾌락을 찾는 것이 아니다. 주의력은 식충이나 개의 주의력이 아니
> 라 아이가 보여주는 결핍이고, 인내고, 자신이 위를 쳐다보는 일종의 기대
> 인 것이다... 즐거움을 이용하지 않는 공부보다 더 나은 것은 없다."(박은
> 수(역), 1998: 17, 36).

정봉구는 알랭이 평생 교단에서 견지한 교육정신에 대하여 '제자들에게 의욕
을 불러일으키게 만드는 것, 학생들을 긍정적으로 고무하는 것, 학생들로 하여
금 스스로 자각이 일어나도록 동기화시키는 것'으로 정리한 바 있다.

첫째, 교육정신은 행복을 얻기 위하여 인간이 취하는 노력을 찬양하는 것이
며 슬기를 지니는 지혜자로서의 자아실현을 촉구하는 것이다(정봉구, 1977:
360). 교육은 행복을 추구하는 조건이며 그것은 결코 무사 안일함이나 무위(無
爲)로서 이루어지는 것이 아니다. 그리하여 알랭은 안일함 속에서 무위하게 사
는 것을 가장 무가치하게 여겼다. 이와 동시에 그가 견지한 교육의 절대정신은
'아무 것도 요구치 않는 사람에게는 아무 것도 주지 않는다.'는 생각이다. 따라
서 그는 좋은 교육자야말로 학생들이 안일함과 무위함을 경계하고 그것으로부
터 벗어나게 만든다고 여겼다.

둘째, 알랭은 학생들에게 무한한 믿음과 사랑을 줌으로써 그들에게 힘을 돋
우어 주었다. 그는 많은 인간을 획일화할 수 없다는 점을 사람들에게 가르쳐주
었으며 인간이 지니는 상호 간의 상이성과 다양성을 인정하면서 동시에 사랑할
것을 주장했다(정봉구, 1977: 364). 이처럼 존재에 대한 상이성을 강조하는 정신
을 미루어 볼 때 알랭이 이미 교육의 본질인 방법론적 복수주의를 충분히 이해
하고 있었음을 짐작할 수 있다.

셋째, 그는 가르치는 입장에서 많은 것을 기대함으로써 많은 것을 얻으려 하
였고, 학생들을 신뢰함으로써 보다 큰 것을 얻는 일, 있는 그대로를 사랑하는
일들을 교육자의 신조로 삼았다. 또한 학생들로 하여금 스스로 깨닫고 스스로
분발할 것을 가르치는 것을 교사행위의 근거로 삼았다(정봉구, 1977: 363). 결국

그는 이러한 교사의 행위로 말미암아 학생들이 진실로 사는 방법을 깨닫도록 가르칠 수 있다고 여겼다. 여기서 그가 말하는 진실된 삶이란 자신의 잘못된 기분을 스스로 극복하는 정신, 자신을 항상 진지하게 탐구하는 정신, 창의성을 계발하기 위하여 스스로 행하는 일, 스스로 자신의 일을 행하고 해결하는 정신 등을 바탕으로 한다(정봉구, 1977: 365). 정봉구의 이해방식을 다음과 같은 수업원리로 재구성하였다.

표 5-2 일반적인 수업의 원리

원 리	알랭의 주장
고진감래 원리	누구든 고생을 한 사람만이 참된 기쁨을 맛볼 수 있다. 그러한 기쁨의 발견보다 사람을 더 높여주는 것은 없다. 처음에는 지겨워할 줄 알아야 한다. 사람은 (지겨움의) 고생을 통해서만 사람이 된다. 사람은 그 진짜의 기쁨을 얻어내야 하고 그것들을 얻을 자격을 지녀야 한다.
최소개입 원리	놀고 있는 아이들을 잠시나마 관찰해 보라! 어떤 어린이든 누군가 자기를 관찰하고 있다고 느끼는 순간부터 그 아이의 순수한 장난은 곧 중지되고 마치 겁쟁이와 연극이 뒤섞인 도무지 뭐가 뭔지 알 수 없는 것이 되고 만다. 우리는 곁눈으로 급히 지나치면서 보아야 한다.
자기주도 원리	경험은 두 가지 방식으로 우리에게 도장을 찍는다. 어떤 의미로 우리는 물건의 흔적이 찍혀 있는 일종의 납판들이다. 사람은 스스로의 경험에 의해 각인되고 이에 의하여 늙어간다. 스스로 하는 일에는 생각들을 가다듬는 큰 힘이 있다. 실제로 행동하는 것은 시간과 시험들을 요구하기 때문이며 그렇게 해야만 어떤 일이 익숙해지는 것이다. 구경꾼 노릇으로는 얻는 것은 아무 것도 없다. 다만 혹독한 참을성과 자주 볼 기회가 필요하다. 경험이란 하찮은 것이 아니다. 경험을 점차 늘려 나가기를 가르쳐야 한다.

알랭은 한 아이가 스스로의 경험을 통해 무언가를 이해하게 되면 곧 하나의 놀라운 충동이 그 아이 속에서 나타난다고 생각했다. 반대로 만약 어떤 아이가 무언가를 이해 못하면 꼼짝도 않으며, 한마디로 우울한 얼굴을 하게 되고, 교육학자들이 말하는 소위 주의력의 모든 문제들이 발생한다. 그러나 이 아이도 어

떤 생각이 떠오르기만 하면 밖으로 나타내지 않고는 못 배길 것이다(박은수(역), 1998: 193). 이 점을 미루어 볼 때 알랭이 주창하는 수업의 제일원리는 학생의 자발성을 극대화시키고 교사의 개입을 최소화시키는 합리적 권위주의의 원칙에 기반을 두어야 한다는 점이 분명하다.

3) 학교론

알랭은 기본적으로 학교교육을 찬성하는 입장이다. 그는 학교야말로 가정에서 질서 없이 이루어지는 애정기반의 반(反)교육 행태를 대체하는 탁월한 기관으로 여겨 '아이들을 학교에서 보아야 아름답다. 학생들이 제 힘에 알맞은 힘을 발견하는 것은 바로 학교에서다.'라고 외쳤다. 나아가 그는 학교란 가정과 판이하고, 어떤 기성사회와도 다른 사회로서 제 고유의 조건과 조직들을, 제 고유의 의식과 정념들을 지닌 사회라고 강력하게 주장하였다(박은수(역), 1998: 52-53). 그는 가정교육과는 다른 학교교육의 차별성을 다음과 같이 조리 있게 설명하고 있다.

> "가정은 잘못 가르치고 잘못 기르기까지 한다. 거기에는 핏줄, 제대로 가다
> 듬어지지 않은 흉내 내지 못할 애정이 있고, 서로의 애정에만 기대기 때문
> 이다. 그래서 자녀들은 저마다 제멋대로 군다. 마치 미개인의 행세와 마찬
> 가지다. 그러나 학교는 그렇지 않다."(박은수(역), 1998: 29-31).

알랭에 의하면 이처럼 학교란 무한애정만이 존재하는 가정과 달리 아이들의 예의범절을 바탕으로 인격을 형성하게 만드는 일종의 우회로로 작용하는 체계적이고 조직적인 사회기관이다. 그는 아이들의 성숙됨을 위하여 이러한 우회로가 반드시 필요하다고 주장한다. 왜냐하면 그 곳에서 대개의 아이들은 가정과 다른 또 하나의 규율과 좀 더 비육체적인 인간성을 찾아내기 때문이다. 그는 아이들의 성숙을 위해서 사물 사이에 있어서의 관찰자의 고독이 필요하다고 주장한다(방곤(역), 1982: 208).

여기서 '관찰자의 고독'은 아첨꾼의 성질이나 남의 비유를 맞추는 세속적인

속물근성에서 자유로운 상태가 전제되어야 한다. 그는 '자유로운 상태의 정신이란 반항의 정신이다. 자유의 깃발 아래 교육하고, 정복하고, 마침내 지배하려는 시도는 풍부한 지혜가 선행되어야 한다.'고 설명한다(방곤(역), 1982: 249). 이러한 현상에 대하여 알랭은 '어린이는 이러한 것(일종의 지혜)의 얼마만큼은 그 조그마한 책가방 속에 담아가지고 집으로 돌아온다. 공책이나 책을 통해 가정 속으로 또 하나의 진지함을 갖고 돌아온다.'고 다분히 문학적인 필체로 표현하고 있다(방곤(역), 1982: 193). 알랭은 대중들이 '학교가 커다란 가정이요, 또 다른 사회'라는 왜곡된 인식을 갖고 있지만 그 실상을 가만히 들여다보면 결코 그렇지 않다고 여겼다. 그렇다면 그가 생각하는 학교의 본연적인 교훈이란 무엇인가?

> "학교는 우리가 알고 있는 여러 가지 사회와는 그 생활조건으로 볼 때 전
> 혀 다르다. 교사와 학생 간 생겨나는 감정은 확실히 가정이나 사회에서의
> 것들보다 질이 매우 높다. (우리가) 이러한 감정을 다른 감정과 구별하는
> 것은 매우 중요하다. 여기서 한 쪽에는 경복(敬服), 즉 숭고함에 대한 동
> 경이 있고 다른 한 쪽에는 고도의 정신에 뿌리박힌 우애, 즉 가르친다는
> 행위에 있어 아는 자와 모르는 자를 평등하게 만드는 우애가 있다. 이러한
> 높은 기품, 아마도 세상에서 가장 높은 이 기품을 체험한 자야말로 가장
> 행복한 학생이 될 것이다."(방곤(역), 1982: 203).

그러므로 알랭의 학교에 대한 이해를 한마디로 표현하면 학교란 서로 존경하고 존중받는 기품을 순수하게 체험하는 수준 높은 인간교육의 공간과 질서가 되어야 한다. 본질적으로 세상에 가장 빨리 알려지는 것이 바로 인간적 질서이며 이것은 일종의 정치적 태도를 의미한다. 따라서 알랭은 학교에서의 아이들이 어느 정도 정치적으로 사는 셈이라고 진단한다(방곤(역), 1982: 204). 인간교육을 위한 질서(일종의 정치적 태도)는 아동의 주의력을 필요로 하는데 알랭은 이를 위하여 우리의 모든 학교 및 교실환경이 단순해져야 한다고 말한다.

> "학교는 (세상의) 바깥소리들이 들어가지 않는 비교적 폐쇄적인 곳이어야
> 한다. 나는 교실 안에 설령 아름다운 것들일지라도 쳐다볼 것이 아무 것도

없는 벌거숭이 벽들을 좋아한다. 왜냐하면 아이들의 주의력을 공부로 되돌
아오게 해야 하기 때문이다."(박은수(역), 1998: 23).

그렇다면 학교는 학생들에게 이러한 주의력을 어떻게 훈련시킬 것인가? 알
랭의 생각으로는 되읽고, 암송하고, 베끼고 또 베끼기의 수없는 반복과 훈련을
통해서만 그것이 가능하다(박은수(역), 1998: 217). 알랭은 학교야말로 사회적인
이해나 정치적 권력이 최소화된 하나의 자연적인 공간과 환경이 되어야 함을
늘 지적하였다. 학생들은 (비록 읽고 쓰고 베끼는 단순함이 지배할지라도) 이러한
환경 속에서 저마다의 일관성을 스스로 찾게 된다.

알랭의 교육관에 따르면 배운다는 것은 또 하나의 엄숙한 의식이다. 학습의
자유와 수업의 자연성을 극대화시키기 위하여 학교교사는 국외자로서 멀리 떨
어져 있어야 한다. 왜냐하면 그들에게 다가가 교사가 마치 학생처럼 굴려고 한
다면 그들로부터 당장 빈축을 사기 때문이다. 따라서 모든 학교교사는 '학생들
이 (비록 험할지라도) 그들 나름의 법률을 갖고 자신들을 위하여 그것을 지킨다.'
는 사실을 늘 염두에 두어야 한다(박은수(역), 1998: 46).

4) 교사론

알랭은 교사가 갖추어야 할 참된 자세에 대하여 '누군가를 가르치기 위해 무
언가를 배우게 되면 제대로 배워지지 않는다.'는 상징적인 표현을 통해 자못 현
학적인 필치로 설명했다. 누군가를 가르치기 위해 (형식적으로) 무언가를 배운
교사는 마침내 학생들에게 고약한 제도(학교) 안에서, 거만한 수업법으로, 단순
한 지식만을 마치 폭포처럼 퍼붓게 된다. 그리하여 알랭은 학식(혹은 교양) 있는
교사를 원했고 자기 자신도 그렇게 되도록 평생 노력했다고 고백한다. 여기서
교사의 학식이란 원전(고전)으로부터 배운 것들을 의미한다. 이 점에 대하여 그
는 다음과 같이 두 가지 공감되는 언설을 우리에게 들려주고 있다.

"학생들을 감동시키려고 애쓰는 바이올린 교사를 생각해 보라! 활을 꽉 쥐
고, 잘 해보겠다는 마음으로 안간힘을 쓰는 바람에 삐걱거리는 소리만 날

것이다. 자신의 첫 애착에서 우선 벗어나야 하는 것이 필요하다. 교사는 이러한 (감동적인 가르침에 대한) 애착의 유혹을 버려야 한다. 그래서 욕망이 깨닫지도 못하던 그런 식의 행복을 쟁취해야 한다. 진정한 기하학자가되기 전까지 기하학을 즐길 수 없다. 즐기지 못함에는 허영심, 명예를 덥석붙잡으려는 욕망, 온갖 속임수가 도사리고 있다."(박은수(역), 1998: 181-182).

"교사가 학식이 있어야 하는 이유는 자기가 아는 것들을 학생들에게 단순히 가르치기 위해서가 아니라 언제나 갑작스럽게 부닥치게 될 상세한 부분들을 밝히기 위함이다. 교실장면에서 어린 학생들의 주의력, 재치, 관념들의 장난은 전혀 예견할 수 없기 때문에 늘 갑작스럽게 부닥친다."(박은수(역), 1998: 110-111).

예나 지금이나 학교교사들은 명민한 심리학자들이어야 한다. 학교환경, 수업장면, 상담상황 등은 모두 교사와 학생 간 벌어지는 팽팽한 신경전이며 동시에중대한 영향을 미치는 관계설정이다. 이 때 교사의 교육 및 교수학적 기술은 단순히 탁월한 지적(知的) 역량만으로는 턱없이 부족하다. 이 점에 대하여 알랭은다음과 같이 몇 가지 예를 들어 친절히 설명하고 있다.

"때로 아이들이 어른들보다 더 어른스럽다. 아이들은 서둘러서 자기 자신을 벌하고 자신을 불행으로 몰아넣기 때문이다. 학교교사가 지녀야 할 가르치는 기술의 전부는 학생들을 이러한 고집에까지 몰아넣지 않는 것이다.다시 말해 학생들이 뛰어넘을 수 있도록 장애물을 조절해 주어야 한다. 모든 잘못을 처음부터 강조해서는 안된다."(박은수(역), 1998: 109).

"올바른 학교선생은 학생이 탐구해서 발견해내기를 바란다. 지능을 촉구하는 것이다. 버린 종이 따위는 생각지도 않는다. 그러나 마치 노련한 기술자 같은 교사는 탐구행위 자체를 비난한다. 이것 때문에 학생들의 정신이손과 도구의 생각인 기술 앞에서 손을 들고 만다."(박은수(역), 1998:

98-99).

"내가 경험을 통해 확인한 것은 사람의 성질이란 남의 판단에 따라 쉽사리 형성된다는 사실이다 … 결론적으로 사람들 성격을 서둘러 판단하거나 선언 해서는 안된다. 교사가 학생에게 어떤 낙인을 찍는다면 일종의 야만적인 권리를 그에게 주는 셈이다."(박은수(역), 1998: 40).

"아이들은 누구에게나 경박함, 움직이고 떠들고 싶어 하는 욕구가 있다. 그러나 아이들이 놀이에서 공부로 옮아갈 때는 스스로가 커짐을 느끼도록 해야 한다. 이 아름다운 옮아감, 이것은 완만한 것이 아니라 뚜렷하고도 격식(일종의 일관성)을 갖춘 것이어야 한다. (역설적일지 모르지만) 아이들 은 선생이 강요해주면 고맙게 여길 것이요, 자기비위만 맞춰주면 오히려 멸 시할 것이다. 아이들은 강하게 다루어야 할 필요가 있다. 나는 그러기를 바 란다. 아이들에게 진짜의 (성장의) 씨앗을 뿌려 주어야 한다."(박은수(역), 1998: 20-21).

알랭이 견지하는 교사론의 핵심은 교육철학(education)에 대한 교수심리(instruction)의 선위성이다. 그는 '가르칠 학생들에 대하여 아는 것보다 오히려 가르쳐야 할 것들을 제대로 아는 것이 더 중요하다.'고 하여(박은수(역), 1998: 71) 이러한 사실을 잘 반증하고 있다. 그에 의하면 교사의 전문성은 본질적으로 자신이 담당하는 과목을 잘 가르치는 일종의 수업전문가이어야 한다. 이러한 교수전문성은 개입과 조망의 균형감 있는 조절역량에 달려 있다.

"만일 아이가 셈하는 것을 거들어준다면 아이는 놀기만 할 것이다. 그러나 거들어주지 않으면, 아이의 잘못을 어른이 사정없이 지적해준다면 아이들 은 아첨하지도 속이지도 않을 것이다. 엄격함 속에는 사정없는 숫자들 자 체가 (아이들의 가르침을) 책임지게 될 것이다. 훌륭한 스승은 이렇게 해서 마땅한 존경을 받게 되는 것이다."(박은수(역), 1998: 14).

"아이들에게 어설픈 친절을 베푸는 교사나 학생들의 눈치를 보며 고분고
분한 스승은 아이들이 별로 좋아하지 않는다… 아이가 고생을 스스로 해서
어른의 상태로 발돋움하도록 만드는 것이 교사가 가르치는 기술의 모두인
것이다."(박은수(역), 1998: 14, 19).

"교사는 학생들로 하여금 시인, 웅변가, 작가들에 의하여 스스로 도야되도
록 해주어야 한다. 한꺼번에 다하려 들지만 않는다면 시간이 모자라지는
않을 것이다. 교사는 잠자코 있고, 아이들이 (좋은) 글을 읽기만 하다면
교실은 만사형통인 셈이다."(박은수(역), 1998: 87).

알랭은 학생들이 학교태(schooling)라는 제도의 힘에 의하여 학생이 된다고
생각했다. 이러한 제도 안에서 (그 제도의 힘에 의해 만들어진 학생들을 응대해야
하는) 학교선생들에게는 일종의 직업적인 무관심이 작용한다. 물론 감정이란 값
진 것이다. 그러나 우리는 그 감정이 해주지 못할 도움을 기대해서도 안된다.
알랭이 말하는 좋은 선생(의 표상)이란 상당히 무관심한 것이고, 또한 그러기를
바라고 그러도록 애써야 한다. 왜냐하면 교사의 너무 두드러진 호의, 열성, 활기
등은 학생들의 지능 활동과 양립되지 않기 때문이다. 그러므로 교사는 감정을
누그러뜨려야 한다. (또한 감정에 사로잡혀) 학생들에게 이래라 저래라 해서도
안된다(박은수(역), 1998: 33).

이처럼 교수전문성을 지닌 교육자로서 특히 중등학교 교사가 지녀야할 바람
직한 심리철학적 자질에 대하여 알랭은 자신의 풍부한 교단 경험과 철학적 성
찰을 바탕으로 비교적 생생하게 설명하고 있다. 그가 주장하는 교직철학의 핵심
은 인간애, 교육애, 자기애의 혼화와 조화다. 학생들을 사랑하고, 가르침을 사랑
하고, 마침내 교사인 자기 자신을 사랑하지 않는다면 그것은 진실한 교사의 모
습과 자세가 결코 아니다. 이는 다음의 글에 잘 드러나 있다.

"누구든(특히 교사의 경우) 사람을(특히 학생들을) 혐오해서는 아무 것도
되지 않는다. 남을 경계하여 피하면 도둑을 맞을 것이다. 남을 경멸하면 미
움을 받을 것이다. 인간은 남에게서 만들어진 자기의 초상에 급히 닮으려

고 하는 법이다. 더욱이 '이 아이는 바보다 혹은 심술쟁이다.'라는 경직된
사고방식을 바탕으로 이러한 말들을 학생들에게 되풀이한다면 그 아이는
그대로 될 것이다⋯ 따라서 한 인간을 인정한다는 것은 하나의 정신을 인
정하는 것이다. 나는 정신에 말을 건다. 그대의(특히 교사의) 할 일은 당신
이 대하는 사람을 하나의 인간으로 취급하는 것이다. 상대가(학생들) 당신
의 대답에 응하지 않을지라도 그 쪽이 나쁘다고 말해서는 안된다."(방곤
(역), 1982: 330).

학교교사로서 알랭은 '자연과학으로서 기하학(수학)과 인문학으로서 라틴어
(언어)만 가르치면 된다.'는 다소 편협하지만 원리주의적인 교수학적 견해를 통
해 능력심리학(faculty psychology)에 기반을 둔 교육이론을 전개한다. 이에 따라
그는 학생들이 공부를 재미있고 수월하게 할 수 있도록 만드는 실험적인 교수
법에 대하여 늘 부정적인 입장이었다. 비록 고통이 수반되는 환경과 처지에 놓
일지라도 오로지 좋은 글(위대한 고전)을 읽고, (위대한 교사의) 좋은 이야기를
듣고, 마침내 학생 스스로 좋은 글을 쓸 수 있는 탁월한 사고능력(thinking
competency)을 위한 수업이야말로 최고의, 최선의 교육방식이라는 다소 보수적
인 교육이해의 프레임을 갖고 있었다.

비록 이러한 그의 독특한 이해방식이 다양성과 복잡성을 기반으로 하는 오
늘날의 교육생태계에 결코 부합하지 않을지라도 시대와 공간의 특수성을 뛰어
넘는 교육의 보편성에 대한 성찰을 시도할 때 하나의 좋은 전형(典型)을 제공한
다는 점에서 그 의미를 찾을 수 있다. 더욱이 글을 쓰며 생각하는 습관을 상실
한 채 점차 기계화되어만 가는 현대의 비(非)학습인들(그의 표현에 의하면 게으
름뱅이)에게 따끔한 충고가 될 수 있다.

현대철학자로서 알랭은 휴머니즘을 사유 틀(frame of thinking)의 중심으로
삼았고, 철학을 단순한 지적 추구 대상으로 삼던 당대의 사회풍토에 대하여 대
단히 비판적이었다. 따라서 그에 의하면 우리가 철학을 궁구할 때 이루어지는
위대한 힘이야말로 인간에 대한, 인간을 위한, 인간에 의한 철학이어야만 한다
는 강렬한 휴머니즘을 바탕으로 삼을 때에 비로소 생긴다. 또한 '스스로에게나
타인을 이해함에 있어 절대로 인간을 수단으로 보지 말고 언제나 목적으로 삼으

라!'는 칸트(I. Kant)의 테제가 인간이해에 대한 그의 한결같은 프레임이 되었다.

나아가 의지가 박약한 염세주의자나 비관적인 사회풍토가 지닌 정서적 폐해를 비판하며 동시에 개인주의적 자유주의('사회생활에서 협력은 필요하지만 자유는 궁극적으로 개인적이어야 한다.'는 인식론적 방법론) 이데올로기를 선호했다. 그는 명분 없는 명예, 불법적인 권력에는 단호히 부정적인 입장을 정립하여 올바른 질서와 절차가 전제되지 않는다면 어느 개인의 자유도 존재할 수 없다는 점을 분명히 개진하였고, 이는 자유를 최고 가치로 여기는 그의 인간이해에 대한 일관된 담론과 깊은 연관이 있다.

심리철학자로서 알랭의 행복에 대한 무질서한 담론의 핵심은 '인간은 행복해져야 할 권리뿐만 아니라 동시에 의무도 있다.'는 점과 '나만의 행복뿐만 아니라 남의 행복도 동시에 중요하다.'는 점이다. 인간은 누구나 행복해지기 위해서 예의, 관용, 배려, 친절 등의 미덕을 구체적인 행동으로 보여주어야 한다. 이러한 미덕들을 몸소 실천함으로써 누구든 행복의 진정성을 맛볼 수 있다. 그는 또한 정녕 행복해지기를 원한다면 적극적인 의지의 힘이 필요함을 주장한다. 그는 인간이 행복하지 못하는 주된 이유들로 마음의 동요, 불안, 스트레스, 정념의 과도한 폭발, 상상력의 남용 등을 거론한다. 이를 극복하기 위해 그가 제안한 치유법은 체조, 음악, 몸과 마음의 균형, 신중함, 폭넓은 시야, 낙관주의, 인내, 우유부단의 근절 등이다. 이를 미루어 볼 때 알랭의 심리철학은 과학적 합리주의를 기반으로 삼고 있다.

5) 종합적 논의

이상과 같이 알랭이 표방한 원리주의 기반의 교수학적 인간학, 개인주의적 자유주의 기반의 일반철학, 과학적 합리주의 기반의 심리철학 등에서 일관되게 작동하는 세 가지 주요한 테마는 지각, 의지, 행동이다(방곤(역), 1982: 397-398). 알랭의 인간이해 방식에 의하면 누구나 올바른 지각성향을 반드시 가져야 하지만 온갖 정념이나 방일(放逸)한 감정들 때문에 일종의 오류상태에 빠지는 경우가 많다. 그럼에도 불구하고 우리정신은 신체의 영향에 휘둘려서는 안되며 정상적인 심신상관의 본질을 충분히 깨달음으로써 정념억제, 순화 등을 통한 노력을 기울여 정상적인 지각상태를 유지해야 한다. 이렇게 함으로써 생긴 옳고 그릇됨을 판단하는 것이 곧 의지의 힘이며, 이때 올바르게 작동하는 의지란 왜곡되거나 구속됨이 전혀 없는 완전히 자유로운 정신상태를 전제로 한다.

이러한 의지는 마침내 구체적인 행동으로 드러나거나 실천할 때서야 비로소 가치를 인정받는다. 즉, 의지는 일관된 행동에 의해서만 증명이 될 뿐이다(방곤(역), 1982: 321). 학교교사로서 알랭 자신이 가르치는 중등학교 학생들에게 훈계하는 일관된 교육적 지침은 바로 올바른 지각-의지의 알고리즘을 기반으로 하는 정의로운 행동의 대(大)원칙이었다.

알랭은 위대한 교사로서 학생들의 가슴 속에 감동을 남겨주며 활기 있고 경묘(輕妙)한 유머로 교직생활에서 비롯된 자신의 노고를 메워 나갔다. 그의 강의는 추상에 앞서서 언제나 예문의 분석이 있었고, 추상은 다채로운 예화로서 채색되었다. 그런데 그와 같은 예화들이 학생들의 평생을 통해 잊을 수 없는 감동으로 아로새겨졌다고 한다(정봉구, 1977: 314). 교육의 근대화라는 이름으로 실용과 과학주의, 효율과 경제성 등에 압도당하기 시작하던 시절 학교교육의 세속화에 맞서 인문교육의 전형을 밝히고 실제로 교단에서 학생들에게 인간적인 면모를 보여준 교사로서 그의 노력을 논의하면 다음과 같다.

첫째, 그는 사회학, 심리학이 발흥하여 교육에 영향을 미치던 시대에 고전학, 인문학으로 맞섰다. 그의 생각에 의하면 교육상황, 구체적인 수업장면은 학생들을 대상으로 하는 지능콘서트가 아니라 재능콘서트가 되어야 한다. 알랭은 '지능콘서트'란 지능이 남을 위해서만 있고 자기 자신에게는 아무 것도 아닌, 생각하는 어려움을 상실한 수업이며, 이러한 수업은 '학생들의 정신을 가두어 형성시키지만 결코 해방시키지는 못한다.'고 하였다. 그는 현대에 들어 심리학, 사회학, 역사학 등이 초등교육을 덮치고 있다고 판단했는데, 사회학은 하나의 광신(狂信)이요, 심리학은 엉성한 과학으로(박은수(역), 1998: 238, 247) 여겼다. 특히 심리학자들이야말로 물론 관념들의 근원에 숙고하게 되지만 엄청난 논쟁들만 쌓아 결국 애매한 관찰들만 무수히 존재하게 할 뿐이다. 알랭은 당대의 초등교육이 '마치 정신과 전문 의사들에게 내맡겨져 있는 듯하다.'고 느꼈다. 그는 멀쩡한 학생들을 미친 사람으로 만들어 놓고는 '내가 치료하겠다.'는 식의 초등교육 관계자들의 생각에 철저히 반대했다.

둘째, 그가 남겨준 인문주의 교육이론과 실천은 근대 에라스무스(D. Erasmus)의 정신을 계승하여 부활한 마치 현대 인문주의자의 고독한 외침과도 같았다. 인문주의의 핵심은 인간의 이성과 관념에 대한 위대함을 전제로 하며, 그 위대함의 징표들인 고전들을 배움(혹은 모방함)으로써 인문정신의 깊은 향연을 맛보고 스스로 관념의 바다에 빠지는 즐거움을 맛보게 만드는 것이다. 이에 따라 인문주의교육의 기본원리는 고전읽기를 통해 자신의 관념과 정신을 도야하여 마침내 이성의 위대함에 도달하게 만드는 지난한 연습과 경험의 연속이다.[6] 이 점에 대하여 알랭은 다음과 같이 설명하고 있다.

> "(학생들로 하여금) 가장 나은 충고자와 바로잡을 자들이 어디 있는가를 알게 하려면 위대한 책을 읽고 또 읽혀야 한다. 자기 손, 온 몸, 온 마음을 극복해 지배하던 사람들을 학생 자신의 모델로 삼게 만들어야 한다. 위대한 책 속의 위대한 인물은 모든 사람들에게 훌륭한 본보기다. 지혜로 가득 참은 물론 간결하고 절제 있는 위대함의 필치를 모방하면 자기 자신을 좀더 현명하게 만들 수 있다. 아름다운 작품을 본뜨려는 주의력만으로도 이미 자기 자신이 더 좋아질 것은 틀림없다. 위대함의 도움 없이 자기 자신만을 표현하려 든다면 모든 것이 일그러지고 상만 찌푸리게 된다. 그는 이미 이끌리는 자일 뿐 이끄는 자가 되지 못한다. '위대함의 모방'이야말로 학생들을 노예상태(형식적인 학습습관)에서 벗어나게 만든다."(박은수(역), 1998: 72-73).

셋째, 알랭의 교수방법에 대한 논의의 핵심은 로크의 훈련(단련)주의 관점을 계승한 것으로 평가할 수 있다. 교육장면에서 혹독한 단련(혹은 훈육)의 유용성

---

6 그렇다면 인문(humanitè: 인간성, 인간미, 인정; 인류; 인문학과, 고전, 고전연구 등의 의미가 있음) 모두를, 이른바 고전 모두를 읽혀야 하는가? 단적으로 알랭은 그 한계가 없다고 본다. 인문학은 인간 모두에게 좋고 특히 변변치 않고, 미련하고, 데면데면하고, 우악스러운 사람들에게 더욱 필요한 것이다. 또한 수학, 기계학, 천문학 등 자연학과 기술학을 배우기 전까지 모든 아이들은 글 읽는 법을 배우고 또 배우도록 해야만 한다.(박은수(역), 1998: 86-87) 그것은 단순히 책을 읽기 위한 것이 아니라 위대한 고전을 올바르게 읽기 위한 방법을 말한다.

에 대한 논의는 작금의 문제가 아님이 분명하다. 알랭은 시대와 공간을 초월하여 일관되게 적용되어야 할 교수학의 원칙으로 교사의 엄격성과 비(非)개입성, 학생의 주의력과 자기제어 등을 들고 있다. 이는 오늘날 나약함과 피동성에 길들여진 학생들은 물론 교직의 정당한 권위를 잃어버린 학교교사들에게 시사하는 바가 크다.

> "공부는 본래 어려움이다. 참을성이 없는 학생들에게는 이겨내지 못할 힘든 어려움들이지만 참을성이 있고 한꺼번에 하나의 어려움만을 생각하는 학생들에게는 별 것이 아니다. (어느 시대건) 천재가 거둔 성과는 오로지 오랜 노력(참을성)의 결과일 뿐이다."(박은수(역), 1998: 81).

넷째, 알랭은 당대 학교를 지배하기 시작한 심리테스트의 본질에 대한 부단한 회의와 측정 및 평가의 인간화를 촉구하였다. 당대의 사람들은 학생들 간에 드러난 성취의 차이를 결정하는 것이 기억력이고, 그것은 하나의 타고난 재능이라 말한다. 그러나 알랭은 기억력이란 공부의 조건이 아니라 오히려 공부의 결과라 믿는다. 그는 누구든 고단한 연습을 통하여 기억력이 형성되었고, 이를 바탕으로 탁월한 성취를 거두게 된다고 믿었다. 결국 학생의 공부가 성격 테스트는 될지언정 지능테스트(당시 프랑스 학교에서는 객관화된 지능검사가 유행했고 이에 대하여 알랭은 비판적인 입장을 표명하였음)가 되어서는 안된다고 생각하였다.

국어공부건 산수공부건 기분을 이겨내는 것이 문제고 또한 마음먹기를 배우는 것이 문제다. 사람들은 자신의 기분, 역정, 겁, 실망들 때문에 상상의 상황이나 어려움으로 나가기를 두려워한다. 이러한 두려움을 극복하지 못하면 바보가 되고, 반대의 경우 10년 동안 바보 노릇하기보다 5분 동안이라도 고지식하고 겸허하게 공부하게 될 것이다. 알랭의 표현에 의하면 기억력의 확충은 우선 틀릴 줄 알고 그에 대하여 웃을 줄 아는 마음에서 출발한다(박은수(역), 1998: 83−84).

학교에는 우리가 뒤처진 학생들이라고 부르는 다소 정상적이지 못한 아이들이 있을 수 있다. 이때 뒤진 아이들이 어디까지 와 있는가를 정확하게 알기 위해서 그들을 구별(분류)하는 일이 무엇보다 중요하다. 이를 위해 당대의 학교들

에서 테스트(지능검사)들이 판을 치게 되었다. 그러나 초등학생들은 이 테스트
를 비웃었다(박은수(역), 1998: 241-242). 그렇다면 알랭이 생각하는 테스트의
본질은 무엇인가?

> "시험은 일종의 의지훈련이다. 이 점에 있어 시험은 다 아름답고 좋은 것이
> 다. 불안 때문에 소심하고 어리둥절하고 지쳐빠졌다고 변명하는 사람들은
> 아주 서투른 변명을 하고 있는 것이다. 시험의 정신은 무한한 애정, 쉽사리
> 믿는 강한 정념들이 지배하는 미개한 가족정신과는 전혀 다르다. 시험의 시
> 련이 유익하고 당연한 것은 바로 이 때문이다. 시험의 시련을 이겨낸 적이
> 없는 사람은 다른 어떤 시련도 이겨내지 못할 것이다."(박은수(역), 1998:
> 253).

> "나는 전국 고등학교 대항 경쟁시험(le Concours Général)을 반대하지 않
> 는다. 그것은 룰(rule)이 있는 하나의 경기다. (의미 있는 시험이 되기 위해
> 서) 경기에 참여하는 학생이든 주위사람들로 하여금 감탄하는 행복을 느
> 끼도록 이끌어야 효과가 있다. 이와 더불어 단체정신을 일깨우는 엄숙함을
> 경험한다."(박은수(역), 1998: 251-254).

다섯째, 위와 같은 테스트의 인간화에 대한 그의 교육적 단상들은 인간(특히
학생들) 능력의 보편성이라는 평등주의 이데올로기에 다다른다. 그는 누구의 천성
이 좋으니 나쁘니 말하거나 교육은 천성을 전혀 고치지 못할 것이라는 등의 속단
들은 금물이라고 여겼다. 또한 가만히 있어도 잘 살도록 미덕(혹은 재능)을 타고
난 그런 사람들이 있기를 바라는 것은 헛된 짓이라고 생각했다. 오히려 잘 타고
난 사람들이 스스로 다스리지 않으면 다른 사람들보다 더 나빠지기 일쑤다.

자기 손이나 눈 덕분에 아이들은 용감해지기도, 너그러워지기도, 현명해지기
도 할 것이다. 결코 교사의 눈이나 손 덕분은 아니다. 즉, 교사의 완성 때문이
아니라 스스로의 완성 때문에 완전한 것이다. 알랭의 생각에 따르면 학생들에게
교사의 미덕(잘하는 아동에 대한 보호와 배려와 상대적으로 낮은 성취를 보이는 아
동들에 대한 일종의 소외적인 태도 등)은 아무 필요가 없다(박은수(역), 1998:

184-185). 교사들에게 필요한 것은 오직 교육인간학적 태도에서 비롯되는 순수함이다.[7]

가르치는 것이 천재들의 발굴만을 목적으로 삼는다면 그것은 웃음거리다. 그리하여 알랭은 어디서나 부딪고 만사에 틀림이 많은 학생들, 용기를 잃기 쉽고 자기 머리에 실망하기 쉬운 학생들이야말로 교사가 도와주어야 할 사람들이라고 생각했던 것이다(박은수(역), 1998: 67). 그는 또한 머리가 나쁜 꼴찌들을 모아 그들의 열등함을 극복할 때까지 기초과목을 점검하거나 지도하는 것은 결코 시간낭비가 아니라고 여겼다. 고전의 보물이 자격 있는 몇몇 사람들의 손에만 간직되어 있다면 이 세상은 아마도 언제나 그대로일 것이다. 그러나 우리가 무식한 아이들을 가르치기 시작하면 우리는 새로운 세상을 맞볼 것이다(박은수(역), 1998: 68-69). 우리는 다음과 같은 그의 말에 대하여 새롭게 음미해야 할 것이다.

> "누가 머리가 좋고 누구는 좋지 않다 말하는 것, 즉 학생의 머리를 판단하는 경솔함은 더없이 고약한 바보짓이다. 남들이 무능하다고 판단할지라도 기를 꺾이지 않게 하고 차례대로 가르치면 기하학을 마스터하지 못할 학생이 어디 있겠는가?"(박은수(역), 1998: 81).

> "모든 상을 모조리 휩쓴 학생과 같은 걸상에서 공부한 것을 자랑하는 학생이 있다. 이것은 우습기 짝이 없다. 허영심이나 치기에 불과하다. 그러나 그 성과에 열등생도 자기 나름대로 한 몫 끼었다는 것은 사실이다. 같은 책들, 같은 말들을 갖고 말이다."(박은수(역), 1998: 256).

교직자가 갖추어야 할 교직철학의 기저로 인간성-평등성-전문성의 가치를

---

7 이에 대하여 알랭은 예를 들어 어느 학생이 수학에 소질을 보이지 않는 것은 그 학생에게 수학을 끈기 있고 재간 있게 가르쳐야 한다는 교육적 경고로 받아들여야 한다고 보았다. 그의 입장에 따르면 눈앞에 당장 드러난 학생의 성과를 보고 그의 재능을 마치 즉결심판처럼 단박에 판단하는 것은 안 될 말이다. 그는 사람이 지닌 정신 모두와 사람이 발휘할 수 있는 뜨거운 애정 모두를 되살리는 데 힘쓰지 않고 어떤 학생을 마치 짐승세계에 내보내듯 하는 처사는 인간에 대한 중대한 잘못이고 본질적인 부정으로 간주했다.

우선시했던 알랭은 결코 세속적인 명예를 좇지 않았던 열정적인 중등학교 교사의 삶을 살았다. 학생들의 눈에 보이는 수행성과가 아니라 오히려 보이지 않는 잠재(성장)가능성을 중요하게 생각하던 올곧은 스승이었다. 알랭은 생각을 결여한 기술과 과학은 오히려 인간의 역사와 사회에 좋은 영향을 미치지 않을 뿐이고, 오로지 고전(작품)과 고전어의 읽기와 쓰기를 통한 생각의 기술이야말로 사회는 물론 학생 각자의 온전한 삶을 위해 반드시 필요하다는 생각을 일관되게 견지한 모범적인 교사였다. 그에게는 자신이 맡아 가르쳐야 할 학생들이나 교육제도가 개인의 영달을 위한 도구가 아니었다.

　알랭이 주장하는 위대한 교사란 자신의 실력을 뽐내어 학생들로부터 칭찬받으려는 허영심이 가득 찬 교사가 아니다. 또한 그들은 학생들의 실력을 미리 전제하여 응대하지 않는다. 나아가 교권에 대한 학생들의 도전과 위협에 굴하지 않고 당당히 그들에 맞서 지성의 단련을 위한 엄격한 시련을 마련해주는 교사야말로 위대한 스승의 표징이다. 오늘날 우리 학교교사들은 과연 오래 전 선배교사 알랭이 일러주는 이러한 참스승의 기표에 어느 정도의 기의로 답하고 있는지 궁금하다. 사색의 묘미와 의미를 깨닫도록 자극하고 학생들에게 '미움 받을 용기'가 있는 교사야말로 기술이 지배하는 인간성 상실의 사회로부터 인격과 인문의 위대함을 복원시킬 마지막 희망이다. 이러한 희망의 단초를 알랭이 우리에게 귀띔해 주고 있다.

참고하거나 더 읽을 책

김영숙(1988). "알랭의 미적교육론: 인간이해에 대한 미학적 조명". 이화여자대학교 박사
학위논문.

정봉구(1977). "Alain의 윤리관과 교육관 연구 — 특히 동양적인 사고방식과의 대비".
상명여자사범대학교, 상명대학교논문집. 제6권. 307 – 369.

Alian(1932), Propos sur L'Éducation, 박은수(역).(1998). 교육에 관한 프로포. 서울: 인
폴리오.

Alian(1932), Propos sur L'Éducation, 성옥연(역).(1983). 알랭의 교육론. 서울: 제일출
판사.

Alain(1931), Vignt leçons sur les Beaux – Arts, 정봉구(역)(1985). 알랭의 예술론 노트
20. 숭전대학교출판부.

Alain(1927), Propos sur le Bonheur, 김병호(역).(1992). 행복론. 서울: 집문당.

Alain(1927), Propos sur le Bonheur, 방곤(역).(1982). 행복론. 서울: 뿌리출판사.

Alain(1927), Propos sur le Bonheur, 정봉구(역).(1973). 행복론. 서울: 을유문화사.

Alain(1925), Esquisses de l'Homme, 방곤(역).(1982). 인간론. 서울: 뿌리출판사.

Alain(1925), Esquisses de l'Homme, 정봉구(역).(1975). 인간론. 서울: 을유문화사.

제6장

인성공부의 현상학

1 스토리가 있는 삶!

　바야흐로 현대사회는 스토리의 시대다! 스토리는 기업경영이나 창작예술계의 화두이기도 하지만 개인의 삶을 지배하는 경쟁력이요, 강력한 자산이 되고 있다. 스펙이 아니라 일상을 설명하는 단순한 스토리를 뛰어넘어 자기주도적인 공부경험을 통해 독창성과 차별성에 기반을 둔 '나의 스토리(my s-t-o-r-y)'를 만들어내야 한다. 이는 기존 텍스트나 콘텐츠를 가공하거나 변형하는 창안적인 기법을 통해 잘 구현된다.

> S cramble! 섞어라! 새로운 것이 보일 것이다.
> T ransform! 변형하라! 상식과 전통이 뒤집어질 것이다.
> O rganize! 조직하라! 산만함이 거대한 과학으로 재구성될 것이다.
> R ebuild! 재건하라! 버려두었던 것들 속에 나의 역량이 숨어 있다.
> Y earn! 동경하라! 갈급하게 구하고 원하면 무엇이든 성과가 나온다.
>
> *출처: 조선일보. 2013. 11. 2일자.

스토리가 있는 공부는 스토리가 있는 인성을 만들어준다. 소학(小學)이 스토리를 받아들이는(take out) 소극적인 학습경험(human resources development)이었다면 대학(大學)은 스토리를 만들어내는(make out) 능동적이고 창의적인 생애개발(human life design)의 경험이 되어야 한다. '공부'란 책상머리, 도서관, 강의실에서만 이루어지는 것만이 아니다. 독일의 볼르노(Bollnow)는 삶 자체가 이미 가장 중요한 공부라고 한 바 있다. 다음의 스토리들은 대중에게 많은 공감을 얻었다.

① 소아마비로 인해 목발을 짚고 보행할 정도의 장애우인 이상문 씨는 오지를 포함하여 세계 60여 개국을 여행한 후 여행기를 펴냈다. 불편한 여행을 통해 한계를 이겨내는 방법을 스스로 공부했다고 한다.

② 공개 오디션 프로그램을 통해 일약 스타가 된 '악동뮤지션'은 경쟁에서 자유로운 가정환경에서 공부를 한 것이 창작의 창의성과 삶의 자율성을 길러주었다고 외쳤다.

③ 세계 3대 셰프로 불리는 덴마크의 레드제피는 독창성을 향한 재미있고 창의적인 음식공부를 부단히 추구하는 것이 성공의 비결이라고 말한다.

④ 미국 유학 중 국내로 돌아와 부산에서 '어묵 크로켓'을 개발해 대중음식문화의 주류인 어묵계의 판도를 바꾼 박용준 씨는 대학교 오리엔테이션 때 생사를 다툴 정도로 불의의 사고를 경험하고 난 후 성격을 바꾸어 사회적 성공을 거두었다고 한다.

그들의 스토리에 공통적으로 담겨 있는 인생공부의 핵심은 무엇인가? 그것은 삶의 고난과 고통에서 스스로 자유롭기 위한 노력과 열정이었다. 스펙을 쌓을 시간에 오히려 스토리를 만들어 나가는 진취적인 삶이 세상을 이끈 위인들의 탁월한 인성공부법이었던 것이다.

소위 Underdog는 열등생, Superdog는 우등생이라 한다. 여기 지독한 Underdog에서 대단한 Superdog가 된 성공 스토리가 있다. 두산그룹 박용만 회장의 아들 박서원 씨는 공부보다 노는 것에 미친 탓(나이트클럽에 가려고 막노동을 함)에 고등학교는 최하위로 졸업하고, 단국대학교 야간학부에 정원미달로 입학하였으나 연달아 소위 학사경고를 받으며 자퇴하듯 미국 유학을 떠났다고 한다. 사회학, 심리학, 기계공학 등을 두루 공부하다가 우연한 기회에 산업디자인 분야를 공부하다가 자신의 적성을 뒤늦게 발견하게 된다. 이때부터 미친 듯이 공부하여 유명대학에서 수학하면서 세계적인 광고제품들을 두루 섭렵하고, 졸업 후 두산계열의 국내 최고 광고회사 부사장이 되었다. 그가 말하는 성공비결은 무엇일까?

1 비록 놀더라도 인간으로서의 도의를 넘지 않도록 자신을 단속하라!
2 내가 잘하는 것도 중요하지만 좋아하는 것을 찾아라!
3 사람을 만나고 사람을 구경하는 것이 창의적인 영감의 원천이다!
4 자신이 어느 학문분야를 공부하든 다양성의 가치를 인정하라!
5 내 어린 시절의 창의성을 보존하면서 공부해라!
6 비록 학교공부는 잘 못해도 결코 거짓말은 하지 않는다!
*출처: 동아일보. 2014. 11. 3일자.

그는 '공부를 잘 한다는 것'이 올바른 인성, 자아에 대한 진지한 성찰, 인내하는 힘, 세상과 역사에 대한 올바른 가치관에 바탕을 두어야 한다고 말한다. 아시아 최고부자 반열에 오른 중국 알리바바그룹 회장 마윈(馬云)! 세계 수많은 사람들의 성공 롤 모델이 되고 있다. 그가 말하는 성공적인 공부, 성공하는 삶의 원칙은 과연 무엇일까? 어찌 보면 지극히 당연한 권고들이기도 하다.

1 국가나 사회는 젊은이들의 가능성을 믿어야 하고 젊은이들은 이에 부응해야 한다!
2 누군가에게 무시당하면 그를 원망하지 말고 오히려 나 자신을 사랑하는 방법을 배워라!
3 (무협)소설을 읽으며 그 속에서 기발하고 창의적인 아이디어를 얻어라!
4 성공한 사람은 성공을 즐기기보다 오히려 자신의 과오나 잘못을 반성한다!
5 아무 것도 가진 게 없을 때는 모든 것을 가질 수 있는 기회가 있고, 어

느 정도 성공하면 기회가 무엇인지 알아 기회가 확충되고, 모든 것을 갖게 되면 베풀 수 있는 기회가 온다!

6 남을 널리 이롭게 하고, 같이 나누며, 한 일에 대한 책임소재를 분명히 해라!

7 사람들이 불만에 가득 차 있을 때 그들의 불만을 해소하는 방법 속에 엄청난 기회가 숨어 있다!

8 사소한 일이라고 완벽을 기하는 노력이 성과행동의 초석이 된다!

9 내가 변해야만 비로소 세상이 변하는 법이다!

10 오늘, 지금의 고통은 미래의 행복이다!

*출처: 중앙일보. 2014. 12. 18일자.

2   창조적 인성

창조사회, 창조경제, 창의교육… 창의! 창조! 이들이 온통 우리 주위를 포위하고 있다. 그렇다면 나의 학습경험에서 이들을 어떻게 녹여내고 나만의 창의성이 드러나게 할 수 있을까? 이는 내재적 측면과 외재적 측면으로 구분해서 생각해 볼 수 있다.

1 창조적인 아이디어의 보고는 바로 나 자신의 내면(in myself)이다! 우리는 세상을 알고 난 후 나를 알아가는 방식으로 세상을 살아나간다. 그러나 나를 알고 세상을 아는 것이 오히려 삶을 창조적으로 만드는 원천이 된다. 이를 통해 창조적인 학습경험이 가능하고 창의성이 확장된다. 이제부터 세상공부, 사물공부보다 나의 '마음공부'를 우선해야 할 것이다.

2 사건과 사물을 구성하고 재구성하는 컴퓨팅적 사고(computational thinking)는 창의성의 핵심이다! 영국 브루넬 대학교의 로렌스 윌리엄스 교수는 '단순 주입식 학습이 아니라 참여, 창의, 배움의 즐거움을 경험하는 것이 진정한 공부인데, 컴퓨팅적 사고가 바로 이러한 학습쾌

락의 핵심이자 원천!'이라고 강조했다.

*출처: 동아일보. 2013. 12. 12; 12. 20일자.

　전문가들은 이러한 컴퓨팅적 사고에 필요한 자질이나 역량을 다섯 가지로 요약하고 있다. 그것은 복잡다단한 것을 다루는 자신감, 어려운 문제를 끈기 있게 처리하는 인내심, 다양성을 인정하는 똘레랑스, 다양한 문제를 다루는 응용력, 다른 친구들과 소통하고 콜라보하는 팀워크 등이다. 대학교수를 갑자기 그만두고 유명 방송인으로 지내다 일본의 이름 없는 미술전문대 학생으로 생활하다 발간한 김정운의 책(에디톨로지)은 대학생들이 추구하는 공부의 방향이나 방법에 많은 시사점을 주고 있다. 그는 창조란 것이 유명학자들이나 특별한 사람들만의 전유물이 아니라는 사실을 강조하고 있다. 그가 말하는 에디톨로지(editology)의 핵심은 무엇일까?

　　① 세상의 모든 것은 구성주의적이다. 모든 것이 구성–해체–재구성되면서 존재한다. 절대적인 지식이나 과학은 없다. 그러므로 무엇이든 항상 의심하고 재구성해 보려는 공부태도가 필요하다!

　　② 우리는 각자 자신의 의식과 경험을 기반으로 모든 사건과 의미들을 편집하려는 성향이 있다. 이것이야말로 창의성의 원천임에도 불구하고 객관주의 교육풍토가 이를 가로막고 있다. 시대와 상황에 떠밀려 전공(학과)을 정하거나 졸업 후 진로를 선택하지 말고 능동적으로 내 삶을 디자인하고 편집해야 한다!

*출처: 조선일보. 2015. 1. 17일자.

　피아제(Piaget)가 상대주의적 인식론에 기반을 둔 구성주의 학습이론을 제기했을 때 세계 교육계는 술렁거렸다. 그러나 여전히 우리의 교육생태계는 객관주의/과학주의 철학에 기반을 둔 지식교육이 지배를 하고 있다. 여러분은 과연 객관주의자로 살아 갈 것인가? 아니면 내 삶과 지식을 구성–재구성하는 에디톨로지스트로 살아 갈 것인가? 오늘날 산업생태계의 급속한 변화로 말미암아 많은 학생들이 벤처창업을 꿈꾸고 있다. 누가 뭐래도 벤처는 독창적인 모험이요, 창조적인 도전이다. 또한 벤처는 아무도 가지 않은 길을 가는 생소한 경험이다. 벤처창업으로 성공한 유명인들이 권면하는 메시지의 공통점은 바로 고양이 같이 날카로운 C−A−T이다.

　C onfidence! 무엇을 하든 어디에 있든 자신감을 가져라! 실패에 대한 불안과 공포는 저절로 실패와 공포를 유발한다.

　A ction! 입으로나 머리로만 하지 말고 행동하라! 성과행동만이 좋은 평판을 얻을 수 있다. 스토리를 만드는 것도 중요하지만 스토리로 행동해야 한다.

　T iming & Target! 타이밍과 목표에 집중하라! 트렌드의 흐름을 잘 읽고 이를 기반으로 하는 성과목표를 설정함으로써 성과행동이 이루어진다. 적확한 시간에 정확한 행동을 하는 것이 성공의 요체다.

*출처: 조선일보. 2014. 11. 25일자.

　다음카카오 의장인 이재웅, 오큘러스 CEO인 브랜든 이리브, 팔란티르 창업자인 조 론스데일 등 벤처창업의 아이콘들이 대중에 전하려는 메시지는 분명하고 단호하다. ‘자신을 확신하라! 새로운 것에 도전하라! 사회적 정의를 생각하라!’ 세상은 온갖 텍스트들로 만들어진다. 사람인 ‘나’도 물론 세상만물 중에 실재하는 수많은 텍스트들 중의 하나다. 텍스트는 자체로 의미가 있다. 전통적인 공부방식은 이러한 단위 텍스트의 절대성과 독자성을 인정하고 존중하는 태도를 기반으로 한다.

　그러나 현대사회에서는 이러한 텍스트나 콘텐츠들을 서로 버무리고 합성하거나 패러디하는 방식으로 새로움을 창조하는 매시업(mash up, ‘서로 으깨다!’라는 의미)이 크게 강조되고 있다. 이러한 매시업은 영상, 음악, CG, 앱(APP) 등 창조성이 필요한 다양한 장르에서 빛을 발하고 있다. 그렇다면 매시업 역량을 극대화하는 자기주도적인 경험방식은 없을까?

① 제품을 섞어라! 개체와 개체를 섞고 혼합하여 새로운 개체를 만들어 봄으로써 사물의 다양성을 공부할 수 있다.

② 이름을 섞어라! 익숙한 명칭과 명칭들을 서로 매칭해 보거나 분리해보는 재미있는 작업을 통하여 상징의 다양성을 공부할 수 있다.

③ 경험을 섞어라! 동시에 여러 가지 일을 해봄으로써 멀티태스킹 수행역량을 제고하고 사건의 다양성을 공부할 수 있다.

④ 기억을 섞어라! 단편적인 기억과 추억들을 상호 충돌시키거나 역순으로 배열하는 작업을 통해 의식의 다양성을 공부할 수 있다.

무엇을 그린 그림일까? 얼핏 보면 아름다운 여인 같기도 하고 마녀의 얼굴 같기도 하다. 그 이유는 무엇일까? 우리가 무엇을 지각하거나 판단을 하는 경우 자신만의 판단성향이 개입하기 때문이다. 심리학에서는 이를 지각자 성향 혹은 지각프레임(frame)이라고도 하는데 이는 커뮤니케이션 장면에 확대되어 작동한다. 다시 말해 자신이 본 대로 남에게 설명하고 그것의 정당성을 역설함으로써 상대방의 판단이나 의견을 무시하는 경우가 많다. 인간의 의식과 사물에는 수많은 다양성이 있는데 그 중에 가장 중요한 것은 바로 생각의 다양성이다. 다른 사람의 생각에 공감하고 능동적으로 수용함으로써 내 생각의 지평을 확장하고 마침내 창조적인 학습과 사고를 가능하게 만드는 원동력이 되는 것이다.

3 No Pain No Gain

공부를 하는데 여러 가지 어려움이 있을 수 있다. 그 중에서도 경제적 곤란은 가장 안타까운 일이다. 그러나 고난과 어려움을 축복으로 여기는 마음가짐이야말로 배움을 위한 큰 힘이 된다. 세상에서 무슨 일을 하자면 배움이 바탕이 되어야 한다. 옛날 중국의 광 형이라는 사람은 벽에 구멍을 뚫어 빛을 얻어 독서를 했고, 차 윤이라는 사람은 주머니에 개똥벌레를 잡아넣어 등불로 삼아 공부를 했다고 한다. 범중엄이라 하는 자는 매일 쌀 세 줌으로 죽을 써서 소래에 담았다가 식은 후 칼로 네 몫으로 나누어 아침과 저녁에 두 몫씩 먹었고 반찬은 부추 한 줌을 식초에 버무린 다음 데워 먹었다고 한다. 그들은 모두 구차하게 살면서도 부지런히 책을 읽었다(출처: 하위화의 '인경' 중에서).

오늘날 대부분의 학생들은 물질적으로 넉넉한 조건 속에서 공부할 수 있다. 그럼에도 불구하고 물질과 환경의 곤궁함으로 인해 공부에 집중하지 못하는 경우도 없지 않다. 미래의 성공을 스스로 확신하고 현재의 구차함을 믿음으로 달래며 공부하는 사람이 넉넉한 환경을 바탕으로 공부한 사람보다 훨씬 인격적이고 역량 있는 인재가 될 것은 자명하다. 비록 어려움을 겪고 있지만 열심히 공부하는 주변의 친구들에게도 눈을 돌리기 바란다. 함께 공부하는 힘이 국가의 교육경쟁력이 된다.

학과공부 중에서 아마 '수학'이 가장 어려울 것이다. 학창시절 소위 '수포자'라는 말을 기억할 것이다. 수학이 어려운 이유는 본질적으로 관념(idea)의 학문이기 때문이다. 그렇다고 수학이 위대한 수학자나 수학전공자의 몫만은 아니다. 수학은 모든 인간에게 필요한 창조적, 과학적 사고의 원천이다. 이제 수학은 과학기술, 예술, 금융, 스포츠, 산업 등 융합생태계에 두루 필요한 기초학문 중의 기초다.

> ① 애플(Apple)의 창업자 스티브 잡스가 세기의 창조경영자가 된 배경에는 기하학, 미적분 등의 치밀한 수학공식들을 애니메이션 산업에 적용한 결과다. 기하학과 미적분학은 사물을 보다 생동감 있게 표현하는 기초적인 이론이었던 것이다.
>
> ② 구글(Google)의 공동창업자인 세르게이 브린은 응용수학을 전공했다. 구글의 탁월한 검색시스템은 수학, 컴퓨터를 기반으로 정보처리 절차를 수학적으로 정교하게 구성함으로써 가능했다.

③ 이동통신 LTE-A의 메커니즘에도 수학적 원리가 숨어있다고 한다. 복잡한 파동을 수식으로 표현하는 '푸리에 변환'공식을 활용한 기술이다.

*출처: 조선일보. 2014. 7. 16일자.

순수수학은 참으로 어렵다. 그러나 그러한 어려움이야말로 우리의 창조적 학습을 가능하게 만드는 강력한 동인(動因)이다. 이제라도 순수수학이 어렵다면 응용수학의 멋진 세계를 찾아 흥미로운 공부여행을 떠나야 한다. 단시간에 학습 과제를 처리하는 경우는 거의 없다. 시간이야말로 가장 확실한 자연의 교육이다. 경험은 폭 좁은 시야와 사고방식을 넓히는 가장 확실한 인생의 교육이다. 강의실-도서관으로 이어지는 단조로움은 공부 잘 하는 모범생을 만들지 몰라도 창조적으로 도전하는 모험생을 만들지 못한다. 일만 시간을 투자하고(일만 시간의 법칙처럼) 자신의 경험을 부단히 확충함으로써 미래인재가 만들어지는 것이다. 다음의 스토리들을 주목할 필요가 있다.

① 모차르트가 명곡을 만들기 위하여 투자한 시간은 10년이 넘는다. 혹독한 수련과 끈질긴 열정을 오랜 시간과 맞바꾸었다.

② 플라톤이 세계 지성사의 위대한 원조가 된 것은 10년이 넘는 여행을 하고 난 후 심혈을 기울여 역작을 탄생시켰기 때문이다.

③ 공자가 동양의 에토스로 자리매김한 계기는 어려웠던 당대 상황을 수습하기 위한 지혜를 구하기 위해 수년 동안 전국을 여행한 일과 관련있다.

④ 성호 이익이 한국 실학을 시대정신으로 승화시켜 한국지성사의 거장이 된 것은 책상을 박차고 나와 오랜 기간 동안 세상물정과 대적하며 공부했기 때문이다.

⑤ 에디슨은 2000번이 넘는 실험을 거듭 실패한 후에야 비로소 백열전구를 발명하여 세계과학사의 기념비가 되었다.

조선시대 유명 실학자인 담헌 홍대용은 다음과 같은 공부법을 당대의 청년들에게 권고하여 적극 실천하기를 가르쳤다.

"본래 기억하고 암송하는 기송(記誦)을 중요하게 여기지는 않지만 처음 공부하는 사람이 이러한 기송을 버리면 기댈 데가 없는 법이다. 그러므로 매일 배운 것을 먼저 정확하게 암송하되 음독에 착오가 생기지 않도록 하는 것이 중요하다. 이를 30-40번 정도 반복하고 나서 그만두어야 한다. 한 권이나 반 권을 다 배웠을 때에는 전에 배운 것까지 포함하여 먼저 읽고 그 다음에는 암송으로 되풀이한다. 글을 읽을 때는 소리를 높여서는 안 된다. 소리가 높으면 기운이 떨어지기 때문이다. 눈을 건성으로 돌려서는 안 된다. 눈을 돌리면 암송하면서 공부하는 마음이 달아나기 때문이다. 몸을 흔들어서도 안 된다. 공부하는 정신이 산만해지기 때문이다. 책을 볼 때는 문장을 마음속으로 암송하면서 뜻을 곰곰이 생각하여 찾아야 한다. 한갓 책에 눈을 붙이기만 하고 마음을 두지 않으면 아무런 이득이 없다." (출처: 안대회. '선비답게 산다는 것' 중에서).

모든 공부의 출발점은 곧 기억하는 것이다. 어찌 보면 공부역량은 암기역량과 크게 다를 바 없다. 모든 창의성은 저절로 생기는 것이 아니라 암기한 내용을 바탕으로 이루어진다. 어렵고 힘들더라도 기억학습을 우선 연습하고 매진해야 좋은 성과를 보장받을 수 있다. 학교라는 생태계(schooling) 안에서 누구나 공부를 한다. 학습 성과가 두드러진 학생이 있는가 하면 투자대비 성과가 형편없는 학생도 있다. 전자와 후자의 차이는 과연 어디에 있을까? 성과학습과 학습쾌락에 대한 수많은 충고나 원칙들이 난무한다.

Naming! 공부에 대한 철학, 공부를 하는 이유, 공부를 어떻게 할 것인가에 대한 촌철살인의 슬로건이나 지침을 스스로 제시하라! 기업체에서도 좋은 네이밍(GS 칼텍스의 I'm your energy!)이 기업성패를 가늠하듯 학습장면에서도 마찬가지다.
Timing! 미국 하버드대학교 교육학과 라이트 교수가 말하는 성과학습, 성공적 삶의 핵심은 자기관리이며, 이것의 핵심은 시간관리다. 오직 시간을 지배하는 자만이 성과행동을 보장받을 수 있다.
Numbering! 시간관리는 물론 성과행동을 구체적이고 객관적인 수치
로 제시하라! 불명료함은 학습행동을 산만하게 만든다. 객관적인 성
과수준을 스스로 제시함으로써 자기주도적이고 자신의 성향에 적합
한 학습경험을 잘 디자인할 수 있다.
Focusing! 의식을 집중하라! 시간을 집중하라! 경험을 집중하라! 목적
에 집중하라! 왜냐하면 성과학습의 본질은 몰입(Flow)이기 때문이다.

공부를 좋아하는 인간(homo eruditio)은 본
래 물음표와 느낌표를 갖고 살아간다. 일종의
아이러니 마크인 interrobang은 다소 생소하지
만 공부의 목적과 방법을 함축하고 있는 것이
다. 정보기술, 다문화 국제, 창조경제를 지향하
는 현대사회에서 학생들이 마치 부적처럼 지니
고 다녀야 하는 지적(知的) 역량이기도 하다. 공
부의 본질은 세상에 대한 부단한 물음이요, 물음
의 성과는 항상 지적 희열로 이어진다.

그러니 물음에 대한 무한도전과 감탄/감동의 어울림이 바로 공부의 즐거움
이요, 방법인 것이다. 그러므로 공부의 목적은 즐거운 배움 그 자체에 있어야
한다. 배움을 통한 감탄/감동은 엔돌핀의 수백 배가 되는 다이돌핀을 증가시킨
다. 물음느낌표를 항상 가슴에 두고 미래를 설계하며 생애를 개발하는 젊은이가
인류의 역사를 발전시킬 것이다. 인테러뱅은 오로지 수험공부에 집중할 때 유용
한 좌뇌 활성화보다는 좌뇌와 우뇌를 동시에 작동시키는 전뇌(全腦) 활성화를
통하여 극대화된다. 차가운 이성도 좋지만 따스한 감성을 덧입힌 공부방법을 스
스로 만드는 지혜가 필요하다.

4 자기계발과 역량개발

내가 가장 잘하는 것, 내가 가장 하고 싶은 것, 내가 반드시 해야만 하는 것들이 서로 충돌할 때 여러분은 선택/행위의 우선순위를 어떻게 결정할 것인가? 물론 학교공부를 해야만 하는 동안 선택의 최우선 순위는 공부 열심히 하는 것임에 틀림없다. 그런데 극한의 경쟁생태계에서 살아남기 위해 공부를 해야만 하는 생존지수, 내가 가장 하고 싶은 개발지수, 내가 가장 잘 하는 역량지수 간에 서로 불일치하는 상황에서 학습스트레스가 극대화되는 것은 자명한 이치다. 결국 이들 세 가지를 일치시키는 것이 가장 현명한 해결방안일 것이다. 그러나 현실적으로 각 지수 간 균형 잡힌 하모니를 추구하기란 여간 어렵지 않다.

따라서 생존지수를 우선하기보다 역량지수를 우선하여 선택/행위의 우선순위를 매기는 것이 더 현명할 것이다. 공부를 잘 하고, 공부하는 것이 즐겁고, 공부를 더 열심히 하고자 원하는 사람은 행복한 사람이다. 서양 에토스(ethos)가 성경이라면 동양 에토스는 사서삼경이다. 위대한 텍스트를 통한 자기계발과 자기수양이야말로 바른 공부를 하기 위한 좋은 방법임에 틀림없다. 그러나 그것보다 더 중요한 것은 아래와 같은 '사서삼경'을 추구하는 인성공부가 아닐까?

독서: 독(讀)한 인생이야말로 참다운 자기수양을 위한 기초공부다.

유서: 유서(遺書)를 써보면 '인생을 어떻게 살 것인가?'를 깨닫게 된다.

질서: 자연질서에 따라 바르게 생각하고 행동하는 것이 인생공부의 핵심이다.

용서: 나 자신의 장점을 발굴하고 남을 용서하는 것이 공부를 편하게 한다.

존경: 존경하는 인물을 찾아 그의 삶을 본받는 것도 중요한 인생공부다.

성경: 성경적 믿음을 갖고 사는 것은 존재의 가치와 의미를 깨닫게 만든다.

심경: '올바로 살겠다!'는 마음의 각성을 통해 인생공부는 완성된다.

"누구든지 자기를 높이는 자는 낮아지고, 누구든지 자기를 낮추는 자는 높아지리라"(마. 23:12).

현대 경쟁사회에서 리더십이야말로 핵심역량이요, 가장 큰 경쟁력이다. 그러나 잘 생각해보면 누구나 리더가 되는 것은 아니다. 오히려 리더가 되지 않더라도 남을 섬기고, 나누며 살아가는 역량이 더 필요하지 않을까? Be+low+ship의 핵심은 무엇인가?

겸손하라!: 매사에 자신을 낮추는 자세와 마음가짐은 좋은 평판을 얻는 힘이 된다.
겸허하라!: 남의 비판이나 충고를 너그러운 마음으로 받아들여 자신을 성장시켜야 한다.
겸양하라!: 목전의 이익에 다급해하지 말고 겸손하게 남에게 양보하는 미덕을 갖추어야 한다.
감동하라!: 매사에 감동함으로써 자신의 감성지능을 계발할 수 있다.
감사하라!: 범사에 감사함으로써 진실에 기반을 둔 나눔과 섬김을 몸소 실천해야 한다.
감탄하라!: 경이로운 것에 감탄하고 외경심을 지님으로써 진정으로 자신을 낮출 수 있다.

서번트십은 빌로우십과 크게 다르지 않다. 빌로우십 공부를 통해 자기를 성장시키는 사람이 되어야 할 것이다. 위대한 선인들은 어떻게 인성공부를 했을까? 어떤 비법이라도 있는 것일까? 가만히 살펴보면 지극히 평범하고 일상적인 지혜를 기반으로 하고 있다.

공 자: 배우기만 하고 생각하지 않으면 얻는 게 없고, 생각만 하고
　　　배우지 않으면 위태롭다. 아는 것을 안다고 하고, 모르는 것을
　　　모른다고 하는 것이 곧 아는 것이다. 아는 것은 좋아하는 것만
　　　못하고, 좋아하는 것은 즐거워하는 것만 못하다.

정 자: 알면 반드시 좋아하고 좋아하면 반드시 찾게 되며 찾으면 반
　　　드시 얻을 것이다. 공부하는 사람이 그 생각과 포부를 원대하게
　　　하지 않으면 안 된다.

장 자: 배움이 크게 이롭다는 것은 그것을 통해 자신의 기질을 변화
　　　시킬 수 있기 때문이다. 출세할 생각으로 공부를 하게 되면 반
　　　드시 공부에 해(害)가 되는 법이다.

주 자: 산만한 마음을 수습하는 것이 바로 공부를 하는데 우선 필요
　　　한 올바른 자세다. 공부를 하려 마음먹은 자는 마음을 비우고
　　　자연의 순리대로 공부해야 한다.

양 명: 안다는 것은 실천의 시작이요, 실천은 곧 내가 아는 것의 완성
　　　이다. 스스로 깨닫지 못한다면 아무리 누군가 가르쳐 주어도 잘
　　　안 되는 법이다.

퇴 계: 이치를 궁구하고 마음을 기르는 것이야말로 공부의 가장 큰
　　　두 가지 핵심이다. 공부 중에서 가장 위대한 것은 마음으로 깨
　　　닫고 실천하는 자기를 위한 것이다.

화 담: 공경스런 마음을 갖고 여러 이치를 관찰하는 것이 바로 올바
　　　른 공부법이다. 숫자를 통하여 세상의 모든 이치들을 명료하게
　　　이해할 수 있다.

남 명: 명성이나 얻고 남을 속이려는 목적으로 하는 공부는 가장 큰
　　　잘못이다. 공부하는 사람은 잠을 많이 자서는 안 된다. 사색(思
　　　索)공부는 밤에 더 잘 된다.

율 곡: 사람이 세상에 태어나 공부하지 않으면 사람다운 사람이 될
　　　수 없다. 공부에서 가장 중요한 것은 뜻을 세우는 것이고 연후

에 용감하게 나아가야 한다. 공부라는 것은 나와 멀리 떨어져 있는 것이 아니라 일상과 일 속에 있다.

성 호: 우리가 공부를 통하여 안다는 것은 마침내 그것을 실천하고자 함이다. 좋은 스승을 만나기 위해서는 항상 묻는 것을 두려워 말고 즐거워해야 한다.

담 헌: 남을 이기려거나 자신의 박식함을 자랑하기 위해 공부해서는 절대 안 된다. 큰 의심이 없는 자는 결코 세상의 큰 공부를 할 수 없다. 고요히 앉아 자세를 바로 하는 것은 공부를 진전시키는 데 가장 큰 힘이 된다.

참고하거나 더 읽을 책

『근사록』

『남명집』

『논 어』

『담헌집』

『대 학』

『맹 자』

『성호사설』

『심경부주』

『율곡집』

『장 자』

『전습록』

『주자어류』

『중 용』

『퇴계집』

『화담집』

고요한(2011). 인간교육의 심리철학적 이해. 서울: 일문사.

고요한(2007). 교육의 철학 – 소유에서 존재로. 서울: 서현사.

안대회(2009). 선비답게 산다는 것. 서울: 푸른 역사.

동아일보. 2013. 12. 12일자.

동아일보. 2013. 12. 20일자.

동아일보. 2014. 11. 3일자.

조선일보. 2013. 11. 2일자.

조선일보. 2014. 11. 25일자.

조선일보. 2014. 7. 16일자.

조선일보. 2015. 1. 17일자.

중앙일보. 2014. 12. 18일자.

제2부

인성교육의 방법과 실제

제7장

체성과 인성교육

본 장에서는 영국의 대표적인 경험철학자(단지 사변과 관념에만 머문 것이 아니라 다양한 정치참여를 통해 냉혹한 현실 속에서 부딪치는 갖가지 문제들과 대결한 삶의 경위(經緯)로 볼 때 실천과 참여를 더 중시한 철학자로 보는 것이 타당할 것임)인 존 로크(J. Locke, 1632-1704)와 조선 실학의 학풍을 온전히 계승, 체현한 청장관 이덕무(1741-1793)의 사상을 인성교육의 측면에서 비교[1] 분석하고

---

[1] 첫째, 비교란 교섭이나 영향이 실제로 있고 혹은 있었다고 확인되는 동일 및 상이한 문화권 간의 사상을 실증적으로 연구하는 것이다. 둘째, 대비는 상호 간의 교섭관계가 설정되지 않은 것들, 교섭이나 영향에 의하지 않은 유사성을 비교하여 연구하는 것이다. 이러한 대비연구는 두 개 혹은 그 이상의 사상 및 사상가를 개별적으로 연구하는 단계, 그 사이에 어떤 법칙과 유형을 종합적으로 고찰하는 단계로 가름된다. 그러나 이러한 대비연구는 연구대상의 선택적 자의성, 결론의 선행성, 성급한 개괄화, 연구자의 지적(知的) 한계성, 번역의 난점과 대비개념 상호 간 차이점 등의 문제점을 지니고 있다. 셋째, 대결은 비교와 대비가 지닌 객관주의적 연구방법상의 한계를 극복하여 단순히 비교, 대비시키는 것이 아니라 적극적으로 양자 혹은 다자간 대결국면을 설정하여 연구자 자신이 주체적으로 참여하려는 태도를 반영한다. 다시 말해 '사상을 대결시킨다.' 함은 어떤 사상을 단순하게 대상으로 취급하는 것이 아니라 연구자 자신의 주체적인 자각(自覺)의 발로라는 것이다. 비교, 대비, 대결의 어떤 방식으로 자신의 연구방법을 채택하든 그 방법을 절대화, 목적화하는 것은 반드시 지양되어야 한다. 한마디로 자의적이거나 감상적인 평가가 아니라 방법론적인 비교, 대비, 대결이어야 한다(목영해(1992)는 『동서철학의 비교』에서 대결적 대비연구방법이라는 독특한 방안을 제시하고 있다).

가상적인 대화를 시도하였다.

로크와 청장관의 삶과 사상에는 세 가지 의미 있는 공통점이 있다. 첫째, 그들은 모두 병약한 몸과 가난한 삶이라는 조건을 지니고 있었다. 로크는 평생 병약(病弱)한 자신의 몸과 당대의 '병든 사회'를 목격하여 의사(전문적인 의사는 아니었지만)로서 독신생활을 했고(교육고전문헌연구회, 1973: 162), 청장관도 스스로의 몸에 대하여,

> "나는 어릴 때부터 몸이 병(쇠)약하여 모든 일에 있어서 어쩌다 정도를 지나치면 식은땀을 흘리고 숨이 찬다. 내 평생에 큰 병통이 있으니… 내 몸이 파리하고 연약하여 입은 옷조차도 견디지 못할 정도다."(『이목구심서』 중에서).

라고 한탄하였다. 또한 경제적으로 빈한하여 거의 전통적인 정규교육을 받을 수 없었다(유원동, 1984: 172)고 한다. 그러므로 그들은 자연스럽게 자신에게서 비롯되어 타자로 확장되었을 '몸 현상'(용례는 김형효, 1999: 105-150을 참조)에 대한 관심과 인식이 평생의 사유와 삶에 영향을 미쳤을 것으로 보인다. 그리하여 그들은 아마 관념이나 이성에 대한 육체성의 선위(先位)성까지는 아닐지라도 중요성만큼은 제대로 인식하고 살았을 것이다.

둘째, 그들은 조직적으로 체계화시킨 교육이론을 제시한 바 없다. 로크의 경우는 친지와의 서한(書翰)교류를 통해 가정교사로서 자신이 겪은 경험을 기반으로 하는 교수학적 이해방식을 자연스럽게 개진한 것들이 편집되어 자신의 의지와 무관하게 우연히 출간되었을 뿐이다. 또한 청장관은 자신의 저서인 『이목구심서(耳目口心書)』를 짓는 것과 같이 실물과 사상(事狀)을 직접 관찰하는 귀납적 태도와 방법으로 잡다한 저서들을 통하여 교육에 관한 풍부한 내러티브를 제시했을 뿐이다.

셋째, 그들은 기존의 관념에서 벗어나 근대 지향적 사상을 주창하였다. 로크는 오랫동안 서구인식론에 강력한 영향을 미쳐온 관념우위론으로서 플라톤의 유령(phantom of Platon)을 벗어나는 대담하고 혁신적인 근대 경험론과 자유주의철학(B. Russel, 1982: 773-810)을 전개했다.(주지하듯 로크와 달리 데카르트는 마치 플라톤의 근대화된 유령으로 로크의 사상 계열과 대립, 상대하였다), 또한 청

장관은 오랫동안 동양의 에토스로서 기능한 유학에서 비롯된 사장(詞章)중심 정주 성리학의 전통을 단호히 거부하고 주체적인 경험과 세밀한 관찰을 기반으로 하는 근대지향의 박학계몽사상을 이끌었다.

1 근대성의 탄생

주지하듯 17세기부터 동서양에서 공히 근대적 인식이 발흥하여 탈전통, 탈권위, 탈이성의 사상적 탈주가 전개되었다. 여기에는 몸에 대한 전향적인 이해와 인식관심이 포함되어 있었다. 가장 극적인 표현은 아마 'sound body in sound mind'의 패러다임을 'sound mind in sound body'로 대체시킨 근대적 몸 사상일 것이다. 다시 말해 mind와 body의 인식론적 위치를 바꾸는 데 거의 2천 년의 시간이 걸렸기 때문에 '극적'이라는 말이 가장 적확(的確)할 것이다. 그것은 경험론, 자유주의, 실학의 이름으로 전향적이며 급진적인 사유의 정당성을 확장시켜 나갔다.

그리하여 몸은 이성에 지배당하거나 이성을 금고(禁錮)시키는 인식론상의 소외로부터 극적으로 벗어나게 되었다. 이러한 인식론상의 급전환은 더욱 확대되어 몸의 교육적 필요에 대한 담론으로 더욱 확장되었고, 로크는 자신의 주장을 계속 발전시킴은 물론 이를 다양한 장르에서 실제 응용해보기도 했다(고경화, 1998: 80). 이것이야말로 서양교육철학의 흐름에서 로크가 미친 매우 유의한 공헌이었다. 고경화는 이에 대하여 다음과 같이 평가하였다.

"로크의 주된 교육관은 건전한 신체육성에 있음을 명료하게 보여주고 있다. 신체를 중시하고 신체교육을 교육의 제일과제로 선정한 것은 당시의 시대사조와 비교해 보건대 획기적인 발상이라 할 수 있다… 인간은 육체와 정신의 두 요소가 있으며 두 요소 중에서 정신이 육체에 대하여 우위적인 위치에서 존중되었고 육체는 죄악을 일으키게 하는 부정한 물질로 여겨왔다… 그러나 로크는 정신과 신체의 관계에 대하여 종래의 통념에서 벗어나는 특이한 입장을 취한다… 그는 정신과 육체가 동등한 가치를 지닌 것으로 두 가지 모두를 신장시키는 (일종의 전인)교육을 구상하였다. 의학을 공부하여 의학지식을 신체교육에 적용하기도 했다… 당시 영국 전역에 페스트가 유행하여 사회실정에 시급한 것은 위생관리와 신체의 단련이었다. 로크도 어려서부터 질병에 시달렸으며 주변에 질병으로 고생하는 사람들을 목격하면서 의학을 전공했고, 이러한 자신의 경험을 근거로 인간발달에 중요한 것은 건강이라고 보았다. 교육론에서 그가 강조한 것은 건전한 신체 속의 건전한 정신이었고 이를 위해 구체적인 방법들을 제시했다."(고경화, 1998: 80-81).

로크의 근대적인 신체우선이론을 교육과 관련지을 때 핵심적인 관점은 모든 교육행위의 비(非)인위적인 자연성, 좋은 인성형성을 위한 단련으로서 인성(忍性)의 필요성, 덕성과 지성에 대한 체성의 선위성 등으로 요약할 수 있다.

한편 청장관은 어릴 때부터 비록 병약하고 빈한하였지만 총명함만은 대단하여 당대의 실학자들과 두루 교유(交遊)하면서도 자신만의 독특한 성격을 반영한 이론을 제시하기도 했다. 그는 일생에 한이 많았다고 한다. 서얼출신으로 겪었던 신분상의 제약, 빈한함으로 인한 경제적 곤궁함, 기질의 허약함으로 인한 육체적 한계 등이었다(유원동, 1984: 173). 이러한 한계와 제약은 그의 교육담론에 고스란히 녹아있는데, 이것이 가장 적나라하게 드러난 것이 바로 『사소절』이다. 이 책은 선비, 부녀자, 아동이 일상생활에서 지켜야 할 예의범절과 수신(修身)에 대한 규범을 잘 보여주고 있으며, 특히 전통을 거스르지 않지만 변모된 시대환경을 녹여낸 새로운 시절의 교육방향을 제시하고 있다. 이에 대하여 유원동은 다음과 같이 평가하였다.

"그는 『사소절』에서 유생들이 진정한 학문에 뜻을 두지 않고 고루한 과문(科文)에 얽매어 있는 까닭에 관학교육이 특권 문벌귀족 자제들의 출세도구로 전락되었음을 지적하였다. 아정은 강경한 과거제도 개혁론을 제기하는 대신에 범민(凡民)적 초학(初學)교육에 대한 깊은 관심을 가지고 있었다. 즉, 그는 양반자제만을 교육대상으로 하던 종래 교육의 폐쇄적 교육으

로부터 신분과 직업에 관계없이 '인간의 도야'를 목적으로 하는 개방적 교
육으로 전환할 것을 주장하였다… 그는 (신체의 연단과 건강에 유의하는
교육의 중요성과 더불어) 특히 초학교육에서 문자교육의 중요성을 강조하
였다."(유원동, 1984: 179-180).

　　중세의 유산인 지독한 인습과 전통을 극복하기 위해 청장관이 주장하였던
근대적 자각으로서 초학교육론의 핵심은 교육의 폐쇄성을 극복하는 제도 및 의
식개방성, 봉건질서 속에 갇혀있거나 소외되었던 몸을 해방시키는 신체의 자유
성, 몸과 마음을 아우르는 인간교육의 전일성 등으로 요약할 수 있다.

2　몸 현상

　　앞서 살펴본 바와 같이 샤르댕(P.T. Chardin)은 우주생명의 길, 인간됨의 길
을 '인간현상'이라는 이름으로 인간의 몸(물질)과 정신의 연결사를 분석하였다.
(인간현상이란 사람을 중심에 놓고 그 사람의 둘레에서 일어난 여러 사건들 사이에
어떤 전체적인 질서가 있는가를 찾는 것이다.) 물질주의와 정신주의의 통합만을 인
류의 희망으로 여긴 그는 정신일변도의 인간현상에서 몸 현상이해의 다양한 의
미를 발견하는 단초를 제공하였다. 여기서 몸 현상이해의 다양성이란 몸을 인간
현상, 생명현상, 존재양상, 교육현상의 중심에 놓고 인간의 전체성을 파악하려
는 인식의 방법론적 복수주의에서 비롯된 결과다. 이를 요약하면 다음과 같다.

표 7-1 　몸 현상 이해의 다양성

용례	내용
몸가짐 몸단속 몸갖춤	인간의 제반 행동들이 인간으로서 마땅히 지녀야 할 거동과 태도의 준칙에 부합하는지 여부에 초점을 두어 몸 현상을 이해함

몸가축 몸단장 몸차림	인간으로서의 외양과 외모를 유지하기 위하여 합당한 관리나 치장이 잘 이루어지는지 여부에 초점을 두어 몸 현상을 이해함
몸가눔 몸주체	인간으로서 지켜야할 준행(準行)을 성실하게 실천하고 있는지 여부에 초점을 두어 몸 현상을 이해함
몸부림	자신의 몸이 일상성이나 항상성에서 벗어나지 않도록 스스로 몸을 잘 조절하고 능동적으로 행위하고 있는지 여부에 초점을 두어 몸 현상을 이해함
몸조심	건강이나 위생의 완전성을 위한 몸가짐은 물론 신변의 안전을 도모하려는 마음가짐을 아우르는 근신(勤愼)에 힘쓰는 행위에 초점을 두어 몸 현상을 이해함

표 7-2 **몸 현상 이해의 동양적 사유들**

용례	내용	몸 사상의 함의
修 身	악행을 멀리하고 선행을 통한 심신의 조화로운 수련을 수행하고 유지함	• 몸은 곧 내 자신을 외부에 드러내는 통로요, 관계맺음의 요체임을 슬기롭게 자각함
不去身	몸에서 항시 예악(禮樂)이 떠나지 않도록 항상 유의함	• 내 몸을 늘 근신하고 예악으로 다듬어 몸과 마음을 올바르게 함으로써 안으로는 정성을, 밖으로는 체면 지키기를 다하는 온전한 삶을 추구함
謹 身 勤 愼 愼 獨	몸가짐을 바로 하고 항상 언행을 삼감. 신명의 보호, 건강, 생계, 약속이행, 올바른 인간관계를 수립함	
立 身	몸을 일으켜 세상에 널리 자신의 이름을 떨침	
知 身	자신에 대한 간절함. 자기 자신을 똑바로 앎	• 몸의 바른 형식은 내적으로는 정신을, 외적으로는 관계를 정립하기 위한 중요한 기초임을 자각함
正 身 持 身	몸의 자세를 바로 함. 학문하는 사람의 바른 몸가짐을 지켜나감	
處 身	세상사에 대한 현명한 대처와 바른 몸가짐을 지킴	• 입신과 지신을 통한 바른 몸가짐은 적극적
發 身	비천하고 구차한 환경 속에서 몸을 바로 세움	

體 面	타자에 대한 체재와 면목을 이해하고 행동함		인 교육으로 형성되며 그 방법론은 눈빛과 같은 소극적 교호작용에서 출발함
敬 身	부모가 물려준 소중한 유체(遺體)에 대하여 진실로 공경함		• 몸에 대한 세속적인 집착과 속박으로부터 벗어나 정의를 위하여 기꺼이 희생하는 자연주의 정신을 몸으로 체험, 내면화함
責 己 恕 己	자신에게 일의 책임을 묻고 자신의 잘못을 너그러이 용서함		
殺 身	의로움을 위하여 기꺼이 자기의 몸을 포기함		• 허망하거나 무리한 이상을 위하여 몸을 함부로 망가뜨리거나 몸을 훼손하는 어리석음을 지양함
焚 身	종교나 정의를 위하여 몸을 불태움		
殉 身	종교나 정의를 위하여 목숨을 바침		
轉 身	자신의 주의주장이나 생활을 전향적으로 바꿈		• 몸 상태의 최적조건을 단련하고 유지하는 조화로운 삶을 추구함
獻 身	남과 사회를 위하여 기꺼이 몸을 바쳐 봉사함		
解 脫	몸의 속박과 집착에서 벗어남		• 지적 수월성이 아니라 신체의 최적성을 통한 지극한 삶을 경험함
忘 我	무위(無爲)로서의 몸을 제대로 이해함		
節 身	온갖 탐욕이나 퇴폐행위로부터 스스로 몸을 절제함		• 생기와 생명력 있는 몸의 부림과 유지를 위한 단련과 수양법을 실천함
養 身 補 身	존재론적 실체로서 자연적인 몸을 보양함		
貴 身 愛 己	자신의 몸을 귀하게 여기거나 대함		
保 身	자신의 몸을 온전하게 보전함		
安 身	세상사에서 겪는 몸의 번거로움을 지혜롭게 피함		
全 身	온 몸의 힘을 다하여 삶을 살아감		
變 身	몸의 모양새를 자유자재로 바꿈		
守 身	몸을 온전히 지킴. 궁극적으로 목숨을 보존함		
敬 身	스스로의 몸을 존중하는 태도를 견지함		
運 身	일통(一統)으로 운화(運化)하는 내 몸을 제대로		

	이해함
渾　身	무엇을 행하든 누구를 대하든 온 몸과 마음으로 대함

이상의 내용을 인성교육과 결합시킬 때 체성교육의 의미가 저절로 드러난다. 즉, 체성교육론이란 몸 이해의 다양성을 기반으로 제반 교육현상의 중심에 몸을 자리매김하고, 교육의 전일성(educational holism)을 추구해나가려는 교육적 이데올로기요, 교수학적 방법론이다. 지금부터는 로크와 청장관의 체성교육에 대한 담론들을 대비, 비교, 대결하기보다는 종합하는 차원에서 살펴보기로 한다.

3　신사를 만드는 체성교육

로크 연구가인 독일철학자 우도 틸(U. Thiel)은 자신이 쓴 로크 평전(評傳)에서 윤리학과 교육학의 접점 혹은 윤리교육에 선행하는 신체교육의 유의성에 대한 로크의 일관된 주장에 대하여 다음과 같이 평가하였다.

"비록 로크가 성격 및 정신형성과정을 교육의 핵심으로 여긴다 하더라도 그는 신체의 발달을 무시하지 않고 있다. 이러한 특징을 지닌 교육의 주요한 목표는 예절, 삶의 지혜, 올바른 행실 및 교양이다. 그는 이러한 다양한 목표를 이루기 위하여 여러 가지 (신체교육의) 처방을 내리고 있다… 로크에 따르면 교육의 가장 중요한 목표는 윤리적 목표다. 즉, 어린이가 판단력과 예절을 지향하는 품성을 형성하도록 하는 것이다."(U. Thiel, 1998: 134-136).

틸이 로크의 교육에 관한 내러티브에 대하여 내린 평가의 정당성을 뒷받침하기 위하여 인용한 로크 자신의 내러티브는 다음과 같다.

"어린이의 정신이 중요하며 우리의 주된 관심이 내면에 있다 할지라도 결코
신체가 무시될 수는 없다. 그래서 나는 (교육에 관한 논의를 위해) 이 문
제부터 시작할 텐데, 이것은 엄청날 정도로 숙고해 왔기 때문에 만일 내가
잘못 생각하지 않았다면 명료하게 매듭지을 수 있다."(J. Locke, 1993:
19).

"교육에서 습득되어야 할, 성취가 힘겹고 가치가 충만한 목표를 확실하게
하는 것이 바로 진정한 예절이다. 그 밖의 다른 지식과 고려들은 모두 이
예절에 자리를 양보해야 하며 우선순위에서 밀려나야 마땅하다. 예절은 간
단없이 계속되어야 하며 아주 본질적인 선행(先行)이다… 어린이는 이렇게
교양을 갖추고 성장하여 마침내 여러 가지 행위동기에서 판단력을 갖춘 사
람의 드높은 품격에 적합한 것만 오로지 지향하게 된다."(U. Thiel, 1998:
135-136에서 재인용).

1) 자연의 원칙에 따르는 신체성

로크는 건강한 신체에 깃든 건전한 정신이야말로 가장 행복한 상태라고 표
현하고 있다. 여기서 '깃든'의 의미는 중요하다. 그것은 어떤 무엇(a thing)의 형
성에 관련되어 원형이면서도 조건으로 기능하는 그 무엇(the thing)이다. 그러므
로 로크가 주장한 신체성(건강한 신체)은 정신성(건전한 정신)에 대한 선위/선행
성, 주도성, 포괄성의 의미를 지니고 있다. 행복한 상태의 원형과 조건으로 여긴
건전한 정신을 위한 건강한 신체를 단련, 유지하기 위하여 그가 채택한 실천적
방법론은 무엇인가?

그것은 당대를 지배하던 인식론의 생태계에서 보면 급진적인 성향이 다분한
(현대의 인식론에서는 그리 놀랄 것도 없고 지극히 당연시되는) 다름 아닌 자연의
원칙을 따르거나 충실히 하는 것이다. 이 점은 로크가 코메니우스(J.A. Comenius)
에게서 영향을 받고, 루소(J.J. Rousseau)에게 영향을 미치는 계보학(系譜學)의
특성을 지닌 것으로 많은 학자들에 의하여 분석되고 있다.

"로크는 자연이 최선이라고 생각하는 것 같이 자연이 신체를 만들어가게 여유를 주라고 하였다. 신체교육에 중요한 것은 자연의 원리에 따라 자연적인 방법으로 균형 있는 건전한 신체를 만드는 일이다. 인위적인 요법을 쓰면 전체적으로 불균형하게 된다."(고경화, 1998: 81).

그렇다면 자연의 표상인 어린이를 위하여 자연의 원칙에 따르거나 충실히 하는 체성을 가르치기 위한 구체적인 방법은 무엇인가? 이와 관련된 로크의 구체적인 내러티브를 요약하면 다음과 같다.

- 겨울이든 여름이든 너무 따뜻하게 옷을 입히거나 덮어주어서는 안 된다. 세신이나 세족 시에도 냉수에 익숙하게 만들어 외부환경에 순응하도록 단련시켜야 한다.
- 실내 활동보다는 야외활동을 통하여 햇볕에 적당히 노출되도록 해야 하고, 변화무쌍한 자연환경에 스스로 적응하도록 만들어야 한다. 다시 말해 실외의 공기를 충분히 마시도록 하는 것이야말로 건강성의 척도다.
- 성차의 특성에 따라 신체단련의 방법이 구분되어 있어야 한다.
- 좁은 가슴, 짧고 거친 숨쉬기, 폐병 등은 답답한 옷 때문에 생긴 결과다. 그러므로 몸에 너무 달라붙거나 끼게 만드는 의복을 착용해서는 안 된다. 자연성을 거스르는 신체활동이나 아름다운 몸매를 만든다는 취지로 신체를 가공하기 위한 시도늘은 반드시 경계해야 한다.
- 아이들의 식사는 소박하고 간단해야 한다. 유아기에는 가급적이면 육류섭취를 삼가야 하고 설탕, 향신료, 소금의 맛에 익숙하지 않도록 해야 한다. 식습관은 포만감에 익숙해지지 않도록 해야 한다. 또한 식사시간을 일정하게 정하지 않는 것이 바람직하다.
- 술을 마시지 않도록 해야 하며, 성인들의 음주습관이 자녀들에게 전이되어서는 안 된다.
- 과일섭취는 과일 각각의 특성을 고려하여 먹이도록 한다.
- 일찍 자고 일찍 일어나는 습관이야말로 가장 중요하다. 다만 수면습관은 아이의 기질, 체력, 체질을 고려해 탄력적으로 적용할 수 있다.

- 침대는 딱딱하게 만들어 주고, 푹신푹신한 것보다 오히려 누빈 이불이 좋다. 왜냐하면 우리가 딱딱한 침대에서 숙면을 하게 되면 신체 각 부분이 골고루 튼튼해지기 때문이다.
- 아이들에게 규칙적인 통변, 배변습관이 형성되도록 지도해야 한다. 설사나 변비가 생길 경우 약으로 고치려는 시도는 가급적 지양해야 한다. 어떤 경우든 약물에 의존하여 질병을 치료하려는 시도는 바람직하지 않기 때문이다. 아이들이 조금 아프다고 해서 약을 주거나 의사를 찾아서는 안 된다.
- 아이들의 유약한 체질은 될 수 있는 한 손대지 말고 꼭 필요한 경우에만 조치를 취해야 좋다.
- 아이가 게을러 활력과 활동성을 보이지 않는다면 육체적으로 수행하는 노동을 시켜야 한다. 아이의 비(非)활동성에 대한 징계로 학습에 전념하게 만드는 것보다 가시적이며 육체적인 신체활동을 찾아야 한다.

이처럼 자연의 질서나 원리를 거스르지 않는 순응, 적응, 동화의 과정을 거치면서 이미 자연인인 어린이의 체성은 온전한 성장과 좋은 습관, 바른 습관으로 자연스럽게 안내되고, 마침내 교양인으로서의 자질을 구유함은 물론 인성을 갖춘 인간답게 행동하는 바람직한 성인으로 성장하는 것이다.

2) 몸에 체현된 좋은, 바른 습관

정신성에 대한 선위/선행적 현상으로서 신체성을 온전히 유지하기 위한 방법은 무엇인가? 로크의 주장에 따르면 건강함과 위생적인 생활이란 결코 조직화된 학습경험에 의해 형성되는 것이 아니라 오히려 자연스러운 생활습관에 의해 형성된다고 보는 것이 더 옳다. 왜냐하면 어른들은 아이들에게 반복해서 (건강과 위생에 관한) 주의를 주거나 규칙을 가르칠 수 없으므로, 아이들 스스로 선택한 행위를 함으로써 좋은, 바른 습관을 형성하도록 건강, 건전한 환경을 형성하는 것 이외에 어떤 것도 기대할 수 없기 때문이다. 또한 습관은 결코 간(間)주관적이거나 남의 것과 대체될 수 없는 몸에 체현된 개별 자아들의 절대적인 모습이기 때문이다. 로크는 모든 습관들 중에서 특히 절제(인내)하는 습관이야말로 엄청난 영향력을 갖고 있다고 다음과 같이 주장한다.

> "올바른 정신과 신체는 인생의 이른 시절부터 좋은, 바른 선택을 통하여
> 좋은, 바른 습관(적 행위)을 형성시키느냐?에 달려 있다… 모든 미덕과 탁
> 월성의 원리란 이성이 인정하지 않는 욕망을 스스로 억제하는 힘에 있다고
> 주장하였다. 이러한 힘은 오로지 몸의 좋은, 바른 습관에 의하여 획득되고
> 증진되는데 특히 어릴 때의 습관은 더욱 중요하다. 그러므로 일반적인 방
> 법과는 달리 아이들은 요람에서부터 자신의 욕망을 극복하는데 익숙해져
> 야 하며 열망하는 것 없이 인내하는데 익숙해져야 한다."(J. Locke, 1993:
> 26, 31-45).

문화보편적으로 교육에서 지고의 목표로 삼는 것은 바로 윤리적 미덕이다.
비록 이러한 교육목표는 달성되기 어렵지만 매우 가치 있는 것이다. 로크에 의
하면 미덕이란 한마디로 실천적이며, 본질적인 선(善)이다(J. Locke, 1993: 73).
다시 말해 미덕은 지성과 덕성이라는 품성이 체성 작용으로 말미암아 우리 몸
에 체현, 체화, 체득된 것이다. 미선성(kaloskagathia)이라는 고대 교육이념에 이
미 드러나 있듯이 아름다움과 선함은 언제나 교육의 원형으로 작용하고 있으며,
로크도 이 점을 교육사상의 유산으로 온전히 계승하고 있음을 잘 알 수 있다.

3) 인성이 체현된 행위로서 예의범절

로크에 의하면 체성교육은 인성교육과 크게 다름없다. 인성으로서 체성교육
의 본질은 예의범절로 이는 앞서 몸 이해의 다양성에서 다룬 몸가짐, 몸부림,
몸가눔, 몸조심의 상호 완전성, 온전성, 내적 일관성을 확인할 수 있는 가장 핵
심적인 인성지수(지표)로 그것은 결코 척하는 태도와 거리가 멀다. 이에 대하여
로크는 다음과 같이 자세히 설명하고 있다.

> "사람의 행동과 올바른 마음가짐이 자연스럽게 일치되면서 고상함은 나타
> 난다. 인간은 인간미가 있고 예의바른 사람을 만나면 기뻐한다. 인간은 모
> 두 자유롭고, 자신과 자신의 행동을 통제하고, 비천하지도 편협하지도 않

으며, 교만하지도 무례하지도 않으며, 어떤 불행에도 상처받지 않는 마음을 가지려 하는데 이러한 마음으로부터 자연스럽게 발로되는 행위는 정신의 순수한 표현이다. 그러한 행동은 내적인 정신과 성질로부터 자연스럽게 유출되는 것이므로 쉽게 구속되지 않는다. 자연스러움에서 발현된 예의는 일부러 꾸민 것처럼 보이지 않으며 오히려 순한 마음과 잘 다듬어진 마음에서 나온 것처럼 보인다. 한편 척함은 억지로 모방한 것이기 때문에 자연스러운 아름다움이 없다. 자연스러운 아름다움이 없는 이유는 외적 행동과 내적 정신이 일치하지 않기 때문이다."(J. Locke, 1993: 64).

로크에 의하면 이처럼 예의범절이란 인위적인 획득이나 습득이 아니라 자연스러운 형성에 의한 것이며 이러한 과정은 선택-행위-습관의 단속적인 형태 속에서 이루어진다. 그런데 이와 유사한 이해방식은 이미 율곡이 교육현상의 본질을 교기질(矯氣質)로 파악하였던 것에서 그 원형을 찾을 수 있다.

"율곡의 교육론은 기질변화의 필요성과 가능성에서 출발한다… 이이는 도덕적 인격자가 될 수 있는 인성교육에서 입지(立志)를 가장 우선해야 한다고 주장하였다. 그 후에 놓친 마음을 거두기 위하여 몸가짐과 언행을 바르게 하는 수렴(收斂)공부를 주장한다(물론 이 점 때문에 선심후신(先心後身)의 교육론으로 이해할 수 있는 개연성이 높다) 수렴은 거경(居敬)의 일종이다. 수렴의 목적은 몸가짐을 바르게 함으로써 생각을 바르게 하고 양심을 기르고 덕성을 고양하는 데까지 이른다. 수렴은 문자를 사용하여 지식을 습득하거나 사고능력을 배양하는 것이 아니라 일상생활 가운데 부모나 연장자의 시범을 보고, 실제적으로 생활하는데 자연스럽게 습득(형성이라는 표현이 정확할 듯)되는 것이다. 몸가짐과 언행이야말로 대표적인 기질적인 것이다. 수렴공부는 바로 몸가짐과 언행의 그 마땅함을 배워 실천하기 위한 것이다. 이러한 수렴에는 건강한 신체에 건강한 정신과 같은 원리가 함축되어 있다. 몸가짐을 바르게 한다는 것은 곧 감각기관을 투명하게 하는 것이며 감각을 투명하게 한다는 것은 맑고 순수한 기질을 가진다는 것을 의미한다."(정세화 외, 1997: 124-126).

이처럼 교육에 대한 이해방식에 있어 율곡과 로크 간에 유사점이 드러나고 있다. 다시 말해 율곡과 마찬가지로 로크도 자연스러운 형성과정과 습관을 통해 몸에 체현된 예의범절이야말로 교육 부재에서 비롯된 잘못된 품성과 기질을 교정하는 가장 강력한 교육현상으로 파악하고 있다. 이와 관련지어 그가 주장하는 자세한 내러티브는 다음과 같다.

- 신사(교양인)로서 갖추어야 할 것으로 훌륭한 예절이 있다. 당황하는 것, 게으름, 무례함은 가장 대표적인 나쁜 예절이다.
- 아이들에게 무례함이 습관화되지 않기 위해 난폭함, 경멸하기, 흠잡기, 까다로움을 경계하도록 가르쳐야 한다.
- 예절은 규칙이나 교훈(precept)에 의하기보다 실례(example)에 의하여 습득되어야 한다. 어릴 때 예절에 관한 규칙이나 형식으로 아이를 곤란하게 해서는 안 된다.
- 실례에 의하여 예절을 가르치는 것은 어느 시기에 사용해도 좋다. 왜냐하면 실례만큼 사람의 마음에 유연하고 깊게 정착하는 것은 없기 때문이다.
- 덕과 올바른 행위의 원리를 가르치고 실행하는 데는 시간, 인내심, 성실함이 필요하다.
- 아이의 정신과 예절을 형성시키는 데는 부단한 주의가 필요하며 개별 아이들에게 각각 별개의 주의가 필요하다.
- 예의범절 형성을 위한 교육의 방법으로 체벌은 부적합하다. 체벌은 최악이며 반드시 최후의 수단이어야 한다.
- 예의는 가정교사의 배려에 의하여 습관적으로 형성되어야 한다. 예의바름에는 많은 지식이 필요하며 가정교사의 원조와 도움이 절대적으로 필요하다.
- 좋은 예절이 습관화되도록 아이에게 실제의 사례에 대한 내러티브를 통하여 겸허감과 착하게 되는 것을 가르쳐야 한다.
- 몸에 체현된 옳고 바른 예절은 인간의 재능이나 이성의 힘을 결코 약화시키지 않는다.

이상에서 살펴본 로크의 체성과 인성에 관련된 주장들을 종합해볼 때 체성에 구현된 인성은 교수－학습－평가의 순환적이며 연속적인 경험에 의하여 이루어지는 것이 아니라 자연스러움에 기반을 둔 좋은, 바른 선택－좋은, 바른 습관－좋은, 바른 행위로 이어지는 단속(斷續)적이며 일상적인 생활과 경험 속에서 이루어지는 것이다. 로크는 학습과 독서에 의하여 습득될 수 있는 몸가짐 이외에 연습에 의하여 습관이 형성되어야 하는 몸가짐이 있음을 분명히 구분하였다. 획득 혹은 습득에 우선/선행하는 올바른 선택, 자연스러운 행동, 올바른 태도, 올바른 습관의 형성은 로크의 체성교육에 대한 내러티브의 핵심적인 사항이다. 이는 다음의 표현에 잘 드러나 있다.

> "아이에게 자신의 성향(기질)을 극복하고 욕망을 이성에 따르도록 가르쳐야 한다. 그리고 그것을 부단히 실행하여 습관이 형성되도록 해야 한다. 좋은 습관을 형성시킬 때 칭찬과 격려를 사용하는 것은 좋다. 아이를 가능한 평판과 수치심에 민감하게 해야 한다. 이러한 평판과 수치심은 아이의 행동을 좌우한다. 평판(행위의 외적 준거)과 수치심(행위의 내적 준거)은 도덕과 종교의 원리를 접목시키는 데 적합한 기초가 된다."(J. Locke, 1993: 207).

4 선비를 만드는 체성교육

비록 청장관이 당대 분위기에 편승하여 근대적 자각을 통한 새로운 시대의 출현을 갈구했을지라도 전통적 에토스로서 동양정신사에 오랫동안 작용해온 (유학적 인간상인 선비(군자)에 대한) 인식의 프레임에서 쉽게 자유로울 수는 없었을 것이다. 그럼에도 불구하고 그의 교육론을 새로운 패러다임의 범주 속에서 고찰하는 이유는 무엇인가? 왜냐하면 근대성을 지향하는 그의 교육론을 찬찬히 살펴보면 인습계승의 유익함은 간취(看取)하고 인습부정의 필요성은 정당화시킴으로 인습수용(보수)과 개혁지향(진보)을 절묘하게 아우르고 있기 때문이다. 당대 실학중심의 학풍과 취향 중에도 박학계몽의 사조를 이끈 청장관은(이병도, 1995: 13) 사장(詞章)중심의 전통교학에서 실물, 사건, 사실, 사상(事狀)을 통한 박학과 계몽의 발생적 인식론을 기반으로 의식의 근대성을 추구한 인물임에 틀림없다.

> "당세의 계몽적 조류는 호벽(好癖)의 이덕무로 하여금 더욱 다채다기(多彩多岐)롭게 하여 그는 인습적인 경(經), 사(史), 문예로부터 근대적인 경제, 제도와 더불어 풍속, 금석(金石), 도서(圖書), 조수(鳥獸), 초목(草木)에 이르기까지 널리 탐구하고 고거(考據)를 변증(辨證)함에 정진하였다. 그의 문장은 고인(古人)의 투습(套習)을 밟지 않고 저속(低俗)함에도 흐르지 않는 기고(奇高)한 학풍을 나타내면서 (실물과 실상에 대한) 묘사(描寫)에 곡진(曲盡)하였다."(이병도, 1995: 2).

이러한 사실은 그의 저서 『윤회매십전』(종이, 밀, 꿀, 털을 소재로 조화인 윤회매(輪回梅)를 만드는 방식을 꼼꼼히 관찰함은 물론 직접 제작하여 스스로 완상(玩賞)한 경위를 기록한 관찰기), 『이목구심서』(귀로 듣고, 눈으로 보고, 입으로 말한 바, 마음으로 생각한 바를 소소히 적은 것), 『무예도보통지』(상단에 동작설명, 하단에 동작그림, 뒷부분에 전체 연속동작을 그림. 무예에 조선식과 중국식을 함께 그려놓음으로써 서로 비교할 수 있음. 이러한 서술방식은 누구나 쉽게 무예를 익히게 하려는 편찬목적에 적합한 구성이라 할 수 있음)의 편찬의도와 상세한 내러티브에 잘 드러나 있다. 실물과 사상(事狀)에 대한 꼼꼼한 관찰과 오감을 통한 감성적 성찰이야말로 인식의 발로요, 박학의 원천이라고 여긴 그는 인간의 몸과 행동으로 자연스럽게 자신의 인식관심을 확장시킴으로써 마침내 『이목구심서』, 『사소절』 등을 통해 체성교육에 관한 풍부한 내러티브를 지어냈던 것이다.

1) 몸에 의한 공부(몸으로 공부함)

몸과 교육의 상관을 생각해 볼 때 몸에 의한 교육, 몸을 위한 교육, 몸에 대한 교육으로 가늠할 수 있다. 한마디로 몸은 교육의 통로요, 발로인 셈이다. 주

지하듯 교육에 관한 근대적 자각은 이들을 모두 아우르는 몸과 교육의 전일성
에 지향되어 있으며 청장관도 예외는 아니었다. 우선 몸에 의한 공부(몸으로 공
부함)에 대한 것은 그가 피력한 다음의 글에 잘 드러나 있다.

"하늘이 우리에게 귀, 눈, 코, 사지, 백해(百骸)를 준 것이 어찌 우연이겠
는가? 그 받은 것을 마땅히 어떻게 해야 할까? 귀는 마땅히 들어야 할 것
을 듣고, 눈은 마땅히 보아야 할 것을 보고, 입은 마땅히 말해야 할 것을
말하고, 코는 마땅히 냄새 맡아야 할 것을 맡고, 사지나 백해는 모두 마땅
히 동하고 정하여야 할 데에 동(動)하고 정(靜)하여야 한다. 여기서 마땅
함이란 당연함이니 의(宜: 자연스러움)를 말한다. 듣고, 보고, 말하고, 냄
새 맡고, 움직이고, 고요함에 만일 불행하게도 그 마땅함을 잃는다면 이는
천리를 잃음이니 이미 천리를 잃었다면 고개를 들어 하늘을 쳐다보고서 어
찌 마음에 두렵고 부끄럽지 않겠는가? 나는 밤낮으로 그 마땅함을 생각하
여 보았는데 마땅함이란 (이 모든 것을 온전히 하여) 배움보다 마땅함이
없다. 잘못됨이 없이 완비한 코, 눈, 입, 사지, 백해를 가지고 배운다고 이
름하면서 마땅히 배우지 않을 것을 배운다면 이는 오히려 당초에 배우지
않은 것만 못하니 비록 배웠다고 말하지 않더라도 옳을 것이다."(『영처문
고』의 '배움에 관한 설'에서).

"어린이가 울고 웃는 것과 시장에서 사람들이 사고파는 것을 또한 익히 보
고서 그 무엇을 느낄 수 있고, 사나운 개가 서로 싸우는 것과 교활한 고양
이가 재롱을 떠는 것을 조용히 관찰하면 지극한 이치가 이들 속에 숨어 있
음을 알게 된다."(『이목구심서』에서).

"문을 닫고 조용히 앉아 경사(經史)를 깊이 연구하다가 마음이 번거로우
면 곧 그치고 때로 몸소 산에 오르거나 물가를 소요(逍遙)하다가 잠잠히
돌아오는 것도 마음을 수양하는 것이 된다."(『이목구심서』에서).

지행합일을 통한 공부의 전일성에 관한 사변(思辨)은 퇴율을 비롯한 전통 유학자들의 주요한 내러티브였다. 그러나 추상(推想)이 아니라 엄연한 현실(개변(改變)된 사회현실, 서민의식 및 경제적 변화 등)을 기반으로 몸과 마음의 전일성을 도모하는 시도에서 출발하여 구체적인 형식과 방식으로 지와 행을 통합하는 공부의 전일성으로 확대시킴으로써 온전한 인간교육을 구상(構想)한 것은 주로 실학자들의 임무였고 청장관이 이에 한몫 한 것도 또한 사실이다.

2) 몸(다룸)을 위한 교육(행위의 준칙)

청장관은 『사소절』의 '동규'편을 지으면서 '어버이가 주신 몸을 조금도 어긋나게 하지 마라. 한번 생각하는 데에도 법칙이 있고, 한번 동작하는 데에도 규칙이 있다. 그러므로 의복을 정제하고, 음식을 절제하라. 어려서 준칙이 없으면 자라서 더욱 부정(不淨)해진다.'고 하여 어려서부터 필요한 몸 교육의 절실함을 특별히 강조하였다. 이처럼 청장관은 마음의 교육보다 몸 교육이 우선되어야 한다고 보았고, 특히 몸을 위한 교육의 절실함과 가능성을 『이목구심서』, 『사소절』에서 적나라하게 표현하였다. (여기서 우리가 그의 주장을 인간현상론의 관점에서 볼 때 그가 견지한 인간교육의 이념은 본질상 연역적(동일성으로 회귀하는)일지라도 교육의 방법과 내용은 반드시 귀납적(개별성이 인정되는)이어야 한다는 통합적 방식으로 전개하였음을 알 수 있다.)

"글을 읽고 몸을 닦는데 만일 표준이 없으면 족히 그 효험을 보지 못한다."(『사소절』의 '사전'에서).

"어린 자제가 누워 잠자기나 좋아하고, 어른의 가르침은 들으려 하지 않으면서 무절제하게 멋대로 놀기만을 좋아하면 성품이 해이해진다. 이 경우 용렬한 사람이라면 남에게 해 끼치는 바는 없다. 그러나 만약 경박하고 재능이 있으며 구변이 좋은 사람이라면 교묘히 잘 꾸며낸 말로 남을 속이는 데 힘쓸 것이니 장차 무슨 짓인들 하지 않으랴? 이런 연고로 어린이의 교육을 중요시하는 것이다."(『이목구심서』에서).

"배불리 먹는 것이 사람의 정신을 흐리게 해서 글 읽기에 크게 불리함을 알았다. 소년들을 두루 살펴보니 밥을 많이 먹는 자는 모두가 요사(夭死: 요절)했다. 적게 먹을수록 마음이 열리고 많이 먹을수록 마음이 막힌다." (『이목구심서』에서).

"음식이 맛이 없으면 흩어버리고, 의복이 마음에 들지 않으면 찢어 버리니 이런 흉악한 행동은 거울삼아야 한다. 책을 볼 때 바람이 책장을 뒤흔들 때 성내어 나의 화평한 기운을 손상해서는 안 된다. 우선 마음을 안정하고 다시 알맞게 처리해야 한다. 이것을 작은 일이라 하지 말라. 모두가 곧 사람을 제대로 만드는 기본인 것이다."(『사소절』의 '사전'에서).

로크가 그의 글에서 어린이의 몸을 위한 교육 방법을 구체적으로 적시(摘示)한 것과 마찬가지로 청장관도 이에 대하여 특히 『사소절』을 통해 아래와 같이 매우 구체적인 내러티브를 예시하였다.

- 몸가짐이 안정되지 못하면 옷고름이나 댕기를 씹는데 이는 괴이한 행동이다.
- 어릴 때에 반듯하게 앉는 자세를 익히지 않으면 자라서 뼈가 굳어져 반듯하게 앉는 것을 견디지 못하여 행동이 거칠어지며 마침내 구용(九容: 발은 무겁게, 손은 공손하게, 눈은 바르게, 입은 신중하게, 소리는 고요하게, 머리는 똑바르게, 숨소리는 고르게, 설 때는 의젓하게, 낯빛은 단정하게)이 모두 무너질 것이다.
- 아이들의 잘못된 버릇은 바로잡는 것이 무엇보다 중요하다.
- 아무리 덥더라도 심히 피곤하지 않으면 누워서는 안 된다.
- 아이는 반드시 어른보다 뒤에 자고 어른보다 앞에 일어나도록 해야 한다.
- 어른이 나가고 들어오고 할 때에는 반드시 일어서고, 어른이 훈계하면 반드시 두 손을 마주 잡고 서서 엄숙히 들어 잊지 않아야 한다.
- 어린이가 담배를 피우는 것은 아름다운 품행이 아니다.
- 형제 간에는 아무리 조그마한 물건이라도 고루 나누어 가지도록 가르쳐

야 한다.

- 연 날리는 놀이는 어린이들을 미치광이로 만드는 것이니 더욱 엄금(嚴禁)해야 한다.
- 밤참은 많이 먹지 말고 먹은 즉시 누워서는 안 된다. 밥을 먹을 때는 크게 웃어서는 안 된다.
- 세수를 하지 않고 조반을 먹는 것을 악착(齷齪: 정결하지 못함)이라고 하니 경계해야 한다.
- 특히 여자의 경우 옷고름과 치마끈을 풀어 놓고서 죄어 매지 아니하는 것을 창피(昌披)라 하니 경계해야 한다.
- 자녀를 가르치는 데 먼저 해야 할 것은 음식 탐내는 것을 금해야 한다는 것이다.
- 책을 읽을 때에는 손가락에 침을 묻혀서 책장을 넘겨서는 안 된다. 글 읽는 소리는 침착하고 분명해야 한다.
- 어린이에게 글을 가르쳐 줄 때에는 많은 분량을 가르쳐주는 것은 절대 금기해야 한다. 어린아이에게 글을 가르칠 때는 그 아이가 아무리 둔하더라도 참고 견디어야 한다.
- 어린이에게 비록 과실이 있다 할지라도 마구 때려서는 안 된다. 마구 때리는 사람은 몸의 중요한 부분을 구별하지 않게 된다.

3) 몸(부림/가짐)에 대한 교육

바른 몸부림 혹은 몸가짐에 대하여 청장관이 구사하는 다양한 내러티브를 찬찬히 살펴보면 그가 주장하는 체성교육의 목적은 한마디로 '선비됨: 선비(군자)로서의 몸가짐을 갖춘 교육'이라고 정의할 수 있다. 그는 마음이란 과학으로도 어찌 할 수 없는 불가지, 불명료의 특성을 지닌 것으로 (우리가 불가피하게) 이를 개조하기 원한다면 반드시 가지(可知)의 대상인 몸을 통해서만 (각자의 특성에 알맞도록 올바로 부리거나 몸가짐을 변화시킴으로써) 가능하다는 사실을 잘 알고 있었다. 이 점은 다음의 글에 잘 드러나 있다.

"몸은 부릴 수 있으나 마음은 부릴 수 없다."(『이목구심서』에서).

"사람의 성품은 탐성(貪性)과 인성(仁性)이 있어서 이 인탐(仁貪)의 기운 두 가지는 몸에 존재한다. 몸이라는 것은 하늘에서 취한 것인데 하늘은 음과 양의 두 가지 시행이 있으니 몸에도 탐성과 인성 두 가지가 있게 된다. 하늘이 명한 것을 성(性)이라 하고, 이러한 성을 따르는 것을 도(道)라 하며, 도를 닦는 것을 교(敎)라고 한다. 다만 사람이 저마다 품부 받은 성(性)의 격(格)이 같을 수 없음은 자명하다."(『이목구심서』에서).

청장관은 선비됨이란 다양한 방식과 단속적인 방식을 통해 바른 몸가짐과 옳은 부림을 갖추어 나감으로써 서서히 형성되어나가는 일종의 '되어감'이지 결코 '이미 되어 있음'에 부합하도록 인위적으로 조절하는 것이 아니라고 여겼다. (이는 마치 모세가 받은 10계명을 잘 지키기만 하면 의인(義人)이 되는 것이 아니라 그것을 다만 내 행위의 옳고 그름을 판단하는 일종의 지표로 여기는 것과 같다.) 따라서 그는 선비(군자)가 갖추어야 할 몸과 마음의 자질과 특성을 가치중립적인 심정으로 기술했을 뿐 목적론적 관점에서 선비로서의 완성태를 제시한 것은 아니다. 다음의 내러티브들을 보면 선비됨이란 장황한 것이 아니라 참으로 소박하기 그지없음을 잘 알 수 있다.

"분노를 참고 욕심을 억제하며, 말을 삼가고 음식을 절제하라. 말을 함부로 하는 사람은 좋은 선비가 아니다."(『이목구심서』에서).

"선비는 먼저 조용히 사는 재미를 찾으나 또한 근로(勤勞)의 일을 아는 것이 본분이다."(『사소절』의 '사전'에서).

"선비가 지켜야 할 것은 대체로 집에 들어와서 부모에게 효도하고, 밖에 나가서는 어른에게 공손하고, 낮에는 농사짓고, 밤에는 글을 읽는 것뿐이다."(『사소절』의 '사전'에서).

"사람이 자포자기하여 제 몸을 공경하지 아니하는 자는 어렸을 때부터 낮에는 일어나 망령된 말과 행동을 하고, 한가히 홀로 앉았으면 망령된 생각이 부단히 일어난다. 그리고 잘 때에는 밤이 새도록 망령된 꿈을 꾸어 늙어 죽을 때까지 망(妄: 거짓)이란 한 글자로 평생을 마치는데 지나지 않으니 이는 슬픈 일이다."(『이목구심서』에서).

"선비가 독서를 귀히 여기는 것은 한 언어, 한 동작에서 반드시 성현의 행동과 훈계를 이끌어 준칙으로 삼아 전도됨이 없기를 생각하기 때문이다."(『사소절』의 '사전'에서).

"말이 많으면 위엄을 상하고 정성을 덜며 기운을 해치고 일을 그르친다. 속된 말은 삼가 입 밖에 내지 말아야 하는데 속된 말이 한 번 입에서 나오면 선비의 품행이 즉시 떨어진다."(『사소절』의 '사전'에서).

"군자는 행동거지에서 온아(溫雅)하고 교결(皎潔)하며 정민(精敏)하고 관박(寬博)해야 한다. 군자가 거울을 보면서 의관을 정제하고 위의를 가다듬는 것은 요염한 자태를 꾸미기 위한 일이 아니다."(『사소절』의 '사전'에서).

"선비는 몸과 마음의 안정한 것을 귀히 여긴다. 집에 편안히 거하지 못하고 분분하게 밖에 나가는 것은 이미 방종한 지 오래다."(『사소절』의 '사전'에서).

"자기 몸을 가지는 도리는 공(恭: 삼가함)이다. 누구든 몸을 가지면 공이 되고 이로써 윗사람을 섬기면 경(敬)이 되는 것이다. 항시 공경을 행하는데 소홀해서 안 된다."(『이목구심서』에서).

"자기 몸을 닦은 것으로 조정에 바쳐 엄격하고 정성스러운 마음이 늠엄(凜嚴: 늠름함)하기가 죄를 문책하는 것보다 더하며, 자기 몸을 단정하게 해서 속료(屬僚)를 거느렸다. 공경하는 마음이 있는 자는 윗사람이나 아랫사람에 마음을 다하지 않는 경우가 없다."(『이목구심서』에서).

청장관의 생각에 의하면 선비가 되는 길은 비단 사대부 귀족에 국한된 것이 아니라 누구에게나 열려 있어야 한다. 전통 유가의 교육론은 근본적으로 개별적인 몸으로부터 비롯된다. 지도성과 순응성의 올바른 정치(定置)를 지향하는 유가의 몸 이해는 보편성을 담지한 입신과 지신(持身)의 형식과 방법을 잘 보여주고 있다. 바른 마음가짐이 수심(收心), 명심(銘心)이라면 지신은 바른 몸가짐이다. 유가의 계승과 탈주를 지향한 청장관은 사람의 타고난 성품이 혹시라도 간악함이 없고 어버이가 주신 몸은 혹시라도 어긋남이 없어야 할 것이니 한 번 생각을 함에도 반드시 법칙이 있고, 한 번 행동하는 데에도 반드시 격식이 있어야 한다고 주장하였다. 어려서부터 이러한 행위의 표준이 없으면 자라서 더욱 기울어지는 법이므로 어린이는 일찍이 일정한 예의규범에 길들여져야만 한다. 결론적으로 어린이는 반드시 행동거지를 바르게 하고 몸가짐을 안정되게 하는 것이 지식공부에 선행해야 한다.

"어린이의 기상이 아무리 영리하다 하더라도 날뛰게 해서는 안 된다. 언제나 정성으로 자신의 재능을 진작시켜야 한다. 무지몽매한 자녀들을 기르고 가르쳐서 공명정대한 사람으로 만드는 것은 부모의 역할이다. 반대로 자녀는 자신의 무지몽매를 인정해야 한다. 성질이 급하면 사리에 어긋나는 행동의 시초가 마련된다. 어린이는 먼저 마음가짐을 공명하게 하고 학업을 정대하게 하도록 인도되어야 한다. 사양하는 도리를 배워서 공손하며 탐하지 아니하고 겸손하면서 인색하지 않은 예절을 익혀야 한다. 어린이가 비록 민첩하고 뛰어나 재주와 지혜가 있더라도 교만하게 굴어서는 안 된다. 교활한 자는 교육이 필요없다. 교활한 자의 교육은 간사함이 넓어져 도둑이 되기 때문이다. 방일(放逸)하는 자는 무예를 배워서는 안 된다. 그 사나움을 배우면 살인자가 되는지 모르기 때문이다. 어린이는 책을 읽을 때 마음이 몹시 산란하거나 다급한 특성이 있는데 이를 경계해야 한다. 책을 읽을 때는 제대로 읽고 규칙적으로 읽어야 한다. 학습은 바른 자세로 이루어져야 하며 스승의 가르침에 부단히 연습으로 이르도록 노력해야 한다."(『사소절』의 '동규'에서).

"어릴 때는 주위사물에 대한 사실과 관계를 마땅히 익혀야 한다. 어린이는 기본적으로 욕심이 많으니 이를 금해야만 좋은 사람이 될 수 있다. 무릇 남의 의복이나 좋아하는 물건을 보고 부러워하지 말고, 헐뜯지 말고, 훔치지 말고, 빼앗지 말고, 바꾸지 말고, 감추지 말아야 한다. 자기의 물건은 인색하지 말고, 자랑하지 말고, 남의 것보다 못함을 한탄하지 말아야 한다. 놀음을 가르치지 않아도 부지런하기 마련이다. 놀이에 탐닉하는 것은 스스로 자제해야 하기도 하지만 부모의 제지도 요구된다. 형제 간의 우애를 지키고, 자연을 훼손하지 않으며, 연날리기를 금하며, 물이나 불을 다룸에 있어 조심해야 한다.”(『사소절』의 ‘동규’에서).

선비됨을 예비하는 어떤 어린이든지 반드시 위와 같이 돈후(敦厚), 신중(愼重), 공경(恭敬), 근신(謹愼)하는 몸가짐이 배어야 하며 특출한 재주가 있더라도 교만해서는 안 된다. 이러한 돈후, 신중, 공경, 근신하는 몸가짐이 결여되었을 때 스스로 효성스럽지 못하고 공경스럽지 못한 죄악에 빠지게 된다. 근본적으로 몸을 다룸에 있어 민첩해야만 하고 소홀함이 없어야 한다(『사소절』의 ‘동규’에서). 지신은 자신의 몸가짐에 대한 부단한 반성적 성찰을 통하여 세련되어진다. 그러므로 『논어』에 이르기를 ‘날마다 세 가지로 내 몸을 돌이켜 본다. 즉, 남을 위해 도모함에 충성스러웠는가? 벗을 사귐에 믿음을 다하였는가? 가르침 받은 것을 익혔는가?(吾日三省吾身, 爲人謀而不忠乎? 與朋友交而不信乎? 傳不習乎?)(『논어』의 ‘학이’에서).

5 몸의 대화

로크와 청장관의 대화가 실재화 될 수 없음은 당연하다. 여기서는 아마도 그들의 정신적 DNA에 영향을 미친 사람으로 몽테뉴(M.D. Montaigne, 1533－1592)를 가상하여 근대성의 큰 틀 안에서 근대의 교육, 근대의 몸 이해에 대하여 삼자대화를 시도하였다. 몽테뉴에 의해 시작된 근대의 개명(開明)은 데카르트, 파스칼, 루소 등에 의하여 무르익어갔다. 르네상스 황금기의 천재성을 온전히 유

산으로 물려받은 그들에 의하여 인류의 지성사는 새로운 (계몽의) 세기를 맞이
하게 되었다. 여기에 서양에서는 로크가, 한국에서는 청장관이 문명사적 전환기
의 거친 격랑 속에 한 세상을 같이 호흡하였다.

　　몽테뉴는『수상록』을 통하여 탈중세, 탈권위, 탈형식, 탈이성의 과감한 탈주
를 시도하였고, 그의 사유방식의 핵심은 한마디로 삐딱하게 세상보기와 공상(상
상)과 다양함의 즐거움이다. 그의 관심은 이성과 관념의 역사에서 소외의 긴 여
정을 걸어온 육체성(몸, 감정, 쾌락 등)으로, 이를 교육과 연결시킴으로 그는 명
실공히 근대교육사상의 개척자로 인식되었다. 이러한 평가는 그의 자유분방한
내러티브들에 잘 드러나 있다.

　　"아이의 넋을 튼튼히 해주는 것만으로는 충분하지 않다. 그 근육들도 튼
　　튼히 해주어야 한다. 몸의 도움 없이 넋은 너무 쪼들리며 혼자서 두 가지
　　구실(넋의 구실과 몸의 구실)을 하기가 너무 벅차다. 철학을 지닌 넋은 제
　　건강을 통해 몸도 건강하게 만들기 마련이다. 넋의 편안함과 안락은 바깥
　　의 몸에서까지 빛나게 마련이다. 넋은 제 틀을 맞추어 바깥모습을 가다듬
　　고, 이에 따라 그 모습에 우아한 긍지를, 팔팔하고 날렵한 몸가짐을, 만족
　　스럽고 어진 태도를 갖추도록 해주게 마련이다."(『수상록』의 '아이들 교육
　　에 대하여'에서).

　　"몸은 우리 존재에서 큰 구실을 하며 매우 소중하다. 따라서 그 얼개와 성
　　분을 살펴보는 것은 지극히 당연하다. 우리의 주된 두 부분을 갈라서 떼어
　　놓으려는 사람들은 잘못이다. 오히려 짝지어 합해 주어야 한다. 우리는 몸
　　에서 벗어나지 말고 몸과 떨어져 살지 말고, 몸을 무시해 버리지 말고, 몸
　　과 한편이 되어, 몸을 껴안고, 귀여워하고, 도와주고, 보살피고, 충고하고,
　　몸이 빗나가거든 바로잡아 제 길로 도로 데려오라고 넋에 명령해야 한다.
　　요컨대 몸과 결혼해 그 남편노릇을 하라고 말이다. 그러면 둘의 행동이 서
　　로 반대로 어긋나지 않고 일치하게 될 것이다."(『수상록』의 '자만심에 대
　　하여'에서).

몽테뉴는 플라톤 사상에서 연원(淵源)하는 몸과 마음의 별거생활, 넋과 몸의 이혼을 극복하여 반드시 동거 내지 공거하게 만들어야 할 필요성에 대하여 자유로운 글쓰기를 통하여 천착하였다. 그리하여 그는 에피쿠로스학파의 몸 우선성, 스토아학파와 기독교의 넋 우선성이야말로 모두 잘못이라고 여겼으며, 오히려 그들 상호 간의 연합과 결합을 제대로 살피는 것이 필요하다고 했다. 이러한 생각은 그대로 교육의 이념과 실천에 영향을 미치게 되었다. 『수상록』 중('아이들 교육에 대하여', '아버지들의 자식사랑에 대하여')에서 아이 교육(특히 체성교육)과 관련된 내러티브들을 요약하면 다음과 같다.

- 제자의 걸음걸이를 가늠해 보고 그 능력에 맞추려면, 자기가 어느 정도까지 늦추어야 할지를 알아보려면 제자를 자기 앞에서 달리게 하는 것이 좋다.
- 박식한 사람보다는 유능한 사람, 가득 찬 머리보다는 오히려 제대로 타고난 머리를 지닌 길잡이를 택하도록 마음을 써야 한다.
- 지식보다는 품행과 지능을 더 중시해야 한다.
- 아이가 공부에서 거둘 성취는 그의 기억력이 아니라 그의 생활이 해주는 증언에 따라 가늠되어야 한다.
- 자식이 공부에서 얻는 이득은 바로 그 덕분에 자기가 더 나아지고 현명해졌다는 사실이다.
- 명예와 자유에 길들여지는 어린 넋의 교육에서 모든 폭력은 없어야 한다. 왜냐하면 이성, 조심성, 솜씨로 되지 않는 일은 결코 완력으로도 되지 않기 때문이다.
- 어린이의 품행을 가다듬어주는 학문만이 그 이름값을 하는 유일한 학문이다.
- 아이들의 교육은 하나의 엄격한 친절에 의하여 이루어져야 한다.
- 아이가 땀과 추위와 바람과 해에 예사가 되도록 만들어야 한다.
- 입고, 먹고, 자고, 마시는 일에서 나약함과 까다로움은 모조리 없애야 한다.
- 아이 몸에 좋은 음식에는 설탕을 치고, 해로운 음식에는 쓸개즙을 둘러놓아야 한다.

- 세상 사람들과의 만남이나 사귐에서 사람의 판단력이 생긴다.
- 학생들의 지능에 물을 주어 가꾸기 위하여 필요한 첫 스토리는 그의 품행과 판단력을 가다듬어 주는 것, 자기 자신을 깨닫게 만드는 것, 제대로 살다가 제대로 죽을 줄 아는 것이어야 한다.

한마디로 몽테뉴는 용감한 근대성의 개명자로, 교육과 몸 이해와 관련된 그의 분방한 내러티브의 핵심은 계몽의 필요와 박식의 유의함, 예의범절의 필요함, 육체성의 탄생 혹은 발견 등이다. 이를 바탕으로 로크와 청장관과의 가상대화를 시도해 본다.

몽테뉴: 인성을 염두에 둔 인간현상, 인간조건, 인간존엄 등의 의미를 바탕으로 인간교육의 현상학적 본질은 무엇이라고 생각하나요?

로 크: 결코 인습이나 전통에 구속되지 않는 자유로운 몸과 마음(영혼)을 가다듬게 만들어 유능하고 현명한 사람을 기르는 것입니다.

몽테뉴: 유능하고 현명한 사람이란 무엇을 의미하나요?

로 크: 구조화된 학습사태의 경험을 통해서 단지 수많은 지식들을 소유(to have)하고 그것이 기억의 메커니즘에서 작동하는 것이 아니라, 눈앞에 닥친 문제 장면이나 실제생활에 적용, 응용하게 만드는 지식의 가용(可用) 역량을 갖추어 삶과 지식이 결코 괴리되지 않도록(to be) 잘 형성된 사람을 말합니다.

청장관: 일상의 예의범절이 갖가지 사례 기반의 준칙을 통해 몸에 올바로 체현되어, 이것으로부터 고등(高等)의 지식과 현명한 지혜가 스스로 현현(顯現)하도록 만드는 교육 환경과 체험이 무엇보다 중요합니다.

몽테뉴: 그렇게 생각하게 된 배경으로 각자의 삶에서 겪은 사건은 무엇인가요?

로 크: 영국의 명예혁명(1688)은 근대성을 지향하는 사회의 모든 장르에서 벌어진 가히 거대한 혁명이고, 이는 마침내 프랑스혁명(1789)에 지대한 영향을 미쳤다고 봅니다. 이러한 문명사적 전환(paradigm shift)국면에 시민들의 의식혁명을 지지하는 교육의 개선 필요성을 절실히 느꼈기 때문입니다.

청장관: 저는 서얼출신으로 당대의 신분제도가 옥죄는 인습과 전통에 과감히 저항하는 일종의 혁명적 삶이 필요하다고 느꼈습니다. 이는 지극히 당연시되던 당대의 지배적인 학풍이나 전통교육이 새로운 시대를 지향하는 방향으로 개량할 필요성과 동시에 생긴 것입니다. 주자성리학에 금고(禁錮)되어 형식적인 지식전이에 매진하는 공부 방식으로는 새로운 시대를 맞이하기에 걸맞지 않을뿐더러 본질상 온전한 교육이 아니라는 생각이 나를 지배했습니다.

몽테뉴: 그렇다면 교육과 관련된 자신의 주장을 구체적으로 실현하기 위하여 필요한 조치는 무엇이라고 봅니까?

로 크: 이성, 관념, 지식, 덕성에 선행(先行)하는 감성, 체험, 지혜로움, 유능함 등을 깨닫고 이를 교육설계나 실천에 적극 적용하는 것으로, 그것은 반드시 전통적인 몸 이해의 프레임을 과감하게 벗어난 본연성으로서의 체성에 대한 올바른 이해가 바탕이 되어야 합니다.

청장관: 몸이 지닌 갖가지 기능(이목구심)을 활성화시키는 체험, 경험 기회가 교육장면에 필요하며, 이는 뇌에 국한된 편협한 몸의 작용이라기보다 몸을 전체적으로 기능하게 만드는 것입니다. 이는 몸과 관련된 기존교육의 프레임, 플랫폼, 프로세스가 처한 기능부전 상태에서 혁명적인 기능통전상태로 과감히 바꾸는 것이 필요하다는 것을 말합니다.

몽테뉴: 나는 당신들보다 이전에 체성의 선위성이나 주도성이야말로 근대성의 핵심이라는 사실을 이미 충분히 개진한 바 있습니다. 그럼에도 불구하고 덕성이나 지성을 상대적으로 평가 절하하는 것도 문제가 있다고 보는데 혹시 체성, 지성, 덕성에 관한 교육에 순위를 매길 수 있다면 어떻게 될까요?

로 크: 후배인 페스탈로치(J.H. Pestalozzi)와 스펜서(H. Spencer)가 지-덕-체 교육을 이론적으로 정립한 것으로 아는데, 저는 결코 각 요소 간 우선순위나 상대적 중요성에 대하여 생각한 적이 없습니다. 중립적이고 무책임한 변명으로 들릴지라도 제 각각은 서로 중요합니다. 다만 2천 년 동안 서구지성사를 지배해온 플라톤의 망령을 거두어보자는 제 자신의 의지는 강했습니다. 그래서 몸과 마음의 순서를 단순히 바꾸었을 뿐입니다. 다만

몽테뉴의 질문에 답을 해야만 한다면 체-덕-지육으로 이루어지는 교육의
순서가 나을 듯합니다.

청장관: 실학정신이 사장중심의 이성과 논변을 거부하는 것에 바탕을 두고
있는지라 지식중심의 인습적 행태는 마땅히 거부되어야 하고, 그 자리를
대체해야 할 것은 덕과 체를 통합하는 육체적 미덕이 아닐까 생각합니다.
로크와 달리 저는 체/덕-지육으로 이루어지는 교육이 필요하고 가능하다
고 생각합니다.

로 크: 체/덕이라고 표현하는 것은 일종의 기호적 자의(恣意)성에서 비롯된
말장난 아닌가요?

청장관: 그런가요? 나는 다만 반(反)지성 향(向)체성 교육에 대한 담론이 필
요하고 또한 가능하다는 점을 전제로 하여 체성우선, 체성중심보다는 체
성기반의 교육이라는 표현이 더 옳을 듯하여 생각해낸 표현입니다.

몽테뉴: 로크가 주장하는 체성우선 교육의 핵심은 습관, 선택, 행위로 이어지
는 일상성 속에서 이루어지는 단속적 교육, 다시 말해 건강한 몸을 바탕
으로 지식을 몸으로 배우는 경험을 통해 마침내 신사(gentleman), 생활
속에 유능한 사람(un habile homme), 세상물정에 밝은 사람(a man of
the world)을 길러내는 것이며, 청장관의 체/덕성 기반 교육의 핵심은 갖
가지 체험과 증험을 통해 올곧은 선비로서의 자질을 몸으로 이루어내는
것이어서, 방법은 유사하나 이상적인 인간상은 다소 차이가 있는 듯 보이
는데요?

로 크: 앞서 말한 바대로 제가 말하는 세상물정에 밝은 사람은 예의범절, 박
학다식, 육체의 건강성을 두루 갖춘 사람의 표상으로 청장관이 말하는 선
비의 이데아나 이미지에서 크게 벗어나지 않는다고 생각합니다.

청장관: 선비란 관념 속에만 실재하는 이상이라기보다 오히려 부단히 현실 속
에서 기능하는, 즉 뭇사람들과 유리(遊離)되어 나와 무관한 객관화된 인
물상이 아니라 어느 누구든 몸으로 힘써 배우고 익히면 선비가 될 수 있
도록 만드는 일종의 준행(準行) 규칙일 뿐입니다. 그러므로 나는 로크가
말하는 유능한 사람이나 세상물정에 밝은 사람이 내가 말하는 선비의 이
미지에서 크게 벗어나지 않는다고 생각합니다.

몽테뉴: 두 분의 사상적 취향은 근대성, 계몽성, 육체성으로 집약되는데, 교육
과 관련지어 자신만의 또 다른 시도나 모험적 사유가 있다면 무엇인가요?

로 크: 모든 학자나 의식 있는 기성인, 특히 교육철학자들은 지금 저와 청장
관이 행하는 주장들이 향후 예견되는 산업화시대에서 비롯되는 체성몰락
-지식지배의 사회분위기에 의해 왜곡되고 변질되지 않기를 염려하고 대안
을 제시해야 합니다.

청장관: 어느 시대건, 어느 문화건 교육학자(특히 교육철학자)의 책무는 교
육의 본연성에 대한 천착과 더불어 교육적 상상력이 최대한 기능하도록
자신을 채근하고 부단히 연찬하여야 한다는 생각입니다. 향후 예견되는
21세기 교육의 혼란과 상실은 곧 교육철학을 공부한 사람, 교육정책학을
공부하여 정책을 입안, 시행하는 주된 사람들이 비본질적 교육을 정상적
교육으로 여기는 태도에서 비롯될 것으로 보입니다. 따라서 체성교육에 대
한 논란보다 더 우선해야 할 것은 교육의 본성(진정성)을 반드시 회복하
도록 노력하는 것입니다.

몽테뉴: 고맙습니다. 최소한 교육에 관한 한 두 분의 생각과 저의 견해가 크
게 다르지 않다고 생각합니다. 이를 다음의 [표 7-3]과 같이 정리하여 제
시하고자 합니다.

표 7-3   지성-덕성-체성의 형식논리학적 구조

구 분	지(知)	덕(德)	체(體)
본(本)	식(識)	도(道)	건(建), 강(强), 행(行)
용(用)	지식, 지혜의 뛰어남	도덕적 성품을 갖춤 도덕적으로 사유함	체력, 체격의 튼튼함 품행의 방정함 비범한 기술을 익힘
성(性)	지 성	덕 성	체 성
능(能)	지 능	덕능(인격)	체 능
육(育)	지 육	덕 육	체 육

몽테뉴, 로크, 청장관의 주장은 이미 과거의 내러티브가 되었다. 그들의 논거와 주장이 의미 있게 느껴지는 것은 중병(重病)이 든 현대교육을 정상성, 본래성으로 되돌리기 위한 해독제가 담겨져 있기 때문이다. 입시위주, 암기위주, 형식주의가 지배하는 오늘날 우리 교육현실에 저들의 주장이 지극히 정당하다고 느껴지기는 하지만 한편으로 암담한 교육생태계를 생각할 때 주장의 현실성에 대한 회의가 가득한 아노미가 우리를 지배하고 있다. 이는 불편하지만 분명한 사실이다.

참고하거나 더 읽을 책

고경화(1998). "로크". 연세대학교교육철학연구회(편). 위대한 교육사상가들 II. 서울: 교육과학사. pp. 65-93.

고요한(2013). 가르침에 대한 교육현상학적 이해. 서울: 학지사.

고요한(2005). 비교교육철학. 서울: 학지사.

고요한(2001). "몸에 대한 교육인간학적 연구". 연세대학교 박사학위논문.

교육고전문헌연구회(1973). 교육고전의 이해. 이화여자대학교출판부.

김형효(1999). 메를로-뽕띠와 애매성의 철학. 서울: 철학과 현실사.

목영해(1992). 동서철학의 비교. 서울: 교육과학사.

변규룡(1989). "비교사상의 가능성과 방법론". 심재룡 외. 한국에서 철학하는 자세들. 서울: 집문당. pp. 273-293.

오인탁(1991). 현대교육철학. 서울: 서광사.

유원동(1984). 한국실학개론. 서울: 정음문화사.

이덕무(저), 김종권(역)(1983). 사소절. 서울: 양현각.

이덕무(저), 민족문화추진회(역)(1995). 청장관전서 VI. 사소절. 서울: 재단법인 민족문화추진회.

이덕무(저), 민족문화추진회(역)(1995). 청장관전서 VIII. 이목구심서. 서울: 재단법인 민속문화추진회.

이병도(1995). "해제". 민족문화추진회(역). 청장관전서 I. 서울: 재단법인 민족문화추진회.

정세화 외(1997). 한국교육의 사상적 이해. 서울: 학지사.

Chardin, P.T.(저), 양명수(역)(1997). 인간현상. 서울: 한길사.

Locke, J.(저), 이극찬(역)(1982). 통치론. 서울: 삼성출판사.

Locke, J.(저), 임채식, 강진영(역)(1995). 존 로크의 미래를 위한 자녀교육. 서울: 서원.

Montaigne, M.D.(저), 박은수(역)(1995). 에세. 서울: 인폴리오.

Montaigne, M.D.(저), 손우성(역)(1976). 수상록. 서울: 동서문화사.

Russel, B.(저), 최민홍(역)(1982). 서양철학사. 서울: 집문당.

Thiel, U.(저), 이남석(역)(1998). 로크. 서울: 한길사.

제8장

인성(忍性)과 인성교육

　본 장에서는 인내심에 관한 내러티브(텍스트 해석을 중심으로)가 지닌 교육인
간학적 의의를 해석학－현상학적 연구방법을 통하여 고찰하고, 이를 바탕으로
인성(忍性)기반 인격교육프로그램의 가능성과 필요성을 궁구(窮究)하였다.[1] 고대
로부터 교육목적은 경제적인 항산(恒産)의 필요성에 부합하고 인격적인 항심(恒
心)을 갖추도록 하여(물론 맹자는 항심에 대한 항산의 선위(先位)성을 강조했지만)
개인의 잠재역량이 성숙과 성장의 균형 속에서 온전히(holistic) 발현되도록 안내
하는 데 있었다.

　그러나 특히 우리나라와 같이 근대화, 산업화, 국제화가 압축성장이라는 왜
곡된 방식으로 이루어진 경우, 항심의 유의성보다 항산의 필요성이 극대화되어
인간교육의 본연성을 지향하는 사람다움을 기르는 교육이 상대적으로 약화된
현상은 거부할 수 없는 주지의 사실이다. 이처럼 세속적이고 불건전한 사회상황
에서 국가적 염려가 되어버린 교실(학교)붕괴, 학교(청소년)폭력 등은 다름 아닌
사람다운 사람을 기르는 교육의 실패, 즉 인성기반 인격교육의 약화 혹은 철저
한 실패에 기인한다.

---

1 고요한(2014). "인내경 연구: 인내에 대한 내러티브의 교육인간학적 의의". 인격교육학회. 인
　격교육. 8권 3호. pp. 89－115을 수정, 보완한 것임.

1   인성교육의 현상학

인성교육의 본연성(전인적 성장) 혹은 교육인간학적 환원(전인격 회복의 가능성과 필요성)은 탐구해야 할 일종의 학문적 필요와 학자적 의무에서 비롯되었다. 전(全)인격을 달성하거나 회복하기 위한 방법이 바로 수양인데 그것은 다름 아닌 인성(忍性)기반의 인격교육이다(김낙진, 2004: 147). 속담에 이르기를 '고생 끝에 낙이 온다. 젊어 고생은 사서도 한다. 모든 것이 쉬워지기 전에는 어려웠다. 인내가 세상을 정복한다. 인내는 천국의 열쇠다. 인내는 희망의 기술이다. 오로지 인내와 시간으로 인해 오디가 비단이 되는 법이다. 인내와 근면은 태산(太山)도 옮긴다. 보잘 것 없는 낙수(落水)가 커다란 바위를 뚫는 법이다. 인내야말로 가장 큰 (무형의) 자산이다.'라 하여 오로지 인내하는 사람만이 원하는 것을 이루거나 인간적인 성장을 도모할 수 있음을 잘 현시(顯示)하고 있다.

또한 동서양 격언에 '세 번 참으면 살인을 면한다. 비온 뒤에라야 땅이 굳는다. 오로지 인내하면 해탈이 찾아온다. 재능보다 훈련, 열정, 행운이 우선이나 이보다 더 중요한 것은 인내다. 인내하다 보면 언젠가 성공의 기회가 보인다. 인내는 만족의 최고조건이다. 인내는 쓰되 열매는 달다. 인내하고 시간을 두면 완력(腕力)이나 노여움이 이루는 것 이상을 성취할 수 있다. 인내는 아이가 깨달아야 하는 최초의 교훈이다. 인내는 괴로움을 이기는 명약(名藥)이다. 인내하는 사람만이 오로지 바라는 것을 얻을 수 있다. 지혜는 훌륭하나 더 훌륭한 것은 바로 인내다. 우리가 사랑하는 것을 가질 수 없다면 가진 것을 사랑하라!'고 하여 광대한 인내의 가치론적 담론을 공감각(共感覺)적인 방법으로 축약하여 잘 웅변하고 있다.

그렇다면 이러한 메타포들이 우리의 현재 학교태(schooling)에 던지는 시사점은 과연 무엇인가? 진실로 학업(공부)은 괴로운 현실이고 교육은 지난(至難)한 작업이다. 어찌 보면 인내는 성공적인 학습 혹은 교육의 조건이며 동시에 목표다. 또한 이러한 인내에는 겸손, 용서, 신뢰, 존경, 성실, 성취(성공), 인륜, 예의 등을 포괄하는 최고의 가치덕목이기도 하다. 그렇다면 인내를 가장 효과적으로 가르치기 위한 방안은 무엇인가? 그리고 교육의 본연성에 대한 담론의 지평을 확대하기 위하여 인내에 대한 어떤 연구가 필요한가? 만약 우리교육의 근원적이고 보편적인 목적이 인격의 갖춤(사람다움)을 지향한다면 인성(忍性)기반 인격교육이야말로 가장 효과적인 교육인간학적 담론거리와 논리적인 토대가 될 수 있을 것이다. 그동안 이러한 인격교육의 필요성과 다양성에 대하여 다양한 이해방식과 분석틀을 통한 담론들이 지속적으로 이루어지고 있다(고요한, 2013; 박휴용, 2013; 유민호, 2013; 이재준, 2014; 서명석, 2014; 조정호, 2014).

　　본 장의 연구방법은 텍스트 비평을 통해 인내의 본질적 의미를 찾아내고, 이를 교수(敎授)용 내러티브로 활용하기 위한 교육학적 원리를 구안하는 해석학-현상학적 접근법이다. 텍스트 비평의 대상은 허명규(許名奎)가 지은 『권인백잠(勸忍百箴)』에 대한 하위화와 동방각인의 비판판 텍스트다. 중국 원(元)대 중기의 학자인 허명규는 자국(自國)의 전통적인 텍스트에 담긴 다양한 역사적 스토리들을 기반으로 인내(忍耐)에 관한 인간학적 텍스트인 『권인백잠』을 펴냈다. 이 책은 인내에 관련된 역사 속 인물과 사건들을 구체적인 사례로 제시함으로써 독자들로 하여금 흥미나 재미를 유발함은 물론 그들에게 인내의 근거, 방법, 이유, 비결 등을 설득력 있게 가르칠 수 있는 유용한 방편을 제시하고 있다. 한마디로 이 책은 그가 전 생애에 걸쳐 인내에 관한 100가지 스토리를 발굴, 정리함으로써 인간행위의 중핵이 인내임을 논증한 역작으로 평가된다.

　　동방각인은 원전인 『권인백잠』에 대하여 인격교육을 위한 다양하고 깊이 있는 우의(寓意)를 담고 있으며, 독자들로 하여금 선행(善行)을 권면하고, 어려운 세상을 구제하며, 화목한 인간관계를 유지함으로써 '누구든지 자신이 품부(稟賦)받은 천명을 다하는 복됨을 누릴 수 있다!'는 장중한 메시지가 담겨 있다고 높이 평가했다. 한편 하위화는 원저자인 허명규에 대하여 해박한 지식에 견문과 도량이 넓었으며, 자신의 수양을 몹시 중시하는 사람이었고, 평생에 걸쳐 인내야말로 입신, 출세, 사업의 성패를 가르는 관건으로 여긴 학자로 평가했다. 이를 미루어 볼 때 우리는 허명규에게서 중국 전통의 공맹학(인본주의)과 노장학(도학사상)을 두루 아우르는 사유의 광대함을 엿볼 수 있다.

　　최근 중국학계에서는 후대의 학자들이 원전인 『권인백잠』을 현대적 감각으로 재해석하는 작업이 속속 이루어지고 있는데, 그 중에서 하위화의 『인경(忍

經): 참을 인(忍)에 관한 잠언 100가지』과 동박각인의 『허명규의 인내경: 인간 정신의 숨겨진 보배 인내경』이 각각 우리나라에 번역, 소개되었다. 그들은 허명 규가 원전에서 정리한 인내에 관한 100가지 스토리들을 자신들의 논점에 따라 편의상 각각 10편(하위화)과 5편(동방각인)으로 구분하여 다음과 같이 비판판 텍스트를 구성하였다. 특히 하위화가 비교적 원전에 충실했다면 동방각인은 가급적 원전에 기반을 두되 '그것이 21세기의 시대상황에 어떤 의미를 갖는가?'에 대한 부연설명이 있다는 점에서 큰 차이가 있다.

표 8-1 『권인백잠』의 비판판 텍스트 구성 비교

편저자 및 텍스트명	편 명	내 용
동방각인의 『인내경』	언행 (言行)	언어, 화냄, 호색(好色), 음주, 식생활, 비방, 칭찬, 아첨, 웃음, 부주의, 욕정, 두려움, 애호, 성급함, 교만, 자랑, 강직, 쾌감, 이익과 손해, 집착, 재주, 고집
	입신 (立身)	신용, 모욕, 존귀, 안일, 임기응변, 시기, 급박함, 생명, 부당한 지위, 관직, 독립, 용퇴, 좌절, 사소함
	도리 (道理)	가난, 부유, 비천함, 충성, 효도, 인, 의, 예, 만족, 분노, 고통, 검소, 탐욕, 수뢰(受賂), 구걸, 살생, 배반, 농민의 도, 장인의 도, 상인의 도, 배움의 도
	대인 (對人)	미움, 관용, 복수, 다툼, 속임, 학대, 악인(惡人), 중상모략, 까다로움, 충성, 스승, 동료, 부자, 형제, 부부, 주빈(主賓), 상하, 교우, 장수, 재상
	지혜 (智慧)	지혜, 즐거움, 권력, 세도, 총애, 위기, 사치, 용기, 죽음, 자만, 선행, 과욕, 득실, 불공평, 무익, 화복, 불우(不遇)
하위화의 『인경』	책략 (策略)	權之忍, 勢之忍, 苛察之忍, 屠殺之忍, 苟祿之忍, 勇退之忍, 事君之忍, 同寅之忍, 將帥之忍, 宰相之忍
	기호 (嗜好)	色之忍, 氣之忍, 酒之忍, 聲之忍, 食之忍, 好之忍, 惡之忍, 好學之忍, 淫之忍, 侈之忍
	경우 (境遇)	寵之忍, 辱之忍, 安之忍, 危之忍, 疾之忍, 變之忍, 勞之忍, 苦之忍, 挫折之忍, 不遇之忍
	행위 (行爲)	言之忍, 爭之忍, 儉之忍, 失之忍, 取之忍, 與之忍, 乞之忍, 求之忍, 躁(進)之忍, 持立之忍
	정감	樂之忍, 喜之忍, 怒之忍, 急之忍, 快之忍, 懼之忍, 驕之忍, 勇

(情感)	之忍, 滿之忍, 不平(不滿)之忍
악행 (惡行)	侮之忍, 謗之忍, 譽之忍, 詔之忍, 笑之忍, 妒之忍, 忽之忍, 忤 之忍, 讐之忍, 貪之忍, 欺之忍, 虐之忍 矜之忍, 聽讒之忍
예의 (禮義)	忠之忍, 孝之忍, 仁之忍, 義之忍, 禮之忍, 智之忍, 信之忍, 直 之忍, 背義之忍, 小節之忍,
관계 (關係)	父子之忍, 兄弟之忍, 夫婦之忍, 賓主之忍, 奴婢之忍, 交友之 忍, 事師之忍, 利害之忍, 頑嚚之忍, 禍福之忍
직업 (職業)	爲士之忍, 爲農之忍, 爲工之忍, 爲商之忍
세정 (世情)	貧(賤)之忍, 富之忍, 貴之忍, 生(死)之忍, 無益之忍, 才技之忍, 隋時之忍, 年少之忍

또한 위의 편명(篇名) 구분에서 드러나듯 동방각인은 메타인지적 차원에서 인내스토리를 크게 범주화했다면, 하위화는 인리(人理), 천리(天理), 물리(物理)의 세계를 비교적 상세한 차원으로 구분해서 범주화한 차이점이 드러난다. 본 장에서는 인내의 심리철학적, 교육인간학적 인식관심 혹은 유의성에 대하여 비판판 텍스트인 하위화의 『인경』과 동방각인의 『인내경』을 대상으로 하였기에 인내에 대한 동서양의 철학 및 불교와 기독교 사상의 담론은 포함하지 않는다.

2 『인경』속의 인내스토리

본 절에서는 하위화의 비판판 텍스트인 『인경』에 수록된 인내스토리의 각 내용들을 교육인간학적 유의성에 기반을 둔 네 가지 준거에 따라 분석함으로써 인성(忍性)기반 인성교육의 체계화 가능성을 논의하였다. 원전인 『권인백잠』을 바탕으로 비판적으로 재구성된 『인경』에는 인내의 본질과 목적에 대한 정치학, 심리(철)학, 철학(윤리학), 교육학, 법학, 경영학, 행동과학적 인식이 인간학적 관심 아래에서 두루 망라되어 있다고 평가할 수 있다.

1) 성과행동 및 성장을 위한 스토리

표 8-2 성과행동을 가르치고 성장의지를 동기화시키기 위한 스토리

스토리	주요 내용 및 핵심 되는 메시지
勞(苦)之忍	닥친 고생을 밖으로 호소하지 않고 참아내며 부지런히 최선을 다하는 것이야말로 가장 인간된 도리이며 곧 참된 미덕이다.
貧(賤)之忍	빈궁하게 살면서도 편안한 마음으로 지내는 사람을 군자라 한다. 올바르지 못한 수단으로 얻은 것은 반드시 화를 불러 온다. 어려운 환경 속에서 세상을 등지고 살지라도 번민하지 않아야 한다. 사람은 누구든 기회를 만나면 출세할 수 있고 기회를 놓치면 곤경에 처할 수 있는 법이다. 그러므로 누구든 빈궁할수록 의지가 더욱 굳세야 되고 자신의 대의(大義)를 저버려 낙심하거나 포기하지 말아야 한다.
禍(福)之忍	화가 오면 복은 사라지기 마련이다. 그러나 화 속에 복이 깃들어 있고 복 속에도 화가 숨어있는 법이다. 화를 만났을 때나 복을 만났을 때 언제나 참아야 한다. 다시 말해 행복과 재난에 직면했을 때 침착한 마음을 본받아 심리적 평정을 이루어야 한다. 그러므로 성공과 성장을 위해서는 '전화위복'의 세상이치를 마음에 두고 당한 어려움을 극복하려는 절박한 의지가 필요하다.
危之忍 變之忍	위태로운 상황 속에서도 기색이 변하지 않고 놀람이 없어야 위기를 모면하고, 몸과 마음의 진정을 찾아야 닥친 문제가 해결된다. 그러므로 뜻하지 않은 위기나 변고가 생겼을 때 두려워하는 마음을 참고 의연하게 대처함이 지혜롭다.
失之忍	얻는 것이 있으면 반드시 잃는 것이 있기 마련이다. 그러므로 일상에서나 경쟁상황에서 얻음과 잃음, 영예와 치욕에 대하여 지나치게 개의할 필요가 없다. 실패나 실수를 두려워하지 않음이 성과나 성취, 성장의 디딤돌이 된다.

학생(넓게는 학령기의 모든 청소년들)들에게 부과된 학습경험의 목표와 성인들에게 닥친 직장생활의 목표는 무엇인가? 그것은 아마도 성과(취)와 성장의 축복에 대한 열망과 희망일 것이다. 주지하듯 이러한 성과(취)와 성장은 거저 이루어지는 것이 아니라 그에 상응하는 온갖 시련과 고난의 극복 속에 이루어지

는 소위 '고난의 축복'인 셈이다. 장자가 이르기를 '하늘이 장차 어떤 인물에게 중임(重任)을 맡기려 할 때는 반드시 먼저 그 마음을 고뇌하게 만들고, 그 살과 뼈를 고달프게 하며, 그의 배를 굶주리게 한다. 그의 마음을 곤궁하게 하며 또한 하는 일마다 어긋나고 뒤틀어지게 하는데 그렇게 함으로써 그의 마음을 분발시키고 성정(性情)을 강인하게 만들며 그의 부족한 능력을 키울 수 있다.'고 했다(하위화, 2010: 478-479). 그렇다고 사람들로 하여금 고난과 어려움을 일부러 겪게 함으로써 귀납적으로 인고(忍苦)의 유용성을 깨치게 할 수 없는 법이다. 그리하여 구조화된 교육상황이나 장면이 필요하고 이를 위한 성과(취) 및 성장의 스토리가 더불어 필요한 것이다.

우리는 살아가며 어떤 실패나 실수를 했다고 실망해서는 안 되며 오히려 이를 참고 견디면 새옹지마의 복을 누린다(하위화, 2010: 193). 우리에게 닥친 빈곤과 고난은 인생의 가장 큰 고통이지만 이를 참고 이겨내면 높은 명예와 복을 누릴 수 있다(하위화, 2010: 161-162). 사리에 밝은 사람은 벼락이 쳐도 기색이 변하지 않고, 위험에 봉착해도 뜻을 바꾸지 않는 법이다(하위화, 2010: 249). 이처럼 인고(忍苦)의 스토리는 교육인간학적으로 성과(성취)와 성장동기를 위한 가장 유용한 내러티브임이 자명하다.

2) 정서항상성 유지를 위한 스토리

유명한 '마시멜로 실험'은 교육학적으로 과연 어떤 의의를 지니는가? 향후 더 큰 보상을 위한 현재의 만족을 지연하라는 주장은 과연 교육적으로 필요한가? 우리는 카르페 디엠(carpe diem)처럼 '현재를 즐기라!'는 인간적인 교사의 메시지와 피할 수 없는 충돌을 어떻게 처리해야 하는가? 이를 해결하기 위한 적당한 용어는 아마 항상성일 것이다. 이는 크게 심리-정서적 측면과 물리-관계적 측면으로 구별할 수 있다.

표 8-3 내적 감정을 치유하거나 다스리는 것을 가르치기 위한 스토리

스토리	주요 내용 및 핵심 되는 메시지
好(惡)之忍	너무 기호에 치우치면 절제와 도리를 잃는 법이다. 좋아함에 절제함이 있어야 유익하고, 미움이나 싫어함을 참아야 변란이나 화를 면한다. 그러므로 기호를 선택할 때는 신중함이 필요하나.
貪之忍	재물을 탐하고 음식을 탐하는 자는 흉악한 야수와 같다. 탐욕이 커지고 명예가 높아질수록 나중에 탄핵받을 가능성이 높다. 그러므로 탐욕을 경계하거나 참아 청렴함을 지키는 지혜가 반드시 필요하다.
食之忍 酒之忍 疾之忍	먹고 마시는 것에만 신경을 쓰는 사람은 남에게 업신여김을 당하기 마련이다. 마시는 것 중에서도 특히 술은 온갖 실수를 부르고 온전한 이성을 가린다. 음주는 자신을 망침은 물론 가정과 국가의 온갖 화(禍)를 초래하는 가장 큰 원인이다. 먹고 입는 것을 조절하지 못하면 병이 나고, 병이 나면 욕망을 버려야 한다. 그러므로 호식하려는 마음을 참는 것으로 입신(立身)할 뿐만 아니라 치욕을 멀리할 수 있다.
快(樂)之忍 淫(色)之忍	스스로 자제하지 않고 향락만 바란다면 즐거움 끝에 비참한 일이 생기게 된다. 마음 내키는 대로 하여 과오를 빚어내기보다는 신중하게 생각하고 침착하게 처사하는 게 낫다. 욕정의 유혹에서 음탕한 마음, 음란한 일을 도모하지 않음으로 절제와 지조를 지킬 수 있다. 특히 무분별한 성욕을 참아야 자신은 물론 가정과 국가가 파괴됨을 막을 수 있다.
氣之忍 喜之忍	기분을 잘 다스려서 제멋대로 행동하지 않는 것은 목숨을 유지함은 물론 친구에게도 이롭다. 기쁘디고 해서 마냥 즐거워하거나 뽐내는 마음을 참아야 우쭐거림을 막을 수 있다.
爭(取)之忍	다투어 쟁취하고자 하는 명예에 집착하지 않으면 몸과 마음이 부담스럽지 않다. 만족할 줄 알고 그만둘 줄 안다면 편안히 지내면서 근심걱정이 없게 된다. 청렴을 망쳐가며 재물이나 명예를 얻어서는 안 되고 취할 것과 그러지 말 것을 구분해야 한다.
聲之忍	마음을 어지럽게 만드는 음악, 음란한 음악을 듣는 것은 이롭지 못하다. 비애를 느끼게 하거나 울음을 자아내는 음악의 유혹을 참아야 한다.
權(勢)之忍	권력이나 성공을 탐하는 것은 어리석거나 우둔한 사람이나 하는 짓이다. 세력을 믿고 위세를 떠는 사람은 항상 어리석다. 권력(세)을 가지거나 탐하는 마음은 실상 편안하거나 행복하지 못하다. 어떤 권력(세)이든 결코

	오래가지 못한다. 그러므로 권력(세)을 탐하는 마음을 참는 것이야말로 비로소 자신의 생명과 안위를 지키는 지혜다.
富之忍 貴之忍 智之忍 矜之忍 才技之忍	사람이 너무 부귀하면 교만해지게 되어 화를 입게 된다. 즉, 부귀하면 교만과 사치가 자연스럽게 찾아오는 법이다. 사람은 자기의 작은 장점을 스스로 자랑함으로써 그 장점을 상실하게 된다. 누구든 부유할수록 예의를 잘 지켜야 한다. 이익만을 추구하는 자는 어질 수 없는 법이며, 제 자랑을 하는 것은 결코 오래가지 않는 법이다. 사람에게 지혜가 없어서도 안되지만 지혜를 지나치게 발휘하면 원한이 쌓여 화를 부른다. 부유하거나 지혜가 많고 재능이 많을수록 교만하거나 남을 억압하려는 마음을 참아야 한다. 그러므로 교만하지 말고, 인색하지 말고, 노여움을 참고, 욕심을 부리지 않으면 오복(五福)을 받을 수 있다.
安之忍	안일과 향락을 쫓는 마음을 참아야만 음탕하고 사치하고 음란한 생각이 없어진다. 마음의 안일을 경계해야 함은 물론 몸을 부단히 움직여 단련하는 것도 중요하다.
侈之忍 儉之忍	사치를 구하는 마음은 음란해지고 음란하면 화를 자초하는 법이다. 사치하고 자만하는 자는 화를 당하기 마련이므로 반드시 사치하는 마음을 참아야 한다. 그러므로 검박(儉朴)하게 몸을 수양하면 근심이 없고 검박한 가정은 남에게 손을 내밀지 않는 법이다.
躁(進)之忍 急之忍 直之忍	모든 세상일에는 순서와 절차가 있는 법이니 절대 조급하거나 다급해 하지 말아야 한다. 누구든지 성정(性情)이 조급하면 남을 너그럽게 대할 수 없는 법이다. 위기상황에 처했을 때는 국면을 잘 살펴 임기응변을 취하여 영민하게 처리해야 한다(유방과 조조의 스토리). 직언을 하는 경우에도 반드시 때를 가려 행동을 조심하고 말을 겸손하게 하여야 화를 입지 않는다. 그러므로 급급함은 정당한 절차나 방법을 그르치는 경향이 있으니 반드시 조급함을 참아야 한다.

우선 정서항상성이 파괴되면 개인적 차원에서 성과행동이 약화됨은 물론 관계적 차원에서도 나쁜 영향을 미친다. 사람마다 제 마음대로만 하려 든다면 자신의 평정심은 물론 관계나 사회의 법도가 파괴되는 법이다(하위화, 2010: 243). 그러므로 무슨 일이든 진중하게 생각을 하고 난 연후에 행동을 옮기는 것이 현명하다. 누구든 당장의 쾌락을 참고 힘들지 않는 성취를 바라지 않는 마음이야말로 마음의 평정심을 얻고 마침내 바라는 바를 이루는 원동력이 된다.

지혜로운 사람들은 마치 어리석은 사람처럼 지혜를 드러내지 않고, 자기의 지혜를 자랑하지 않아야 좋은 품성을 갖춘 사람이 된다(하위화, 2010: 383). 보잘 것 없는 재주를 드러내 자기를 나타내는 것은 도량이 좁고 학식이 넓지 못한 탓이다. 작은 재주를 갖고 자기를 나타내기 좋아하다가는 죽임을 당할 수도 있다. 박식한 사람은 가득 차 있으면서도 충실하지 못한 것처럼 보이고, 학문이 부족한 사람은 서둘러 남이 자기를 알게 하려 한다(하위화, 2010: 515-516). 이처럼 인욕(忍欲)의 스토리는 금욕과 절욕의 필요성을 가르치는데 가장 유용한 교육인 간학적 내러티브임이 또한 자명하다.

3) 관계항상성 유지를 위한 스토리

표 8-4 적대상황에 현명하게 대처하는 법을 가르치기 위한 스토리

스토리	주요 내용 및 핵심 되는 메시지
侮(辱)之忍	치욕을 참는 사람은 안전할 수 있고, 수치를 참는 사람은 생명을 부지할 수 있다(한신과 장량, 한안국의 스토리). 모욕을 당하고도 참을 수 있는 사람은 큰일을 할 수 있다. 남이 자기를 모욕했을 때 참지 못하는 자는 성이 나면 남을 돌보지 않고, 자신의 감정을 억제하지 못하는 자는 분노하면 자신의 안위를 돌보지 않는다. 업신여김은 세상 일이나 사람들에게 흔히 존재하는 통폐(通弊)다. 처지가 역전되었을 때를 대비하여 나에게 닥친 모욕을 참고 남에게 모욕을 주어서는 안된다. 그러므로 자신과 나라를 위하여 모욕을 침을 때도 있어야 한다.
怒之忍	노여움은 사람 마음속의 화기를 파괴하고 사물을 극단으로 몰아간다(유비와 제갈량의 스토리). 일시적인 노여움으로 인해 자신과 육친을 잊어버리는 경우가 허다하다. 큰 노여움은 전쟁과 죽음으로 번질 수 있고, 작은 노여움은 몸싸움이나 논쟁을 불러일으킨다. 나라와 나라 사이에 노여우면 전쟁이 나고 가족이 서로 노여워하면 베푸는 것이 없게 된다. 그러므로 노여움이 마음속에 생길 때는 반드시 나중에 닥칠 환란을 생각하면서 참아야 한다.
聽讒之忍 讒之忍 忤之忍	사람을 해치는 것 중에 중상모략이나 참언(비방)보다 더 무서운 것은 없다. 그러므로 남에게 참언을 들었을 때는 반드시 참아야 하고 남에게 이를 행해서는 안된다. 비방은 원한과 질투에서 생겨난다. 남을 헐뜯는

譽之忍 諂之忍	말이나 모함은 삽시간에 화를 불러 올 수 있다. 또한 남이 저지른 실수를 비난하거나 탓하며 질책하는 마음을 참아야 서로 화를 면한다. 남에게 아첨하는 사람은 아첨꾼이고 남이 아첨하는 것(입에 발린 칭찬)을 좋아하는 사람은 우둔한 사람이다. 아첨하는 사람은 인의(仁義)가 없음은 물론 사랑과 미움에 자신의 지조를 뺏기고 시비를 뒤집어 말한다. 앞에서 칭찬하기 좋아하는 사람은 뒤에서 험담하기 좋아하는 법이니 내 앞에서 칭찬하는 것에 대하여 지나치게 기뻐함을 참아야 한다.
欺之忍	사람이 정직한 사람을 기만하는 것은 그 자체가 죄다. 털끝만큼이라도 남을 속이거나 기만해서는 안된다. 편파적이거나 속이려고 하고 사악하고 음탕한 따위의 마음은 언제나 그것들이 그의 언행에서 나타나기 마련이다. 그러므로 남을 기만하거나 속이려는 마음을 참는 것은 공정함을 행하는 가장 좋은 방책이다.
笑之忍	내가 조소나 조롱을 당했을 때 참거나 이를 남에게 행하지 않아야 원한이나 다툼이 생기지 않는다. 그러므로 비록 농담이라 할지라도 남에게 조소나 조롱을 해서는 안된다.
妒之忍	사리사욕에 젖은 사람은 남의 재능이 넘치는 것을 보면 시기나 질투를 하고, 남의 아름다운 소행을 보면 방해하여 재능 있는 자를 용납하지 않는다. 정의로운 마음을 갖추기 위해 시기나 질투하는 마음을 참아야 한다.
忽之忍	아무리 사소한 일이라 할지라도 홀대하게 되면 재난이 생길 수 있다. 소홀히 하려는 마음을 참아 면밀히 고려하고 조심스럽게 처사하면 해를 입지 않는다. 복은 미소한 것으로부터 재난과 동란은 소홀히 하는 것에서 비롯되기 때문이다.
讐之忍	일시적인 감정일지라도 원한을 품어서는 안 된다. 군자는 은혜나 원한을 시시콜콜 따지지 않으며 남을 자기와 같이 생각하는 법이다. 세상을 살면서 부디 조심하여 원한을 맺는 일이 없도록 스스로 경계해야 한다.
虐之忍	가르치지 않고 죽임은 가장 잔인한 짓이다. 형벌을 지나치게 쓰는 것은 은혜를 베풀어 교육하는 것보다 못하다. 남을 너그럽게 대하면 인심을 얻고 남을 학대하거나 포악하게 대하면 멸망을 초래할 수 있다.
懼之忍	평소 마음에 꺼리는 일을 하지 않아 스스로 반성하여도 남에게 미안함이 없다면 마음속에 걱정과 두려움이 없는 법이다.
挫折之忍	좌절을 참지 못하면 남을 해치거나 자신을 해치게 된다.

屠殺之忍	살아있는 짐승이나 작고 나약한 생물을 결코 살육해서는 안된다. 그러 므로 도살하고자 함을 참는 것이야말로 모든 인덕(仁德)의 발단이다.

명예는 굴욕 가운데서 나타날 수 있고 모든 덕은 참는 가운데 커지는 법이
다(하위화, 2010: 166). 특히 모욕, 비방, 중상, 모략, 조소나 조롱, 질투나 시기
등을 참는 것은 이타심을 비롯한 관계적 항상성을 유지하는 데 있어 가장 유익
한 덕이다. 없는 사실을 꾸며내어 사람을 헐뜯는 사람들은 사람의 탈을 쓴 짐승
이다. 그런 사람들은 마음속에 간계와 음모가 가득 들어차 있고 이치에 맞는 말
을 하지 않는다. 나를 헐뜯는 사람은 하늘이 그들을 벌할 것이니 그저 참는 것
이 상책이다(하위화, 2010: 279).

공자가 이르기를 '군자는 공공의 도덕과 정의로운 마음으로 사욕을 극복하기
에 이타심을 갖게 된다. 소인배는 사심으로 공공의 도덕을 흐리고 남을 해하는
마음을 갖게 된다. 남을 사랑하는 마음이 있으면 다른 사람의 재능을 내 것처럼
여겨 기뻐하지만 남을 해하는 마음이 있으면 다른 친구의 재능을 시기하며 질
투하게 된다.'고 하였다(하위화, 2010: 296). 이처럼 인욕(忍辱)의 스토리는 좋은
관계 맺기와 소통역량을 가르치는데 가장 유용한 교육인간학적 내러티브임이
또한 자명하다.

4) 덕성함양 및 덕행을 위한 스토리

표 8-5 인류을 지키는 도덕적 행동을 가르치기 위한 스토리

스토리	주요 내용 및 핵심 되는 메시지
言之忍	모든 화는 말 때문에 생기며 재앙이 생기는 것은 그 말이 단서가 된다. 많은 경우에 화는 말을 많이 하는 데서 생긴다.
忠孝之忍	나라에 대한 충성심에 흔들림이 없고 자식 된 도리를 다하기 위하여 억 울함이나 어려움을 참아야 한다. 특히 부모로부터 책망을 듣는 경우에 자식된 자는 참고 들어야 한다.
仁義禮之忍	어진 사람은 남이 자기를 무례하게 대해도 스스로를 돌이켜보고 자기의 잘못을 반성하는 법이다. 자기를 헐뜯는 무례함을 굳이 마음에 두거나

	따지지 않음은 주위사람들에게 감동을 자아내기 마련이다. 더불어 남에게 무례한 행동을 저지르는 것을 반드시 경계해야 한다(정영과 저구의 스토리, 이발의 스토리).
父子之忍 兄弟之忍	자식은 부모의 꾸지람을 참아야 한다. 형제 사이에는 사소한 모순이라도 참고 서로 사랑하며 공경하는 것이 인륜이다.
同寅(交友) 之忍	친구 사이는 서로의 불만을 참고 상호 공경 및 존중해야 한다(관중과 포숙. 범식과 장소의 스토리). 군자는 친구를 사귐에 있어 시종 조심하지만 소인배는 친구를 사귐에 있어 시장에서 흥정하는 것과 같이 한다. 세상에는 사귀어야 할 사람과 그렇지 않은 사람이 있는데 사귀지 말아야 할 사람과는 사귀지 않음이 현명하다. 사귐을 나누는 동료를 대할 때는 내 집의 식구처럼 대하며 동료 간의 우정은 마치 형제애와 같아야 한다.
信之忍 背義之忍	사람이 신의를 지키지 않으면 사회에 존재할 수 없다(미생과 해양의 스토리, 난포와 곽량의 스토리). 세상에는 말로는 찬동하나 속으로는 반대하고, 입에서 나오는 대로 거침없이 지껄이는 나쁜 습성이 존재한다. 이런 나쁜 습성은 원한을 자초하게 되고 화근을 심어놓게 된다. 그러므로 믿음이 있어야만 입신할 수 있고 믿음이 있어야 입국할 수 있다. 의로운 사람은 죽음을 눈앞에 두고도 신의를 회피하지 않는 법이다. 그러므로 누구든 믿음이 동요되지 않고 신의를 지키기 위해 흔들림을 참아야 한다.
事師之忍	스승을 섬기는 도리는 부모를 섬기는 도리와 같아야 한다. 그러므로 스승의 꾸지람을 참고 스승을 존대함에 있어 어려움이나 고난을 참을 줄 알아야 한다.
生(死)之忍 年少之忍	무의미한 죽음의 충동을 참아야 한다. 생명은 귀중한 법이므로 생사관두에 참을 수 있는 것은 참아야 한다. 대충 살려는 마음을 참아야 한다. 젊다고 방종하려는 마음을 참아야 한다. 생명은 소중하지만 도의(道義)를 위해서라면(장홍과 진용의 스토리) 그럭저럭 대충 살아가려는 마음을 참아야 한다.
無益之忍	무익한 일을 하여 유익한 일을 망쳐서는 안된다. 기이한 물품을 귀하게 여기고 늘 쓰는 물품을 천하게 대해서는 안된다.
驕(滿)之忍	교만하고 사치스런 사람에게는 죽음이 자연스럽게 찾아온다. 교만함은 악(惡)의 징조이고 교만과 사치는 죽음의 시각을 결정한다. 부귀하고 가진 게 많다고 교만하면 스스로 악한 결과를 초래한다. 자만하면 반드시 손해를 보고 겸손하면 반드시 이익을 본다. 그러므로 누구든지 도덕(성)

	을 갖고 있으면 자만함으로 인해 생기는 손해를 보는 일이 없다.
不平(不滿) 之忍	때로는 공평하지 못한 일이라 할지라도 참아야 하고, 내 뜻대로 되지 않음에 대한 불만을 참을 줄 알아야 한다.
頑囂之忍	나쁜 사람과 힘과 지혜를 겨루려는 마음을 참아야 한다. 나쁜 사람을 멀리하고 나쁜 습관에 물들지 않도록 스스로 경계하고 침는 깃이 도리를 지키는 올바른 방법이다.

인행(人行)은 이성적 덕성과 감성적 정서(감정)로 이루어진다. 덕성의 핵심은 인의예지신(仁義禮智信)이며, 감성은 희노애락애오욕(喜怒哀樂(혹은 懼)愛惡慾)이다. 우선 덕성의 핵심이라 할 수 있는 인의(仁義)의 목적은 자아실현과 관계의 책무성으로 이는 개인의 성과(취)와 관계적 안정(혹은 항상성)을 의미한다. 특히 인(仁)을 행위로 동기화하는 의(義)는 모든 것이 합당하다는 것을 의미하는데 우리는 무엇이든 그것을 준칙으로 삼아 일을 처리해야 한다. 의로부터 출발해 마땅히 해야 할 일은 목숨을 잃을지라도 회피하지 말아야 하고, 의에 의해 죽여야 할 사람은 친인도 배제하지 말아야 한다(하위화, 2010: 365). 이러한 인의에 기반을 두어 타인을 공경하고 사욕을 준절(撙節)하며 남에게 사양하는 덕성이 예(禮)이고, 그에 입각하여 시비를 분별하는 것이 지(智)다(김낙진, 2004: 144).

한편 정서의 핵심은 욕(慾)으로 이는 사람과 사람, 사람과 사물의 접촉에 의해 일어나는 감정의 파문 혹은 감정의 대응이다(김낙진, 2004: 149). 희노애락애오의 감정은 자기가 욕망하는 바를 얻을 때와 그렇지 못할 때의 감정이자, 자기가 원래 지향하던 바의 생각에 의하여 좌우되는 감정이다. 타인과의 관계에서 발생하는 은혜와 원망 등의 감정도 이와 다르지 않다. 문제는 '무엇을 욕망하고 욕망하지 않을 것인가?'에 달려 있다(김낙진, 2004: 154).

이러한 감정에는 선의(善意)의 것만 있는 것이 아니라 온전한 자아실현과 원만한 관계성을 해치는 사욕(邪慾)이 있다. 이는 관계의 합리적 질서와 본성이 지시하는 질서를 벗어나는 힘이다. 그러므로 올바른 인행(人行)은 곧 인행(忍行)이다. 사욕을 참고(忍), 본연적 인성을 체현(行)하도록 안내하는 인성(忍性)기반 인격교육은 사욕에 갇히려는 힘을 억제하고 선의의 감정에 사로잡히려는 습성을 기르도록 지도하는 것이다. 한마디로 인성(忍性)기반 인격교육의 이데올로기는 편향(偏向)된 감정(선행(善行)보다 사욕에 치우친)의 통제를 통하여 자아의 통정은 물론 관계적(사회적) 안정을 지향하는 일종의 정서적, 관계적 항상성을 지향한다고 볼 수 있다. 인의의 경계(항상성)에 도달하면 남을 많이 용서하는 방법보다 더 나은 방법이 없다. 그러므로 누구든 자신의 소욕(所欲)에서 발동한 마음과 행동을 억제하고 인의를 갖춘 사람이 되고자 원하면 반드시 이 교훈을 따라야 한다(하위화, 2010: 363). 이처럼 인행(忍行)의 스토리는 인간교육의 본연성이라 할 수 있는 인격함양은 물론 도덕적으로 행동하도록 가르치는데 가장 유용한 교육인간학적 내러티브임이 또한 자명하다.

3 인내의 교육인간학적 의의

본 절에서는 동방각인의 비판판 텍스트인 『인내경』을 중심으로 인내의 인간학적 의의와 이를 바탕으로 한 교육학적 유의성을 분석하였다. 즉, 동방각인이 비판적으로 재구성한 인내의 범주(언행, 입신, 도리, 대인, 지혜 등) 속에서 활용한 인내스토리와 각각에 대한 현대적 해석 속에 드러난 인내의 인간학적 의의와 교육학적 유의성을 분석하였다. 여기서 인내와 관련된 다양한 내러티브들이 지닌 인간학적 의의는 온전한 인성교육의 목적구현과 효과적인 교수학적 방법 개발에 도움을 주는 교육학적 유의성과 밀접한 관련이 있다.

1) 인내의 인간학적 의의

비록 체계적이지는 않지만 인간교육의 필요성과 당위성에 대한 의지는 '인간은 본래 선하게 태어났으나 사람의 손에 의해 타락했다.'는 루소의 탄식에 이미 함축적으로 충분히 담겨 있으며, 그것은 동시에 교육인간학의 필요성과 당위성에 대한 일종의 선언적 명제였다. 이를 외연적으로 확대해석하면 인간의 손에 의해 왜곡된 선성(인위성에 길들어진 타락, 반(反)인격, 반(反)지성, 반(反)자연, 비(非)활성 등)을 자연성(자연스런 성장 동기, 자기애, 도덕의 본연성 등)으로 회복하는 '교육인간학적 환원'이 반드시 모든 사람에게 필요한데 이것이 바로 인성(忍性)기반 인격교육 프로그램인 셈이다. 그러므로 슈타이너(R. Steiner, 2001)의 주장처럼 교육은 일종의 치유과정이다. 이러한 치유를 통하여 모든 이를 사람답게 삶을 살아가도록 올바르게 안내하고 효과적으로 이끄는 사람됨의 기점(起點)과 착점(着點)은 과연 무엇인가?(이규호, 1982: 12). 이는 단지 윤리나 도덕교육 분야에서 전유하는 담론거리가 아니라 교육의 본연성에 대한 물음이기도 하다. 이에 대하여 동방각인은 다음과 같이 주장하고 있다.

> "우리가 인생을 살아가는데 필요한 처세의 기본조건들에는 무엇이 있을까? 겸허하고 신중한 태도, 명확한 발음과 느리지도 빠르지도 않은 적당한 화법, 온화하고 상냥한 표정, 정성을 다하는 마음가짐, 성실과 신용, 진실함, 충직함과 정직함, 공손한 자세… 대략 이런 요소들이 해당될 것이다."(동방각인, 2005: 15).

(1) 언행: 인성(忍性) 형성의 힘

동방각인은 비판판 텍스트인 『인내경』의 첫머리 편을 언행(言行)으로 첫머리 장은 언어로 자리매김시켰다. 이는 그가 평소에 치밀한 자기인식의 바탕 아래 올바른 언행이야말로 인간학의 그루(株)와 기둥(柱)임을 강조하기 위한 일종의 강력한 웅변이었고, 인간학의 핵심(core)인 이러한 언행을 올바르게 가르치는 것이야말로 인성(忍性)기반 인격교육의 기점과 착점이다. 다시 말해 언행의 인간학적 의의(意義)와 교육학적 유의(有意)는 서로 내밀한 의미 연관망 속에 놓여 있다. 동방각인은 '모든 처세의 조건들 중에서 가장 신뢰받는 사람들이 지닌 공통된 특징은 대개 말수가 적고 언어선택에 신중하여 군자라 불리기에 손색이 없는 자들'로 '인내심이 따르지 않는 말에는 반드시 실수가 뒤따른다. 상대방을 함부로 단정 지어 평가하거나 상처를 주면 몇 백, 몇 천 마디 말로도 결코 수습할 수가 없다.'고 하여 언행을 인간학의 핵심으로 여겼다.

그런데 주지하듯 대부분의 교육사태(事態)는 언행을 기반으로 이루어진다. 그러므로 인내를 기반으로 하는 언행형성의 교육인간학적 유의성은 아무리 강조해도 지나치지 않을 것이다. 동서고금을 막론하고 교육된 이상적인 인간상은 군자와 선인(善人) 아닌가? 말을 천천히 하는 사람은 군자이고 말을 아껴 하는 사람은 선량한 사람이다(하위화, 2010: 176). 화는 입에서 생기고 말이 많으면 쓸 말이 적으니 어찌 말을 참지 않을 수 있는가?(하위화, 2010: 179). 공자가 주(周)나라에 가서 태묘(太廟)를 찾아갔는데 거기에 금동(金銅)으로 주조한 동상이 있었다. 그런데 그 동상은 입을 세 겹으로 봉해 있었다. 공자는 그 동상의 뒤쪽에 이렇게 새겨 놓았다고 한다.

> "말을 적게 하라. 말을 많이 하면 일을 그르치게 된다. 쓸데없는 말을 하지 말라. 그리하지 않으면 화(火)도 많이 생기게 된다. 말을 많이 하는 것이 무슨 해가 있는가를 묻지 말라. 말을 많이 해서 생기는 화(禍)는 더 없이 엄중하다."(하위화, 2010: 179).

위와 같이 언어의 인내와 더불어 인격을 갖추는데 중요한 행위 중 하나는 화(火)를 참는 것이다. 그런데 모든 화(禍)는 화(火)가 난 말 때문에 생기며 불화(不和)나 재앙이 생기는 것은 대개 그 말이 단서가 된다. 화(禍)나 불화(不和)를 초래하는 잘못된 언행에는 비방, 칭찬, 아첨, 농담, 자랑 등처럼 매우 다양한 것들이 있다.

> "좋은 말 한마디는 삼동(三冬)을 따뜻하게 지낼 수 있게 하고, 나쁜 말 한마디는 3개월을 추위에 떨게 한다. 타인을 비방하면 다른 사람의 잘못이 아니라 나 자신의 비열한 심리와 저급한 인격만 드러날 뿐이다. 또한 타인에게 상처를 입혀 걷잡을 수 없는 결과를 초래한다. 다른 사람을 비방하고 상처 입히는 것은 자신이 무능하다는 증거다. 진정으로 도덕과 인품을 갖춘 사람은 이런 모습이 보이지 않는다."(동방각인, 2005: 38).

> "면전에서 웃는 얼굴을 보이더라도 뒤에서는 이리 같은 야심을 드러내며 상대방을 사지에 몰아넣고 내심 통쾌해 할지도 모른다. 그러므로 우리는 칭찬도 신중하게 골라서 듣고 일을 신중하게 처리해야 한다… 더불어 타인

을 함부로 치켜세워서는 안된다. 소위 아첨이나 아부는 모두 저급한 공장에서 마구잡이로 생산된 불량품이다. 왜냐하면 이것들은 칭찬과 공격의 규격에 미달되기 때문이다. 진정한 칭찬은 솔직하고 적절해야 한다."(동방각인, 2005: 41-43).

"지나칠 정도로 아부로 일관하는 사람은 아첨꾼이요, 시비를 가리지 않고 칭찬하는 사람은 우매한 사람이다."(동방각인, 2005: 41).

"농담이나 우스갯소리라 하더라도 반드시 조심스러워 하고 신중해야 한다. 특히 상대방의 치부(恥部)를 건드리는 말은 아예 하지 말아야 한다. (비록 농담은 하지 않더라도) 상대를 보고 아무런 이유 없이 웃어서도 안된다. 비웃음으로 오해할 소지가 있기 때문이다. 사람과의 관계에서 농담 한마디, 웃음 하나가 약이 되고 또한 병이 될 수 있다."(동방각인, 2005: 49).

(2) 지신(持身): 성과행동 및 성장동기의 힘

정체나 퇴보가 아니라 '교육이나 학문을 통하여 성과(취)를 거두거나 성장을 한다.'는 것의 의미는 무엇인가? 또한 그러한 성과행동 및 성장동기의 원천은 무엇인가? 그것은 아마 첫째, 고생이나 모욕과 같은 인내의 외인(外因)에 비(非)적대적으로 적응하는 인고(忍苦), 인욕(忍辱), 인행(忍行), 둘째, 욕망이나 분노와 같은 인내의 내발(內發)성 원인에 생산적으로 대응하는 인욕(忍慾)에서 비롯된 심리적(정서적), 물리적(관계적) 항상성을 유지하는 힘이다. 한마디로 인내 기반의 적절성과 생산성에 부합하는 바른 처신이야말로 성과행동 및 성장동기의 원천인 셈이다. 동방각인은 인간학적 차원에서 바른 처신의 의의에 대하여 다음과 같이 논의하고 있으며, 이들은 모두 성취와 성장이라는 측면에서 교육인간학적으로도 유의하다.

"인생이란 고생과 어려움의 연속이다. 그러나 그 고생과 어려움을 극복한 자에게는 달콤한 열매가 기다리고 있다. 진정한 보물은 일하는 사람의 땀

속에 감춰져 있다. 성취란 무작정 안일하게 기다린다고 오는 게 아니라 열심히 노력한 자에게 기회를 줄 뿐이다."(동방각인, 2015: 115).

"모욕을 참아내는 사람은 반드시 큰일을 성취할 사람이다. 모욕을 이기기 위해서는 모욕당하는 상황을 당당하게 마주해야 한다… 모욕이야말로 질병 치료를 위한 전초제다… 모욕을 받는 상황에서도 긍정적으로 생각하며 자신의 강함을 최대한 감추도록 한다. 내적으로 강한 자가 최후의 승자가 된다."(동방각인, 2015: 108).

"화(火)를 인내하려면 객관적인 사실에 근거하여 판단하고 항상 겸손한 태도를 견지해야 한다. 또한 매사에 침착하고 냉정하며, 심사숙고하는 자세가 필요하다. 생각만 앞세우는 것은 금물이다. 행동이 함께 따라주지 않으면 매사에 어떤 성과도 기대할 수 없다."(동방각인, 2005: 22).

"자신을 비방하는 사람을 미워하기 전에 자신의 행동에 어떤 과실이나 부족한 점이 없는지 살펴보아야 한다. 아무런 이유 없이 나쁜 뜻을 가진 공격에 대해서는 일일이 응대하지 말고 무시해도 좋다. 그러나 누군가 나 자신이 가진 문제점에 대하여 비판을 하고 개선을 요구한다면 그 비판 가운데 취할 것은 취해서 자기성장의 기회로 삼아야 한다."(동방각인, 2005: 40).

"교만은 성공을 무너뜨리는 가장 치명적인 무기다. 교만은 또한 재난을 가져올 수 있기 때문에 반드시 이겨내야 한다. 겸손은 사람을 성장하게 만들지만 교만은 사람을 퇴보하게 만든다."(동방각인, 2005: 68-71).

현대사회에서 더 많은 생존기회를 보장받으려면 주어진 일을 성공적으로 수행해야만 하는데 이것은 타인에 대한 우월감이나 위협의 눈이 아니라 진중한 태도(진실, 신중, 신뢰 등)로 상대를 대할 때 가능하다(동방각인, 2005: 72). 바른 언행, 바른 태도와 더불어 중요한 행위덕목은 신실(integrity)이다(김광수(역), 2007: 16). '성실과 신용이야말로 이 세상의 진정한 보배로 만일 신뢰가 없으면

자신을 세울 수 없고(立身), 나라도 세울 수(立國) 없다. 오로지 신뢰가 있을 때
만 사람 사이에 건널 수 있는 다리가 놓이고 서로를 이해할 수 있게 된다.'(동방
각인, 2005: 101).

　'약속을 반드시 지키는 것이 군자로서의 도리'라고 단정한(동방각인, 2005:
173) 동방각인의 주장과 위기에 처한 인류를 구할 최고덕목은 사랑보다 오히려
신뢰임을 강조한 후쿠야마(F. Fukuyama), 코일(D. Coyle), 코비와 링크(S.M.R.
Covey & G. Link) 등의 주장 속에는 개인적인 경쟁력은 물론이려니와 사회적
자본으로서 신뢰야말로(서양문화에서의 Damon & Phintias 스토리처럼) 존재론적
차원에서 인간학이 추구하는 보편적이며 중핵적인 가치임을 분명히 알 수 있다
(구승회(역), 1998: 19; D. Coyle, 2011: 145; S.M.R. Covey & G. Link, 2012: 52).

　교육과 학문은 일종의 신뢰구축이다. 왜냐하면 학생과 교사, 학생과 학생의
대인관계는 물론 이론과 실제, 학문과 실용이 서로 신뢰관계 속에 있을 때 교육
의 본연성에 충실할 수 있기 때문이다. 교육행위의 결과(학과성적이나 강의평가
등)에 대한 신뢰, 학생의 무한 잠재력에 대한 교사의 신뢰, 교육구성원의 교육생
태계에 대한 신뢰, 사제 간의 신뢰 등이 교육적 성과(취)를 이루고 학생들로 하
여금 성장 동기를 극대화시키는 동력(drive)으로 작용한다. 로젠탈과 야콥슨 효
과, 피그말리온 효과, 호손 효과, 자성(自成)예언 등은 이를 가장 잘 설명하는
심리철학적 원리다. 한마디로 신뢰는 관계적 역량과 성장 동기의 총화(總和)다
(김희정(역), 2012: 226). 따라서 오늘날 심각한 사회문제인 학교붕괴 및 교육폭
력현상의 근본적인 원인은 신뢰의 파괴에 기인한다. 목전의 사소한 이익에 대하
여 배의(背義)하지 않고 지신(至信)하려는 처신이야말로 교육인간학적으로 상당
한 유의를 지니고 있다.

(3) 도리: 선행과 이타심의 힘

　서양의 에토스(ethos)가 동일성으로 회귀되는 개인 기반의 옳고 바른(right)
도리(正義)로서 그것의 핵심이 신망애(信望愛)라면, 동양의 에토스는 관계적(공
동체적) 차이 기반의 좋은(good) 도리(情意)로서 그것의 핵심은 인의예지(仁義禮
智)다. 그러나 인간교육의 오랜 역사에서 이 둘은 늘 묘합(妙合) 관계 속에서 균
형적으로 기능해 왔다. 그러나 만약 어떤 교육의 이데아가 영성형성이 아니라

도덕성 혹은 인격형성이라면 그것을 달성하기 위한 교육콘텐츠의 중심은 신망애(信望愛)보다는 인의예지가 되어야 한다. 근본적으로 이러한 인의예지는 나에게 음해를 가한 사람을 인덕(仁德)으로 용서하며 스스로 인내하는 시간을 갖게 해주는 힘이 있으며, 가진 것을 자랑하지 않고 교만과 사치의 충동을 인내하도록 만든다(동방각인, 2005: 183).

"인덕(仁德)이 있는 사람은 자신보다 뛰어난 사람을 미워하지 않고 포용할 줄 안다. 오만방자한 사람에서도 그는 오히려 자신의 행동에 대하여 우선 반성한다…"(동방각인, 2005: 180-181).

"의란 일을 정확하고 바르게 처리하는 것을 말한다. 의를 행동과 입신의 기준과 근거로 삼을 때 도리에 어긋남이 없다… 자신을 버려 의를 행하고 대의를 위해서는 개인의 감정을 돌보지 않아야 한다. 다시 말해 도의(道義)를 세상 살아가는 기준으로 삼아야 한다. 이를 실천하는 사람은 타인으로부터 깊은 존경을 받는다. 또한 의를 행함에 있어 자신의 사사로운 정에 연연해서는 안 된다."(동방각인, 2005: 184-185).

"예의(禮儀)와 염치(廉恥) 중에서 예가 첫째다. 기본적으로 예절을 갖추지 못하면 출세 또한 어려운 일이다. 예는 인간의 모든 행위에 대하여 나름의 구속력을 지닌다… 모순된 상황에서든 비합리적인 상황에서든 항상 매사를 예로써 대하여야 한다. 성숙한 인격의 소유자가 되는 길은 그다지 멀지 않다."(동방각인, 2005: 189-192).

"부유하면서도 예의를 아는 사람이 있는가 하면, 마음이 음흉하고 자기 이익만 챙기는 부자도 있다. 자기이익만 좇다보면 활동영역은 줄어들어 세상에 설 곳이 없다. 그러므로 진정한 부자가 되고자 하는 사람은 부유하면서도 예의를 알고 인(仁)을 행동해야 한다… 어느 정도 치부(致富)를 이루게 되면 교만하고 사치하는 마음을 스스로 인내해야 한다."(동방각인, 2005: 166-167).

"진실로 지혜로운 사람은 지혜를 적절하게 운용하는 방법을 잘 알고 있다. 겉으로 어리석어 보일 줄 아는 사람만이 큰 지혜를 발휘할 수 있다. 그러므로 진정으로 지혜로운 자는 어리석어 보이며, 또한 어리석어 보이는 행동을 서슴지 말고 행한다. 그래야 사람들이 날이 선 경계의 칼을 들이대지 않는 법이다."(동방각인, 2005: 321-325).

인의예지의 체현(體現), 즉 인격이데올로기가 구체적인 행동거지로 드러나게 만드는 힘은 과연 어디에서 오는가? 동방각인은 이에 대하여 가난에 주눅 들지 않고 안빈낙도 하는 삶, 빈천(貧賤)함에 비굴해 하지 않는 삶, 억울함과 분노를 다스리는 삶, 사소할지라도 최선을 다하는 삶, 미물(微物)조차 인자한 마음으로 살생하지 않는 삶, 구차하게 빌붙어 살지 않는 삶, 절약과 검소함으로 자신과 집안을 다스리는 삶, 눈앞의 이익을 부정하게 탐하지 않는 삶, 신의를 지키기 위해 죽음도 불사하는 삶 등에서 비롯된다고 하였다. 그리하여 가난, 고난, 핍박, 분노, 음탕, 이익, 배반 등은 인내의 힘을 기르기 위한 무형의 자산(資産)인 셈이다.

공자는 자신에게 해를 입힌 자를 결코 기억하려 들지 않았고, 맹자는 자신을 꾸짖은 자에 대하여 원망의 감정을 갖지 않았다고 한다(동방각인, 2005: 180). 그들은 분노를 다스리면 천하에 원망이 사라진다(동방각인, 2005: 198)는 사실을 너무 잘 알았다. 또한 그들은 인의예지의 성품을 두루 갖추고 평소 실천에 옮긴 현자(賢者)의 스토리로 인성(忍性)기반 인격교육의 최고 콘텐츠임에 틀림없다. 또한 대의(大義)를 위하여 자신은 물론 가족까지 기꺼이 희생시킨 '정영과 저구의 스토리'는 현대사회와 교육문화 속에 만연한 이기심, 경쟁심, 시기와 질투심, 허영심 등을 치유하는 인성교육의 내러티브로 손색이 없다. 비록 우리의 학교교육이 모든 학생들을 공자나 맹자, 정영과 저구로 만들 수 없을지라도 그들의 마음 씀씀이나 가치인식을 학생 스스로의 훈련과 연습을 통하여 내면화시키는데 유용한 교육생태계를 조성하는 것이 무엇보다 중요하다.

(4) 관계: 좋은 소통과 합력의 힘

인생은 어찌 보면 관계 맺기의 연속이다. 누구든 가정에서, 학교에서, 사회에서 부단한 관계 맺기를 통하여 개인적이며 동시에 사회적(관계적)인 삶을 영위한다. 또한 누구든 자신의 의도와 무관하게 불편부당한 관계나 처지에 놓이게 마련이다. 때로는 억울함, 미움, 복수심, 원한, 원망, 다툼, 폭력, 학대, 중상모략에 휘말리고 좋던 관계가 뒤틀리거나 깨지게 된다. 개인의 역량(경력과 능력)이란 어찌 보면 뒤틀린 관계에서 비롯된 분노와 미움을 용서와 관용으로 다스리는 정서항상성 능력과 실천하는 태도에 달려 있다고 해도 과언이 아니다. 즉, 개인의 교육이력(敎育履歷)은 좋은 관계 맺기를 위한 경험의 확장과 같다. 좋은 관계는 좋은 소통과 아름다운 합력의 원동력이기도 하다. 그렇다면 이러한 좋은 관계를 갖추기 위한 인내의 요소들에는 무엇이 있는가?

"지위가 높은 사람과의 사귐에서 굽실거리지 않고 아부와 아첨을 일삼지 않는 것은 이미 인간관계의 정도(正道)를 깨달은 사람이며, 자신의 덕성을 지키는 행위다. 사람과 사람사이의 좋은 관계는 아첨이 만들어 주는 것이 아니라 인의(仁義)와 덕성만이 타인을 진실로 내 편으로 만들 수 있다."(동방각인, 2005: 44-46).

"상대를 미워하고 너무 심하게 대하면 훗날 화를 가져올 것이다. 타인에 대하여 선입견을 버리고 참아야 한다… 마음속에 일어나는 불만을 참고 다른 사람의 허물을 용서할 줄 아는 큰 그릇이 되어야 한다… 인간관계에서 마찰이나 불협화음이 생길 때 관용의 마음으로 상대를 이해하려 노력하면 분쟁과 미움이 줄어든다."(동방각인, 2005: 245-249).

"원한은 쌓아둘수록 더욱 깊어진다. 원한을 용서로 승화하지 못하면 원수를 원수로 되갚은 악순환이 지속된다. 이러한 삶은 자기 자신과 인생을 피폐하게 만든다. 복수의 폐단을 깨달을 때만이 서로가 화해하고 하나가 되는 삶을 살 수 있다. 복수는 선량하고 정상인 사람을 완전히 다른 사람으로 바꿔 놓는다."(동방각인, 2005: 252-255).

"은혜와 원한을 따지지 말며 타인이 가진 적대감에 대하여 쓸데없는 논쟁을 삼가야 한다. 기지를 갖고 다툼을 피하는 것은 결코 연약하거나 무능해서 그런 것이 아니라 오히려 지혜로운 처사인 셈이다."(동방각인, 2005: 256).

"완고하고 어리석은 자들은 행동이 오만방자하여 인의와 예로 다스려지지 않는다. 이런 사람들과 힘과 지혜를 겨루는 것은 참으로 어리석은 일이다. 그들이 스스로 물러나기를 기다리며 때가 될 때까지 참는 것이 중요하다." (동방각인, 2015: 267).

"사람을 해코지하는 방법 중에 진실을 왜곡하는 중상모략보다 더 지독한 것은 없다. (중상모략은 듣는 사람과 말하는 사람 사이에 벌어지는 일종의 상대적인 현상이다.) 남을 모함하는 말을 쉽게 믿지 않도록 반드시 자신을 절제하고 인내해야 한다."(동방각인, 2005: 270-273).

관계 맺기의 목적은 합력하여 선(善)을 이루기 위한 일종의 공공선(公共善)에 대한 실천이다. 이를 위한 구체적인 행위로는 섬김의 최고 도리인 충성을 행하는 것, 스승을 마치 부모와 같이 섬기는 것, 친구 간에 서로 협력하고 존경하는 것, 부모는 자애로울 것과 자식은 효행을 다하는 것, 형제 간 사랑과 공경을 다하는 것, 사람을 대함에 귀천을 따지지 않는 것, 한결같은 교우관계를 만들 것 등이다.

2) 인성(忍性)기반 인성교육

(1) 인내스토리의 교육인간학적 유의

이상의 고찰을 통해 인내스토리의 교육인간학적 유의성을 다음과 같이 네 가지로 범주화할 수 있다. 물론 인내의 본질을 네 가지로 구분하는 방식은 사고와 행위, 사고와 정서, 정서와 행위 등이 확연히 구분되지 않고 서로 중첩되는 경우가 많음을 감안할 때 다소 작위(作爲)적일 수 있다는 비판이 가능하다. 그러나 이와 동시에 그동안 추상적인 차원에서 다루어진 인내에 대한 담론들을 체계적으로 조직화하고, 이해지평을 확대하기 위한 방편으로 (비록 작위적일지라도) 범주화시키는 작업이 지닌 유용함도 무시할 수 없을 것이다.

표 8-6 인내의 해석학-현상학적 구조와 해당 스토리

		인내의 대상이 되는 주요행위 및 상황	심리적-교육적 성과	담론 영역	『권인백잠』 중 주요스토리
인(忍)	고(苦)	심리 · 물리적 악조건 : 고생, 고통, 고난, 고심, 고민, 고역, 난관, 난처함, 곤란, 낙심(낙담), 근심, 걱정, 위태, 시련, 환란, 빈곤(가난), 천박, 역경(어려움), 공포(두려움), 괴로움, 슬픔, 아픔, 질병	단행(斷行)조절능력 : 성취(성공)행위능력, 문제해결(난관극복)능력, 성취의지 및 성과행동강화, 성취감 만끽	심리학	貧(賤)之忍, 懼之忍, 勞(苦)之忍, 危之忍, 禍(福)之忍, 變之忍, 失之忍
	욕(欲)	편향된 내적 정감(情感) : 욕심, 욕정, 욕구, 욕망, 탐욕, 소욕(所欲), 기호(嗜好), 기분 냄, 향락, 선호(選好), 쟁탈(爭奪), 기대, 희구, 과시(자랑), 허영, 사치(낭비), 조급함	충동조절(자기관리)능력 : 금방일(禁放逸), 절욕기반의 심리/물리적 항상성(homeositasis) 유지, 사후보상기제 학습		好(惡)之忍, 貪之忍, 食之忍, 酒之忍, 色之忍, 快(樂)之忍, 氣之忍, 聲之忍, 矜之忍, 智之忍, 權(勢)之忍, 爭(取)之忍, 淫之忍, 侈之忍, 儉之忍, 喜之忍, 躁(進)之忍, 直之忍, 富之忍,

				才技之忍, 安之忍
욕(辱)	적대적 관계 상황 : 모욕, 능욕, 굴욕, 치욕, 증오, 혐오, 홀대, 기만, 부끄러움, 핍박, 탄압(억압), 울분, 압제, 거슬림, 비위 상함, 비웃음, 수치, 분노, 조롱, 조소, 비열, 모함, 비방, 원한(원망), 학대, 중상(모략), 참소(讒訴), 의혹, 비겁, 아첨, 시기(猜忌), 투기(妬忌), 자살, 살육	분노조절(자기관리)능력 : 관계 항상성 유지, 평정심 향상, 자해(自害)충동 및 적개심 해소	심리철학+윤리학	侮(辱)之忍, 謗之忍, 怒之忍, 譽之忍, 諂之忍, 笑之忍, 聽讒之忍, 屠殺之忍, 忽之忍 妒之忍, 忤之忍, 讐之忍, 欺之忍, 虐之忍, 挫折之忍, 求(乞)之忍, 持立之忍
행(行)	반(反)도덕(인륜)적 행동 : 불충(不忠), 불효, 잔인, 포악(凶惡), 무도(無道), 부덕(不德), 무례, 불의, 불명예, 불손, 불신, 배신, 허위(허언), 날조, 패륜, 불경(不敬), 의심, 불공정, 불평불만, 완효(頑囂), 우둔, 악습, 괴상, 기이, 무익, 방탕(종), 나태(게으름), 교만(자만)	도덕수행(선행)능력 : 원만한 휴먼네트워킹, 사회(시민)성 및 윤리의식(도덕성) 함양, 이타심, 방정한 태도와 품행		年少之忍, 言之忍, 信之忍, 背義之忍, 安之忍, 同寅(交友)之忍, 忠之忍, 孝之忍, 仁之忍, 義之忍, 禮之忍, 父子之忍, 兄弟之忍,

				事師之忍, 驕滿之忍, 不平(不滿) 之忍, 生(死)之忍, 頑嚚之忍, 無益之忍

　해석학－현상학적으로 볼 때 인간교육의 목적은 모든 학습자들로 하여금 교과학습을 통한 지적 능력 향상은 물론 다양한 교육상황(수업장면, 지도, 상담, 관리 등)을 통해 성취의지 형성, 성취감(성공)의 학습, 자존감 형성(긍정적 자아 및 자아존중감), 자기조절(충동 및 분노조절)능력, 도덕성(도덕성 인지＋도덕적 감정＋도덕적 행위능력) 등과 같은 정서능력을 길러주는 것이다. 다시 말해 인간교육은 곧 전인적 인성(人性)교육이며, 그러한 인성교육의 핵심은 인성(忍性)기반의 인격교육이어야 한다. 아래와 같이 도출된 체계적이고 조직적인 인성(忍性)기반 인격교육프로그램의 계획과 실천이야말로 온전한 인간교육을 위한 교육인간학적 당위성과 가능성을 충분히 담지하고 있음은 자명하다.

표 8-7 인성(忍性)기반 인격교육의 교육인간학적 구조

교육목적	내러티브(수업콘텐츠)		교육성과(행동)
인성(忍性)기반 교수설계를 통하여 온전한 인격성이 이루어 지도록 가르침 ⇒	[개인적 차원]		⇒ － 성취의지 형성 및 성장 　 동기화 － 구체적인 성과행동을 　 수행함 － 도덕성의 인지학습이 　 이루어짐 － 구체적인 도덕행동을 　 수행함
	성취의지 및 성과행동을 가르치기 위한 스토리		
	충동조절의 유의성을 가르치기 위한 스토리		
	[관계적 차원]		
	분노조절의 유의성을 가르치기 위한 스토리		
	도덕성 함양 및 도덕적 행동을 가르치기 위한 스토리		

앞서 [표 8-7]처럼 인성(忍性)기반 인격교육의 내용은 크게 개인적 차원의 인격행동과 관계적(사회적) 차원의 인격행동을 가르치기 위한 스토리로 구성되는데, 전자는 성과행동(성공) 및 정서항상성을 가르치기 위한 스토리로, 후자는 관계항상성과 이를 기반으로 하는 덕성함양을 위한 스토리로 이루어진다.

(2) 교육된 이상적 인간상 도출

교육은 일종의 인간적인 명예(위엄과 영예)와 미덕(virtue/excellence)을 갖추는 것이다. 이러한 교육은 달리 말하면 학문을 좋아함인데 이는 한마디로 호학(好學)을 달성하기 위하여 인내를 행하는 것이다. 동방각인은 소욕이란 가장 참기 어려운 것이로되 그 마음을 인내하는 사람이야말로 (인간적인) 명성과 절개를 잘 보존할 수 있다(동방각인, 2005 : 54)고 하였다. 그러므로 사리사욕이나 소욕을 참고 인의를 행함으로써 도덕과 공정함을 지키는 것은 가장 인간적이며 동시에 교육적인 미덕이다. 참을 수 없는 것을 참는 자가 진정한 대장부다. 그것을 극복한 기개와 정조는 존경받아 마땅하다(동방각인, 2005: 55). 사람은 자기 하고 싶은 대로만 하고 살아서는 안된다. 마음 내키는 대로 행동하면 그 순간의 만족은 얻을 수 있지만 그 대가는 크다(동방각인, 2005: 80).

인내를 온전히 실천하는 사람은 누구나 자신이 사는 멋대로 생각하는 것이 아니라 자신의 바른 생각대로 산다. 이것이 바로 인간적인 명예요, 참다운 미덕인 것이다. 이와 더불어 사람은 누구나 작은 성공이나 가진 것, 재능을 자랑하고 뽐내는 마음을 인내하는 미덕이 반드시 필요하다(동방각인, 2005: 73). 세속적인 것들에 대한 선호나 편애(偏愛)를 지양하고 학문에 대한 애호만이 자신에게 진정한 유익을 가져다 줄 뿐이다(동방각인, 2005: 60). 또한 자신을 드러내고 싶은 마음을 인내하면 겸손하며 배우고 익혀 부족한 점을 배울 수 있다. 이는 자신을 보호해 손해 보는 일이 없으며 총명과 재주를 발휘하는 데 유의하다.

"자신의 재주를 과도하게 드러내고 이를 뽐내는 사람은 도량이 편협하고 식견이 좁아 큰 그릇이 되기 어렵다. 진정으로 박학다식하며 오거서(五車書)를 읽어 뛰어난 학식과 경륜을 가진 자는 자신의 학문에 대하여 겸손하다."(동방각인, 2005: 91).

"겸손이란 표면적인 공경이나 외모의 비루함을 말하는 것이 아니라 진정한 겸손이란 마음 깊은 속에서 우러나오는 겸허함을 이른다. 겸허한 사람이야 말로 진정한 이익을 얻는다. 이것은 영원불면의 진리다."(동방각인, 2005: 359).

"진정으로 지혜로운 사람은 자신의 재주를 자랑하지 않으며 교만하지 않다. 자신의 재주를 숨기려 애쓰고 평범한 척한다. 이들은 겸손과 학구적인 태도를 영광으로 여기며 부족하거나 무지한 것에 대하여 부끄러워하고 다른 사람에게 묻는 것을 두려워하지 않는다. 공부하는 것을 평생의 즐거움으로 여기며(好學者) 자아를 완성하고 삶을 풍부하게 하는 것에 삶의 목적을 삼는다."(동방각인, 2005: 94).

"군자나 선비는 (비록 시기를 받는 경우가 있을지라도) 공평과 정의로서 사심을 극복하므로 모든 사람들에게 대해 박애(博愛)의 감정을 지닌다. 그러나 소인배는 사심이 공평과 정의를 대신하므로 다른 사람을 해치려는 마음을 갖고 있다."(동방각인, 2005: 123).

"개인의 수양에 힘쓰고 인격완성을 추구하며 군중들과 다른 삶을 사는 것이야말로 선비라면 반드시 가져야 할 자세다."(동방각인, 2005: 145).

"마음이 큰 사람은 멀리 보며 결코 세상과 다투지 않는 법이다. 순리를 따르면 마음먹은 대로 일이 풀리고 평탄한 길을 가게 되는 법이다."(동방각인, 2005: 256-258).

"마음을 다하여 군주(君主)를 섬기는 것이야말로 신하된 도리요, 약속을 반드시 지키는 것이 군자로서의 참된 도리다."(동방각인, 2005: 173).

"군자는 신뢰를 지키고 타인을 속이지 않으며 친구에게 충직하다. 신뢰를 지키기 위하여 자신의 생명을 내놓아도 결코 후회하지 않는다. 정직이란 누구나 (무슨 일을 하든) 성공(성취)을 원한다면 마땅히 체득해야 할 가치 있는 덕목이다."(동방각인, 2005: 262-263).

"인자(仁者)는 사람을 미워함에 있어 공정(公正)하여 사심(私心)이 없다. 좋고 싫음에도 정리(情理)에 어긋남이 없이 조화를 이룰 줄 안다. 생각에 편견이 없고 애정에 편차가 없다. 공정한 마음으로 타인을 미워하는 사람은 인자임이 분명하다."(동방각인, 2005: 245-247).

"남의 잘못을 용서해주고 다른 사람을 이해하고 존중하는 사람, 그들이 자신감과 강인함을 회복하도록 도와주는 사람이야말로 고매한 인격의 소유자다. 남에게 존경과 신뢰를 베풀 때 자신 또한 다른 사람의 존경과 신뢰를 얻을 수 있는 법이다."(동방각인, 2005: 248).

"그러므로 진정한 권세는 오로지 사람들의 신뢰로 만들어진다. (부나 명예가 아니라) 사람들 마음 속의 세도가가 되는 것이 무엇보다 중요하다."(동방각인, 2005: 337).

"도량이 큰 사람은 원대하고 고매한 뜻을 갖고 있다. 명리(名利)를 위하여 다투지 않으며 이익을 더러운 분뇨와 같이 생각한다. 또한 그들은 권력을 싯벌처럼 가볍게 여겨 탐하시 않는나. 이익을 포기하기에 타인에게 원한을 품지 않고 권력을 포기하므로 오히려 거침이 없다. 이보다 더 자족(自足)하고 깨끗하며 얽매이지 않는 즐거운 삶이 또 어디에 있단 말인가?"(동방각인, 2005: 256-257).

"선을 행한 자는 반드시 선한 보답이 있고, 악행을 저지른 자는 악한 보답이 있다. 만약 보답(일종의 성취나 성과)을 받지 못했다면 아직 때가 되지 않은 것일 뿐 언젠가는 화와 복을 돌려받게 된다."(동방각인, 2005: 264).

위에서 등장하는 다양한 인물상, 즉 선(善)을 행한 자, 학식과 경륜을 가진

자, 호학(好學)자, 지혜로운 사람, 인자, 군자, 선비, 도량이 넓은 사람, 마음이 큰 사람, 고매한 인격의 소유자, 남을 존중하는 사람, 남을 이해하고 용서하는 사람, 공정한 마음으로 타인을 미워하는 사람 등의 이미지는 곧 이상적으로 교육된 인간상을 연상시킨다. 결국 교육과 학문을 사랑함으로써 성과(취)와 성장(인격의 완성)을 동시에 이룬 교육된 인간은 겸손, 신뢰, 정의로움(공정함과 사심없음), 관용과 더불어 인내하는 마음의 형성과 이를 구체적으로 행동하여 성과를 거두는 데서 비롯된다.

다시 말해 교육된 인간이란 갖가지 인내를 기반으로 진정한 인격을 (가급적이면 스스로) 이룬 사람이다. 교육과 교화(教化)를 제대로 받지 못한 사람은 살인도 서슴지 않으니 공자는 이러한 행동을 가리켜 학대(오늘날 이러한 학대는 타인에게 해악이나 나쁜 영향을 미치는 것을 모두 포함하는 것으로 의미가 확대되었다)라고 했다. 세상에 학대하는 사람이 없도록 만드는 것은 곧 모든 이를 교육과 교화의 대상으로 삼는 것이다. 이 때 필요한 교육과 교화의 콘텐츠는 다름 아닌 인내가 되어야 함은 자명하다. 이것이 바로 인성(忍性)기반 인성교육의 교육인간학적 이념인 셈이다.

인내의 내러티브에 대한 고찰을 통해 얻은 성과는 인성(忍性)이야말로 교육인간학적으로도 매우 유의하다는 사실이다. 무언가에 성과(취)를 이루거나 성장동기를 구현한 인물들의 역사적 사례는 단지 지난 과거의 사건으로 머무는 것이 아니라 위기로 진단된 현대 교육생태계에서 인성기반 인격교육의 필요성과 당위성을 확인하기 위한 가장 훌륭한 내러티브(수업 콘텐츠)다. 학생들로 하여금 갖가지 양상의 인내를 일일이 경험케 함으로써 그것이 지닌 교육적 의의를 실질적으로 체현하거나 내면화하는 것은 어렵다.

인성기반 인격교육을 위하여 인내스토리 기반의 가치내면화 수업의 효능을 극대화하는 것은 감동적인 이야기의 발굴과 이를 기반으로 하는 효율적인 수업 설계에 달려 있다. 갖가지 인내스토리들은 제12장에서 논의하게 될 데닝(S. Denning)이 말하는 스프링보드(spring board), 아이덴티티(identity), 패러블(parables), 비저닝(visioning), 지식공유(sharing knowledge) 스토리로서 이들을 수업장면에 적극 끌어 들여 효과적인 내러티브로 기능할 수 있을 것이다.

이 중에서도 특히 스프링보드 스토리는 교사가 의도하는 것을 매우 유용하게 만드는 기능을 수행하며, 복잡한 아이디어들을 용이하게 소통하도록 만들고, 학생들에게 행위를 촉발하게 만드는 촉매제가 될 수 있다. 일반적으로 내러티브 기반 수업설계는 학생들이 장차 새로운 아이디어를 만들어 낼 수 있도록 영감을 부여하는 것이 핵심이다. 학급장면에서 교사가 요구한 것에 대한 직접적인 해결방안은 특별한 형태 그러나 가장 쉬운 형태의 이야기에 달려 있다. 그것은 학생들의 미래의식에 어떤 열정을 불러일으키는 단초로 작용하므로 '스프링보드 스토리'라고 부른다(S. Denning, 2011: 60).

인내하려는 의지와 행동이야말로 성과(취)를 추구하는 행동을 위하여, 잠재력을 포함한 모든 성장의지를 동기화시키기 위하여 가장 유용한 가치덕목임이 자명해졌다. 다시 말해 인성(忍性)은 개인적으로는 잠재역량의 발현과 정서적, 관계적 항상성을 온전하게 만들어 인격 기반의 삶을 누리도록 학생들을 지도하는데 가장 유용한 덕목이다. 현대 교육생태계의 가장 큰 문제점으로 파악되는 왜곡된 지성교육의 해결방안은 인성(忍性)기반 인격교육의 재구성에서 출발해야 한다. 또한 이것은 문화사대주의 풍토와 습성에서 자유하기 위하여 동양의 에토스 속에서 이루어져야 한다(서명석, 2004: 34-36). 우리는 이러한 목적이 인내 스토리의 걸작이라 할 수 있는 『인경』의 해석학-현상학적 작업을 통하여 어느 정도 효과적으로 달성될 수 있음을 자각해야 한다.

결론적으로 교육사태에서 '학생들에게 인내하는 마음과 행위를 가르친다.'는 것과 '사람다운 사람을 기르기 위한 인성(忍性)기반 인성교육을 가장 우선적으로 고려해야 한다.'는 점이 크게 다르지 않다는 사실이 확인되었다. 여기서 우리가 결코 간과해서 안 되는 것은 인격교육이야말로 오로지 학교교사들만의 몫이 아니라는 점이다. 왜냐하면 학부모, 교육이론가, 교육행정가, 국가수준의 교육정책입안자 등의 인적 인프라는 물론 인내의 가치를 존중하고 인간적인 맥락(context) 속에서 작동하는 사회시스템 혹은 교육생태계라는 환경적 인프라가 동시에 갖추어져야 하기 때문이다. 그럼에도 불구하고 학교교사의 역할은 실로 막중하다. 『탈무드』에 '인내력이 없는 사람은 다른 사람을 가르칠 수 없다.'고 했는데(정종덕(역), 2009: 24), 이는 오늘날 무너진 사도(師道)를 곧추 세우라는 무거운 웅변이다.

참고하거나 더 읽을 책

고요한(2013). Lickona의 인격교육론에 대한 조직교육학적 재구성. 한국인격교육학회. 인격교육. 7(2). pp. 5－27.

김낙진(2004). 의리의 윤리와 한국의 유교문화. 파주: 집문당.

김수동(2014). 격물치지론을 통해서 본 교과의 재음미와 인격교육. 한국인격교육학회. 인격교육. 8(1). pp. 62－81.

박휴용(2013). 다문화사회를 위한 인격교육의 성격과 방향. 한국인격교육학회. 인격교육. 7(2). pp. 45－67.

서명석(2014). 인격교육 비판. 한국인격교육학회. 인격교육. 8(2). pp. 24－39.

유민호(2013). '어질다, 모질다'의 뜻과 인격교육. 한국인격교육학회. 인격교육. 7(2). pp. 85－103.

이규호(1982). 사람됨의 뜻. 서울: 제일출판사.

조정호(2014). 인격의 내용에 대한 비교문화적 연구: 한국과 일본의 교육기본법을 중심으로. 한국인격교육학회. 인격교육. 8(2). pp. 62－71.

Covey, S.M.R. & Link, G.(2012). *Smart Trust*. New York: Free Press.

Coyle, D.(2011). *The Economics of Enough*. Princeton University Press.

Denning, S.(2011). *The Leader's Guide to Storytelling*. San Francisco: John Wiley & Sons, Inc.

Gostick, A. & Telford, D.(저), 김광수(역)(2007). 신실(Integrity). 서울: 시대의 창.

Posada, J. & Singer, E.(저), 정지영(역)(2005). 마시멜로 이야기. 서울: 한국경제신문.

Steiner, R.(저), 김성숙(역)(2001). 교육은 치료다. 서울: 물병자리.

Tokayer, M.(편), 정종덕(역)(2009). 탈무드. 서울: 마중서.

中谷內一也(저), 김희정(역)(2012). 신뢰의 심리학. 서울: 신원문화사.

許明奎(저), 동방각인(편). 이성희(역)(2005). 허명규의 인내경. 서울: 파라북스.

許明奎(저), 하위화(편). 김동휘(역)(2010). 인경. 서울: 신원문화사.

제9장

행위역량과 인성

1 역량의 현상학-해석학

　축어(逐語)적으로 따지면 역량은 힘(力)의 양(量)이다. 여기서 힘은 모든 존재의 양태요, 실재(實在)의 원현상이고, 양은 확인 가능하고(visible) 명료한 정량(定量)수준을 의미한다. 그러나 이러한 언어학적 분석만으로 역량개념의 전모를 이해하기란 쉽지 않다. 따라서 힘은 모든 행동의 원천이며, 양은 상대적이든 절대적이든 어떤 성과나 결과의 비교로 볼 때, 이해 가능한 역량개념 성립의 전제로 외현적인 행동/행위와 경쟁상황 속의 비교우위/경쟁력을 우선 상정해야 함을 알 수 있다.

　'역량'은 영어로는 ability, capacity, capability, competence, compet-ency, strength, excellence 등으로, 한자로는 역량, 재능, 능력, 수완(手腕), 재간, 능량(能量) 등으로 표현되고 있다. 표현상의 뉘앙스를 볼 때 영어는 외현적으로 드러난 행동/행위의 비교우위를 강조하는 반면, 한자는 드러난 상대적 수행은 물론 개인의 잠재적 차원까지 아우르는 전일성(holism)을 지향하는 차이점이 있다. 물론 이 점은 동서양의 에토스 차이에서 비롯되고 있음이 자명하다. 그럼에도 불구하고 오늘날 우리 사회 전반에 걸쳐 영어표현의 의미를 역량개념 성립의 전제로 삼는 것이 지배적인 경향이란 사실은 더욱 자명하다.

1) 행동/행위 개념의 현상학

1960 − 70년대 다씨(E. D'arcy), 햄프셔(S. Hampshire), 케니(A. Kenny), 멜덴(A.I. Melden), 테일러(C. Taylor) 등과 더불어 행동/행위연구의 대표적인 학자 화이트(A.R. White)는 개인적인 연구수행은 물론 다양한 학자들의 논의들을 편집하는 작업을 통해서 행동/행위의 철학적 논의를 활성화시켰다. 1980년대 들어 데이빗슨(D. Davidson)은 심리철학적 관점에서 이유−기반 행위와 원인−기반 행위를 비롯하여 행동과 의지, 행동과 이벤트의 연관성에 대한 다양한 에세이를 발표했다. 화이트의 분석에 의하면 언어학자(혹은 분석철학자)들은 최근까지 행동에 관한 한 플라톤의 정의를 따랐다(A.R. White, 1970: 1). 법률학자들은 행동을 법적 책무의 기초로 간주한다. 심리학자와 사회학자들은 단순한 행동/행위인 action과 목적 지향적인 behavior로 구분하여 이해한다. 행동/행위에 대한 담론들의 공통적인 핵심은 그것의 본질, 기술 및 설명에 대한 프레임이다.

최근 논의와 분석을 살펴보면 주장된 전제(alleged antecedent)와의 관련 속에서 action 개념은 특성화된다. 전통적으로 주장된 전제의 실재(實在)는 action의 실재를 위한 필수조건이며, 이러한 전제는 소위 의지(will)로 여겨져 왔다. 따라서 전제로서의 소망과 그 결과로 나타나는 움직임의 관계는 의지/의욕과 act의 관계와 동일하다(A.R. White, 1970: 5). 우리가 인간행동을 어떤 필수적이고 지속적인 전제에 따른 단순한 해프닝(happening)이라고 부르는 대신 그러한 행동에 대하여 어떤 방식으로든 중요한 것으로 의미를 부여할 수 있는 이벤트(events) 혹은 (중대한) 사건발생으로 간주하는 것이 일반적인 경향이다(A.R. White, 1970: 7). 예를 들어 의도, 시도, 선택, 결정, 순위 매김, 해결, 거절 등은 인간의 성장을 위한 것이지 결코 실패를 위한 것이 아니다. 특히 데이빗슨(1982)은 이러한 행동과 이벤트 간의 관련성에 대하여 체계적으로 논의하고 있다.

인간행동은 자발적이건 아니건 성장하거나 진보를 위한 이유나 목적을 지니고 있다. 그렇다고 해서 인간의 모든 행동이 자발적이고, 의도적이며, 목적 지향적이고, 의식적인 것만은 아니다(A.R. White, 1970: 8). 모든 해프닝들은 그것을 가능하게 만드는 힘(power)의 실재를 전제로 할 때 오히려 action이 된다. 여기서 power란 로크(J. Locke) 등이 말하는 의지(will)를 논의할 때 등장하는 power와 유사한 개념이다. 이러한 획득된 능력으로서의 power는 자동적 반성 과정을 통하거나 충동적으로 혹은 무의식적으로 수행되기도 한다. 반대로 그것들은 종종 신중하게, 의도적으로, 자발적으로, 합목적적으로 이루어지기도 한다. 또한 그것들은 경향, 의지, 결의로부터 나오기도 하고 때로는 아무런 노력 없이도 혹은 강력한 체력이나 의지와 더불어 나타나기도 한다.

이처럼 드러난 것들을 인간행동으로 정의한다면 그것은 인간존재의 다(多)차원성, 예를 들어 육체적 용어(움직임, 미친 행동, 신사적 행동, 도덕적 혹은 비도덕적 행동 등)와 심리적 용어(절망, 친절함, 적법함 등)들 속에서 기술(記述)될 수 있다(A.R. White, 1970: 8). 또한 인간행동은 그것의 목적, 이유나 원인과 관련된 설명적 용어 속에서 기술될 수 있다. 동시에 행동은 그것이 발생한 환경과 관련된 것들을 포함할 수 있다. 여기서 환경이란 시간, 방법, 의도, 상관성, 순서, 선행(先行)사건, 의도, 동기, 목적 등을 포함하는 일종의 정황이다(A.R. White, 1970: 9).

화이트의 견해에 따르면 이처럼 행동에 대한 기술의 복잡성을 극복하기 위해 공리론자인 벤담(J. Bentham)과 분석철학자인 오스틴(J. Austin)의 행동이론을 따르는 법률학자들은 행동의 적합성, 행동과 상황, 행동의 결과 등의 세 가지로 논의를 단순화시켰다. 어떤 경우든 우리는 인간행동에 대한 설명과 인간적 해프닝(예를 들어 낯붉힘과 같은), 심리상태(기대감과 같은), 감정적 정서(공포심과 같은), 생략함, 실패상황 등에 대한 설명과 구별할 필요가 있다(A.R. White, 1970: 12).

행동과 관련된 가장 광범위한 철학적 논의에서 핵심적인 이슈가 되는 것은 첫째, 이유(reason)기반 행동과 원인(cause)기반 행동으로 이는 언뜻 보기에 유사한 듯 보이지만 차별성을 지니고 있다(A.R. White, 1970: 17). 둘째, 의지와 행동의 상관성에 대한 것으로 프라챠드(H.A. Prichard)에 의하면 인간행동은 무언가를 변화시키기 위한 의지의 소산이다(A.R. White, 1970: 65). 멜덴, 데이빗슨

등도 역시 이러한 의지와 행동의 상관성에 관하여 구체적으로 설명하고 있으며, 특히 데이빗슨은 행동진술에 대한 논리적 형태(logical form)와 이벤트의 특수성을 구체적으로 논의한 바 있다(D. Davidson, 1982: 105－181).

이상을 요약하면 인간행동이란 행동/행위 주체의 내적 동인(bringing), 외현적으로 드러난 구체적 사건으로서 이벤트(events), 어떤 행동이 일어난 환경조건(circumstances) 등이 총체적으로 어우러져 이루어지는 일종의 '변화 지향의 의미 있는 해프닝'이다. 이러한 행동/행위에 대한 분석철학적 논의는 다음에 논의하게 될 행동주의 심리철학의 논리와 결합하면서 현대사회에서 이루어지는 정치경제학적 삶의 제반 조건들(경쟁력, 효율성, 합리성, 생산성 등)을 강력하게 지배하는 거대담론으로 발전하였다. 이는 교육학계는 물론 학교장면에서도 예외는 아니다.

2) 경쟁/비교 개념의 현상학

competence의 또 다른 이름인 competition에는 본질적으로 경쟁상황의 배타적 생산(혹은 뛰어난 수행)의 성취라는 의미가 내포되어 있다(T. Burke, 1988: 1). 우리는 일상에서 쉽게 공유할 수 없는 그 무엇을 획득하려는 다수의 개인 혹은 집단을 상정해 볼 수 있다. 사람은 누구나 이러한 획득경쟁 상황(소유와 지위경쟁이 가장 대표적인 경우)에 처하면 자신이 절실히 바라는 것을 얻고자 의도하며, 이것은 개인이건 집단이건 모든 행동/행위의 이유나 원인(동기)으로 작용한다.

그런데 경쟁에 뛰어든 사람들은 매우 순진하게도 '경쟁이란 전반적으로 합리성, 책무성, 도덕성을 기반으로 하며 경쟁력과 효율성을 위하여 필수적인 요소'라고 믿고 싶어 한다. 동시에 경쟁(상황)이란 환경, 직무, 동료들로부터 우리(구체적으로는 나 자신을)를 분리시키는 불가피한 요소라고 느낄 것이다. 이러한 경쟁의식은 재화와 서비스 공급체계, 우리 삶 자체, 동료 사이의 모든 관계양상에 개입할 수 있다. 즉, 경쟁개념과 이를 바탕으로 하는 경쟁의식은 오랫동안 우리가 경제적인 생활을 영위해 나가는 방식, 우리가 사회를 경제적으로 인식하는 방식에 지대한 영향을 미쳤다(T. Burke, 1988: 2).

competetion은 어의적으로 분석하면 '함께 추구한다'는 뜻을 지니고 있다. 우리는 이러한 경쟁이 사회전반에 걸쳐 이루어지는 기술 진보나 혁신, 생산성 향상에 기여한 점을 부인할 수 없다. 즉, 개인의 선택적 자유의지를 기반으로 하는 민주주의는 공정경쟁을 통하여 사회의 제 분야에서 성장, 발전을 이룩하였다고 대중은 자평한다. 물론 경쟁논리가 철저히 지배하는 사회시스템에서는 승자와 패자가 확연히 구분되고, 이러한 경쟁기반 시스템에서 협상, 배려, 공유 등의 미덕은 고려할 필요도 없다. 오로지 '어떻게든 상대방을 이기기만 하면 된다!'는 아주 간단하고 약삭빠른 논리만이 횡행한다. 이처럼 '경쟁이 실제로 무엇을 수반하는가?'에 관한 (교육)인간학적 – 경제(윤리)적 합의는 이루어지지 않고 있다. 다만 경쟁력이라는 교묘한 이름으로 모든 사회시스템이 조종되고 있는 것은 사실이다. 그 결과 경쟁력은 역량의 또 다른 이름으로 이미 우리 사회에 널리 보편화되고 말았다.

경제학자들은 이러한 경쟁력을 실제적인 수행력(practical performance)에 초점을 맞추어 이해한다. 경쟁력은 한 사람이 경쟁적으로 과업(직무)을 수행할 수 있도록 만드는 명백하면서도 관찰 가능한 행동/행위의 제 양상이다. 또한 경쟁력은 효율적인 과업(직무)수행의 결과를 통해 드러난 어떤 이의 성격특성을 의미하기도 한다(G. Salaman 외, 2005: 49). 사람들은 대부분 '어떤 상황, 조직, 차원이건 간에 경쟁력은 측정될 수 있다.'는 일반적인 명제에 동의한다. 이러한 경쟁력에 대한 접근은 크게 개인적 차원의 수준을 확인하는 단계와 조직의 경쟁시스템을 통하여 경쟁력을 확충시키는 단계로 구분된다(G. Salaman 외, 2005: 50).

함멜(Hamel) 등은 대중에게 이러한 경쟁력을 의미하는 대체 개념으로 핵심역량을 널리 알리는 데 공헌하였다. 그들에 의하면 핵심역량이란 어떤 조직(혹은 개인) 안에서 가시적으로 이루어진 학습 성과의 총체다. 전통적으로 인적자본이론을 탐구하는 사람들은 경쟁력이란 용어를 즐겨 사용하는데 이는 개인이 소유하는 작업관련 지식, 기술, 능력, 행동/행위 양식 등을 망라하는 개념으로 볼 수 있다(G. Salaman 외, 2005: 29). 이러한 경향에 힘입어 오늘날 교육학 분야에서 경쟁력은 (수행)능력과 동의어로 사용되고 있다.

간단히 말해 경쟁력은 관계(엄밀하게 따지면 비교)상황을 바탕으로 주어진 어떤 과제(과업이나 직무)를 만족할 만한 수준에서 수행할 수 있는 행동/행위능력을 말한다(N.N. Foote, L.S. Cottrell, Jr., 1955: 36). 근본적으로 경쟁은 비교에 뿌리를 두고 있다. 비교를 하면 경쟁을 할 수 있고, 경쟁을 하면 이길 수 있기 때문이다. 사람들은 단지 참여의 기쁨을 누리기 위하여 경쟁하지는 않는다(M. Buckingham & D.O. Clifton, 2013: 115).

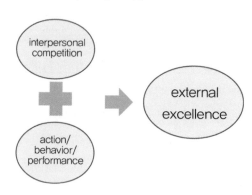

이상의 논의들을 바탕으로 역량 개념 성립의 전제들을 도식적으로 정리해 보자. 첫째, 역량은 실재(實在)상황에서 어떤 행동/행위를 통하여 겉으로 드러난 내적, 외적 조건들(습관, 동기, 의지, 성격, 지각, 사고, 정서, 이성, 자발성, 의도, 책무성, 정당화 등)이다. 둘째, 역량은 경쟁/비교장면에서 명백하게 어떤 우위(優位)수준을 확인할 수 있는 수행성과의 총체다. 셋째, 역량은 기본적으로 개인 간(물론 집단 간 이루어지는 경우도 포함) 경쟁상황을 통해 명료한 행동/행위로 드러난 상대적인 수월성(excellence) 수준이다.

3) 역량개념의 현상학-해석학

역량에 대한 현상학-해석학적, 분석철학적 논의에 선도적인 학자들은 화이트와 맥클랜드(White & McClelland)다. 특히 화이트는 위의 논의 속에서 드러난 행동/행위 관련개념들의 조합을 통하여 역량개념을 유기체가 '환경과 효과적으로 상호작용하는 power'로 규정하였다. 이후 역량에 대한 다양한 개념논의들이 개인 차원은 물론 기관 차원에서 범(汎)세계적으로 활발하게 이루어지고 있다.

표 9-1 역량개념 논의의 다양성

학자 혹은 기관명	역량에 대한 개념 정의
White(1959)	외부환경과 효과적으로 상호작용하는 능력으로 배양되거나 개발이 가능함
McClelland(1973)	실제 수행상황(현장)에서 성공적인 수행을 가능하게 하는, 평범한 수준과 구분되는, 우수한 성과를 예측하게 하는 행위자의 내재적 특성
Klemp(1980)	행위자가 어떤 역할을 수행함에 있어 성공적인 결과를 가져오게 하는 그의 내재적 특성
Boyatzis(1982)	외적 성과준거에 비추어 평가했을 때 효과적인 행동과 인과적으로 관련된 개인의 일반적인 지식, 기술, 특질, 동기, 자기이미지, 사회적 역할의 총체. 특정과제에서 효과적이거나 발군의 수행 성과를 가능하게 만드는 행위자의 내적 특성
McLagan(1982)	직무나 역할 수행에서 뛰어난 행위자와 관련된 개인적인 능력 특성
Burgoyne(1989)	특정과제를 수행할 수 있는 능력과 기꺼이 하고자 하는 마음
Fletcher(1991)	규정된 기준에 따라 직무활동을 수행하는 능력
Corbin(1993)	바람직한(구체적인) 목표나 성과를 달성하기 위하여 행위자가 알아야 할 것과 할 수 있어야 할 것을 망라하는 능력
Dubious(1993)	개인이 삶에서의 역할을 성공적으로 수행하는데 사용하는 행위자 특성
Spencer & Spencer(1993)	특정한 상황이나 직무에서 구체적인 준거나 기준과 인과적으로 관련되어 탁월한 성과를 가능하게 하는 동기, 특질, 자기개념, 지식, 기술 등 행위자의 내적 특성
Strebler & Bevans(1996)	업무영역에서 새로운 상황에 지식과 기술을 전이하는 능력을 포함하는 광범위한 개념
Parry(1996)	행위자가 수행하는 업무의 주요한 부분들에 영향을 주고, 성과와 관련성이 높고, 조직에서 널리 받아들여지는 성과기준에 대비하여 측정 가능하며, 교육훈련과 개발을 통하여 개선될

	수 있는 지식, 기술, 태도의 총체
Mirabile(1997)	특정 직무에서의 뛰어난 수행과 관련이 있는 지식, 기술, 능력 들의 특성
Athey & Orth(1999)	발군의 수행을 가능하게 하는 개인 및 조직의 지식, 기술, 태도 행동으로 관찰 가능한 수행의 형태로 표현된 능력. 해당 조직이 지속적으로 경쟁에서 우위를 점할 수 있도록 하는 능력
Schipmann (1999)	측정 가능하고, 업무와 연관되고, 행위자의 행동적 특징에 기초한 특성 혹은 능력
Green(1999)	직무목표 달성(성공)에 사용되는 측정 가능한 업무 습관 및 개인적인 기술에 대한 증거 자료
NCES(2002)	구체적인 과제를 수행하는데 필요한 기술, 능력, 기술의 총체
OECD(2003)	특정 맥락의 복잡한 요구를 태도, 감정, 가치, 동기 등과 같은 사회적, 행동적 요소뿐만 아니라 인지적, 실천적 기술을 가동시킴으로써 성공적으로 충족시키는 능력
유현숙(2003)	한 개인의 성공적인 수행을 예측하기 위해서 일상적 삶의 다양한 국면에서 요구되는 최소한의 기본능력 수준. 전 생애에 걸쳐 발달단계별로 특성을 지니며 지식, 기술, 태도를 포함하는 복합적, 종합적 능력. 학습가능성을 전제로 하되 그 학습은 정규학습상황은 물론 비정규적으로도 이루어짐
IBSTPI(2005)	직업기준에 비추어 보았을 때 해당 직업이나 기능을 효과적으로 수행하도록 하는 지식, 기술, 태도

*출처: 윤정일 외(2007). p. 238과 서울대학교(2012). p. 35의 두 자료를 통합하여 정리한 것임.

위에서 드러난 바와 같이 역량에 대한 다양한 개념정의들 속에서 가장 빈도 높게 사용된 용어는 무엇보다 '수행'이다. 이러한 수행은 단순히 즉흥적이고 무분별하거나 명료하지 않은 단순행동/행위가 아니라 목표, 효과, 맥락, 성취(성과 혹은 성공), 측정 가능, 경쟁, 내적 (능력)특성 등의 상황적인 조건 및 행위자의 내재적 power를 기반으로 이루어지는 능력행동/행위를 말한다. 위의 정의(定義) 들에 반영된 역량의 본질적 특성에 대하여 윤정일 등(2007)은 다음과 같이 네 가지로 정리하였다.

표 9-2 역량의 구조

역량	표층차원	인지-행동적 측면	지식, 기술 등
	심층차원	내면적-비인지적 측면	태도, 감정, 가치, 동기, 자아, 특성, 동기 등
	행동차원	상황적 측면	책무, 배려, 자비 등

첫째, 역량은 행위자의 표층적인 것은 물론 심층적인 것, 상황적인 것이 유기적으로 연관되는 holistic한 능력 특성이다. 둘째, 역량은 기본적으로 수행능력으로, 효과적이거나 성공적인 수행과 관련된 행위자의 모든 능력 특성이다. 셋째, 역량은 특정한 (상황적) 맥락 속에서 탁월한 행위자가 간취(看取)하는 행동특성을 통해서 도출된다. 넷째, 수행을 기반으로 하는 역량은 (항상 그런 것은 아니지만) 학습가능성을 전제로 하거나 가정한다. 특히 역량의 학습가능성에 대하여 버킹험(Buckingham)과 클립톤(Clifton)은 다음과 같이 설명하고 있다.

"모든 일은 행동이 있어야 가능하다. 오직 행동만이 성과를 가져올 수 있다. 어떤 행위자든 일단 결정을 하고 나면 행동해야 한다… 사람들은 (만약 그가 행동주의자라면) 행동이야말로 최선의 학습방법이라고 믿는다. 모든 행위자는 어떤 결정을 하고, 행동하고, 그 결과를 보면서 배운다. 이러한 학습경험을 통해 모든 행위자는 다음에 어떤 행동을 하고 그 다음에는 어떤 행동을 해야 할지를 알게 된다. 이러한 (맥락적) 경험을 통하여 대부분의 행위자는 성장하고 앞으로 전진(前進)해 나갈 수 있다."(M. Buckingham, D.O. Clifton, 2013: 177).

오늘날 이러한 역량(혹은 경쟁력)은 일반 산업생태계는 물론 우리의 일상생활을 지배하는(특히 교육생태계에서) 자못 선동적인 구호나 정책메시지로 강력하게 작동하고 있다. 이러한 역량이라는 말이 일상용어(언어)가 되었지만 그것이 내포하는 의미는 자못 심오하다(박태현, 2010: 21). 쉽게 말하면 역량은 베스트와 평균의 차이다. 평범한 수준이 아닌, 차이(divide)를 만들어낼 수 있는

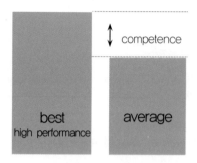

power가 바로 역량인 셈이다. 이를 볼 때 '역량이 있다.'의 반대말은 '역량이 없다.'가 아니라 '그저 평범하다.'인 셈이다(박태현, 2010: 21-22). 역량은 근본적으로 행위와 경쟁을 전제로 차별성, 희소성, 가용성 등의 측면이 혼재된 개념이다.

그림 9-1   역량특성과 수행의 관계

Competency Traits (역량특성)

1. 업무의 수행과정에서 나타나는 구체적인 행동(Behavior); Typical Action
2. 조직의 변화를 지원
3. 조직이 제시하는 업적기준과 직무수행환경에 따라 상황대응적(Multiple Layers)
4. Business Performance Improvement에 초점
5. Trainable; 교육훈련, 코칭, Stretched Goal, Flexible Feedback을 통해
6. Observable & Measurable; 행위를 중심으로 기술되기 때문

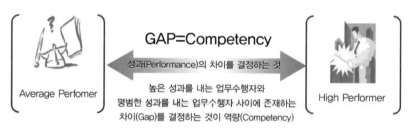

GAP=Competency

성과(Performance)의 차이를 결정하는 것

Average Perfomer

높은 성과를 내는 업무수행자와 평범한 성과를 내는 업무수행자 사이에 존재하는 차이(Gap)를 결정하는 것이 역량(Competency)

High Performer

*출처: D. Dubois(2000). 업무성과향상의 비결; 컴피턴시. 서울: 엑스퍼트컨설팅.

박태현(2010)은 특히 Andragogy분야에서 널리 활용되고 있는 역량개념의 적용상 유의해야 할 몇 가지 착각과 오해를 다음과 같이 설명하고 있다.

① 디바이드: 어떤 일을 오래하는 과정에서 단순히 익숙해지는 것은 역량이 아니다. 남들도 다 하는 것은 결코 역량이 아니다.

② 포러효과: 행운의 형태와 같이 우연히 이루어지거나 획득된 것은 결코 역량이 아니다.

③ 현재성(JIT): 과거에는 출중했지만 현재 가용(可用)불능의 능력은 이미 역량이 아니다. 그것은 다만 경력일 뿐이다.

④ 개별성: 자신이 속한 집단의 역량수준을 마치 자신(개인)의 역량으로 동일시하는 착각이 가능하다.

⑤ 승진효과: 집단에서 얻은 성취지위와 역량을 동일시하는 것은 잘못이다.

또한 이러한 착각과 오해와 더불어 우리는 일상에서 종종 자기계발과 역량개발을 무비판적으로 혼용하는 경우가 많다. 전통적으로 교육생태계에서는 전자를, 산업생태계에서는 후자를 더 강조하거나 요구하였다. 그러나 최근 역량기반 교육환경을 강조하는 사회적 추세와 더불어 성과행동(소위 스펙과 같은)을 강조하는 역량개발이 중요시되고 있는 실정이다.

표 9-3 자기계발과 역량개발의 차이점

자기계발	역량개발
자유로운 상태에 놓여 있는 각 개인의 소질, 적성, 흥미에 초점을 둠	집단에 속한 개인이 거둘 과업(일)수행과 직무(역할)에서의 성과창출에 초점을 둠
사회생활 전반에 걸쳐 배워 놓으면 좋은 것들을 대상으로 함. 반드시 배우거나 익히지 않아도 생활하는데 크게 지장이 없는 것들	자신의 일과 커리어 개발에서 반드시 배워야 하는 것들을 대상으로 함. 익히거나 획득하지 않으면 경쟁력을 갖출 수 없는 것들
성과의 활용시점은 미래	성과의 활용시점은 현재 혹은 아주 가까운 미래
수양(修養)과 같이 주로 보이지 않는 내면세계와 관련된 것들	수행(遂行)과 같이 주로 가시적, 외현적으로 드러나는 것들

*출처: 박태현(2010). p. 45를 재구성한 것임.

역량이론(역량관련 논의와 논리들)이 행동주의심리학, 과학적 (논리)실증주의, 객관주의, 요소환원주의, 행동과학(행동 동력학) 등을 기반으로 하거나 그 이론들을 정치(精緻)시키는 수단이라는 사실은 자명하다. 특히 행동주의심리철학 및 행동과학 분야의 역량에 대한 연구는 다른 이론들에 비하여 상대적으로 강하다고 할 수 있다.

2 역량과 인성교육

1) 행동과학(행동 동력학)과 교육

수행성과에 대하여 행동과학 혹은 행동 동력학(動力學)이론을 정립한 스튜어트-코체(R. Stuart-Kotze)에 의하면 어떤 성과든 (특히 탁월한) 그것은 오로지 과학적인 수행과 관련되어 있는데, 성과행동에 대한 행동과학적 논의를 요약하면 다음과 같다(R. Stuart-Kotze, 2008: 19-27). 참고로 이러한 행동과학은 특히 성인교육 장면에 많은 영향을 미쳤다.

> 1 어떤 경우든 성과를 만들어내는 것은 바로 행동이다. 이때의 행동은 행위자 의지의 소산이다. 최고수준의 성과는 적절한 행동을 적절한 때에 함으로써 획득된다.
> 2 행위자의 성과를 결정하는 것은 개인의 성격(나는 누구인가?)이 아니라 개인의 행동(나는 무엇을 하였는가?)이다. 행동과학에서 행동/행위와 성격요인을 구분하는 것은 중요하다.
> 3 행위자의 성과를 예측하게 만드는 행동/행위는 바꿀 수 있어도 그의 성격을 바꾸는 것은 어렵다.
> 4 대중은 어떤 사람의 성격(검사)을 통해 그가 향후 이루어낼 성과를 예측할 수 있다고 믿지만 사실은 그렇지 않다. 성격유형만으로 어떤 행위자가 얻어낼 성과를 예측하기 어렵다.

표 9-4 직무중심 ISD와 역량중심 CBC의 차이

구분	직무중심 접근: 교수체제개발 (ISD: Instructional System Development)	역량중심 접근: 역량기반교육체계 (CBC: Competency-Based Curriculum)
초점	Task	Competency
목적	직무수행상의 Gap 해결을 위한 해결안 제시 ➡ 개인의 지식스킬/ 향상	바람직한 성과창출을 위해 필요한 역량 확보를 위한 해결안 제시 ➡ 조직의 경영성과 향상
분석 포인트	- 교육수요 발생 직무에 대한 Gap - 필요한 지식(K)/스킬(S)/태도(A)에 대한 격차 분석	- 조직 성과창출에 필요한 역량 - High Performance 역량수준과의 디바이드 분석
해결 대안	교육체계/과정 개발	다양한 학습지원책 개발
학습 내용	직무수행상 보완이 필요한 K/S/A	역량향상을 위해 필요한 K/S/A
평가 기준	직무수행의 충실도	조직차원의 경쟁력 제고
적용 범위	- 직무교육체계 개선 - 기존 교육과정 개선	- 계층별 교육체계 개선 - 핵심인력(인재) 대상 교육체계 개선
장점	업무상 발생하는 실제적이고 능동적인 문제해결	Best Practice & 인재육성 로드맵 제시
단점	직무역량파악에 따른 고비용 부담과 변화적응력 부족	조직하부단위의 구체적인 문제해결이 다소 미흡

그림 9-2 행동과 성과의 순환

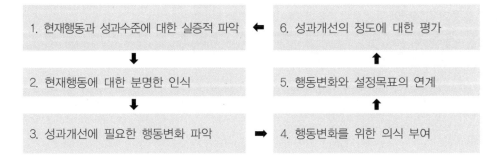

행동과학에 의하면 개인이 거둔 고성과(high performance)는 실제행동과 요구행동이 거의 일치할 때 이루어지며 행위자의 행동/행위변화는 이 점에 기초하고 있다. 행동을 성과로 연결시키기 위해서는 개별행위자나 개별직무의 요구행동을 알아야 한다. 또한 행동변화의 기점(起點)은 현재행동에 대한 적절한 파악이다. 더불어 행동변회는 측정 가능한 데이터를 기반으로 평가되어야 한다(R. Stuart-Kotze, 2008: 44). 어떤 행위자든 그의 행동은 빈도와 강도와 같은 과학적 데이터를 기준으로 측정되고 평가될 수 있다. 측정기준에 의하여 확인가능한 성과수준을 멘키스(J. Menkes, 2008)는 실행지능(executive intelligence)이라고 명명하였다. 결론적으로 어떤 행위자의 수행성과를 현저하게 개선하기 위한 혁신플랜 혹은 디자인은 행동과학에 기반을 두어야 한다. 이러한 수행성과의 지속적인 향상 및 개선(CPI: continuous performance improvement)은 개인이나 집단의 성장을 지향한다.

2) 심리철학과 학교교육

역량에 관한 행동과학이론이 성인교육에 미친 영향 못지않게 행동에 대한 상이한 이해를 견지한 행동주의/인본주의 심리철학은 학교교육(pedagogy)에 큰 영향을 미쳤다. 파블로프(I. Pavlov), 왓슨(J.B. Watson), 손다이크(E.L. Thorndike), 스키너(B.F. Skinner) 등에 의해 전개된 행동주의와 매슬로우(A. Maslow), 로저스(C. Rogers) 등이 주도한 인본주의는 일종의 심리철학이다. 이 둘 중에서 상대적으로 스키너의 『행동주의(About Behaviorism)』(1974)를 통해 정립된 수정행동주의(조작적 조건화이론)는 역량기반의 현대 학교교육장면을 막강하게 지배하는 교육학적 논리(행동주의교육학)로 발전하였다.

(1) 행동주의와 수행역량

행동주의심리철학이 행동주의교육학으로 이행되는 도론(導論)은 다음과 같은 스키너의 진술로부터 시작된다.

"인간이 어떤 행위를 한다면 그 행동은 왜 하는 것일까? 이것은 실질적인 제일의 질문이 될 수 있다. 다른 사람이 어떤 행동을 하리라고 어떻게 기대할 수 있으며 그래서 어떻게 준비할 수 있는가? 실질적인 질문이란 말은 다른 의미에서도 성립된다. 어떤 사람으로 하여금 어떤 방향으로 행동하도록 어떻게 유도할 수 있는가? 이러한 것들은 결국 행동을 이해하고 설명하는 문제가 된다. 그리고 행동에 대한 원인의 문제로 간추려지게 된다."(B.F. Skinner, 1983: 14).

고전적 조건화를 수정한 스키너이론의 가장 핵심적인 개념은 학습심리학 분야에서 소위 학습현상과 동일시하는 조작적 조건화다. 즉, 어떤 행동이 강화(나 보상이)라고 부르는 결과를 가져올 때 그 행동은 다시 일어나게 된다(B.F. Skinner, 1983: 14). 여기서 말하는 행동은 어문(語文)적 행동은 물론 기술(技術)적 행동을 망라한다. 스키너는 언어와 어문적 행동을 구분하여 논의한다. 언어는 사람이 습득하고 소유하는 것인 반면, 어문적 행동은 그러한 습득언어를 기반으로 문법적으로 자신의 의식이나 동작을 설명하는 행동을 말한다. 그에 의하면 행동은 강화연관의 소산이며 어떤 환경장면이 주어져 있을 때 행동이 어떠한 결과를 가지고 일어난다. 소위 마음의 지적(知的) 생활은 어문적 행동이 출현함에 따라 중요한 변화를 야기한다(B.F. Skinner, 1983: 125).

사람들은 자신이 속한 언어문화권의 특성 안에서 어문적 행동을 통하여 자신이 무엇을 행하였으며, 또 왜 그러한 행동을 했는지에 대하여 말할 수 있다. 행위자는 자신의 행동을 적절히 기술하며 그것이 발생한 장면과 결과를 기술한다. 그리하여 행동주의는 행위자의 행동에 대한 언어적 기술에 바탕을 두어 분석한다. 행동분석에서 인간은 행동의 목록을 습득한 유기체이며 인종의 한 성원이다(B.F. Skinner, 1983: 174). 그러나 이러한 행동주의가 직면하는 가장 어려운 문제는 아마도 의식적인 내용을 다루는 것이다(B.F. Skinner, 1983: 78). 이 때문에 스키너는 행동주의에 대한 대중의 몇 가지 오해를 다음과 같이 스스로 적시하였다(B.F. Skinner, 1983: 8 – 10).

- 행동주의는 인간의 의식, 감정과 마음의 상태를 무시한다.
- 행동주의는 생득적인 것을 경시하며 모든 행동은 후천적으로 획득한 것으로 여긴다.
- 행동주의는 행동을 자극에 대한 단순한 반응으로 보며 따리서 인간이란 기계에 지나지 않는다.
- 행동주의는 인지적 과정을 설명하지 않는다.
- 행동주의는 창의적 성취를 설명할 수 없다.
- 행동주의는 자기나 자기라는 정체감이 담당하는 역할을 부인한다.
- 행동주의는 마음이나 인성을 깊이 있게 다룰 수 없다.
- 행동주의는 행동예측이나 통제에 국한되며 인간의 본질적인 존재의 성질을 도외시하고 있다.
- 행동주의의 과학적 실적은 상식으로도 얻을 수 있는 것들이다.
- 행동주의는 인간을 물질화하며 환원적이다.
- 행동주의는 일반법칙에 관심을 가질 뿐 개인의 특수성을 무시한다.
- 행동주의는 도덕이나 정의와 같은 추상적인 관념들을 허구적인 것으로 생각한다.
- 행동주의는 인간의 정서적 풍요로움과 따스함에 대하여 무관심하며 즐거움은 물론 이타적 동료애 등에 대해 양립하지 않는다.

스키너가 행동주의의 과학성에 대한 주장의 강도만큼 대중의 행동주의에 대한 몰지각에 대하여 바로잡으려는 노력을 부단히 경주한 것도 사실이다. 그럼에도 불구하고 행동주의에 기반을 둔 심리철학이 현대 학교교육장면에서 유용하게 활용되면 될수록 그의 대중에 대한 하소연은 점점 위력을 상실하고 있는 실정이다. 급기야 교육에 대한 다양한 정의들 중에서 단연 돋보이는 정의가 개진되었고, 오늘날 전 세계 교육생태계를 지배하는 교육학적 논리로 자리매김하기에 이르렀다. 미국에서 행동주의심리학을 공부하고 돌아온 정범모는 '교육은 인간행동의 계획적 변화'라는 공학적, 조작적 정의를 통하여 스키너가 말하는 행동과 학습(교육)의 과학적 연관성을 다음과 같이 명료하게 선언하였다.

"교육에서 말하는 성과란 인간에게 나타나는 성과를 말한다… 여기서 우리
는 인간을 좀 더 분석적으로 파악하고 동시에 교육이 다루는 인간행동을
보다 명석하게 하기 위해 행동 내지 인간행동이라는 개념을 동원하려 한
다. 행동이라는 말을 쓰면 흔히 여러 오해와(앞서 스키너가 피력한 바와 같
이) 반박을 받는다… 그러나 행동이란 넓은 심리학적 개념이다. 따라서 행
동이라고 하면 표출적, 피상적인 행동만을 의미한다고 생각하는 것은 오해
다. 물론 표출적인 행동은 심리학의 가시적인 자료를 제공하며 일차적인
관심은 되지만 인간행동 연구는 거기서 멈추지 않고, 지식, 사고, 가치관,
동기체제, 성격특성, 자아개념 등 이른바 내면적이고 보이지 않는 행동이나
특성에 보다 큰 관심을 갖는다."(정범모, 1984: 17-18).

"교육은 사람을 기르고 만들고 고친다고 한다. 기르고 만들고 고친다는 것
은 관념적인 작업이 아니라 아주 현실적이고 실천적인 작업이다. 구체적인
교육자가 구체적인 학생과 구체적인 상호작용을 하는 작업이다… 교육 그
자체는 아주 실제적인, 구체적인 사실적 세계 속에서 벌어지는 작업이다…
교육의 세계는 인간의 세계다. 따라서 교육은 인간을 실제적, 사실적으로
알아야 한다. 이것은 말 그대로 인간은 과학적으로 이해할 수 있는 것이라
고 가정해야 한다. 따라서 교육은 인간의 과학적 가(可)이해성을 가정한다."
(정범모, 1984: 49).

행동주의교육학에서 말하는 행동이라는 단어는 일상 언어라기보다 학술적인
범주로 제한된 과학적인 의미로 사용된 것이다. 일상적인 용어로서의 행동은 신
체적인 동작과 거의 동의어로 사용되는 데 비하여, 과학적인 의미의 행동은 동
작이라는 형태의 외현적인 행동뿐만 아니라 인간의 제반 심리특성을 포함한다.
일상적인 용어로서 행동은 지식과 행동이라는 표현에서 알 수 있듯이 지식과
구분되지만, 과학적인 의미에서의 행동은 지식뿐만 아니라 내면적인 행동도 망
라한다. 다만 그러한 내면적 행동 또는 심리적 특성을 행동이라는 용어로 지칭

하는 데에는 그것을 과학적으로 의미 있게 정의할 수 있어야 한다는 숨겨진 의도가 작용하고 있다(이홍우, 1992: 35-36).

행동주의자들은 행동기반의 학습 메커니즘, 수행력(역량) 변화, 목표달성 및 성과창출, 행위측정과 평가 등이야말로 모든 교육현상의 핵심이어야 한다고 주장한다. 이 때 교육이해의 가장 확실한 과학적 증거는 개관도, 신뢰도, 타당도를 확보한 표준화된 검사도구들이다(고요한, 2013: 320). 행동주의에 따르면 인간(성)은 이해되거나 수용되는 것이 아니라 해석되거나 분석된다. 그런데 문제가 되는 것은 이러한 해석과 분석이 유기적 이해방식이 아니라 요소환원주의(총합주의)적 이해방식을 원칙으로 삼는다는 점이다. 행동주의에 의하면 어떤 형태든 개인이 거둔 성취의 수월성은 개인역량의 수월성으로 확대되어 이해된다. 이로 인해 인간(성)은 학습활동을 기반으로 하는 행위(행동), 달성, 성취, 성과, 수행, 역량, 평가, 선발, 배분 등에 의하여 철저히 소외되고 만다. 마침내 인간이 주체가 아니라 그 인간이 외적으로 거둔 성과나 성취가 지닌 경제성이 주체가 되고 만다(고요한, 2013: 320).

결국 행동주의교육학에서 말하는 외현행동의 과학성이란 곧 교육의 과학성은 물론 인간의 과학성과 이음(異音)동의어로 보아도 무방하다. 이를 미루어 볼 때 어떤 행위자가 오로지 행동을 통해 외현적으로 수행한 (측정 가능한) 과학적 사실들만이 그의 차별적 특성과 능력을 대표한다고 할 수 있다. 그 결과 행동주의자들이 자신들은 결코 간과하거나 무시하지 않는다고 주장하는 인간의 내면적 특성(인본주의가 강조하는)에 대한 이해와 설명이 극히 최소화될 수밖에 없다. 예를 들어 듀이가 『인간성과 행위』에서 성격과 행위의 관계를 논의할 때 지적한 것처럼 내적인 것은 motive로, 외적인 것은 act로 구분하는 오류의 개연성이 크게 상승할 수 있다(J. Dewey. 1982: 223).

원더스맨(A. Wandersman), 포펜(P. Poppen), 릭스(D. Ricks) 등이 펴낸 『Humanism & Behaviorism: Dialogue and Growth』(1976)는 인간의 성격과 행동에 대한 상이한 이해와 접근방식에 대하여 방대한 논의를 바탕으로 명료하게 정리하고 있다. 그들의 논의에 의하면 인본주의와 행동주의는 특히 학습, 성격 및 심리치료 분야에서 늘 논쟁의 대척점에 서 있다. 이는 인간의 본성 및 외현행동에 대한 이해나 접근방식의 차이에서 기인한다. 그들이 보기에 두 입장이 서로 양립하면서 융합할 수 없는 근본적인 이유는 행동주의가 시도하는 이론의 일반화 방식이다.

다시 말해 행동주의는 동물을 대상으로 하는 실험설계에서 도출된 관찰결과라 할지라도 그것을 인간행동을 이해하는 이론으로 일반화하여 적용하는 경향이 강하기 때문이다(A. Wandersman 외, 1976: 4). 이러한 행동주의 연구는 주로 가시/외현 행동에 초점을 맞춘 학습, 목표, 수정, 결과의 반복, 과학적 방법 등의 분야에 관심을 집중하고 있다. 즉, 학습장면을 포함하여 외현행동을 유발하는 원인으로 내적 원인이나 상태와 대조적으로 환경/상황적 맥락에 오히려 더 초점을 맞춘다(A. Wandersman 외, 1976: 4).

대부분의 행동주의는 동기, 욕구와 같은 내적 구조(internal constructs)를 의도적으로 회피하는 대신에 유독 가시/외현행동에 집착한다. 따라서 성격에 대한 이해도 학습모형이나 행동의 영향과 관련지어 이루어진다. 행동주의자들은 그룹 내에서 벌어지는 정치성(리더십과 팔로우십과 같은 다양한 디바이드 현상)과 같은 특별한 행동에 내재된 특수한 상황에 대한 논의를 더 좋아한다(A. Wandersman 외, 1976: 6). 특히 급진적 행동주의는 인간의 내적 원인들에 대한 연구를 의도적으로 피함으로써 인지(認知)기능에서 비롯된 행동결정을 철저히 무시한다. 결과적으로 행동주의는 인간행동이해의 단초로서 내적 특성보다는 환경/상황적 맥락의 특성을 더 강조하며, 극단적인 경우 오직 행위자가 처한 상황만을 그가 나타내는 유일한 행동동력(動力)으로 간주하기도 한다. 그리하여 부분적으로 행위자의 행동이 환경을 창조하고 다시 그것들이 그의 행동에 영향을 미친다고 여긴다(A. Wandersman 외, 1976: 8).

(2) 인본주의와 잠재역량

반면에 인본주의는 인간행동에 대하여 기계적, 동물적 이해나 접근과 차별성을 견지한다. 인본주의는 인간행동의 단초가 되는 정서, 이상, 의도, 신념과 같은 의식적인 사건들에 초점을 맞추며, 인간의 성장, 성격형성, 자아실현 등에 관심을 집중한다. 이러한 인본주의적 접근에 기반을 둔 심리치료는 개인의 발달을 이끄는 행동특성과 정서적 역동성을 탐구하여 개인의 잠재역량이 자연스럽게 드러나도록 안내한다(A. Wandersman 외, 1976: 5). 인본주의는 성격 특성을 규정

하는 대신에 오히려 인간의 잠재성을 탐구하려고 노력한다. 비록 인본주의 연구
도 어느 정도 외현행동에 관심을 두지만 그보다 오히려 창의성이나 인성과 같은
주관적인 경험들을 더 강조하는 경향이 강하다(A. Wandersman 외, 1976: 8).

인본주의에 의하면 행동을 구성하는 내적인 힘이 곧 '인성'이라는, 명료하지
는 않지만 다소 함축적인 표현을 즐겨 쓴다. 행동과 성격의 관계에 초점을 맞춘
행동주의와 달리 인본주의는 본성과 성격의 특성적 전제들 간의 관계양상 이해
에 초점을 맞춘다. 이처럼 인본주의적 접근은 인간행동에 대하여 환경/상황적
관계맥락보다는 개체/독자적 단일특성으로 이해한다(A. Wandersman 외, 1976:
9). 또한 매슬로우처럼 개인의 잠재적 역량수준을 완전하게 구현하는 사람들의
특성을 연구대상으로 삼기도 한다.

인본주의는 '인간의 내적 특성과 구조가 어떻게 외현행동을 유발하게 만드는
가?'에 대해서는 별 관심이 없다(A. Wandersman 외, 1976: 9). 다시 말해서 비록
어떤 행동/행위가 성격과 관련이 있을지라도 그러한 외현행동을 반드시 내적
현시(manifestation)로 여기지 않는다. 다만 인본주의 연구는 인간이 어떻게 자신
의 경험을 구성하고, 성격의 어떤 측면이 다른 측면과 연관되어 있는지의 문제
를 탐구하는 데 더 큰 흥미를 느낀다. 인본주의는 외현행동을 대부분 자아개념
과 관련된 주관적 경험에서 비롯된 것으로 이해하는 경향이 강하다. 이처럼 인
본주의 심리철학이 지향하는 인간이해의 핵심은 외현행동에 기반을 둔 외면적
성과가 아니라 내면적 성숙이며, 관찰이 아니라 성찰이고, 탐색이 아니라 사색
과 관련된 성향(inner nature)들이다(A. Wandersman 외, 1976: 10). 이상의 내용
을 요약하면 다음과 같다.

표 9-5 행동/행위(성과)에 대한 심리철학적 이해

	인본주의	행동주의
기본입장	인간행동이란 단순히 외현상 드러난 것뿐만 아니라 습관화된 것, 외부자극이나 물리적/심리적 보상체제와 무관하게 내발(內發)성의 자	의식, 감정, 마음의 상태를 경시함. 행동은 후천적임. 창의적 성과에 대한 설명이 어려움. 정체성의 역할을 부인함. 행동의 예측이나 통제에 국한하여

	유의지를 기반으로 한 행동에 의미를 부여함. 행위의 자발성, 능동성에 초점을 맞춤. 자아, 의지, 의욕, 동인, 의식 등의 변화도 교육적 성과로 간주될 수 있음. 도덕성은 일종의 습관임. 비의도적인 습관행동의 변화가 곧 교육임	존재와 존재의 성질은 무시함(비록 이 점들은 스키너가 강하게 반박했지만 대립적 사상들에 의하여 공유된 생각들임). 조건화된 행동만이 인간의 성취임(스키너가 표현한 것임). 행동만이 성과를 창출함. 행동은 성격과 다름. 성격을 통해 행동을 예측할 수 없음(코체의 주장)
행동목표	민주화, 인간화, 학습인간화, 자아실현, 각 개인의 잠재력 발현	도구과학화, 계량화, 경제적 성과창출, 역량강화
강점	성과는 계획적, 의도적, 구조적 환경 속에서만 이루어지는 것이 아니라 비의도적, 우연적, 단속적 형식의 학습을 망라하는 것으로 파악하여 교육이해의 폭을 확충시킴	모든 차원의 성취가 행동과학 혹은 공학적 관점에서 과학적, 체계적, 조직적, 계량적으로 분석, 비교될 수 있음. 성취수준과 결과를 용이하게 비교하여 선발, 배열(배치)할 수 있는 경제성을 지님. 표준화된 측정도구를 활용한 목표달성 여부가 교육행위임
약점	인간현상의 모든 국면을 교육현상으로 파악함에서 오는 교육개념의 모호함. 교육의 경제적 효용성에 대하여 경시하는 태도	비록 의식, 상상, 의도, 의지 등과 같은 비(非)행위적인 요소들을 경시하지만 그들까지 과학적, 논리적, 계량적으로 분석 가능하다고 봄

*출처: 고요한(2013). p. 333을 재구성함.

표 **9-6** 기저심리학에 따른 인간교육의 이해

	behaviorism	humanism
사고패턴	paradigmatic thinking	narrative thinking
지능패턴	fluid intelligence	crystallized intelligence
지식패턴	explicit knowledge	tacit knowledge

두뇌회로	linear(result oriented)	circular(process oriented)
지식구성체	discovery	originality
획득지식	test-taking knowledge	ritual knowledge
지식활용	theoretical(scholar) knowledge	practical knowledge
핵심가치	reason/cause	change
교육이념	Pedagogy	Andragogy
교수형태	teachering	mentoring/featuring
교육과정	surface curriculum	hidden curriculum
공부동기	evaluation goal	learning goal
학습경험	syllabus bound	syllabus free
Key Concepts	action power, performance, situational context, competence	inner nature, internal characters, potential power

(3) 정신과학과 인성역량

정영근(2013)은 OECD의 역량에 대한 개념정의를 분석한 결과 역량이란 교육이나 도야와 확연히 구별되는 의미를 지니고 있음을 주장한다. 교육적 성취가 객관화될 수 있고 개인이 거둔 성취정도가 그가 지닌 능력의 전체라는 것을 전제하지 않는 한 역량은 무의미하거나 극단적인 경우 자의(恣意)적일 가능성이 높다. 특히 표준화, 성취수준, 평가지표, 최소(역량)기준, 고성취/저성취, 수행평가 등이 교육이론이나 실천과 결합되는 순간 역량이 지배하는 교육생태계로 급격하게 전락하고 만다.

이때 개인이 보여준 행위수행(학업성취수준)을 통해 외현적인 기준만으로 학생의 역량을 일반화시켜버리는데, 문제는 이때 지적인 영역은 물론 인격, 창의성, 이타심 등과 같은 비(非)지적인 성향까지 동시에 처리해버린다는 점이다. 이러한 문제점을 확인한 학자들은 그동안 행동과학과 심리철학들이 간과하거나 무시해버린 '은밀하지만 위대한' 정신의 역동성을 역량과 연계시키려는 노력을 부단히 지속하고 있다.

클리메(Klieme)는 역량과 도야개념 간 실재하는 차별성, 즉 역량이 이용가치를 지향하는 반면, 도야는 고유가치를 지니는 차이점이 있음에도 불구하고 도야 개념을 역량개념으로 대체시켜버리는 오류를 범했다(정영근, 2013: 8). 그는 행 동과학과 정신과학을 다소 혼동한 듯하다. 교육함(됨)으로서의 도야와 경제성으 로서의 역량 간에 실재하는 차이는 앞서 살펴본 바와 같이 action과 act의 차이 구조와 유사하다. 정영근(2013)은 이 점에 대하여 다음과 같이 구체적으로 적시 하고 있다.

표 9-7 역량과 도야의 차이

지식 영역	역량(행위형식)	도야(bildung)
자연과학교과	실험, 측정, 기록, 증명, 정리 하는 능력	수집된 데이터나 이론모델을 비판적 으로 해석함
정치경제교과	생산/경쟁을 위한 경영과 관 리의 조직화, 최적화, 합리화 능력	부(富)의 획득 및 분배정의에 대한 진지한 성찰과 반성
역사문화교과	과거와 현실의 사실을 재구성 하는 능력	역사의식 및 시간의 무상함에 대한 시공(時空)의식의 형성
철학윤리교과	자기비판, 진로설계, 의미탐구 능력	책임감, 관용, 사람됨, 동료의식 등의 가치를 깨달음
예술감성교과	표현하는 능력, 가창하는 능력, 감상하는 능력	느낌의 단순한 주관적 표현, 감상, 가창

*출처: 정영근(2013). p. 9를 재구성한 것임. 예술감성교과는 연구자가 추가한 것임.

위에서 구분한 것처럼 역량이란 스키너가 말하는 어문적 행동으로 드러난 지식획득 수준 및 행동/행위로 체현된 기술동작 수준에 국한된다. 이는 프롬 (E.P. Fromm)이 『소유냐 존재냐?』를 통해 삶의 방식을 논의하며 구분한 소유모 드(to have mode)와 존재모드(to be mode) 중에서 전자(前者)에 해당하는 행위 형식이다. 어떤 음악을 듣고 감상하는 개인만의 독특한 감흥, 아름다운 자연경 관을 보고 감탄하는 개인만의 독특한 심미감, 문학작품이나 내러티브(敍事)를 읽고 공감하여 눈물을 흘리는 감성은 결코 공유되거나 평가되지 않는 개별적인 존재(경험)양식이다. 그럼에도 불구하고 역량이 지배하는 교육생태계에서는 그 것마저도 객관화할 수 있고 객관화시켜야 한다고 여긴다.

컴퓨터의 검색능력은 검증이 가능하고 운전능력은 검정이 가능하지만, 왜곡된 컴퓨터문화에 대한 사색능력과 운전에 대한 안전의식은 결코 객관화되지 않는 존재(경험)의 양태인 것이다. Y대학교의 공동체문화 속에 스며들어 있는 윤동주 정신은 결코 객관화될 수도 지수화될 수도 없는 '의식의 현존재'일 뿐이다. 이러한 의식의 현존재가 바로 훌륭한 도야재이며 동시에 도야의 목표가 된다. 이때 역량은 도야의 양질(良質)을 가늠하는 단순한 도구로 기능할 뿐 그 자체가 목적이 되지 않는다. 그러나 여전히 역량이 지배하는 교육생태계의 풍경에 대하여 다음과 같은 논의는 시사하는 바가 크다.

> "흔히 성취를 개인문제로만 파악하여 학습자의 지식학습 결과로 이해하는 경향이 있는데, 이는 (인간화된) 배움과 (존재론적) 인식의 사회적 맥락을 무시한 채 경쟁지향의 성과(성취)를 당연시하기 때문이다. 이처럼 (학업)성취수준을 개인주의적 및 경쟁적으로 파악할 경우 학생에게 높은 시험점수와 성적만을 추구하게 하는 외재적 동기가 촉진되어 배움의 자율성 및 내면성 상실의 위험이 있다."(정영근, 2013: 11).

한편 이종재 등은 역량개발에 있어 '마음의 계발'을 거론함으로써 역량의 교육학적 논리에서 정신과학의 문제를 촉발하였다(서울대학교, 2012: 82). 행동/행위의 힘과 마음의 힘이 충돌하도록 의도적으로 토론마당을 마련하여 역량의 교육학적 논리를 완전하게 만드는 데 유용한 지침을 제공했다.

> "인간의 능력을 기르는 일은 인간내면의 핵심부인 마음을 기르고 돌보는 것을 기본으로 하여 이와 함께 여러 수행능력들을 키우는 것이 되어야 한다. 순수하게 잘 다듬어진 인간존재의 '마음'이라는 뿌리를 통해 핵심역량들이 제대로 성장할 수 있게 된다. 인간능력을 키우는 일은 단순히 계통적(연속적)인 학습과정을 통해 역량들을 하나씩 습득함으로써 얻어지는 것

이 아니라 마음을 우선적으로 깨우치는 일, 즉 마음의 계발에 우선적으로 힘써야 한다."(서울대학교, 2012: 83).

역량에 대한 교육학적 논리에서 이러한 마음계발과 관련된 담론은 심성함양의 문제로 확대되어 나갔다. 신춘호는 이를 능력으로서의 마음과 총체(심성)로서의 마음이라는 독특한 표현을 바탕으로 다음과 같이 논의하였다.

"교육에는 심성함양과 역량개발이라는 상이한 접근이 실재한다. '총체로서의 마음'을 추구하는 심성함양은 역량개발 분야에서 말하는 여러 가지 '능력들'과 별도로 존재하는 것은 아니다. '총체로서의 마음'은 가시적으로 확인되거나 파악될 수 있는 대상이 아니며 다만 우리는 인간의 마음이 발휘할 수 있는 일체의 능력들은 이 '총체로서의 마음'의 현상학적 표현에 해당하는 것이라고 생각할 수 있을 뿐이다. 그럼에도 불구하고 '능력으로서의 마음'과 별도로 그와 같은 '총체로서의 마음'을 상정하는 이유는 명확하다. 그러한 마음의 존재를 상정하지 않고 인간의 마음을 그저 잡다한 능력들의 집합체로 간주한다는 것은 인간교육과 모순적이기 때문이다."(서울대학교, 2013: 109-110).

위에서 살펴본 도야나 심성계발처럼 역량에 대한 정신과학의 논의는 역량과 관련된 교육학적 논리를 더욱 풍부하게 만들고, 객관성, 과학성, 경쟁성 등을 기반으로 기존에 외현행동(수행)에 국한되어 이루어지던 역량교육의 문제점이나 편협함을 지적함은 물론 교육인간학적인 해결방책을 제시하는 데 큰 의미가 있다고 평가할 수 있다.

표 9-8 역량에 관한 교육논리의 패러다임

	행동과학	심리철학(행동주의)	인본주의/정신과학
역량	• 역량이란 보유능력이 아닌 발휘능력임*	• 역량이란 어문적 행동으로 드러난 개인의 지식	• 역량이란 외부자극이나 물리적/심리적 보상체제와

개념	• 역량이란 우수성과자들이 반복적으로 일관성 있게 보여주는 특성으로 지식, 스킬, 행동의 총합적 특성을 지님	획득 수준 및 가시적인 행동/행위로 표현된 기술동작임	무관하게 내발(內發)성의 자유의지를 기반으로 한 행동특성들 • 역량은 도야나 심성의 양질(良質)을 가늠하는 단순한 도구로만 작용함
특징적인 논의 사항	• 역량모델은 조직의 비전, 미션, 가치, 전략 목표를 달성하는 데 기여하는 핵심적인 지식, 기술, 태도, 가치 및 행동을 기술하고 이를 체계화한 것으로서 채용/인재개발/평가/승진/급여/보직관리 등과 같은 인적자원관리의 기초를 제공함 • 역량모델을 기반으로 한 인적자원관리는 조직과 개인으로 하여금 전략적으로 육성과 사기개발을 하도록 지원함	• 가시/외현 행동에 초점을 맞춘 학습, 목표, 수정, 결과의 반복, 과학적 방법 등에 관심을 집중함 • 행동이해의 단초로서 내적 특성보다 환경/상황적 맥락특성을 강조하며, 극단적인 경우 행위자가 처한 상황만이 그가 나타내는 유일한 행동동력으로 간주함 • 행위자가 오로지 행동을 통해 외현적으로 수행한 (측정 가능한) 과학적 사실들만이 그의 차별적 특성이며 능력을 대표한다고 간주함	• 인간이 어떻게 자신이 겪은 경험들을 주관적으로 구성하고, 성격의 어떤 측면이 다른 측면과 연관되어 있는지의 문제를 탐구함 • 인간의 존재상인 마음이라는 뿌리를 통해서만 핵심역량들을 제대로 성장하게 할 수 있다고 간주함
공헌	• 선택과 집중을 통해 경쟁우위 분야에 집중적인 투자를 하여 성과를 창출하는 역량만능시대로 사회생태계 변화를 주도함	• 외현행동기반의 학습메커니즘, 수행력(역량) 변화, 목표달성 및 성과창출, 행위측정/평가 등을 교육생태계의 핵심개념으로 끌어들임	• 환원주의적 객관성, 과학성, 경쟁성 등을 기반으로 기존에 외현행동(수행)에 국한되어 이루어지던 역량교육의 문제점이나 편협함을 지적함

*2014년 브라질 월드컵에서 형편없는 성과를 거둔 국가대표의 감독이 방송 인터뷰 중 '우리 선수들이 큰 국제대회에서 좋은 경험을 했다'고 말하자, 모 방송의 유명한 해설자(국가대표 출신)가 '월드컵 무대는 경험을 하는 곳이 아니라 가진 실력을 증명하는 곳'이라고 비평한 적이 있다. 해설자의 이 발언은 행동주의자의 철학과 의식을 적절히 대변하고 있다고 볼 수 있다.

영미(英美)문화권에서 이미 1960-70년대에 활발하게 이루어진 교육학적 담론거리들 중에서 최근 들어 우리나라 교육생태계에서 뜬금없이 활성화된 것이 바로 내러티브와 역량개념이다. 2000년대 중반을 기점으로 우리 사회생태계는 물론 교육생태계에서 역량이란 용어가 무차별적으로 사용되고 있으며, 역량과 관련된 교육학적 논리를 다룬 학술적인 성과들이 현저히 많아지고 있다.[1]

이러한 추세 속에서 단위학교는 물론 각 지역교육자치단체를 중심으로 역량기반 교육과정개발, 교수-학습역량개발 모듈개발, 진로개발역량 개발, 대학생 핵심역량지수 개발 등 역량개발을 교육이념화하려는 경향이 눈에 띈다. 동시에 역량이 도처에서 상품화되고 역량 자체가 교육목적이 되는 교육생태계의 교란현상도 느껴진다. 역량만능도 문제가 되지만 역량을 무시하거나 경시하는 교육생태계도 온전한 교육이 될 수는 없다. 다만 역량의 교육학적 논의와 논리는 반드시 '사람됨, 사람다움에 지향된 교육이념과 실천을 지향해야 한다.'는 점만은 국민 누구나 공유해야 할 자명한 사실이다.

만약 우리 교육현장이나 교육정책형성의 주도권을 (역량에 관한 다양한 논의나 논리가 실재함에도 불구하고) 오로지 행동과학이나 행동주의 심리철학이 지배할 때 어떤 일이 벌어질까? 여지없이 액션 플랜(action plan), 티피컬 액션(typical action), 액션 러닝(action learning), 액션 리서치(action research), 액션 코칭(action coaching) 등과 같은 행동기반의 수행성과가 교육의 핵심개념으로 자리 잡을 것이고(고요한, 2013: 334), 이 때 사람됨을 위한 교육적 환경과 정책이 살벌한 교육생태계에서 어쩌면 소외의 나락으로 떨어질 것도 자명한 사실이다. 그렇다고 여기서 역량을 중시하는 교육생태계가 지닌 장단점이나 잘잘못을 논의하는 것

---

1 Pedagogy분야에서 발표된 역량관련 학술논문들(연구재단 등재지 이상)을 보면 소경희(2006), 윤정일 외(2007), 황은희 외(2008), 이종승 외(2012), 엄미리(2012), 서울대학교(2012), 정영근(2013), 이병식 외(2013), 박현주 외(2013), 홍원표 외(2014), 노승현(2014) 등이 관찰되는데, 이를 Andragogy분야까지 검색범위를 확대하면 아마 폭증이라는 표현이 적절할 듯하다. 한편 역량결합 신조어들을 살펴보면 이 점은 더욱 더 명료해진다. 교육생태계에서 이제는 익숙한 용어가 되어버린 역량기반, 핵심역량, 역량개발지수, 역량지표, 역량진단, 역량측정/평가, 직무역량, 교육역량(강화사업), 교수(강의)역량, 학습(학업수행)역량, 산업실무역량, 교직실무역량, 진로개발역량, 창의개발역량, 외국인관리역량 등은 물론 견인역량, 상승역량, 외교역량, 부모역량, 혁신역량, 정책역량, 정보역량, 기초역량, 역량면접, 서비스역량, 글로벌역량, 감성역량, 조직역량, 전략역량, 사회적 역량, 리더십 역량, 융합역량, 경쟁역량 등 무차별적인 용어결합이 진행되고 있다.

은 의미가 없다. 다만 역량중시의 교육생태계에 대한 우리사회(학계)의 걱정 어린 목소리들(?)을 예의 살펴봄으로써 역량중심 교육현상이 내포하고 있는 문제점들을 우회적으로 분석해보고자 한다.

> "양계장에서는 달걀을 많이 낳는 닭이 우수한 인재다. 만약 우수한 닭을 한 곳에 모아 키우면 어떤 일이 발생할까? 일반적으로 달걀생산량은 크게 떨어진다. 양계장에 모인 닭들은 누가 강한지 서로 겨루고 서열을 정한다. 서열 다툼에 막대한 에너지가 소모된다. 달걀생산에는 소홀할 수밖에 없다. 인간도 마찬가지다. 우수한 인재가 너무 많이 모인 집단에서는 오히려 수행성과에 악영향을 끼친다."(동아일보. 2014. 8. 7일자).

앞의 글이 던져주는 핵심적인 메시지는 무엇인가? 물론 역량분산의 효율성이라는 시스템적 아이디어도 중요하지만 모든 학생들로 하여금 핵심역량을 갖춘 인재를 만들기 위한 교육생태계의 엔트로피 증가를 우회적으로 비판하는 메시지가 담겨 있다. 모든 학생을 표준화된 역량을 갖춘 인재로 만드는 것은 현실적으로 불가능하며 동시에 인간교육학적으로도 의미가 없다. 역량만능의 교육은 반드시 명암이 있기 마련이다. 역량관련 교육학적 논의와 논리수립에서 명(明)을 넓히고 암(暗)을 고치는 슬기가 무엇보다 필요하다. 다음 글을 보자.

> "20세기 초부터 후반까지 (글로벌 환경의) 기업들이 (핵심)인재를 평가할 때 가장 중시했던 자질은 IQ, 학력, 성취도 등이었다. 많은 업무들이 표준화되어 있고 전문화되어 있는데다 기업의 기존업무 관행이 비슷하게 유지되었기 때문에 과거실적을 참조체계(reference system)로 삼아 채용하면 되었다. 그러나 1980년대 들어서면서 바람직한 인재상에 변화가 생겼다. 기술지화와 산업 간 융합으로 업무가 갈수록 복잡해지면서 이전 직무에서의 경험과 실적이 무의미해졌기 때문이다. 인재평가의 무게중심은 지능에서 (수행)역량으로 옮겨갔다. IQ보다 EQ가 풍부한 리더십으로 각광받기 시작한 것도 이즈음이다. 그렇다면 (다변화, 다양화된) 21세기 (사회생태계)에도 역량기반 평가방식이 과연 여전히 유효할까? 현재의 특정역할이나 능력

이 미래에도 반드시 그럴 것이라는 보장은 (세상에) 없다. 이제 현재의 수행역량이 아니라 새로운 기량을 배울 만한 잠재력이 중요해지게 되었다. 잠재력을 평가한다는 것은 그리 쉽지 않다. 잠재력을 평가하기 위한 중요한 지표는 올바른 동기(사심 없는 목표, 강렬한 의지 등)와 호기심과 통찰, 관계맺음과 결단력 등이다… 최고의 인재들이 스스로 편안해하는 영역을 벗어나도록 (역량개발이 아니라) 자기계발의 기회를 제공하는 것이야말로 그가 갖고 있던 본래의 잠재력을 발휘하게 만드는 좋은 방법이다."(동아일보. 2014. 6. 26일자).

"한국인 조 모씨가 하버드대학교 입학사정위원으로 활동했던 2009년에 홍콩대학을 졸업한 수재 A씨는 스펙이 뛰어났지만 면접에서 탈락했다. 성적과 스펙 모두 뛰어나 무난한 합격이 예상되었지만 면접관들로부터 '교만하다'는 평가를 받고 떨어졌다. 반면에 평범한 네팔 출신의 B씨는 A씨에 비하여 학업수행능력은 부족했지만 사람됨을 인정받아 높은 점수로 합격했다. 위원들은 환경이 열악한 네팔의 청소년들을 위해 헌신하겠다는 이타적인 철학을 지닌 것이 합격에 큰 영향을 주었으며, 공부를 잘하는 사람은 많아도 인성이 좋은 학생은 드물어 인성이야말로 바로 그의 진짜 실력(역량)이라고 설명했다… 최근에는 기업도 스펙보다 인성을 중시하는 추세다. 삼성전자의 경우 생활태도, 협력하는 자세, 배우려는 의지 등 사람됨을 가장 중요한 능력으로 간주하여 인재를 채용한다. 이처럼 직무역량보다 인성(사람됨)을 중시하는 이유는 기업마다 스펙보다 인성이 바른 사람이 일도 잘한다는 점을 잘 알기 때문이다. 고성과(high performance)는 (개인의 역량기반 수행능력이 아니라) 남과 협력하고 시너지를 낼 때만 가능하다."(중앙일보. 2014. 8. 7일자).

이를 미루어 볼 때 성적(성취)보다 성품(성향)이, 수행력보다 잠재력이, 검색(모색)보다 사색이 중시되는 사회 혹은 교육생태계가 조성될 때에야 비로소 인간교육이 추구하는 사람됨, 사람다움을 위한 사회풍토나 교육적 분위기가 온전하게 가능해 질 것이라는 점을 깨닫게 된다. 그렇다면 역량기반 교육의 장점은

그대로 간취하고 동시에 보다 온전한 사람됨의 교육을 추구하기 위한 전략(방법)
은 무엇인가? 이 점에 대하여 아이리스(I. Ayres), 버킹햄과 클립톤(M. Buckingham
& D.O. Clifton), 맥스웰(J. Maxwell), 코일(D. Coyle) 등의 논의를 중심으로 살펴
보고자 한다.

전통적으로 행위지로 하여금 성과를 창출하고 수행역량을 고양시키기 위한
행동경제학적 전략의 핵심은 당근과 채찍이었다(I. Ayres. 2011). 여기서 간과해
서 안 되는 사실은 당근과 채찍의 유인가(誘引價)에 약속의 수행이라는 현시(顯
示)현상이 반드시 동반되어야 한다는 점이다. 이 점은 현재는 물론 향후 역량기
반 교육의 설계와 실천이 성공을 거두는 데 도움이 되는 중요한 메시지를 주고
있다. 신뢰의 가치야말로 교육생태계는 물론 삶의 전 차원에서 가장 중시해야
할 역량인 셈이다.

역량개발의 출발은 개인이 지닌 스트렝스(강점)를 발견하고 이를 바탕으로
최고성과를 이끌어내도록 만드는 환경조성에 있어야 한다고 주장하는 학자들도
있다(M. Buckingham & D.O. Clifton, 2013). 그들은 역량형성의 조건과 환경이
역량발휘보다 오히려 더 중요하다는 점을 지적하고 있다. 버킹햄과 클립톤이 제
시한 강점재능 목록들 중에서 공감, 공평, 매력, 미래지향, 신념, 신중함, 연결
성, 소통, 자기 확신, 적응, 조화, 질서, 착상, 책임, 초점, 탐구심, 포괄성, 행동
주의자, 성취자, 학습자 등은 역량관련 교육학적 논의와 논리수립에 도움이 될
만한 개념들이다.

근대화, 산업화 시절에는 지능이 곧 재능이었다. 그러나 역량이 지배하는 탈
산업화 사회생태계에서는 재능이 곧 지능이 되어버렸다. 아무리 재능만능일지
라도 정태적인 재능만으로 삶의 성공을 담보할 수 없다는 사실을 일깨워준 학
자가 있다. 맥스웰(J. Maxwell)은 재능에 역량의 가치를 더해주게 만드는 13가
지 선택들을 제시하고 있다. 이는 재능을 이끌어내는 믿음, 재능에 에너지를 불
어주는 열정, 재능을 활성화하는 실행력, 재능에 방향을 제시하는 집중력, 재능
을 가장 좋은 자리에 머물게 하는 준비, 재능을 갈고 닦는 최고의 방법인 연습,
재능을 간직하게 하는 인내, 재능을 시험하는 용기, 재능을 확장하게 하는 배우
는 태도, 재능을 보호하는 인격, 재능에 영향을 미치는 관계, 재능을 강화하는
책임감, 재능을 배가시키는 팀워크 등이다(J. Maxwell, 2014). 이 점은 교육목적

으로서의 역량이 아니라 그러한 역량을 가능하게 만드는 제반조건들에 교육의 초점을 맞추어야 한다는 메시지를 던져 주고 있다.

『The Economics of Enough』라는 흥미로운 책을 통해 경제학자인 코일(D. coyle)은 미래의 정치경제학적 사회이미지를 조망하고 있는데, 이는 행동과학, 행동경제학이 지배하는 작금의 교육생태계를 온전히 치유해줄 진정한 목소리로 들려온다. 그녀는 기존의 측정평가, 가치체계, 기관과 제도 등이 지닌 정치경제학적 유용성이 앞으로는 오히려 사람됨의 삶을 방해하는 요소로 등장할 것으로 진단하고 있다. 반면에 행복감, 자연환경 보존, 후손에 대한 배려, 공정함, 신뢰 등에 대한 강렬한 도전을 통하여 사회전체가 경제적 풍요를 뛰어넘는 심리적 만족을 추구할 수 있다고 역설하고 있다. 이는 기존의 역량, 성과 기반의 정치경제학적 논리가 지배하는 오늘날의 교육생태계를 치유해 줄 또 다른 메시지로 의의가 있다(D. Coyle, 2011). 이상의 논의들을 바탕으로 몇 가지 제언을 하고자 한다.

첫째, 오로지 (정치경제학적 뉘앙스를 담지(擔持)한) 역량만이 판치거나 상대적으로 지배력을 지닌 획일적인 교육생태계는 인간교육의 실천을 불가능하게 만들고 실제로 모든 사람들의 정신건강에 해롭다. 교육의 본질은 반드시 방법론적 복수주의에 있어야 한다. 왜냐하면 인간교육의 최대의 적(敵)은 획일주의이기 때문이다.

둘째, 역량은 반드시 경쟁 장면이나 상황을 전제로 하게 마련이다. 그럼에도 불구하고 개인 간 성취나 지위다툼의 경쟁이 아니라 인간적인 경쟁(원효대사가 말하는 원융화쟁(圓融和爭)이나 최근 경제학계에서 논의가 활성화된 협력형 경쟁(coopetition))으로 경쟁이데올로기가 전환되지 않는 한 역량이 지배하는 교육생태계의 문제점을 벗어나기 힘들 것이다. 경쟁이 수단이 아니라 목적으로 기능하는 한 사람됨을 위한 교육의 실천은 불가능하다. 경쟁이 수단으로 기능할 때만이 행위자들은 경쟁의 노예에서 벗어나 경쟁을 즐기는 지혜를 기대할 수 있다. 향후 건전하고 건강한 교육생태계 구축을 통해 개인이나 집단 간 비교우위경쟁(역량경쟁)이 아니라 내 안에 있는 스트렝스들을 합리적으로 조정하고, 건전하게 경쟁시키는 자기(자아정치)역량이 개인의 경쟁력이 되어야 할 것이다.

셋째, 내러티브, 역량의 보편화와 더불어 컨버전스(융합)개념이 우리 사회 및 교육생태계에서 급격하게 등장하고 있다. 따라서 이를 역량교육과 관련지어 고려할 필요가 있다. 단일(개별)역량의 시대는 분명히 지나갈 것이다. 융합역량(다면역량)의 시대가 도래함은 물론 일정 부분 필요할 것으로 예견되기도 한다. 물론 역량과 마찬가지로 융합이 지배하는 획일적인 교육생태계도 우려의 대상이 될 수 있다. 향후 역량인재가 이니라 융합인제의 시대가 올 것이다. 그것은 지식융합, 창조융합, 감성융합, 영혼융합 등을 넘어(김영록, 2012) 환경융합, 시간의 융합, 관계융합 등 다양한 의식과 삶의 차원에서 이루어질 것이다. 이제 우리는 내러티브, 역량, 융합이라는 버거운 주제들의 홍수 속에서 우리가 살고 있는 것은 아닌지 진지한 성찰이 필요할 때다.

참고하거나 더 읽을 책

고요한(2013). 가르침의 교육현상학적 이해. 서울: 학지사.

김영록(2012). 융합인재, 우리는 함께 간다. 서울: 티핑 포인트.

노승현(2014). "역량기반교육과정 비판적 분석: 2012 경기도 교육과정을 중심으로". 한국인격교육학회. 인격교육. 제8권. 제1호. pp. 24-41.

박태현(2010). A플레이어. 서울: 웅진윙스.

박현주 외(2013). "교육역량강화 지원 사업 5개년도 주요 정량지표 변화에 대한 실증적 분석". 한국교육학회. 교육학연구. 제51권. 제4호. pp. 249-281.

서울대학교 교육학과 BK21역량기반 교육혁신연구사업단(2012). 새로운 교육학을 위한 서설-역량기반교육. 서울: 교육과학사.

소경희(2006). "학교교육에서 competency의 의미와 교육과정적 시사". 한국교육학회 2006년 추계학술대회 발표자료집. pp. 127-139.

손민호(2006). "실천적 지식의 일상적 속성에 비추어 본 역량(competence)의 의미: 지식기반사회? 사회기반지식!". 한국교육과정학회. 교육과정연구. 제24권. 제4호. pp. 1-25.

엄미리(2012). "대학 교원의 역량분석을 통한 교수지원 프로그램 방향성 제고: 테크놀로지 내용교수지식(TPACK)을 중심으로". 한독교육학회. 교육의 이론과 실천. 제17권. 제3호. pp. 21-45.

윤정일 외(2007). "인간능력으로서의 역량에 대한 고찰: 역량의 특성과 차원". 한국교육학회. 교육학연구. 제45권. 제3호. pp. 233-259.

이면희(2009). 경쟁의 법칙. 서울: 토네이도.

이병식 외(2013). "대학생의 진로역량개발에 대한 대학 특성 요인의 영향 분석: 층위 간 상호작용효과를 중심으로". 한국교육학회. 교육학연구. 제51권. 제4호. pp. 213-247.

이종승 외(2012). "직업역량 관련 인성검사 개발을 위한 구인 탐색". 한국교육학회. 교육학연구. 제50권. 제4호. pp. 221-243.

이홍우(1992). 교육의 개념. 서울: 문음사.

정범모(1984). 교육과 교육학. 서울: 배영사.

정영근(2013). "역량개발시대 학업성취의 교육학적 의미". 한독교육학회. 교육의 이론
과 실천. 제18권. 제3호. pp. 1－17.

홍원표, 곽은희(2014). "역량기반 교육과정의 국내사례 분석: 두 교사의 수업변화를 중
심으로". 한국교육과정학회. 교육과정연구. 제32권. 제2호. pp. 164－186.

황은희, 백순근(2008). "교수역량에 대한 자기평가와 전문가평가의 비교연구". 한국교
육학회 2008년 춘계학술대회 발표자료집. pp. 873－885.

Ayres, I.(저), 이종호 외(역)(2011). 목표로 유인하는 강력한 행동전략, 당근과 채찍.
서울: 리더스북.

Buckingham, M., Clifton, D.O.(저), 박정숙(역)(2013). 위대한 나의 발견, 강점혁명. 서울:
청림출판.

Burke, T., Genn－Bash, A., & Haines, B.(1991). *Competition in Theory and
Practice.* New York: Routledge.

Coyle, D.(2011). *The Economics of Enough.* Princeton University Press.

Davidson, D.(1982). *Essays on Actions & Events.* Oxford University Press.

Dewey, J.(저), 신일철(역)(1982). 인간성과 행위. 서울: 삼성출판사.

Dubois, D.(저), 엑스퍼트(역)(2000). 업무성과향상의 비결; 컴피턴시. 서울: 엑스퍼트
컨설팅.

Foote, N.N., Cottrell, L.S., Jr.(1955). *Identity and Interpersonal Competence.* The
University of Chicago Press.

Gardner, J.W.(1961). *Excellence : Can we be equal and excellent too?.* New York:
Harper & Row, Publishers.

Garforth, F.W.(1980). *Educative Democracy : John Stuart Mill on Education in
Society.* Oxford University Press.

Levi, M.(1985). *Thinking Economically : How economic principles can contribute to
clear thinking.* New York: Basic Books, Inc., Publishers.

Maxwell, J.C.(저), 정성묵(역)(2014). 재능만으로 충분하지 않다: 재능을 삶의 성공으
로 완성하는 13가지 핵심역량. 서울: 디모데.

Menkes, J.(저), 강유리(역)(2008). 실행지능. 서울: 더난출판.

Peters, T.(2011). *The little big things: 163 ways to pursue excellence.* New York:
Harper Business.

Rich, J.M.(1985). *Innovations in Education : Reformers and Their Critics.* Boston:

Allyn & Bacon, Inc..

Rogers, D.C., Ruchlin, H.S.(1971). *Economics and Education : Principles and Applications.* New York: The Free Press.

Salaman, G., Storey, J., & Billsberry, J.(ed)(2005). *Strategic Human Management : Theory and Practice.* London: Sage Publications.

Skinner, B.F.(저), 김영채(역)(1983). 행동주의. 서울: 교육과학사.

Stringer, H., Rueff, R.(저), 이수옥(역)(2006). 인재혁명. 서울: 예솜출판.

Stuart-Kotze, R.(저), 김원호(역)(2008). 행동의 성과를 만든다. 서울: 비즈니스맵.

The Group of Lisbon(저), 채수환(역)(2000). 경쟁의 한계. 서울: 바다출판사.

Trilling, B., Fadel, C.(저), 한국교육개발원(역)(2012). 21세기 핵심역량-이 시대가 요구하는 핵심스킬. 서울: 학지사.

Wandersman, A., Poppen, P., & Ricks, D.(1976). *Humanism and Behaviorism: Dialogue and Growth.* New York: Pergamon Press.

White, A.R.(ed)(1970). *The Philosophy of Action.* Oxford University Press.

Wood, G.(저), 유영일(역)(2009). Do it! 나를 바꾸는 행동의 힘. 서울: 시아.

제10장

대학생의 인성교육

주지하듯 인구경제학/교육경제학적 측면에서 볼 때 전통적인 기업의 인재채용방식은 대부분 고등교육 유경험자의 객관적 성취수준(수학경험 혹은 학업성적 등)을 평가지표로 삼아 왔다. 그러나 '아직 드러나지 않은 개인의 잠재역량의 불가지(不可知)성과 이미 가시적으로 취득한 객관적 수행성과들 간에 어떤 연관성이 있는가?' 혹은 '개인이 이미 거둔 객관적 수행성과가 과연 그가 장차 수행하게 될 직무역량을 경제적 수리모델에 근거하여 합리적으로 얼마나 예측하거나 설명할 수 있는가?' 등의 현실적인 문제에 대한 기업체의 의심어린 자각과 함께 기업수요의 인재관이 변모하고 있다.

한마디로 '대학에서의 수학(修學)경험이 개인의 역량을 가장 잘 대표한다.'는 전통적인 사회적 신화에 대한 도전과 회의가 대대적인 변혁 트렌드로 전개되고 있기 때문이다. 이러한 트렌드의 핵심은 기업이 필요로 하는 인재가 가진 전문(전공)분야의 역량보다는 어쩌면 비과학적이거나 합리적인 설명에 한계가 있을 수밖에 없는 '인성' 측면에 역량의 가치를 부여하거나 초점을 맞추고 있다는 점이다.

그렇다면 새롭게 전개되는 기업의 인재수요 변화에 적극적으로 맞대응하여 모든 대학의 교육프로그램(전공은 물론이지만 특별히 교양교육과 관련된)도 전략적으로 변모해야 하는 것은 지극히 당연해 보인다. 그런데 놀랍게도 정작 대학에서 교양교육을 담당하고 있는 당사자들의 의식과 행태는 그러한 당연함에 우둔하거나, 교육과정 변화로 인해 예상되는 행정상의 불편함을 핑계로 애써 외면해버리는 것이 작금의 실태라는 불편한 진실을 토로하지 않을 수 없다. 이러한 '불편한 진실'의 속내는 이렇다.

첫째, 대학교수들은 기업체들이 내세우는 인성 기반의 인재채용방식이 과연 비합리성을 전제로 할 수밖에 없는 가치들을 정말로 가치 있게 여기려는 '순수한 의도를 기반으로 하는가?'의 문제에 대하여 냉담하다. 한마디로 허명(虛名)을 내세우는 방식의 전환보다 인간의 존엄을 회복하는 의식의 전환이 선행되어야 한다고 여기기 때문이다.

둘째, 명시적이든 묵시적이든 모든 대학에 대하여 정부가 졸업생들의 취업 성과 전쟁을 강요하고 마지못해 이에 적응하느라 대학들은 비명을 지르는 비교육적 생태계에서 '무슨 인성기반 교육이 가능할 것인가?'의 문제를 생각할 때 정작 기업이 요구하는 인성 기반의 교육은 요원하다는 자조(自嘲)적인 태도가 대학 캠퍼스를 지배하고 있기 때문이다. 이처럼 기업체의 인성 기반 인재수요 및 채용방식과 이에 대응하는 대학 교양교육의 변화 간에는 다소 복잡하고도 쉽게 설명되지 못하는 견제 및 반박의식이 깊숙이 도사리고 있다. 그렇다고 이러한 '불편한 진실'에 적당히 안주하여 변화를 외면하거나 부정할 수 없는 교육학적 인식 관심과 교육적 책무성이 대학교수(특히 교양영역을 담당하는)들에게 이미 부과되었다.

1 기업의 인재상 변화

국부창출과 경제개발을 통한 산업화가 절실했던 성장시대에 필요한 인력은 국가산업구조를 고도화, 선진화, 다변화시키는 역량을 가진 사람으로 이들은 전형적으로 기초학문 분야에서 폴라니(M. Polanyi)의 구분에 의한 암묵지나 절차적 지식보다 형식지나 선언적 지식을 통해 우수한 학습 성과를 거둔 이들이었다. 그러나 다국적 기업출현과 같이 기업생태계가 급변하고 지식산업, 지식노동, 창조경제 등의 개념이 대두되면서 기업수요의 인재상도 함께 변화되었다.
지능의 차원에서도 단일국면의 학습지능보다는 감성, 도덕, 문화, 사회, 실행,
관계, 창의, 인성 등 다중적인 지능을 갖추거나 이를 기반으로 성장의 잠재역량
을 지닌 인재에 대한 대기업의 헤드헌팅 내지 인쿠르팅의 경향이 강해졌다. 이
는 다음의 대중적 논조들을 통하여 쉽게 확인할 수 있다.

표 10-1 기업의 스펙 초월/타파 채용 경향성

기사제목	주요내용(요약)	출 처
스펙이 부족하십니까	학생들이 원하는 일류기업들은 생각이 다르다. 획일적인 스펙 경쟁에 신물이 난다. 한마디로 스펙보다는 사람이라고 한다. 대학가의 애처로운 도로(徒勞)를 덜어주기 위해 지원 가능한 스펙을 미리 공지하기도 한다.	중알일보. 2013.3.7 일자
산업인력공단 공채, 스펙 안봅니다	'산업인력공단'은 신입사원 채용과정에서 학력, 영어성적, 가족사항 등의 스펙을 모두 보지 않기로 했다. 스펙보다는 인성이나 잠재력을 중시하는 채용문화를 확산시키고자 한다.	중앙일보. 2013.3.11 일자
스펙도 없이 대기업 문 연 13명의 달인	KT는 스펙을 전혀 보지 않고 특정 분야의 경험과 전문성만으로 신입사원을 뽑는 달인채용을 도입했다	동아일보. 2013.4.4 일자
주요기업의 무(無)스펙 탈(脫)스펙 전형	형식적인 필기시험을 없애고 다양한 장면중심의 면접만으로 채용하거나 숨겨진 재능을 발굴하기 위하여 합숙을 통해 수행능력을 평가한다.	동아일보. 2013.4.8 일자
스펙 안 보고 오디션 도입. 기업들 채용방식 파괴	누구나 능력만 있으면 오라. 창의적 인재를 뽑기 위해 창의적인 채용방식을 도입하는 기업도 늘고 있다.	조선일보. 2013.4.9 일자
나보다 스펙 낮은데 왜 얘가 뽑혔을까	구직성공을 위해 꼭 챙겨야 했던 스펙, 자기소개서, 면접준비 등 이른바 '채용 3종 세트'의 중요도가 낮아지고 있다. 회사마다 원하는 인재들을 골라 뽑는 맞춤형 인재채용 바람이 분다.	중앙일보. 2013.4.16 일자
대기업 채용 탈(脫)스펙–	10대 그룹을 대상으로 신입사원 채용 트렌드를 분석한 결과 대기업이 가장 중요하게 생각하는 자질은 인	

탈(脫)공채- 탈(脫)수도권대로 간다	·성으로 나타났다. 일은 교육을 통해 가르칠 수 있지만 인성은 바꿀 수 없다. 스펙 요구 안하고 다양한 전문가를 뽑는다. 인성 중에서 책임감, 판단력을 중요시 한다.	조선일보. 2013.6.19 일자
스펙 아닌 100% 인성 위주 선발	현재 우리 사회는 스펙을 쌓기 위해 일부러 특이한 경험을 하는 일까지 벌어질 정도로 왜곡된 '스펙지상주의사회'이나, 인성이 가장 중요한 인재선발의 기준이 되어야 한다.	중앙일보. 2013.6.26 일자
현대차, 4개월간 인성평가로, 기아차, 스펙 안보고 인재선발	현대차그룹은 기업의 핵심경쟁력은 사람이라는 원칙을 기본으로 인재육성 전략을 실천해 나가고 있다. 최근에는 전통적인 스펙의 틀을 벗어나 신개념 채용방식을 선보이며 차별화된 역량과 가능성을 가진 인재들을 선발하기 위한 다양한 노력과 시도를 하고 있다.	동아일보. 2013.8.26 일자
스펙보다는 인재상-역량평가… 사람-사업의 성장 꿈꾼다	두산그룹은 서류전형에서 학점, 영어성적, 봉사활동으로 통칭되는 스펙으로 지원자를 평가하기보다는 두산의 인재상과 역량에 부합하는지를 평가한다.	동아일보. 2013.8.26 일자
최고의 스펙은 패기… 잠자는 열정부터 깨워라	도전, 성실, 실천과 같은 평범한 가치가 소중하다. 열정, 성실, 실천 같은 평범함에 진리가 있다.	동아일보. 2013.8.30 일자
밀 질해도 끼만 보여도 그 자리서 채용	스펙 인보는 대신 칭의성 진형이 많아저 취업시장에서 상대적으로 소외되기 쉬운 지방대학출신 인재들에게도 기회를 제공할 수 있다.	중앙일보. 2013.9.2 일자
성적보다 성격… 대기업들 현장에서 인재 구한다	대기업들이 인재채용을 위해 현장에 뛰어 들고 있다. 스펙에서 벗어나 끼와 열정이 있는 인재를 찾아 나선 것이다. 모든 회사가 인성을 채용에서 가장 중시하는 항목으로 꼽았다. 회사마다 스펙을 주안점으로 본다는 곳은 없었다.	조선일보. 2013.9.7 일자
학점, 토익 같은 일률적 스펙으론 부족, 공모전,	스펙 타파, 스펙 초월의 흐름 속에서 취업준비생들은 할 일이 더 많아졌다. 토익점수, 어학점수 같은 천편일률적인 스펙만으로는 이제 부족하다. 기본스펙에	중알일보. 2013.10.4 일자

| 인턴… 자신만의 경력 쌓아라 | 더해 자신만의 차별화된 스펙을 갖춰야 취업경쟁에서 살아남을 수 있다. | |
| 5분 자기PR에 오디션까지… 대기업 탈(脫)스펙 채용 늘어 | 대기업들이 인재채용을 위해 오디션, 길거리 캐스팅 등 이색 전형을 경쟁적으로 도입하고 있다. 이는 어학성적, 자격증 등 스펙으로만 인재를 채용하던 방식으로는 창의적 인재를 뽑기 어렵다는 점을 반영한 것이다. | 조선일보, 2013.10.4 일자 |

표 10-2 기업의 스펙 타파/초월을 대체하는 채용방식(사례)

회사명	신개념 채용방식 주요내용(요약)
SK그룹	SK탤런트 페스티벌, 역량 프레젠테이션, 바이킹 챌린지(오디션 형태)
현대자동차 기아자동차	캠퍼스 자기PR, 5분 자기PR, Job Fair, The H(4개월간의 장기채용 프로그램, 일종의 길거리 캐스팅), Career Tour, Scout-K(테마별 인재 선발), K-Talk(모의면접, 릴레이강연, 자기소개서, 드라이빙 상담, 자유주제 스피치), 현장캐스팅, 스펙보다 내 이야기, 친구추천제, 인성/적성검사
LG그룹	Job Camp, 모의 인성면접, 자기소개서, 글로벌 챌린저, 입도선매(立稻先賣)식 인재선발(기업의 인사담당자가 대학 신입생을 직접 선발함), 캠퍼스 리쿠르팅
POSCO	챌린지 인턴십, 포스코 스칼러십
KT	올레스타 오디션(공개면접방식), 달인채용(특정분야의 경험과 전문성 우대)
삼성그룹	SCSA(삼성 컨버전스 소프트웨어 아카데미: 인문학 전공자를 소프트웨어 개발자로 육성), 창의 플러스, 인성면접
산업인력공단	핵심 직무역량 평가모델
팔도	시식(試食) 면접
블랙야크	산행 면접(과제수행의 태도, 도전정신, 조직적응력 평가)
카카오	경력사원 채용 시 게임 고득점자 우대
KB국민은행	인문서적을 읽고 토론시켜 인문소양이 뛰어난 인재 발굴
하나금융그룹	팀 단위의 게임을 통해 의사소통능력 등을 검증
우리은행	영업사원 역할극을 통해 세일즈 능력 검증

앞서 사례 중에서 가장 파격적인 채용방식 중 하나는 현대자동차그룹의 사례다. 현대자동차그룹의 길거리 캐스팅 절차를 요약하면 다음과 같다. ① 현대차 직원들이 대학가(통학버스, 도서관, 동아리방, 서점, 학원 등지)에서 무작위로 대학생들과 접촉함, ② 길거리 캐스팅의 1차 합격자 100명을 선발함, ③ 10명씩 조를 편성하여 현대차 직원들과 한 달에 한 번씩 산행이나 각종 모임을 수행하면서 대학생들의 가치관이나 행동특성을 면밀히 관찰함, ④ 면접 후 최종 선발함 등이다.

이상의 내용을 요약하면 '인재채용에 사활을 거는 기업에서는 스펙을 일종의 국소적인 개별경험의 차원에서 다루려는 경향성이 팽배하다.'는 점이다. 한마디로 스펙 대신 사람을 본다는 것이다. 취업준비를 위해 화려한 스펙을 돈으로 긁어모은 '꾼'보다 실행능력, 야생의 경험, 글로벌 마인드를 갖춘 '꿈, 끼, 깡, 꾀' 많은 사람이 기업수요의 새로운 인재상이다. 그렇다면 이러한 스펙이 떠난 빈자리를 메우는 슬로건이나 명목적 가치들은 무엇인가? 그것은 역량, 사람, 성격, 끼, 인재, 인성, 창의성, 상상력, 인문적인 소양, 인생, Unique Vision, 패기, 도전, 성실, 실천, 열정, 근성, 책임감(의식), 판단력, 경험, 잠재력, 긍정적 사고, 기본기, 자질, 가치관, 역사관(의식), 국가관, 기업관, 글로벌 의식 및 역량, 몰입, 나만의 스토리, 차별성, 잠재력(성장 가능성) 등을 기반으로 하는 탈지식적 경험 기반의 개별화된 문화교양이다. 이러한 문화교양의 기초가 되는 다양한 가치에 대한 학습경험의 설계와 제공은 철저히 대학교양교육의 몫이다.

표 10-3 기업의 인재상에 반영된 인문학적 교양의 가치덕목들

가치덕목을 포함한 진술 및 기사내용	출처
스펙보다는 인성이나 잠재력을 중시하는 채용문화에 앞장설 것이다.	중앙일보. 2013.3.11 일자
기업입장에서 필요로 하는 인재상으로 열정, 사람과 사물을 대하는 인성을 중시한다. 열정, 인성, 자질, 기본기 등이 비록 추상적이기는 하지만, 기업들은 이러한 가치를 기반으로 베스트(best) 피플이 아니라 라이트(right) 피플을 뽑고자 노력한다.	중앙일보. 2013.3.17 일자

스펙을 만드는 대신 경험을 쌓으며 크고 작은 성공을 접한 것이 자기의 가장 큰 무기이며 자신감의 원천이다.	동아일보. 2013.4.4 일자
부딪혀 보는 것, 바로 도전정신이다. 기업도 이런 인재를 원한다. '대한상공회의소'가 2013년 4월, 국내 100대 기업을 대상으로 기업이 원하는 인재상을 분석한 보고서를 냈는데, 기업은 '도전정신'을 갖춘 인재를 가장 우선시 하고 있다. 이 외에도 중요하게 여기는 가치덕목으로 주인의식, 전문성, 창의성, 도덕성 등이 있다.	중앙일보. 2013.4.16 일자
입사 선호도에서 1, 2위를 다투는 삼성전자와 현대자동차 인사총괄은 최근 입사지원자들에게 가장 부족한 인성으로 판단력, 열정, 책임감을 들었다. 이를 강조하고 면접관을 설득한다면 입사(入社)가 수월해질 것이다. 특히 삼성전자의 신입사원 채용 시 '어떤 철학을 갖고 살아 왔는가?'를 중점적으로 물어 본다.	조선일보. 2013.6.19 일자
인재를 발굴하고 함께 일해 본 경험을 통해 깨달은 점은 창의성은 스펙보다는 자신만의 치열한 삶을 살아온 스토리에서 나온다는 것이다. 창의성은 스펙보다 '인생 마일리지'(일종의 경험)에서 나온다. 인생을 살아가면서 좌절과 실패를 포함하여 무언가에 도전해 본 경험이 많은 사람의 모습을 인생 마일리지로 계측할 수 있다. 학벌과 스펙 대신 인생 마일리지가 많이 쌓인 젊은이일수록 모든 분야에서 경쟁력이 있다.	중앙일보. 2013.8.23 일자
최고의 스펙은 패기다. 잠자는 열정부터 깨워라. 쉼 없는 도전과 실천이 성공의 지름길이다. 갈고 닦는 내공은 결코 거짓말을 하지 않는다. 긍정적 사고로 출발해야 한다. 치열하게 고민하고 도전해야 한다. 열정, 성실, 실천 등과 같은 평범함에 진리가 있다.	동아일보. 2013.8.30 일자
KT의 인재상은 도전정신, 주인정신, 협업능력 등이다. 학벌이나 어학점수와 같은 일률적인 스펙에서 벗어나 열정과 끼 그리고 창의성을 갖춘 인재를 찾고 있다. SK이노베이션은 스펙이 아니라 일 잘하는 능력을 검증하기 위해 Right People 채용방식은 지원자의 직무전문성, 글로벌 역량, 성장 가능성 등에 초점을 맞추어 선발한다. POSCO의 경우 열정과 잠재능력만으로 신입사원을 뽑는다.	조선일보. 2013.8.30 일자
각 기업마다 채용 시 가장 중시하는 점은 삼성그룹의 경우 능력, 자질, 열정, 현대차그룹과 GS의 경우 인성, SK는 인성과 직무역량, 롯데그룹은 직무적합성, 열정, 인성, POSCO는 봉사하고 배려하는 인성, 한진그룹은 인성과 열정, 한화그룹의 경우 도전정신과 열정 등이다.	조선일보. 2013.9.7 일자
현대차의 파격실험을 보면 열정, 근성 있는 인재를 찾아서 새벽 첫 차, 한밤의 도서관 등을 찾아 '길거리 캐스팅'으로 채용한다. 캐스팅 면접관	조선일보. 2013.10.4

이 대학생들을 만나면서 가장 중요시한 덕목은 <u>열정, 근성, 성실</u> 등이었다. 이는 천편일률적인 스펙만으로는 창의적 인재를 뽑기 어렵기 때문이다.	일자
글로벌 기업으로 성장해 전(全) 세계를 무대로 활동할수록 자국(自國) 역사는 물론 세계사, 철학 등과 같은 <u>인문학적 소양</u>을 갖춘 인재가 더 필요하다. 일부 기업에서는 신입사원을 채용할 때 사회에 대한 <u>책임의식, 올바른 역사관, 국가관, 기업관</u>이 있는지를 중점적으로 물어본다. 취업준비생이라면 평소 책과 신문을 많이 읽고 자신만의 올바른 <u>가치관</u>을 정립해야 한다.	조선일보, 2013.10.10 일자
LG전자 인사팀장은 신입사원 채용면접 시 지원자에게 '무엇을 했느냐?' 보다는 '살아오면서 무엇에 미쳐 몰입해 봤느냐?', '남들과 <u>차별화된 경험</u>을 한 것이 있는가?', '가장 큰 실패 <u>경험</u>은 무엇인가?' 등을 묻는데, 이는 기업 입장에서 성적보다는 <u>열정</u>이 더 중요한 인재판단의 기준이기 때문이라고 한다.	조선일보, 2013.10.23 일자

향후 가속화될 것으로 예상되는 기업의 인재채용방식 전환(shift)은 이에 상응하는 대학교육(특히 교양교육) 방식도 바꾸고, 한국교육의 큰 틀(educational frame)을 바꾸게 만드는 연쇄적 파급효과의 단초로 작용할 것이라 기대된다. 그러나 과연 그럴까? 이 점에 대하여 몇 가지 우려되는 사실을 분석하면 다음과 같다.

첫째, 변화를 비웃는 대학생들의 스펙강박증이다. 2013년 전반기 현대차그룹과 삼성그룹 신입사원 채용시험에 응시한 학생들의 반응은 '기업의 인성 기반 수용에 대응하는 대학교육(특히 교양교육)의 변화가 요원하다.'는 점을 적시하고 있다.

"스펙이 중요하지 않다고요? 정말 그럴까요? 현대차와 삼성은 대학생들을 상대로 무스펙, 탈스펙의 원칙을 강조하지만 정작 대기업 입사를 준비하는 구직자들 중 스펙 없이 취업이 가능하다고 생각하는 사람은 아무도 없다. 그들은 '기업들은 직무에 필요한 일정조건만 갖추면 된다고 하지만 일정조건이라는 기준 자체가 애매하다 보니 남들보다 더 눈에 띄기 위해 수치로 승부를 걸어야 한다.'고 입을 모았다. 또한 '스펙 대신 스토리를 만들라(나

만의 매력을 만들어라!)는 것도 역시 새로운 형태의 스펙 아닌가?'라고 반
문한다. 주요기업들은 최근 불필요한 스펙 경쟁 없애기에 나서고 있지만 대
학생들의 분위기는 쉽게 바뀌지 않고 있다. 대기업 인사담당자들은 구직자
들이 불안한 마음으로 무작정 쌓은 스펙은 오히려 좋은 평가를 받지 못한
다고 말하지만 정작 취업을 준비하는 대학생들은 비교적 균질한 대졸 지원
자들을 동시에 대량 공채하는 국내기업들이 스펙을 참고하지 않을 수 있
느냐고 반문한다."(동아일보. 2013.4.8.일자).

"대학생들이 취업이나 스펙에 도움이 안 되는 동아리 활동을 기피하면서
각 대학의 동아리방은 점차 비어가고 있다. 반면 같은 시각 대학 중앙도서
관에는 빈자리가 거의 없었다. 요즘 대학생들은 저학년 때부터 취미, 교우
를 위한 동아리보다는 취업에 도움이 되는 활동에만 몰두하고 있다."(조선
일보. 2013. 10. 4일자).

둘째, 변화된 기업의 인사채용방식에 발 빠르게 대응하는 잘못된 요령의 출
현이다. 길거리 캐스팅이라는 신개념 채용방식의 형태를 대학생들은 과연 어떻
게 이해하고 수용할까? 어느 사회, 어느 시대건 수요자의 제도나 관행의 변화는
반드시 공급자의 대응전략을 동반한다. 문제는 이것이 진정성, 신실성, 온전성
을 기반으로 이루어지기보다 왜곡된 연결고리가 생성된다는 점이다. 이러한 문
제점은 다음 사례에 잘 드러나 있다.

"부산의 한 대학 졸업반인 이모(25)씨는 방학을 맞아 서울 친구 집에서 머
물며 연세대 도서관에 간다. 평소에는 그냥 지나쳤지만 학교주변에서 쓰레
기를 보면 잽싸게 달려가 줍는다. 이는 현대차가 수행하는 신입사원 채용
프로그램인 'The H'를 위해 대학가에서 암행(?)하는 인사담당자의 눈에
띄기 위해서다. 주요그룹의 채용 트렌드가 스펙에서 인성이나 끼를 중시하
는 쪽으로 바뀌면서 대학생들은 여름방학을 이용하여 (취업에 도움이 될까
해서) 해외 봉사활동을 가기 위해 돈을 내기도 하고, 인기가 뜸했던 농촌
봉사활동도 활발해지고 있다. 개인기를 연마하기 위하여 학원에서 성대모

사와 춤을 배우기도 한다. 진짜 창업이 목적이 아니라 이력서에 적기 위해 창업동아리에 가입해 활동하기도 한다. 대기업 인사담당자들은 이러한 벼락치기 식 대비로는 효과를 거두기 어렵다고 한다. 무엇보다 중요한 것은 진정성이다."(동아일보. 2013. 7. 15일자).

셋째, 재정지원과 연계시킨 정부의 취업경쟁력 강화 정책은 기업의 인성 기반 인재수요에 대응하는 대학교육과정의 실질적인 변화를 철저히 방해한다. 정부가 요구하는 산학협력교육 강화, 창업 및 창직교육 강화, 취업률 향상을 통한 교육의 책무성 제고 등은 캠퍼스를 창업전쟁터 혹은 취업사령부로 전락시키는 모순을 자아내고 있다. 한마디로 취업강화 정책은 대학교육의 포커스를 개인의 인성이나 잠재역량이 아니라 오로지 취업에 경도(傾度)된 가시적인 수행성과에 향하도록 만드는 무언의 압력이 되고 있다. 이러한 상황에서 대학교양교육의 경험은 창업이나 취업을 위한 도구로 기능하게 만든다.

넷째, 우리나라 기업생태계에 가장 큰 영향력을 끼치는 삼성과 현대그룹이 시행하는 입사시험의 실재 문제다. 두 그룹은 무스펙, 탈스펙을 주창(主唱)하며 다양한 채용방식을 선보이고 있음에도 불구하고 신입사원 대부분을 인성/적성 검사라는 이름하에 치러지는 SSAT와 HMAT를 통해 선발한다. 그러나 과연 출제문제에 '인성/적성의 가치를 가늠할 수 있는 적합한 내용이 포함되어 있는가?'에 대한 의문은 떨쳐버리기 어렵다.

언어, 수리, 추리, 에세이 등을 망라한 마치 수능시험과 유사한 형태의 소위 삼성고시(수능), 현대차고시(수능)에 대비한 문제집, 학원 등이 난무함으로써 발생하는 엄청난 사회적 비용지출(새로운 형태의 사교육)을 사람들은 지극히 당연시하고 있다.(중앙일보. 2013. 10. 23일자; 조선일보. 2013. 10. 27일자; 조선일보. 2013. 10. 2일자) 이처럼 일종의 횡포수준에서 대기업이 수행하는 입사시험의 실재는 대학교양교육의 폭과 깊이를 극소화시키는 합법적인 압력으로 작용한다.

이상의 여러 가지 이유나 드러난 문제점에도 불구하고 대학교양교육의 혁신은 거스를 수 없는 과업이다. 비록 기업의 인성 기반 인재수요라는 외부 충격에 대응함으로써 생기는 능동성의 결여라는 비난을 받을지라도 그 과업은 반드시 이루어져야 한다. 그렇다면 기업이 요구하는 인성 기반의 인재를 길러내기 위한 대학교양교육의 적합한 형태와 형질은 어떠해야 하는가?

2 대학의 교양교육

교양의 어원은 플라톤의 아카데미아 프로그램이었던 Trivium과 Quadrivium의 유산인 (seven) liberal arts다. 이를 풀어 쓰면 liberal은 자유로운 사유를 의미하며 이를 지향하는 사람들에게 어울리는 것들인 arts(학술 혹은 학예)로 이들이 합성된 liberal arts는 능동성, 자율성, 주체성을 기반으로 하는 학습경험의 총체다. 혹은 신사(a man of the world)에게 적합한 모든 경험으로 해석할 수도 있다. liberal은 개인이나 집단지성을 전반적으로 확대하거나 새로움을 추구하는 경향성으로, 이는 테크네로서의 기술이나 프로페셔널한 직업을 획득하는 데 요구되는 제반 요건들을 모두 아우르는 일종의 통합적 인격 혹은 전인적 인성의 완성을 위한 총체다. 이 용어는 자유교육, 인문교육, 자유교양교육, 자유인문교육, 교양교육, 일반교육 등으로 다양하게 사용된다(손승남, 2011: 27-31).

표 10-4 대학교양교육의 다양한 스펙트럼

구 분	핵심되는 내용
자유교육	외재적 가치가 아니라 내재적 가치를 추구함. 폭넓고 깊이 있는 지식을 추구함. 인간정신의 자유로운 발달을 저해하는 교화, 세뇌, 훈련을 지양함. 지적 수월성(intellectual excellence)을 지향하되 학습참여자의 자발성과 자주성을 최대한 고려함
인문교육 (인성교육)	문학, 철학, 사학 등 인문교과의 교육적 가치를 중시함. 그러나 단순히 인문학적 소양에 국한된 협소한 의미가 아니라 궁극적으로 '인간다움'을 위한 제반 학습경험을 망라함
자유교양교육 (자유인문교육)	교양인으로서의 자질로 요구되는 문학, 사상, 종교, 예술 등에 관한 제반 지식의 획득을 도모함. 원만한 인격의 폭을 확충하고 일상생활에 필요한 지혜를 길러주는 교육을 지향함

교양교육	전문성 교육의 바탕이 되는 인간성교육을 망라함. 전통적 인문소양교육과 실용주의적 능력 배양의 융합을 지향함. 문제해결력, 추론능력, 창의력, 윤리적 감성, 실천능력 등을 망라하는 '실질적 사고력'의 배양과 연습에 초점을 맞춤
일반교육	전문, 직업교육과 대별되기는 하지만 교육에 참여하는 모든 사람이 일반적으로 이수해야 할 교과과정을 의미함. 기초 및 도구과목들이 주류를 이룸

위의 내용을 종합하면 어떤 용어를 차용하더라도 그들은 공통적으로 인간됨 혹은 인간다움을 담지하고 있다. 인간됨 혹은 인간다움으로서 교양교육은 근대 산업화와 더불어 형성된 자유경쟁기반의 자본주의, 과학만능의 기술주의, 인지적/과학적 환원주의 등으로 인해 그 원형(protocol)과 본질이 왜곡 혹은 훼손되었음을 부인할 수 없다. 그럼에도 불구하고 고대로부터 전승된 유산으로서의 교양교육의 형식과 내용(그것들이 비록 원형을 상실했을지라도)은 현대 대학교육과정에서 전공교육과 더불어 중요한 축이다. 그런데 최근 기업들이 요구하는 인재상의 지표로서 그동안 모든 교육에서 망실되었던 '인성 혹은 인간다움의 원형을 회복하라!'고 강력하게 촉구하고 있다. 진의(眞意) 여부를 떠나 그들의 요구에 부응하는 현실적인 방책은 대학교양교육의 원형 회복이다. 그렇다면 원형회복이라는 측면에서 대학-교양-교육의 연결고리는 어떤 의미연관구조를 갖고 있으며 또한 가져야 하는가? 다음의 글들을 통하여 이 문제를 탐구해 보자.

"대학이란 마당은 개별 전문지식을 단순히 가르칠 뿐만 아니라 보다 종합적이고 포괄적으로 젊은이들이 인간으로서 자신의 힘을 기르는 장, 즉 교양의 장이다. 동경대학은 이것을 가장 중요한 방침으로 내세우고 있다. … 교양을 정의하기는 어렵다. 하지만 자신이 지금까지 몰랐던 것을 깨닫게 해주고 정신을 풍요롭게 해주는 그런 기초를 길러나가는 것이다. 그 기초를 자기 안에서 소화하여 풍성하게 넓혀 가는 일이다. 즉, 스스로를 풍요롭게 하는 일, 인간 자신을 알아가는 일이다. … 교양이란 무엇인가라는 질문에 '당신이 잘 살아가려고 하는 일'이라고 답한다. 대학생은 무슨 일을 하든 사고해야 한다. '나는 잘 살아가려고 노력하고 있는가'를 언제나 스스로 되

돌아 보는 일이 중요하다.… 잘 사는데 도움이 되는 것으로 학문의 가장
밑바닥에 있는 일종의 놀라움과 아름다움의 감각은 아주 중요하다. 이러
한 (놀라움과 아름다움의) 감동을 공유하지 못하면 교양이 아니다."(東京
大學敎養學部(저), 노기영 외(역). 2012: 60-61, 65, 74).

"야스퍼스는 대학의 관심이 학생들로 하여금 그의 특정한 연구 분야와 전
체 지식영역의 통합감각을 길러주는 데 있어야 한다고 하였다. 교양교육의
목적은 사회와 자연에 대한 폭넓은 이해를 통해 바람직한 세계관을 확립
하고 분석적이고 창조적인 사고력을 배양하는 데 목적을 두어야 한다. 그
렇기 때문에 교양과 전공을 양분하는 태도를 지양하고 양쪽을 포용하면서
독자적인 연결고리를 만들어내는 특유의 정체성을 가진 교양교육이 요구된
다. 인문교육은 궁극적으로 인간다움이 무엇이며, 왜 그래야 하는가를 묻
는 부단한 반성적 성찰의 과정이다. … 오늘날 대학교육에서조차 사유하는
인간, 전인적 인격을 갖춘 사람을 양성하기보다는 정보사회에서 필요로 하
는 인간만을 산출하고 있지 않은지 성찰해야 한다. 정보사회에서 필요로
하는 인간은 사유 깊고, 가치 지향적이며 전능한 교양인이 아니다. … 교양
교육에서 추구하는 교양인은 명료하고 효과적으로 생각할 뿐만 아니라 그
것을 잘 표현할 수 있는 능력을 갖고, 비판적인 안목을 갖추며, 다른 문화
에 대하여도 깊은 이해에 도달한 사람이다. … 일반교육은 개인의 전인적
발달을 의미한다. 일반교육은 인생의 목표를 순화시켜 주고 정서적 반응을
정련시키며, 이 시대 최고의 지식에 비추어 사물의 본질에 관한 이해력을
높이는 것을 포함한다."(이석우, 1998: 421, 427-428).

"교양교육 프로그램들은 여러 가지 인간의 사고방식들 가운데 어떤 지속적
이고 변화하는 관계들을 연구해야 하는 책임감을 수반하는데 이 책임감의
효율적인 수행에 의해서만 교양교육의 개별성이 보장된다. … 교양교육은
다음의 세 가지 폭넓은 목적을 가진다. 첫째, (경험의 다양한 문제들에 관
한 판단과 의견의 상호 교환을 가능하게 만드는 공통의 기준과 가치 기반
의) 공통학습을 제공하는 것이며, 둘째, (편협성과 국지성을 지양하는 통

일성과 유기성을 지향하는) 전통문화에 대한 포괄적인 이해의 기회를 학습
자에게 제공하고, 셋째, (도덕문제, 가치문제를 전제로 하는) 지적 단편(斷
片)들을 다(多)학문 과정들과 연계(통합)시키는 것이다."(Bell, D.(저), 송
미섭(역). 1994: 9, 356-358).

"교양교육은 우리 자신과 우리 시대를 더 잘 알고, 우리 선현들의 위대한
전통과 업적을 발견하고 또한 그것을 이해하기 위해서 필요한 것이다. 그리
고 그것은 우리 자신의 삶을 고양시키고 우리와는 전혀 다른 사람들에 대
한 공감대를 형성할 수 있는 새로운 가능성을 검토하기 위해서 우리의 마
음과 정신을 자유롭게 하는 것이다. 또한 그것은 스스로 책임감 있게 삶을
선택할 수 있는 의식을 가진 시민이 되도록 준비시키기 위해서 필요한 것이
다."(Duderstadt, J.J.(저), 이철우 외(역). 2004: 135-136).

"리버럴 아트 교육은 원래 인간교육이 목적이다. 리버럴 아트 교육을 통하
여 전인적인 인격을 기르는 것이 목적이다. 균형 잡힌 일반적인 지식을 가
르침으로써 사물을 종합적으로 판단할 수 있는 인간을 육성한다는 것이다.
세분화에 의한 지식의 해체현상에 대항하여 지식의 전체적인 성질을 회복
하고 유지하기 위해서도 리버럴 아트 교육은 매우 중요하다. 지식의 해체의
결과 리버럴 아트 괴멸현상이 벌어진다. 인재를 사회에 공급하기 위해 필요
한 것은 학생을 전문 과정으로 밀어 넣어 좁은 영역밖에 이해하지 못하는
어정쩡한 스페셜리스트를 양성하는 것이 아니라 오히려 다양한 전문영역까
지 어느 정도 이해할 수 있는 수준의 제너럴리스트를 육성하기 위해 새로
운 리버럴 아트를 구축하는 것이다. … 교양은 가르치고 배우는 것이 아니
라 갖추는 것이다. 교양을 갖춘다는 것은 하나의 세트처럼 완벽한 형태의
지식체계를 머릿속에 입력하는 것이 아니라 오히려 머리를 사용하는 방법
의 문제, 즉 마인드의 문제다. 교양교육을 이르는 독일의 bildung은 아이
에게 수영을 가르치는 가장 좋은 방법은 아이를 물속에 던져 놓고 잠시
동안 그대로 내버려 두는 것이다. … 교양은 학식으로 잴 수 없다. 교양은
자연스럽게 도움이 되는, 매우 치밀하게 조직화되어 완전히 내 것으로 동화

된 지(知)를 전제조건으로 삼는다. 위대한 교양인이란 말은 지를 얻기 위한 오랫동안의 노력이 지적이고 <u>도덕적인 인격</u>으로 나타난다. … 교양이란 문화 그 자체이며 그것은 인간의 모든 지적 기능들을 <u>발현</u>시키는 것을 포함한다. … 사람이 이러한 교양이 없을 경우 폭이 좁은 근시안적인 인간이 될 수밖에 없다. 교양이라는 것은 폭 넓은 시각으로 <u>전체의 상</u>을 바라보는 거시적인 능력을 갖추는 것이기 때문이다. … 영미에서는 교양학부를 아트 앤드 사이언스라고 하는데 이는 <u>테크네 앤드 에피스테메</u>의 영역이다. 에피스테메는 사이언스의 어원으로 지식을, 테크네는 테크놀로지의 어원으로 전문기술을 의미한다. 에피스테메는 머리에 테크네는 몸에 해당하는 학습경험인데 (외국어교육처럼) 테크네를 에피스테메로 다룰 경우 교양교육은 실패한다. 교양교육은 에피스테메와 테크네의 <u>복합적인</u> 능력을 추구한다."
(立花隆(저), 이정환(역). 2003: 50-52, 139, 141, 145-147, 220, 271-272).

다치바나(立花隆)는 '동경대생은 바보가 되었는가?'라는 다소 자극적인 논제를 통해 자신의 모교인 동경대학교에서 이루어지고 있는 (왜곡되거나 잘못된) 교양교육 붕괴실태(테크네에 해당하는 교과영역조차 에피스테메의 방식과 내용으로 가르침으로써 생기는)에 대하여 신랄하게 비판(동경대학이 내세운 교양교육의 목적, 즉 동시대의 지식에 대한 넓은 식견을 갖추게 하기 위해 동시대의 지식의 기본적 범위의 학습을 시키는 것에 대하여 의문이 든다)하면서도 대학교양교육의 학습경험을 통해 학생들에게 갖추게 해야 할 테크네로서 지적 목표와 실천적 능력의 대안을 다음과 같이 제시하고 있다.

표 10-5 다치바나가 제시한 교양교육(테크네)의 목적

상위능력	하위 영역	구체적인 역량
지적 능력	이론을 세울 수 있는 능력	• 잘못된 논리를 간파하거나 반박할 수 있는 지식 • 다른 사람을 설득할 수 있는 소통지식
	계획을 세울 수 있는 능력	• 수립한 계획을 수행할 수 있는 지식 • 다른 사람들을 조직할 수 있는 지식

		• 팀을 만들고 활용할 수 있는 지식
	정보능력	• 정보를 수집, 평가하는 지식
		• 정보를 이용하고 응용하는 지식
	발상력	• 문제발견 능력과 문제해결 관련지식
실천적 능력	실천적 언어 능력	• 조사하고 문서를 작성하는 능력
		• 다른 사람을 설득하는 논리력과 마음을 움직이는 표현력
		• 논쟁에서 이길 수 있는 토론 능력(상대방의 잘못된 논리를 간파하거나 거기에 반박하는 능력)
		• 커뮤니케이터로서의 능력(미디어를 통하여 대중에게 어려운 문제의 논점을 알기 쉽게 전달하고 설득하는 능력)
	실천적 정보 능력	• 실제로 정보를 수집하고 평가하는 능력
		• 정보를 이용하고 응용하는 능력
	실천적 프로젝트 수행능력	• 발상력, 상상력, 목적을 실현해 가는 능력
		• 팀을 구성하고 그것을 활용하는 능력

위의 몇 가지 의미 있는 담론들을 염두에 두고 대학교양교육을 정언(定言)적으로 정리해 보면 그것은 사고, 행위, 문화의 다양성, 주체성, 통합성을 일정한 지적(知的) 방식으로 디자인하는 것이다. 이러한 교육적 디자인이 온전하게 이루어질 때 배움과 사유의 개별경험은 결코 사유화, 객관화, 도구화 되지 않는 특성을 발현한다. 다시 말하면 자기를 직시하고, 자신과 타자와의 관계를 생각하고, 그들과의 공존, 공생, 공영의 원리를 탐구하고, 이를 구체적으로 실천에 옮기는 행위나 그것의 기반이 되는 토대들이 대학교양교육의 전모가 되는 것이다.

사고, 학문, 진리, 관계, 연구, 정책, 교육에서 방법론적 복수주의야말로 인간을 가장 자유롭게 만드는 힘이요, 전제조건이다. 그 힘은 바로 개인으로서 (주체적으로 사유하는) 힘, 타자와 대화(소통)할 수 있는 힘, 진리와 자유를 신실하게 사모하는 힘, 놀라움과 아름다움을 온전히 느끼는 감동과 공감의 힘이다. 그런데 우리 대학교육에 만연된 획일화, 권위주의, 경제적 합리성은 이러한 방법론적 복수주의가 주는 가치를 저해하는 최대의 적들로 기능하고 있다. 대학교양교육의 원형은 바로 위와 같은 논리적 설명에 기초해야 한다. 이를 정리하면 다음과 같다.

표 **10-6** 대학교양교육의 통합적 측면

교양교육의 측면	주요 내용들
교육의 목적	사람다움(인간다움), 문화화(교육), 인간화(교육), 인격화(교육), 전인교육, 통합(교육), 창조적 사고, 시민됨, 가능성, 도덕적 인격, 지적 및 인격적 발달
개인의 정서	정신적인 풍요, 자아존중감, 감각, 놀라움과 아름다움에 대한 감동, 자아정체성, 시대정신, 자유로움(자유감), 민감한 정서반응
개인의 태도	자기주도성, 사유함(생각), 반성(反省)적 성찰, 가치 지향, 순화, 비판, 표현, 책임감, 수행능력, 선택능력, 발현능력
교육제도/방법	통합화(성), 연계화(성), 전체성, 책무성, 균형감, 종합화(성), 제너럴리스트, 조직화(성), 체계화(성), 간(間)학제화, 융합 및 복합, 공통학습, 포괄성, 전체의 상(像), 다(多)학문과정

 범세계적으로 대학들마다 앞 다투어 위에 제시한 대학교양교육의 통합적 측면을 효율적으로 구현하기 위하여 행·재정인프라는 물론 교수·학습콘텐츠에서 다각적인 전환을 시도하고 있다. 우리나라의 경우 각 대학마다 '학부대학, 교양대학, 방목기초대학, 후마니타스 칼리지, 자유전공학부, 교양교직학부, 교양교육학부, 기초교육원, 교양교육원, 교양교육지원센터' 등의 직제상 인프라 구축을 통하여 상실된 교양교육의 본연성을 회복하기 위한 가식적인 노력들을 경주하고 있다. 그렇다면 대학교양교육 관련 교수·학습콘텐츠 측면의 실태는 어떠한가?

표 **10-7** Y대학 W캠퍼스 교양교육과정 편제

이수구분	영 역	과목 예시
공통기초	채플	채플
	기독교의 이해	기독교와 현대사회, 성서와 기독교, 기독교역사와 문화
	글쓰기	글쓰기
필수교양	문학과 예술	서양음악의 이해, 대중문학의 이해, 영화의 이해, 문학기행, 미학 등
	인간과 역사	인간행동의 심리적 이해, 우리교육의 어제와 오늘, 서양문화의 유산, 동양문화의 유산 등

	언어와 표현	비즈니스영어, 일본어, 중국어, 한문, 러시아어, 독일어, 불어 등
	가치와 윤리	공공가치와 정책, 성평등 리더십의 이해와 실천, 동양의 가치와 철학, 환경오염과 인간 등
	국가와 사회공동체	현대사회의 법과 권리, 사회과학과 사회봉사, 기업가정신과 리더십 등
	지역사회와 세계	축제문화의 이해, 국제빈곤의 이해, Start up Business, 문화인류학 등
	논리와 수리	확률과 통계, 수학적 사고의 아름다움, 행정정보 분석, 논리와 분석적 판단, 창의성과 아이템탐색 등
	자연과 우주	물리학의 현대적 이해, 우주의 이해 등
	생명과 환경	지속가능 국제개발, 인간의 생물학적 이해, 현대 생명론 등
선택교양	역사 · 철학	유럽도시 역사기행, 한국인의 정체성, 신앙과 리더십, 영상매체 속의 교육문화이해, 종교와 인간심리 등
	과학 · 기술	세계의 전통음식을 찾아서, 생명의 수학적 이해 등
	사회 · 윤리	결혼과 가족, 부모교육, 여가-문화-교육, 청년기의 갈등과 자기이해, 산업화의 노동문제, 청소년 문제와 교육, 충동과 자기관리, 현대사회의 데이팅과 결혼, 대인관계의 심리학, 대안교육의 이해와 대안학교 탐방, 성인학습과 생애개발, 다문화사회와 글로벌교육문화의 이해 등
	인문 · 예술	시네마 속의 인간심리, 디자인사, 영화-음악-철학, 교양합창, 디자인예술학입문 등
	세계문화 · 언어	토익, 영어회화, 한국문화체험, 해외인턴십, 글로벌문화특강, 국제 NGO인턴십, 자연과학의 논리와 글쓰기 등
	생활 · 건강	디자인과 문화, 건강과 운동, 배드민턴 등 각종 스포츠 등
공학기본 소양		커뮤니케이션과 인간관계, 문제해결기법 및 프리젠테이션 등

표 10-8 서울 S대학의 교양교육과정 편제

이수 구분	영 역	교과목 예시
학문의 기초	학문적 의사소통	인문학 글쓰기, 사회과학 글쓰기, 과학과 기술 글쓰기, 법률문장론
	외국어 의사소통 (영어)	고급영어: 학술작문, 고급영어: 연극을 통한 영어연습, 영어(법학) 등
	외국어 의사소통 (기타외국어)	시사프랑스어(각국 언어교육), 미디어러시아어, 산스크리트어, 아랍의 언어와 문화 등
	수량적 분석과 추론	수학 및 연습, 인문사회계를 위한 수학, 경영학을 위한 수학, 수학의 기초와 응용 등
	과학적 사고와 실험	고급물리학, 물리학실험, 생물학, 지구환경과학 등
	정보 기술 활용	컴퓨터의 개념 및 실습, 컴퓨터의 기초, 컴퓨터 원리 등
	논리적 분석과 추론	논리와 비판적 사고, 논리학 등
핵심 교양	문학과 예술	한국인의 삶과 문학, 라틴아메리카 문학과 사회, 말과 마음, 인간 복제와 문학, 문학과 철학의 대화 등
	역사와 철학	한국 전통문화와 규장각, 문명의 기원, 미학의 역사와 전망, 동아시아의 군주권력과 국가, 동아시아의 한국고대사 전쟁, 철학자와 그의 시대, 종교 상징의 세계 등
	사회와 이념	마음의 탐구, 세계와 지역의 환경문제, 청년기 생애 설계 심리학: 흔들리는 20대, 생애발달에 따른 정체감 탐구, 행복의 과학적 탐구, 현대한국인의 탄생 등
	자연과 기술	과학적 방법론과 통계학의 이해, 양자개념과 인류문명, 불확실성의 세계와 통계학 등
	생명과 환경	지구의 이해, 외계행성과 생명, 숲과 인간, 우리 몸의 이해 등
일반 교양	국어와 작문	한국어 문장의 이해, 실용문의 분석과 작성 등
	외국어와 외국문화	영미 대중소설 읽기, 독일명작의 이해, 러시아명작의 이해, 예술과 사회 등
	문학과 예술	한국고전문학과 성, 한국문학과 영화, 한국의 미와 예술 등
	역사와 철학	조선왕조의 선비정신, 지도로 보는 한국사, 노동의 역사 등

사회와 이념	현대사회와 유가철학, 과학과 비판적 사고, 성의 철학과 성윤리, 인간관계의 심리학 등	
자연의 이해	공학윤리와 리더십, 약과 건강, 참살이 의학특강 등	
기초과학	기초물리학, 기초화학, 기초생물학 등	
체육 및 기타	레크리에이션, 호신술, 인라인 스케이트, 건강과 삶, 수채화의 기초, 교양연주-가야금 등	
기초교육 특별프로그램	Understanding Korean Philosophy, The Korean Economy: History and Recent Changes Music of the World, 미래를 위한 자기이해와 리더십 개발, 국제적 시각과 협력을 위한 공동강의, 주제로 읽는 고전: 자유, 현대 사회과학 명저의 재발견, 현대도시건축 산책, 소리의 과학과 악기제작 체험, 산과 인생 등	

표 10-9 서울 K대학의 교양교육과정 편제

이수 구분	영 역	교과목 예시
공통 교양 (필수)	사고와 표현	글쓰기, 고전 텍스트 읽기와 연계
	아카데믹 잉글리시	전공과 관련된 영어
핵심 교양	세계와 문화	영화와 언어, 언어와 문화, 프랑스혁명과 제1공화정, 독일사회와 문화, 사회와 문화의 인류학적 이해, 동남아시아의 지역성과 문화, 한국 세시풍속의 이해, 유라시아 한인 문화탐방, 이슬람 문명의 이해 등
	역사의 탐구	한국 전통사회 가족 및 여성의 역사, 동아시아 세계 속의 일본 역사와 문화, 서양문화의 사회사, 서양 고대의 신화와 역사, 한국 근현대의학사, 역사는 어떻게 서술되는가? 등
	문학과 예술	공연 예술의 이해와 감상, 문학과 상상력과 논리, 한국 시 속에 살아있는 독일문학, 어떻게 영화를 읽을 것인가, 그림을 통해 본 일본 고전문학과 문화, 한국의 젊은 시인들 등
	윤리와 사상	배려의 철학, 뇌 과학의 윤리적 이해, 도덕적 삶에 대한 성찰, 유토피아를 찾아서, 한국 사상의 비판적 성찰 등
	사회의 이해	생활관계의 법적 인식, 히스패닉 사회의 이해, 행복의 심리

		학, 마음의 과학, 마음·두뇌·교육의 이해 등
	과학과 기술	뉴튼의 시계·하이젠버그의 주사위, 위기의 지구, 곰팡이와 인간, 건축학과 미래 사회, 뇌 영상의 이해와 활용, 재미있는 생활미생물 등
	정량적 사고	수학의 언어와 패턴의 과학, 인문사회학을 위한 수학, 통계와 의사결정, 수학의 세계와 인간사회, 데이터로 표현하는 세상 등
전공관련교양		문화 간 영어 커뮤니케이션, 글로벌 커뮤니케이션, 디자인 지식재산권, 예술 경영, 예비교사를 위한 스마트교육 등
선택교양		서울지역의 향토문화, 광고와 소비문화, 문학과 섹슈얼리티, 유럽여행과 문학, 성과 욕망의 철학, 생활 속의 목재, 부모되기 교육, 영화로 읽는 영미문학, 오페라의 세계, 거문고를 통해 본 한국 공연예술 등

위의 내용을 살펴볼 때 2010년대 들어서면서 60-90년대까지 주류를 이루었던 디스플린 중심(discipline-based)의 교양교육과정을 지양하는 대신 다양한 토픽과 테마 중심(topic & theme-based)의 간학제적 수업콘텐츠를 적극 개발함으로써 실험적이고 혁신적인 교양교육과정을 디자인하는 경향성이 드러난다. 물론 학문중심 교육과정에서 비롯된 교과 콘텐츠를 통한 인성개발이 불가능하다거나 치명적인 약점이 있는 것은 아니다.

다만 그것은 브루너(J. Bruner)가 제시한 패러다임적 사고(paradigm thinking)를 기반으로 하는 수업설계와 학습경험에 경도될 개연성이 매우 높아 대학생들이 기업수요의 인재상에 부합하는 유연한 사고, 도전적인 사고, 융합적인 사고, 창의적인 사고 등의 역량을 자극받거나 연습하는 데 일정한 한계가 있음은 확실하다. 이러한 한계는 토픽이나 테마 중심의 학습경험을 통한 내러티브적 사고(narrative thinking)의 연습과 개발을 통하여 극복될 수 있는데, 최근 대학교양교육과정을 보면 이를 가능하게 만드는 '학습의 조건'들이 어느 정도 외양적으로 갖추어지고 있다는 가능성도 발견할 수 있다.

그러나 이러한 현상 속에는 잠재적인 문제점이 여전히 도사리고 있다. 왜냐하면 비록 디스플린 중심을 지양하여 토픽이나 테마 중심의 교과콘텐츠를 교양수업설계의 핵심으로 삼는다할지라도 교수자가 진행하는 수업방식이 구태를 답습하는 상황이 여전히 실재하고, 갖가지 평가방식을 통해 개인의 학습경험을 객관적으로 가늠하려는 학사제도들로 인해 대학교양교육의 본질회복이 의심스럽기 때문이다. 일견 외양적 변화를 통해 기업수요의 인재상에 부합하는 인력양성에 신경을 쓰는 듯 보이지만 정작 대학의 속사정은 여러 가지 이유들에 의하여 전혀 교양교육의 원형에 충실하지 못하기에 일종의 착시현상일 수 있다. 설명이 아니라 설득 기반의 내러티브 수업설계를 통한 학습의 인간화와 더불어 평가의 인간화가 선행되지 않는 한 대학교양교육의 본질회복은 요원하다고 보겠다.

　　기업이 필요로 하는 인재상의 변화양상은 오랫동안 유산으로 전승된 대학교양교육의 원형을 회복하도록 기업이 대학들에 강력하게 촉구하는 것처럼 보인다. 그렇다면 정작 현행 대학교양교육 정책입안자들(정부 차원은 물론 단위대학 차원까지)은 그들의 격앙된 목소리에 부응하도록 교양교육의 적합성을 제고하기 위한 전환 혹은 개선의 노력들을 경주하고 있는가?

표 10-10 인재에 대한 기업수요와 대학공급의 유의성

기업의 인재상	대학교양교육의 본질	대학교양교육 실태
패기와 열정, 모험과 도전정신, 주인정신, 차별화된 다양한 경험(스토리), 긍정적 자아와 사고, 책임감(의식), 배려하는 인성, 자신감, 도덕성, 인문학적 소양, 근성과 끼, 독창적 창의성, 성장가능성, 글로벌 역량, 협업 및 소통능력, 성실성, 건전한 가치관을 지	• 인간정신의 자유로운 발달을 지향하고 '인간다움'을 위한 제반 학습경험을 제공함 • 건전한 도덕성을 기반으로 하는 원만한 인격의 폭을 확충하고 일상에 필요한 지혜를 길러주는 교육과정을 제공함 • 합리적 비판능력, 문제해결력, 추론능력, 창의력, 윤리적 감수성, 실천능력 등의 통합적 학습경험을 추구함 • 공통(협동)학습은 물론 자기주도적 학습설계 역량을 강조하고 지원함 • 균형감 있는 시대정신과 공정과 정의감을 구체적으로 행위하는 실천적 사고력	토픽과 테마 중심의 다양한 학습콘텐츠와 간학제적 융·복합 교과콘텐츠를 개발하여 실제 교육과정에 운용하고 있으나 평가(절대평가든 상대평가든)의 실재에 의하여 실질적인 교양교육의 본질회복이 요원함

닌 라이트(right) 피플	을 제고함 • 자신의 삶을 능동적으로 경험하고 삶의 　전체성을 조망할 수 있는 생애개발능력 　을 계발함	

　　앞서 분석에서 드러난 문제점을 해결하고 기업수요와 대학공급이라는 두 변인 간의 실질적인 유의성을 제고하기 위한 방안은 무엇인가? 기업의 인성기반 인재수요에 적합한 대학교양교육과정 개선 혹은 혁신의 방향은 무엇인가? 또한 자율성, 자발성, 창의성을 기반으로 온전한 인성교육을 지향하는 대학교양교육의 변화는 과연 작금(昨今)의 왜곡된 우리 교육생태계 속에서 현실적으로 가능한가? 『스토리가 스펙을 이긴다』, 『돈으로 살 수 없는 것들』이라는 책이 있다. 이들의 공통적인 메시지는 개인은 물론 기업, 조직, 국가 등의 미래경쟁력은 스토리에 있다는 점이다.

　　스토리텔링은 개인의 역량을 객관적인 수리−귀납모형으로 청중에게 설명하는 것이 아니라 인성기반의 해석학−현상학적 모형으로 남을 합리적으로 설득하는 것이다. 스토리의 소재는 내가 생각하기에 아무리 소소하고 타인들이 의미 없다고 여기는 것일지라도 내가 경험한 모든 것에 기반을 둔다. 이를 대학교양교육에 비추어 볼 때 나의 전공영역과 전혀 무관한 광폭(廣幅)독서(예를 들어 1929년 시카고대학의 허친스총장이 추진한 '시카고 독서플랜'과 같이), 다양한 글쓰기(쪽지, 일기, 편지, 창작, 카스, 유서, 자서전 등), 나를 즐겁게 만드는 취미(꾸준한 운동이나 수집활동 포함), 미지세계로의 모험과 무전여행에 도전함, 믿음기반의 가족관계의 재구축, 섬김과 나눔의 휴먼네트워킹, 일상에서 감동과 절정경험 등은 내 스토리의 좋은 콘텐츠가 된다. 낭만적인 '대학가요제'가 사라지고 도전과 열정의 '대학문학상'이 사라질 때(조선일보. 2013. 10. 3일자) 우리 대학생들의 스토리 콘텐츠는 위축되기 마련이다.

　　이제 우리 사회는 물론 대학교양교육에서도 스펙이 아니라 스토리(취미, 독서, 무형의 경험들)가 경쟁력이 되는 시대정신을 창조해야만 한다. 전리품처럼 모아 놓은 비싼 물건으로 자기신분을 과시하는 것(포트래취)이나 고비용을 들인 스펙으로 역량을 뽐내는 것이 아니라, 세상의 온갖 경험을 통해 무형의 자산을

풍부하고 풍요롭게 만들어 나가는 노블레스 노마드(noblesse nomad)가 시대정
신이 되어야 한다. 우리의 대학교양교육과정 개혁은 바로 이러한 시대정신을 온
전히 녹여내고 다듬는 것에서 출발해야 한다. 이 정신이야말로 기업들이 요구하
는 올바른 인성 기반의 인재상일 것이다. 이를 위해 선행되어야 할 것은 현재
우리의 대학 캠퍼스를 철저히 지배하고 있는 취업경쟁의 메커니즘에 종속되지
않는 것과 교양의 역사성과 대학교양교육의 본연성 회복을 위한 노력이다. 이는
다음의 몇 가지에 대한 단상에서 출발해야 할 것이다.

첫째, D중공업 P회장이 J대학교 이사장으로 취임하여 당시 교양교육 실태에
대하여 신랄하게 비판한 것에 대하여 우리는 주목할 필요가 있다. 그는 구청의
문화교양센터에서 배울만한 수준의 교양과목들이 대학에서 운용되는 것은 소위
인성, 지성, 감성교육을 내세우며 수익자에게 고비용을 부담시키는 것이기에 합
당치 않다고 역설한다. 운동장에서 공을 차거나 칵테일 기술을 배우고 스포츠댄
스를 배우는 것은 동아리나 동호회 활동으로 충분하다. 제한된 시간에 공 좀 차
는 단순 테크네에 따라 학점을 매기는 것이 아니라, 메이저리그, EPL, 라리가
등의 룰, 역사와 현황, 경제사업 구조, 선수 스카우팅의 메커니즘 등을 통한 비
(非)도구적 실용, 실익, 실과(實果), 실험적인 복합 테크네를 고양하기 위한 수업
을 디자인하고 운용하는 것이 필요하다. 한마디로 인성은 자기주도성 기반의 분
석적, 실험적, 도전적 학습설계에서 배양된다.

둘째, 교양과목에 학점을 매기는 것은 철저히 반교육적이며 모순이다. 교양
있는 행위는 비록 개인이 수행하지만 그것은 공적(公的) 습관이기 때문에 공공
재의 관점에서 파악되어야 한다. 또한 어떤 개인의 교양수준이란 지적이든 특정
기술이든 겉으로만 드러난 그의 수행역량 차원에서 다룰 성질의 것이 아니다.
따라서 공정하고 정의로운 공적 습관에 기여할만한 잠재역량의 가능성(상상력과
독창성)과 페르소나 같은 교양(일찍이 코메니우스가 지적한 바와 같이 '광을 낸 마
네킹'처럼 장식 같은 외국어로 치장한 가식적, 기만적인 고상함)을 정확히 분별하
여 개인을 전일(全一)적으로 해석하거나 이해하는 것이 개인의 교양에 대한 평
가방식이 되어야 한다. 교양과목을 A+받은 학생이 공적 장면에서 교양 있는
행위를 하거나 '그는 정말 교양인답다.'는 사실에 동의하는 사람은 아무도 없다.

인성 기반의 대학교양교육을 고려한다면 다음의 기사내용을 귀담아 들어야 한다.

> "우리 대학교 학부대학 수강생들이 대규모 토론대회에서 연달아 우승을
> 차지하고 있다. 이들은 다름 아닌 학부대학 기초교양과목인 '논증과 비판'
> 을 수강한 학생들이다. 한 학생은 '그 수업은 단지 말하기 기술이 아니라
> 말하기 논리를 위한 수업으로 생각하는 시간과 능력을 키우기에 적합했다'
> 고 말했다. 이론과 현실의 연결, 학생의 자유롭고 적극적인 토론 참여, 교
> 수와 학생의 공동 피드백이 학생들의 자질과 역량을 배양하는 데 큰 역할
> 을 했다고 평가한다. 현재 우리대학교는 '논증과 비판'뿐만 아니라 다양한
> 학부대학 기초교양 프로그램을 제공하고 있다. 다치바나 다카시가 주장하
> 는 '교양은 장식물이 아니라 현대를 살아가는 절박한 무기'라는 말은 교양
> 을 통해 인생에서 자기도 모르고 있던 자신의 내면과 감추어진 다양한 모
> 습을 발견하고 발전시켜가야 함을 상기시킨다. 대학교양수업은 학생들의
> 숨겨진 자신만의 잠재력을 발견하고 이끄는 장(場)이 되어야 한다."(연세
> 소식, 2013.10월호. 16쪽).

3 내러티브기반 대학생 인성교육

대학생 인성교육에 대한 담론이 활성화된 주요한 모티프는 크게 두 가지 이유에서 비롯된다. 첫째, 주지하듯 최근 교육담론의 메가트렌드(megatrend)는 인성이다. 유치원, 중등 학교급 수준은 물론 고등교육에 이르기까지 학교 인성교육의 필요성에 대한 관심이 폭증하였고, 이를 제도적으로 뒷받침하기 위한 '인성교육진흥법'이 제정되었다. 각급 학교는 이에 정합하는 대응책에 부심하고 있으며 대학도 결코 예외는 아니다. 학교 인성교육의 필요성과 가능성에 대한 충실한 논의가 반드시 이루어져야 함은 지극히 자명하나 정작 국민들과 교육계에 종사하는 당사자들의 시각과 의지는 다소 회의적인 것이 사실이다.

둘째, 기업체에서 요구하는 인재상이 인성을 기반으로 하는 자기주도적 생

애개발 역량이 체현된 졸업생이지만 대학교육의 현실은 이에 적절히 부응하지 못하고 있다. 왜냐하면 구태의 교육방법과 평가방식이 참다운 대학생 인성교육을 불가능하게 만들고 있기 때문이다. 고등교육의 목적은 학생들로 하여금 잠재역량을 기반으로 창의적인 두뇌를 계발하고, 공동체가 지향하는 공유가치를 내면화 및 행동으로 보여주는 참인간을 양성하는 것이지만 현실은 전혀 이에 부응하지 못한 실정이다.

이러한 맥락에서 대학생 인성교육에 대한 개념/가치론적 논의보다는 방법/교수학적 원리에 집중하여 조직적으로 고찰함으로써 지속 가능한 대학생 인성교육의 모델을 궁구하는 것이 절실해졌다. 그러나 아무리 방법론적 원리를 모색, 수립한다 할지라도 객관화된 개념 및 가치관련 담론을 살피는 것이 선행되어야 함은 자명하다.

제2조(정의) 이 법에서 사용하는 용어의 뜻은 다음과 같다.

1. "인성교육"이란 자신의 내면을 바르고 건전하게 가꾸고 타인·공동체·자연과 더불어 살아가는 데 필요한 인간다운 성품과 역량을 기르는 것을 목적으로 하는 교육을 말한다.

2. "핵심 가치·덕목"이란 인성교육의 목표가 되는 것으로 예(禮), 효(孝), 정직, 책임, 존중, 배려, 소통, 협동 등의 마음가짐이나 사람됨과 관련되는 핵심적인 가치 또는 덕목을 말한다.

3. "핵심 역량"이란 핵심 가치·덕목을 적극적이고 능동적으로 실천 또는 실행하는 데 필요한 지식과 공감·소통하는 의사소통능력이나 갈등해결능력 등이 통합된 능력을 말한다.

*출처: 인성교육진흥법.

명목적으로 인성교육은 가치교육, 참교육, 인간교육, 인간화교육, 인격교육, 도덕교육 등과 혼용된다. 일반적으로 도덕이나 가치교육의 경우 '도덕교과' 교육과 동일하게 보는 경향이 많으며, 인성교육은 인격교육이나 인간교육과 동일시하는 경향이 강하다. 인성교육은 '인간다운 면모와 자질 혹은 인간으로서의 바

람직한 품성을 기르는 교육, 사람들이 가족, 친구, 이웃, 지역사회, 국가의 일원으로 살아가고 일하는 데 도움을 주는 바람직한 사고와 행동의 습관화를 위한 일련의 교육, 학생의 도덕적이고 윤리적이며 책임감 있는 사회적인 인성을 계발하는 데 초점을 두고, 개인, 사회, 국가적 가치를 중점적으로 가르치는 가치교육' 등을 두루 망라하는 것으로, 이는 지식이나 기술교육과 별개로 '직접적으로'도 덕 혹은 덕성을 교육할 수 있는 것으로 규정되며[1] 이때 인성교육은 지식교육과의 관계에서 분리되어 있고, 인성교육과 지식교육의 산술적 총합이 곧 전인교육 (holistic education)이 된다. 이처럼 지식, 기술, 인성교육 등으로 구분하는 교육형태론과 달리 인간본성관의 측면에서 볼 때 인성교육은 다음과 같은 특성이 있다.

그림 10-1 인간본성관과 인성교육

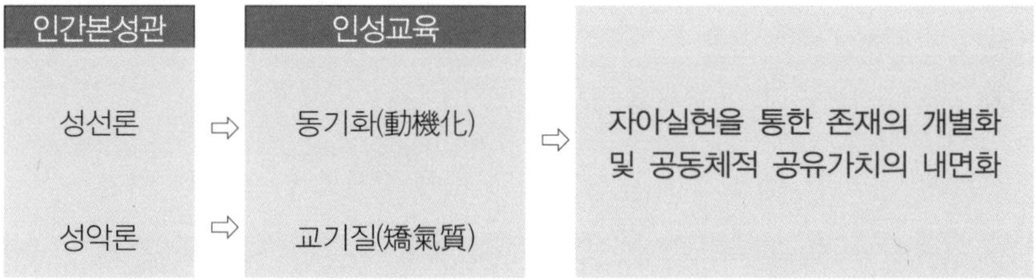

인간본성관	인성교육	
성선론 ⇨	동기화(動機化) ⇨	자아실현을 통한 존재의 개별화 및 공동체적 공유가치의 내면화
성악론 ⇨	교기질(矯氣質)	

교육형태론이든 인간본성관에 의하든 대학생 인성교육의 목적론적 대상이 되는 인성의 본연적 가치에 대한 심리·철학적 특성은 다음의 표현에 잘 드러나 있다.

"하버드의 내로라하는 인사들의 성공 궤적을 짚어가다 보면 그들의 성공이 지극히 필연적인 결과였음을 알 수 있다. 그들은 모두 인성이라는 무적의 무기를 지니고 있기 때문이다. 인성이란 사람과 일을 대하는 태도 및 행동 양식에서 드러나는 개개인의 특징을 말하는데 이는 한 사람의 자아실현 여

---

1 서덕희(2012). "학교현장 안정화를 위한 인성교육 방안". 한국교육개발원 현안보고 OR 2012-02-01. pp. 3-4.

부를 결정짓는 요소이기도 하다. 즉, 어떠한 인성을 지녔느냐가 그 사람의 행동을 좌우하고 습관을 만들며 운명을 결정짓는다는 뜻이다. 이에 대하여 하버드대학 교육가인 윌리엄 제임스는 '인성이라는 씨앗을 심음으로 좋은 운명을 수확하게 된다.'고 말한 바가 있다."(원녕경(역), 2015: 19-20).

1) 대학생 인성교육의 내적 동인과 외적 자극

(1) 내적 동인들(대학생들이 처한 문제해결)

발달심리이론에 의하면 누구든 특정 발달단계마다 갖가지 개인적인 어려움은 물론 관계의 어려움을 겪게 된다. 성인기의 대학생도 결코 예외는 아니다. 오히려 중고등학교 시절 겪었던 것들과 비교할 수 없을 정도의 심리적 난관이나 시련에 시달릴 수 있다. 이를 미루어 볼 때 대학생 인성교육의 필요성에 대한 내적 동인은 수없이 많아질 수밖에 없다.

최근 대학에 '대2병'이라는 유령이 떠돌고 있다. 신입생티를 벗고 2학년에 올라간 뒤 생기는 증상이다. 전공이 자신과 안 맞거나 취업에 별로 도움이 안 된다는 생각이 들고, 졸업 후에 무엇을 하고 싶은지 결정하지 못하는 경우에 이 병에 걸리게 된다… 적성과 진로에 상관없이 점수에 따라 전공과 학과를 선택하는 현행 입시풍토가 '대2병'의 발병 원인 중 하나다. 홍진표 삼성서울병원 정신건강의학과 교수는 이 병에 대하여 '새로운 역할, 임무나 환경에 적응하는 과정에서 생겨날 수 있는 증상인데 의욕을 잃거나 비관적인 생각을 하는 등 우울증 초기증상을 보인다. 대학교 2학년이 이러한 증상이 나타난 경우 입대나 휴학을 하는 경우가 많은데 지도교수나 합리적인 정보를 제공할 수 있는 사람을 찾아가 도움을 받는 게 좋다.'고 충고한다. '대2병'이 걸렸다가 나아진다고 해도 대학생활이 평온해지는 것은 아니다. 2학년이 지나면 3학년이 되는데 대학생들은 이때를 '사망년'이라고 부른다. 취업이나 고시를 준비하느라 죽겠다고 해서 붙인 이름이다.

*출처: 조선일보. 2016. 5. 9일자.

대학생 인성교육의 목적과 내용은 위의 사례에서 드러난 것처럼 많은 학생
들이 공통적으로 겪는 내적인 어려움들을 우선 해결해주는 것에 정향(定向)되어
야 한다. 물론 학교 인성교육의 콘텐츠를 구성하는 다양한 가치들을 내면화하는
것도 결코 무시되어서는 안 되지만 그들이 처한 현실적인 어려움과 생애발달
특성(군대, 진로, 독립, 이성 등)에 부합시키는 '인성교육의 현실화' 측면을 우선
고려하는 것이 더 바람직하다.

(2) 외적 자극들(기업인재상 변화에 부응)

최근 우리 기업에서는 스펙보다 인성을 중시하는 추세다. 삼성전
자는 신입사원 채용 시 직무역량면접과 인성면접으로 구분하여
최종 평가한다. 김종헌 인사담당 상무는 "인성은 하루아침에 바
뀌지 않는다. 깊게 면접을 하다보면 그 사람의 온전한 성품이 드
러나기 마련이다."라고 하였다(삼성 인사담당임원들이 선호하는
대졸자 인성특성을 보면 올바른 생활태도, 배우려는 자세, 동료
들과의 관계를 중시하는 태도 등임). 박기석 시공테크 회장은
"30년 간 사업을 운영하며 느낀 것은 바로 인성이 바른 사람이
일도 잘 한다는 사실"이라고 하였다.

*출처: 중앙일보. 2014. 8. 7일자.

20세기 초반부터 후반까지 기업들이 인재를 평가할 때 중시했던
자질은 지능지수(언어, 수리, 분석, 논리에 대한 일반능력), 학력,
시험성적 등이었다. 1980년대 들어서면서 바람직한 인재상에 변

화가 일었다. 인재 평가 시 무게중심은 지능에서 역량으로 옮겼
고, IQ보다 EQ가 풍부한 리더가 각광을 받기 시작했다. 21세기
들어 각광받는 인재는 현재의 역량이 아니라 새로운 역량을 배울
만한 잠재력이 뛰어난 사람이다. 이러한 잠재력을 평가하기 위한
가장 중요한 지표는 '올바른 동기나 강렬한 의지'다. 이외에도 호
기심, 통찰력, 관계 맺음, 결단력 등과 같은 인성적인 측면이다.

*출처: 동아일보. 2014. 6. 26일자.

표 10-11 기업인재상의 패러다임 전환

압축성장 시대	기업생장 시대
• 역량, 성장, 성과 가치기반의 인재상 및 인력의 개념화 • 객관적인 수행력이 개인역량의 척도임 • 스펙이 개인의 경쟁력 척도임 • 금융과 인적 자원이 자본임	• 인성, 인격, 인정, 자아 가치기반의 인재상 및 생장의 개념화 • 비정형적 잠재력이 역량의 척도임 • 스토리가 개인의 경쟁력 척도임 • 개별경험과 정서가치가 자본임

　　기업인재상의 변화는 대학교육 생태계 전반의 변화를 촉구하고, 명시적으로
인성교육, 기초교육, 인문교육의 강화를 공표하고 있다. 인성을 중시하는 교육
철학은 미국 아이비리그와 같은 명문대에도 그대로 연결된다. 하버드대학 학생
들의 주요한 출입구 중 하나인 덱스터 게이트엔 앞뒤에 두 개의 문구가 쓰여 있
다. 들어올 때는 enter to grow in wisdom, 나갈 때는 depart to serve better
thy country and thy kind이다. 입시에서도 하버드는 실력이 아니라 인성이 좋
은 인재를 선호한다. 하버드는 실력이 조금 못해도 인성과 리더십이 뛰어난 인성
엘리트를 선호한다.

표 10-12 기업이 선호하는 인재상에 포함되는 개인특성

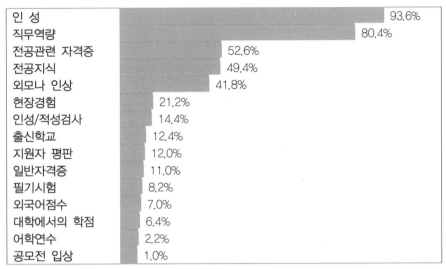

항목	비율
인 성	93.6%
직무역량	80.4%
전공관련 자격증	52.6%
전공지식	49.4%
외모나 인상	41.8%
현장경험	21.2%
인성/적성검사	14.4%
출신학교	12.4%
지원자 평판	12.0%
일반자격증	11.0%
필기시험	8.2%
외국어점수	7.0%
대학에서의 학점	6.4%
어학연수	2.2%
공모전 입상	1.0%

*출처: 한국고용정보원(2014. 4).

2) 대학 인성교육의 동향

대학 인성교육의 필요성과 당위성에 대한 관심과 대학교육의 혁신 문제는 이미 문화보편적인 현상이 되고 있다. 특히 아시아문화권에서는 2016년 5월 12일 개최된 '제5회 아시아대학포럼'을 통해 이러한 사실이 잘 드러났다. 이 포럼은 매년 서울대가 주관하며, 특히 2016년 주제는 '선(善)한 인재 육성을 위한 교육방안'으로 아시아 주요대학 총장 및 부총장들이 참석하여 대학 인성교육의 이념과 방법론에 대한 논의가 이루어졌다.

참석자들은 각 나라의 역사와 문화적 특성을 들며 사회적 책임감을 가진 인재 양성의 필요성을 강조했다. 퍄오융하오 중국 연변대 총장은 공자의 유학사상을 들며 중국의 인성교육 역사를 소개했다. 그는 "도덕과 사회적 책임이라는 가치가 대학교육의 근본이 되어야 한다."고 강조했고, 라타나 솜 캄보디아 왕립 프놈펜대학교 부총장은 킬링필드의 사례를 언급하며 인성교육이 빠진 교육의 위험성을 지적했다. 성낙인 서울대학교 총장은 "제대로 된 인성과 따뜻한 마음이 없다면 좋은 리더가 될 수 없고, 지성이 중요하지만 지성만으로 결코 좋은 리더가 될 수 없다."고 강조했다.

*출처: 동아일보. 2016. 5. 13일자.

서울여대 '바롬인성교육'은 우리나라 대학가에서 가장 성공한 인성교육 모델로 여겨지고 있다. 개교 당시 4년 동안 모든 학생이 기숙생활을 하며 전공교육과 함께 인성교육을 병행하던 전통이 있는 서울여대는 2015년 현재 1학년은 3주, 2학년은 2주, 3학년은 비합숙 형태로 정해진 인성교육프로그램에 참여한다.

1학년: 나를 깨우는 교육
3주간 기숙생활을 하면서 미래 비전, 인성 등을 배운다.

2학년: 사회를 깨우는 교육
2주간 기숙생활을 하면서 타인에 대한 이해와 배려심, 소통과 공감 등을 배운다.

3학년: 세계를 깨우는 교육
비합숙 형태로 진행되며 프로젝트 형태의 수업을 통해 인권, 평화 등 전 세계적인 이슈에 대하여 토론수업을 진행한다.

권계화 서울여대 바롬인성교육원장은 인성교육의 전통에 자부심이 강한 서울여대의 현재 인성교육의 특징을 다음과 같이 설명하고 있다. "핵가족화와 입시경쟁으로 중·고등학교 때 인성교육이 제대로 이루어지지 않는 경우가 많다. 사회진출을 앞둔 대학생들에게 타인과의 소통능력 등 인성을 길러주는 과정이 반드시 필요하다."

*출처: 중앙일보. 2013년 4월 1일자; 동아일보. 2014년 9월 3일자.

2015년 리버럴 아츠 칼리지를 설립한 가천대가 수업혁신을 통한 제 2의 비상을 선언했다. '인성세미나'처럼 인문학과 자연과학, 인성교육이 어우러진 새로운 형식의 교양강의를 대폭 확대하는 것이 핵심이다. 원래 리버럴 아츠 칼리지는 연구보다 폭넓은 교양교육에 집중하는 중소규모 대학을 의미한다. 가천 리버럴 아츠 칼리지는 소속 학생이 없는 단과대로 재학생 전체의 교양교육을 담당한다. 2015-2학기부터 본격 가동하고 2018년까지 새로운 교양교육 과정을 단계적으로 추진할 예정이다. 리버럴 아츠 칼리지 교육의 대표적인 모델인 '인성세미나'는 10명 내외의 소규모 토론식 수업으로 전공학문과 인문학이 융합된 내용을 가르친다. 교육계의 큰 흐름인 인성교육이 특히 강조된다. 리버럴 아츠 칼리지는 내용과 방식에서 기존의 교양교육과 큰 차이가 있다. 기본적으로 토론식 수업으로 진행되기 때문에 말하기, 글쓰기 등 커뮤니케이션 능력 향상을 위한 수업형태가 강화된다. 문제중심학습(PBL), 플립 러닝 기법도 도입할 예정이다. 아래와 같은 이길여 총장의 선언이 어쩌면 당연하면서도 신선하게 들린다.

"소의(小醫)는 한 사람을 구하고 대의(大醫)는 세상을 구한다는 말이 있다. 대의는 의술이 아닌 인술을 편다. 아무리 기술이 발전하고 물질이 중시되어도 모든 가치의 중심은 인간이며, 따라서 남을 배려하고 더불어 살 줄 아는 인재가 우리사회에 절대적으로 필요하다. 박애, 봉사, 애국이라는 가천대의 교시처럼 바른 인성을 갖춘 창의인재를 양성할 것이다."

*출처: 중앙일보. 2015년 5월 18일자.

최근 국내대학가에선 인성교육이 크게 강조되고 확산되는 추세다. 연세대학교는 2013년부터 전체 신입생이 한 학기동안 인천 송도의 '레지덴셜 칼리지'에서 생활하게 된다. 하루 24시간을 학교 안에서 교수나 동료들과 보내며 일상 속에서 전인교육을 받는 것이다. 공동체생활을 통해 지도자가 되기 위한 소양을 익히고 문화적 다양성을 수용하는 능력을 키우게 하는 것이 목표다. 이화여대와 숙명여대도 연세대와 유사한 형태의 인성교육 프로그램을 준비하고 있다. 영국의 옥스퍼드대학, 미국의 예일대학 등 외국의 유수한 대학들은 수십년 전부터 이런 형태의 인성교육 프로그램을 운영하고 있다. 경희대는 교양 및 인성교육을 위하여 '후마니타스 칼리지'란 이름의 전담기관을 이미 2011년에 만들었다. 후마니타스는 공동체에 대하여 성찰하고 고민을 실천에 옮기는 교양인을 의미한다. 학생들은 1학년 한 해 동안 인간의 가치 등을 공부하는 '중핵교과'란 과목을 의무적으로 수강한다. 성균관대도 교양과목 중에서 인성 관련 과목을 한 강좌 이상 반드시 이수하게 한다. 재학 중 최소한 30시간의 사회봉사를 유도한다. 이러한 인성교육을 통하여 대학생들은 인성 기반의 미래지향적 창의·혁신형 인재가 만들어진다.

*출처: 중앙일보. 2013년 4월 1일자.

수업연한이 짧은데다 전문성을 키우는 데 집중하느라 교양교육에서 소홀했던 전문대들이 인성과 인문학 교육을 강화하고 있다… 대학들은 비교과과정이나 몰입형 교육방식 등으로 인성, 인문학 관련 교양교육을 강화하고 있다. 삼육보건대는 교양특별학기제를 도입하였다. 신입생을 대상으로 2주 동안 '비전 세움 학기'를 열어 진로설계, 대인관계, 인성 등에 관련된 교육을 받는다. 경인여대는 매주 수요일 오후 3-7시 대학 전체에서 교양과목만 운용하는 블록강의제라는 독특한 방식을 통해 인성, 인문학, 미술, 영화, 연극, 스포츠 등 다

양한 강의가 개설되고 있다. 백석문화대도 블록강의제를 도입해 교
과수업 대신 '서비스 인성 사관학교', '백석 다빈치 아카데미 인문학
강좌'를 운용하고 있다. 양영근 대림대학 교수는 '최근 사회와 기업
에서 원하는 인재상은 전공지식 뿐만 아니라 인성을 갖춘 인재이기
때문에 전문대에서도 충실한 교양교육을 해야 한다.'고 했다. 민혜영
경인여대 교수는 '교양교육의 취지를 살리기 위해서는 교양수업을
전공의 부수적인 개념으로 여겨서는 안 되며 전문에서도 철학, 인문
학, 인성과 관련된 다양한 교양교육이 필요하다.'고 했다.

*출처: 동아일보. 2016. 5. 12일자.

이상과 같이 대학 인성교육의 흐름은 학생들의 필요에 부응하는 내적 동인
의 작동과 기업인재상에 정합하도록 외적 자극에 반응하는 메커니즘 속에서 이
루어지고 있다. 대학 인성교육정책은 고등교육 생태계의 인간화를 도모하기 위
한 최적의 조치일 수 있지만 (우리나라의 경우) 대학정책과 관련된 기존의 관행
을 미루어 볼 때 취지에 부합하는 대학교육 내면의 변화를 기대하기란 쉽지 않
다. 그렇다고 해서 대학생 인성교육을 방치하거나 포기하는 것도 온당한 방안이
될 수 없다. 그 대신에 대학 인성교육의 취지에 최적화된 내용론이나 방법론을
모색하는 것이 대학생 인성교육의 효율성을 극대화하는 최선책이 될 것이다. 지
금부터는 이에 대하여 논의하고자 한다.

3) 내러티브기반 대학생 인성교육

(1) 구성적 원리

다음과 같이 정부가 고시한 대학생 '인성교육프로그램 인증기준'을 보면 향
후 각 대학마다 대학생 인성교육과정이나 프로그램을 설계할 때 지침이 될 만
한 대강(大綱)을 가늠할 수 있다. 일견 대학생 인성교육의 핵심은 개인적 감정의
순화, 사회봉사를 통한 자아의 확장으로 요약할 수 있다. 이러한 것들은 첫째,
구조적인 수업장면에서 이루어지는 내러티브기반의 소통(간주관적 대화)과 개별

적 사유(내러티브 사고²)를 통하여, 둘째, 비구조적인 탈(脫)학습장면에서 이루어지는 개인경험(자아 내러티브)의 확대를 통하여 효과적으로 구현된다. 한마디로 대학생 인성교육의 방법론적 제1원리는 '다양한 내러티브를 기반으로 해야 한다.'는 점이다.

표 10-13 인성교육프로그램 인증기준

구 분	세부 교육내용
대학생 인성교육	• 대학생의 도덕성 · 사회성 · 정체성(감정) • 인문학 · 정신문화 중심의 인성가치 함양 교양 교육 • 기업과 사회가 요구하는 인성을 갖춘 인재 육성 • 주요가치: 자율 · 봉사 · 사회공헌
사회일반 인성교육	• 대상: 부모, 군인, 직장인 등 사회 일반 • 부모의 자녀 인성지도 능력 증진 • 성인의 직업 · 직장 윤리 등 시민의식 강화 • 국민 통합과 행복으로 나아가기 위한 조화 · 갈등극복 • 주요가치: 애국 · 시민의식 · 삶의 질

*출처: 교육부(2015). 인성교육프로그램 인증기준.

현대 학술담론체에서 이루어지는 내러티브에 대한 개념정의와 용례는 지나치리만큼 방대하다. 이 글에서는 이러한 혼란을 최소화하고 연구목적에 부합하

---

2 브루너(J. Bruner)(1994)는 사고양식을 패러다임적 사고(paradigmatic mode of thought)와 내러티브적 사고(narrative mode of thought)로 구분하였다. 전자에 따르면 세상에는 절대 불변하는 객관적인 지식이 실재하기 때문에 개체의 생존을 위하여 억지로라도 가르쳐야 (indoctrination) 한다. 우리가 비록 실생활에서 활용은 하지만 그것이 어떻게 작용하는지에 대해서는 전혀 알지 못하는 지식체계가 있음을 전제로 한다. 패러다임적 사고는 일종의 전형적(typical)이거나 논리-과학적(logico-scientific)인 사고유형으로 사실 설명이나 기술(記述)에 있어서 형식적이고 수학적 체계를 이상적인 것으로 간주한다. 반면 후자에 따르면 지식의 기반은 이야기를 만드는 마음의 인지작용으로 주체 외부에서 존재하는 추상적인 사고방식은 별다른 의미가 없다. 이는 개인마다 특정하게 경험한 것들을 직관적, 감성적으로 구성하는 사고유형이다. 어떤 정형화된 형식이나 체계성보다는 상황자체와 그것을 구성하는 맥락을 세심하게 이해하는 데 그 목적이 있다. 이 상황에서 패러다임적 사고들은 인식주체와 밀접한 관련을 맺을 때, 가령 경험 가능하거나 흥미가 주어질 때 비로소 의미를 지닌다.

도록 내러티브의 층위를 다음과 같이 세 가지로 요약하였다.

표 10-14 내러티브의 층위

구 분	구조적 특성
a story/text	• 세간에 알려진 모든 이야기나 서사물 • 문학작품(시, 소설, 희곡 등의 창작물)이 가장 대표적이지만 영화나 드라마의 이야기(창작이든 다큐물이든), 예술(음악, 미술, 체육 등)작품, 방송물, 각종 광고물, 개인의 이야기 등 모든 장르에서 표현된 텍스트(text)들을 망라함
interpersonal discourse	• 구조적/비구조적 대화 장면에서 이루어지는 서사적 담론 • 담소, 대화, 토론, 문답, 충고, 상담, 설명, 대담, 방담, 간담, 좌담, 협상 등 다양한 형태로 이루어지는 갖가지 형태의 담화를 망라함
thinking	• 패러다임 사고와 대립하는 내러티브/구성주의 사고양식 • 객관적인 지식을 반복 암기하거나 구조화하는 것이 아니라 자기 주도적이고 능동적인 삶의 다양한 경험들을 통하여 자아실현을 도모하는 모든 자아구성체(주로 올바른 생각의 형태로 이루어지며, 이는 공동체 가치를 구현하기 위한 정의로운 행동으로 이어짐)

　내러티브기반(활용)의 인성교육은 객관적 가치를 이해하도록 종용하는 구조화된 학습경험과 철저히 차별적이며, 오히려 비(非)구조적, 탈(脫)학습적, 자아통전적인 특성을 지닌다. 이는 다음의 글에 잘 드러나 있다.

　"스토리텔링(내러티브)을 활용한 교육의 궁극적인 목적을 지식 축적, 성적 향상, 기억력 유지에 두고 있다면, 일단 그런 것을 목표로 삼지 말고 삭제해야 한다. 학생들이 공부를 하는 계기는 스스로 자신의 삶을 위해 공부해야 한다고 깨달을 때이다… 그것은 해당 학생의 삶 자체를 변화시키고 그 변화를 판단하는 근거는 말과 행동이다. 이를 합쳐 생활이라 하고 교육의 효과는 학습자의 생활에서 드러나야 한다."(조정래, 2013: 216).

　세상에서 일어난 모든 사건과 사고는 각각의 이야기(a story)로 만들어져 구전(口傳)방식이나 기록물(document)의 형태로 전승된다. 이러한 이야기들은 가르치고 배우는 교-학의 장면에서 가장 유용한 비판판 텍스트가 된다. 특히 객관화된 지식이나 사실과 관련된 텍스트의 경우 그 유용성은 극대화된다. 인간교육의 본질은 이러한 지식들을 전이시키는 교수학적 단순성을 뛰어넘는 교육학적 전일성에 있다. 즉, 진정한 교육은 단지 가르치고 배우는 교-학의 국면을 넘어 교사와 학생 간 내적 혹은 외적으로 상호 좋은 영향을 미칠 때 비로소 완성된다. 다시 말해 인간교육의 완전성이란 교사가 학생에게 객관적인 지식이나 사실을 무미건조하게 전달하는 것을 뛰어넘어, 이것을 매개로 교사가 발굴, 활용하는 내러티브(교사 자신의 이야기가 가장 설득력 있는 경우가 많음)가 학생들에게 영향을 미치는 것까지 포괄하는 것을 의미한다.

그림 10-2 교학과 수습의 현상학

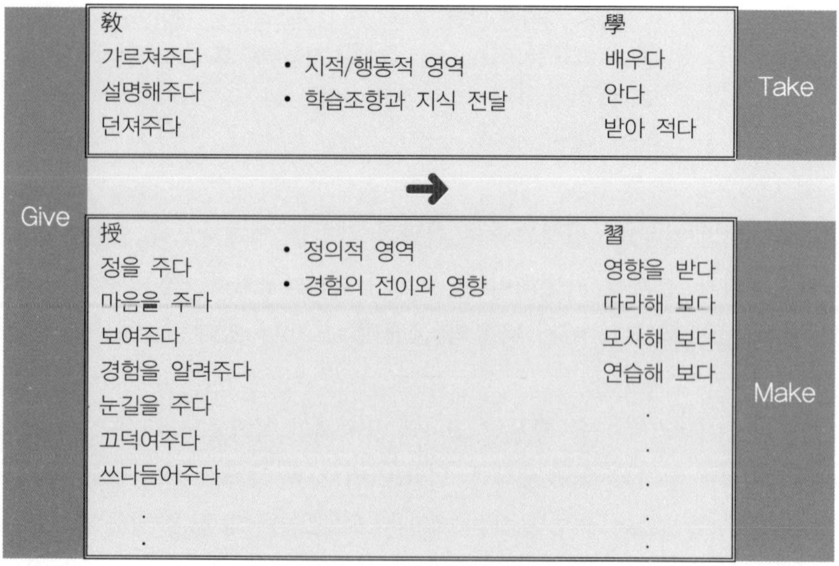

教		學	
가르쳐주다	• 지적/행동적 영역	배우다	Take
설명해주다	• 학습조항과 지식 전달	안다	
던져주다		받아 적다	
授	• 정의적 영역	**習**	
정을 주다	• 경험의 전이와 영향	영향을 받다	
마음을 주다		따라해 보다	
보여주다		모사해 보다	
경험을 알려주다		연습해 보다	Make
눈길을 주다			
끄덕여주다			
쓰다듬어주다			

(Give →)

만약 대학생 인성교육이 위의 그림과 같이 교-학 중심으로 이루어지고 이에 따라 학생들로 하여금 자연스럽게 패러다임 사고를 지향하도록 종용함으로써 몸과 마음의 전일성을 상실하게 될 때, 인성의 가치목록은 단순히 나와 무관한 객관적 지식이나 기호들로 전락하게 될 것이다. 이러한 개연성을 극복하기 위한 좋은 방법은 무엇인가?

표 10-15 대학생 인성교육의 두 가지 패러다임

인습적 학습장면 ⇨	내러티브기반 학습장면
교-학(敎-學) 중심 수업환경 : 객관적인 지식구성체를 수업매개로 삼아 교수의 교수역량을 학생의 학습(암기)역량과 인과율적으로 연관시켜 투입-산출의 효과성을 따지는 것처럼 기계적으로 이루어지는 수업환경	수-습(授-習) 중심 수업환경 : 지식의 절대성을 지양하는 내러티브 중심의 수업매개체를 기반으로 교수는 자신의 수많은 경험과 생각들을 간주관적인 형태로 온전히 학생들에게 전달하고, 이를 기반으로 학생들은 능동적인 사고는 물론 행위역량을 길러 모든 학습경험을 자신의 삶에 의미가 있도록 체현시키는 다양한 방법들을 안내하고 격려하는 수업환경
텍스트(text) 중심 학습경험 : 객관주의 지식과 인식론을 바탕으로 하는 교재를 제작하고 수업을 전개함. 따라서 배워야 할 지식과 학생의 사고 및 경험이 상호 소외(배타)적인 형태를 띰	컨텍스트(context) 중심 학습경험 : 배워야 할 지식이 학생 자신의 경험과 어떤 연관이 있고, 자신에게 필요하고 유용한지 자기주도적으로 견주어 생각할 수 있는 능력을 계발하도록 학습경험을 설계하고 수업을 전개함. 지식과 학생의 사고 및 경험이 상호 배타적이지 않음

표 10-16 패러다임 사고와 내러티브 사고의 영향

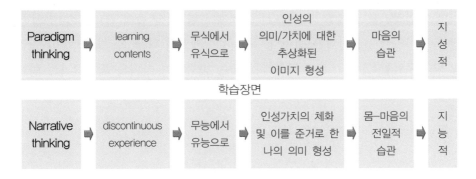

앞서 보는 바와 같이 대학생 인성교육(학습장면)의 본질은 패러다임 기반의 지성적 측면과 내러티브기반의 지능적 측면이 묘합(妙合)하는 양상으로 이루어져야 한다. 좀 더 냉정하게 말하면 후자가 전자를 압도하거나 우월해야만 한다. 왜냐하면 대학생 인성교육의 현상학적 본질은 머리의 움직임이 아니라 몸과 마음을 통전적으로 움직이도록 해야 하기 때문이다. 그것은 교수의 지식에서 비롯되는 것이 아니라 학생들을 위하는 진실한 마음과 그들의 미래를 올바로 인도하려는 교수 자신의 절실한 이야기(내러티브)가 효과적으로 작용할 때 이루어진다. 이 때야 비로소 대학생 인성교육의 실천은 경험지능을 포함한 다양한 지능들이 어우러진 전일적인 학습경험으로 유의한 성과를 거둘 수 있다. 여기서 경험지능이란 명시적인 지식이 아니라 개별적 경험을 통해 체화된 능력으로 대개 암묵적인 형태로 획득되며, 합리적인 의사결정을 가능하게 만드는 역량의 총체를 의미한다(장상호, 1994).

가드너(H. Gardner)는 그의 다중지능이론을 통해 다양한 지능들이 적절한 맥락 속에서 교육이 가능한데 이는 전통적인 방식의 분석, 기록, 획득, 숙달의 형태로 이루어지지 않는다고 주장한 바 있다(이경희(역), 1996: 395-398). 이는 지능의 실천적인 측면을 잘 설명하는 것으로 이 점에 비추어 볼 때 대학생 인성교육의 실천이 그 본연의 취지를 살리고 교육적인 성과를 거두기 위해서 대학은 특별히 학생들의 경험지능을 계발하는 데 유용하거나 필요한 단속적 형식의 교육프로그램들을 부단히 발굴하고 제공하는 노력이 이루어져야 한다.

이러한 학습경험(특히 서비스 러닝과 같은 형태)들은 자아내러티브(아이덴티티 스토리)를 구성하는 가장 강력한 원인이 되며 미래 산업생태계에서 개인의 경쟁력으로 작용하기 때문에 중요하다. 한편 대학생의 인성교육을 위한 내러티브기반 수업장면을 설계할 때 반드시 고려해야 할 사항 중의 하나는 '다양성'을 바탕으로 이루어져야 한다는 점이다. 특히 대학계열별 학생 특성을 반영한 내러티브기반 수업설계는 이 점을 구현하는 좋은 방법이며 아래의 조사결과는 이를 위하여 유의한 시사점을 제공하고 있다.

표 10-17 대학계열별 학생 특성

	STRENGTH	WEAKNESS
공학	• 정보를 계량적으로 분석하는 능력 • 현실의 복잡한 문제해결 능력	• 가치관 및 윤리관 형성 부족 • 직업진로나 정치(定置)의식 부족 • 구직준비의 효율성이 떨어짐
사범 교육	• 비판적이고 분석적인 사고능력 • 상호 유기적인 협업역량	–
사회	• 자료를 다양한 관점에서 검토 분석하는 능력 • 기존의 지식/기술/경험을 종합해서 학습하는 능력	• 능동적이고 협동적인 학습활동 미비 • 인턴십/산학협력 등 현장프로그램 참여도 낮음
예능 체능	• 교수의 연구프로젝트에 적극적으로 참여하여 잠재역량을 계발하는 능력 • 지역사회와 연계된 프로젝트 수행능력	• 정보를 계량적으로 분석하는 능력 부족 • 현실의 복잡한 문제를 해결하는 역량 부족
의학 약학	• 학습투자 시간 및 학습몰입도 • 직업관련 지식/기술 습득능력	• 협동 과제를 수행하는 협업능력 부족 • 고도의 가치관 및 윤리관 형성이 미흡함
인문	• 명료하고 효과적인 말하기와 글쓰기 능력 • 뚜렷한 가치관과 윤리관 형성 • 다양한 배경을 가진 사람들을 폭넓게 이해하는 능력	• 진로준비 역량 미흡 • 정보를 계량적으로 분석하는 능력 부족 • 직업관련 지식/기술 습득수준이 낮음
자연	• 인턴십/산학협력 등 현장프로그램 참여를 통한 실무적응 능력	• 명확하고 효과적으로 말하는 능력 부족 • 비판적이고 분석적인 사고능력 부족

*출처: 한국대학교육협의회(2016). "학부교육 교수-학습 질 관리 및 제고방안 연구"
(연구책임자: 배상훈/성균관대학교).

(2) 방법적 원리

① 교수의 수(授/Give)

내러티브기반 대학생 인성교육은 주로 내재적/외재적 가치와 관련된 소통과 통정의 과정으로 이루어진다. 이 때 교수는 수업장면에서 이루어지는 소통작용을 원만하게 이끌고, 학생들로 하여금 성찰적 사고를 통해 자아통정으로 인도하는 데 도움이 되는 풍부한 가치 내러티브를 생산, 수집 및 발굴, 전달하는 역할을 수행해야 한다.

표 10-18 내러티브기반 일반 수업모형 절차

도입(input)	전개(process)	정리(product)
to a story/text	by interpersonal discourse	for narrative thinking
수업자료로 활용하는 모든 이야기나 서사물에 대하여 교수가 직접 다양한 방식으로 객관성을 유지하며 설명함	제시된 수업자료를 기반으로 간주관적인 다양한 방식의 대화(교수 대 학생, 학생 대 학생, 자기 대 자기 등)를 수행함	이야기를 통한 가치내면화를 도모하며, 자아이해 및 확충을 통한 학생의 내러티브적 사고, 내러티브 글쓰기를 자기주도적으로 생성함
⇨	as a new narrative	⇨

a story/text + 특수가치	• 가치의 개념/인지적 조작을 통해 학생들이 다루게 될 담론과 사유의 스토리(도야재)를 제시함 • 클래스 나레이터는 객관적인 입장과 관점을 유지해야 함 • 그룹활동으로 시작하는 경우 그룹에서 사전에 합의한 스토리를 리더가 단순하게 제시함
interpersonal discourse + 가치일반화	• 클래스 나레이터나 그룹리더가 제시한 스토리를 간주관적 입장과 관점으로 상호 토론함 • 델파이 기법, 브레인스토밍, 버즈 기법 등의 활용이 가능함
narrative thinking + 가치내면화	• 수업 초기 제시된 객관적이던 가치가 간주관적인 담론활동과 개인적 사유를 통하여 학생 개별적으로 가치내면화가 이루어짐 • 자아의 탐색과 확장을 지향하는 글쓰기를 통하여 내러티브 사고를 확충함

여기서 몇 가지 유의할 사항이 있다. 첫째, 수집은 단순한 표집이 아니라 재구성 작업까지를 모두 포함한다. 둘째, 생산은 가급적이면 교수 자신의 이야기를 기반으로 해야 학생들에게 공감을 얻어내는데 효과적이다. 셋째, 전달행위의 핵심은 객관성을 넘어서 간주관성(상호텍스트성)에 기반을 두어야 한다.

표 10-19 교수의 역할

역 할	주요 내용
narrative collector	• 수업자료로 활용 가능한 기존의 서사물(작품)들을 적극적으로 수집함 • 세상에 실재하는 텍스트의 다양성을 충분히 고려하여 내러티브의 장르에 대한 유연성을 기반으로 함 • 수집된 스토리를 수업활용도가 높은 다양한 형태의 텍스트로 재구성함
narrative maker	• 교수 자신의 학습 및 연구경험을 진실되게 다양한 텍스트로 구성함 • 상담/면담 등을 통해 수집된 학생 스토리를 참고하여 수업자료로 재구성함 • 기존의 학생과제물이나 연구물을 스토리 자료로 재구성함
narrative speaker	• 수업자료로 활용되는 모든 스토리에 대하여 객관적인 입장을 견지함 • 객관적인 사실에 기반을 두거나 간주관적인 관점에서 학생과의 대화 장면에 개입함 • 학생들로 하여금 온전한 자아를 확충하도록 안내하고 격려하는 언설을 사용함

위와 같이 단조로운 형태로 이루어지는 도입-전개-정리의 교수학적 단순성을 극복하기 위하여 새로운 대안을 모색할 때 가능한 것으로 공연예술 기법을 바탕으로 하는 내러티브기반 수업모형 두 가지를 예시하면 다음과 같다.

표 10-20 내러티브기반 예술적 수업모형(Sonata-Form instruction)

연주형식	제시부	전개부	재현부	종결부
수업장면	가치교육의 콘텐츠/주제를 명료하게 제시함	다양하게 변형된 가치소재들을 소개함	주제관련 가치의 핵심의미 환기 및 재강조함	가치의 의미재현 및 가치를 내면화함
음식먹기	재료 준비	본격 요리	시식 및 음미	후식

표 10-21 내러티브기반 예술적 수업모형(Rondo-Form instruction)

R	E1	R	E2	R	E3	R
내면화 할 가치 테마/ 토픽 제시	가치 관련 첫 번째 에피소드 제시	가치테마 /토픽의 두 번째 반복	가치 관련 두 번째 에피소드 제시	가치테마 /토픽의 세 번째 반복	가치 관련 세 번째 에피소드 제시	학습 가치의 내면화

　　내러티브를 기반으로 하는 인성교육/수업장면 설계의 핵심은 가치내면화를 위한 교수행위의 예술성에 있다. 이 때 수업은 단순히 설명의 기술(skill)이 아니라 설득을 통해 감동/감화를 자아내는 아름다운 예술행위(artistic performance)가 된다.

　　② 학생의 습(習/Make)
　　대학생 인성교육을 위한 수업장면 구성의 핵심은 단순히 인성가치 관련의 지식구성체 전이를 통한 인지적 작용이 아니라, 역동적인 내러티브기반의 학습 참여 활동을 통해 자아를 통정하고, 이를 바탕으로 자신의 실제경험으로 확장하여, 마침내 올바른 인성을 갖춘 사람으로 변화하도록 안내하고 자극하는 것이다. 이를 위해 학생들에게 구조적/연속적 형태의 학습 장면보다는 아래와 같이 비구조적/단속적 형태의 다양한 경험들을 적극 활용할 필요가 있다.
　　인성교육에 활용되는 가치목록들은 결코 형식지/선언적 지식의 대상이 아니라 경험지/암묵지의 소산이며 그것들을 형성하는 주체는 결코 교수가 아니다.
'학생들에게 결코 나비를 잡아 보여주면서 가르치지 말라!'고 한 페스탈로치의
권고야말로 이 경우에 가장 합당한 에피소드가 될 것이다. 인성의 형성과 가치
의 내면화는 학생 스스로의 경험(啫)에서 비롯되어야 한다. 그것의 바탕은 물론
내러티브기반 인성교육을 위한 수업장면 참여를 통해 이미 형성된 자아성찰적
태도와 내러티브적 사고에서 출발한다.

표 10-22 경험지능 확장을 위한 단속적 형식의 교육들

아르바이트	자급–자족–자활의 생존능력을 실제적으로 구현하고, 자기주도적 생애개발 역량을 극대화할 수 있는 기회를 제공함
인턴십	바람직한 직업 및 진로정치(定置)를 위해 잠재능력 및 가용역량을 실험하거나 검증할 수 있는 기회를 제공함
여 행	명시적 지식과 오리지널 텍스트를 생생하게 비교, 관찰함으로써 지식의 완전성을 도모하고, 타자(세계/자연/인간 등)와의 우연적 관계 맺기를 통한 자아성찰의 기회를 제공함
봉사활동	인간의 존재가치에 대한 진지한 성찰은 물론 건전한 공동체의식을 체험하여 자아확충의 실효적인 기회를 제공함

포슬(D. Postle)(2011)은 『The Mind Gymnasium』라는 책에서 경험의 가치,
몸의 지혜, 마음의 진화, 내면의 목소리 등의 독특한 개념들을 제시했는데, 특히
주목할 만한 것은 '자신의 삶을 한 권의 책으로 생각하기, 자신의 삶을 한편의
동화로 만들기, 자신의 삶을 풍경화로 그리기'라는 내러티브기반의 성찰들을 통
해 자아의식의 확충이 가능하다고 보았지만 위의 [표 10-22]에 적시한 경험들
은 대학생들에게 보다 현실적이고 생생한 자아 내러티브를 만들어내고 인성의
개별화를 지향하는 강력한 힘을 지니고 있다.
레닉과 킬(D. Lennick & F. Kiel)에 의하면 성공하는 사람(리더)이 되기 위한
조건은 도덕적으로 거듭나기이며, 거듭남을 통해 획득한 도덕적 능력은 생물학
적 특성(본성)과 경험(교육)의 산물이라고 했다(정준희(역), 2006: 45). 이는 인성
을 갖춘 도덕적인 사회적 존재가 되기 위해서 일련의 경험(단속적 교육형식으로

서)들이 반드시 필요하다는 것을 의미하며 위에서 논의한 경험지로서의 습(習)과 같은 맥락이다. 인성교육의 측면에서 이러한 습(習)이란 일종의 도덕적 가치에 대한 사고(지식으로 획득한 학(學))와 이를 기반으로 하는 내면화(경험적 전이)이다.

한편 베이츤(G. Bateson)은 대부분의 전통적인 학습방식이 자극-반응의 단순하고 기계적인 논리로 이루어졌으나, '학습하는 것을 학습하는 것, 학습함을 학습하는 것을 학습하는 것'으로 학습의 논리가 확장될 수 있음을 설명하였다. 이 논리는 맥락이나 사고의 개념에도 적용가능한데 이 점은 학교장면에 적용되는 인성교육의 본질 및 실천에 대한 담론에 의미 있는 시사점을 제공하고 있다(서석봉(역), 1990: 528). 즉, 탈기계적인 방식으로 학생이 주도적으로 수행하는 습(習)의 확장을 통해 인성에 관한 인지학습이 구체적인 실천의지로 확충되는 기회를 만들어낼 수 있다. 이를 미루어 볼 때 학교 인성교육에 대한 논의는 구태의 학습논리를 지양하고, 이와 동시에 교수의 수(授)행위와 학생들의 습(習)경험을 상보적으로 확충하는 방안을 모색하는 데서 출발해야 한다. 더욱이 배로우(R. Barrow)의 논의처럼 학교 도덕교육은 효율성의 측면을 고려하지 않을 수 없다(R. Barrow, 1979: 91).

콜스(R. Coles)는 도덕성이란 '제3의 성격'이라고 했다. 이는 학교 인성교육의 필요성과 가능성에 대한 담론의 필요성과 가능성을 가장 잘 표현한 것으로 볼 수 있다. 우리는 세속성에 물든 사회(secular society)에서의 도덕교육 필요성에 대한 허스트(P.H. Hirst, 1974)의 오래 전 주장과 최근 보바(M. Borba)와 콜스의 주장들에 대하여 진지하게 생각하며 향후 완성도 높은 '대학생 인성교육 매뉴얼'을 만들어야 할 것이다.

"도덕적으로 유해한 세상에서 아이들이 윤리적 태도를 유지할 수 있는 무
기는 바로 도덕의 힘이다."(현혜진(역), 2005: 15).

참고하거나 더 읽을 책

고요한(2016). 대학생 인성교육 매뉴얼. 연세대학교 교육개발센터.

고요한(2015). "인성의 개별성과 인성교육의 공공성 간 충돌". 한독교육학회. 2015춘계
학술대회발표자료집. pp. 25-47.

고요한(2013). 가르침의 교육현상학적 이해. 서울: 학지사.

노관범(2010). "대학 교양교육 진흥을 위한 정책 제언". 경제인문사회연구회.

마은종(2015). "헤르바르트의 인성교육론 연구". 고려대학교 박사학위논문.

배상훈(2016). "학부교육 교수-학습 질 관리 및 제고방안 연구". 한국대학교육협의회.

손승남(2011). 인문교양교육의 원용과 변용. 서울: 교육과학사.

이석우(1998). 대학의 역사. 서울: 한길사.

장상호(1994). Polanyi-인격적 지식의 확장. 서울: 교육과학사.

조상식(2015). "인성교육의 가능성과 한계에 대한 교육철학적 검토". 한독교육학회.
2015춘계학술대회발표자료집. pp. 55-70.

조선일보, 중앙일보, 동아일보. 2013. 1-10월에 실린 관련기사.

조정래(2013). 스토리텔링 멘토링. 서울: 행복한 미래.

최미리(2001). 미국과 한국의 교양교육 비교. 서울: 양서원.

Barrow, R.(1979). *Moral Philosophy for Education*. London: Geroge Allen & Unwin.

Bateson, G.(저), 서석봉(역)(1990). 마음의 생태학. 서울: 민음사.

Bell, D.(저), 송미섭(역)(1994). 교양교육의 개혁: 미국 컬럼비아대학에서의 경험. 서
울: 민음사.

Bloom, A.(저), 이원희(역)(1989). 미국정신의 종말. 서울: 범양사출판부.

Borba, M.(저), 현혜진(역)(2005). 도덕지능. 서울: ㈜한언.

Brown, L.(1985). *Justice, Morality and Education*. London: The Macmillan Press Ltd.

Bruner, J.(1996). *The Culture of Education*. Harvard University.

Bruner, J.(저), 강현석 외(역)(2010). 법/문학/인간의 삶을 말하다: 이야기 만들기. 서
울: 교육과학사.

Bruner, J.(저), 강현석 외(역)(2011a). 교육이론의 새로운 지평: 마음과 세계를 융합하
기. 서울: 교육과학사.

Bruner, J.(저), 강현석 외(역)(2011b). 인간과학의 혁명: 마음, 문화 그리고 교육. 서울: 아카데미프레스.

Bruner, J.(저), 강현석 외(역)(2014). 브루너 교육의 문화. 서울: 교육과학사.

Coles, R.(저), 정홍섭(역)(1997). 도덕지능(MQ). 서울: 해냄.

Duderstadt, J.J.(저), 이철우 외(역)(2004). 미국대학총장의 고뇌 대학혁명. 성균관대학교출판부.

Gardner, H.(저), 이경희(역)(1996). 마음의 틀. 서울: 문음사.

Hirst, P.H.(1974). *Moral Education in a Secular Society.* London: Hodder and Stoughton.

Kroy, M.(저), 심영보(역)(1997). 마음의 지도I. 서울: 넥서스.

Lennick, D & Kiel, F(저), 정준희(역)(2006). 성공하는 사람들의 도덕지능. 서울: 북스넛.

Pinker, S.외(저), 이창신(역)(2012). 하버드 교양강의. 서울: 김영사.

Postle, D.(저), 이상춘(역)(2011). 마음의 진화. 서울: 한문화.

苏林(저), 원녕경(역)(2015). 하버드대 인생학 명강의, 어떻게 인생을 살 것인가. 파주: 다연.

小林康夫 외(편), 오상현(역)(1996). 知의 기법. 서울: 경당.

小林康夫 외(편), 유진우 외(역)(1999). 知의 논리. 서울: 경당.

小林康夫 외(편), 이근우 외(역)(1997). 知의 윤리. 서울: 경당.

小林康夫 외(편), 이근우(역)(2000). 知의 현장. 서울: 경당.

東京大學敎養學部(저), 노기영 외(역)(2012). 교양이란 무엇인가. 서울: 지식의 날개.

立花隆(서), 이정환(억)(2003). 도쿄대생은 바보가 되었는가. 서울: 청어람미디어.

佐藤眞一(저), 이정환(역)(2007). 나이를 이기는 결정지능. 서울: 비전하우스.

中嶋嶺雄(저), 신현정(역)(2012). 기적의 대학: 국제교양대학은 어떻게 글로벌 인재를 키워내는가. 서울: 새움출판사.

제11장

디지털 이중자아와 인성교육

1 Second Self에 대한 Turkle의 아이디어

1) 담론의 모티프

터클(S. Turkle)은 MIT에서 컴퓨터에 대하여 문외한인 심리치료사/사회학자로 근무하던 중 컴퓨터 생태계와 관련된 인간의 자아에 대하여 흥미를 갖게 되었다고 한다. 그때 터클은 비인간성, 공허함, 절망감을 표현하며 자신이 마치 기계와 같은 이미지로 살고 있음을 호소하는 환자들을 치료하면서, 또 컴퓨터도 생각을 할 수 있는지를 연구하는 컴퓨터과학 전공자가 '나는 기계라고 생각해요.'라는 얘기를 들으면서 그들이 관계 맺기에 어려움을 느끼고 있음을 알았다. 터클은 그들이 사용하는 프로그래밍, 사이버네틱스(cybernetics), 정보처리로부터 파생된 은유적인 언어들과 정신분석학에 기반을 둔 자신의 언어, 사회과학자들이 사람들을 기술하는 용어를 비교하였다.[1] 이 과정에서 터클은 의미를 구성

---

1 사회과학자들은 세상에서의 경험이나 자기 자신을 조직화하기 위하여 사람들이 사용하는 관념과 가정들을 기술하는 용어들, 예를 들어 시대정신, 세계관, 프레임, 당연함 등을 사용한다.

하는 절차에 대한 흥미나 자기 자신에 대한 특별한 흥미를 지닌 사람들과의 만남을 통해 일반문화에 영향을 주는 '마음의 과학'이란 무엇인가에 대하여 주목하게 되었다.

1984년 출간된 터클의 『Second self』는 컴퓨터 사이콜로지 분야에서 오늘날까지도 대단히 중요한 문제로 인식되고, 그녀의 저작들은 비중 있는 참고문헌이 되고 있다. 『Second self』에서 터클은 컴퓨터를 단순히 도구로 여기는 대신 사회적이고 심리적인 생체(live)의 일부분으로 간주했다. 그녀는 '컴퓨터가 우리들의 자아의식, 타인에 대한 의식, 세상과의 관계에 어떤 영향을 미치는가?'의 문제를 탐구할 때 '컴퓨터게임이나 스프레드시트를 어떻게 사용할 것인가?'에 주목했다. 그녀는 기술(技術)이란 '우리는 무엇이며 무엇을 하는가?'의 존재론적 문제는 물론 '우리는 어떻게 생각하는가?'에 대한 인식론상의 변화를 촉진시킨다고 생각했다.

이 책은 우리들에게 급격한 컴퓨터문화(생태계)의 변화에 대하여 재고하도록 자극했는데, 이는 주로 첫째, 새로운 미디어컬처 속에서 고상함의 의미가 예전과 최신에 어떤 차이가 있는가?, 둘째, 신선한 시각으로 기술과 현대 인간의 관계를 어떻게 조망할 것인가? 등의 문제들이다. 터클은 아동, 대학생, 기술자, AI 과학자, 해커,[2] PC사용자 등 기계로 말미암아 새로운 생각이 가능할 것이라고 여기는 사람들에게 인간의 사고, 정서, 기억, 이해 등에 관하여 이미 설명한 바

---

2 본래 정보엔지니어(information engineer)를 이르는 말이다. 대형 기종이 전부였던 1970년대 후반까지 컴퓨터는 일반보급이 어려운 상황이었다. 해커들은 자신들이 직접 소형 컴퓨터를 제작, 유지, 보수하면서 갖가지 프로그램을 실행했는데 이들이 현대 컴퓨터의 상용 및 일반화의 견인차 역할을 했다. 그러나 오늘날 해커는 남의 정보를 왜곡, 절취, 파괴하는 이들을 지칭하는 말로 전용되었고, 이러한 행위를 해킹이라 하며 악성 해커들을 크래커(cracker)라고 부른다(이어령, 2010: 218). 해커는 디지털 생태계의 최고수들이라 해도 무방하며, 해킹역량을 자신의 역량과 동일시하는 a person of digital second self라고 해도 과언이 아니다. 해커는 인터넷 기반 사이버 생태계의 극단적인 엘리트로 볼 수 있으며 그들은 배타적인 존재 윤리를 다음과 같이 설정하고 있다.
[해커윤리] 1. 정보의 공유는 아주 강력하고 긍정적인 미덕이며, 무료 SW를 작성할 전문성을 공유하고, 정보와 컴퓨터 자원과 정보에 접속하는 것을 가능케 하고 촉진하는 것이 해커들의 윤리적인 의무다.
2. 절도나 파괴 또는 비밀누설을 행하지 않고, 재미와 탐색을 위한 크래킹을 하는 시스템 크래킹은 윤리적으로 허용될 수 있다는 믿음을 갖는다.
*출처: 황상민(2001), 인터넷심리학. p. 164.

있다. 그녀의 생각에 의하면 인간은 컴퓨터를 때로는 생물체로 때로는 무생물체로 광범위하게 응대하고 있으며, 자아의 확충과 외부세계의 일부분으로 여기고 있다. 현대인들이 처한 전통적 사고방식이나 인습과의 이탈도 아니고 동조도 아닌 어정쩡한 입장은 사람들로 하여금 강박적이면서도 추동력 있게 만들기도 한다. 터클은 이에 대하여 예를 들어 어떤 아이가 자신의 컴퓨터가 망가졌을 때 "나는 죽었어! 혹은 내 마음을 잃어 버렸어!"라고 말하는 것이 바로 이러한 경향을 잘 보여주고 있다고 여긴다. 왜 우리는 심리적 관점에서 기계(컴퓨터)의 작동을 생각해야 하는가? 그것이 인간에게 어떤 의미를 갖는가? 등의 문제가 바로 디지털 이중 자아에 대하여 생각해야 하는 이유가 되었다.

2) 이중자아 담론의 기초로서 마음

터클은 컴퓨터가 인간으로 하여금 사고하고 느끼는 것이 무엇인가에 대한 새로운 아이디어에 도전하게 만든다고 여겼다(S. Turkle, 1984: 308). 컴퓨터는 마음이 기계로서 투영되는 새로운 거울을 제시한다. 그것은 우리 자신에 대한 사고의 방식에 의문을 제기하도록 만든다. 만약에 인간의 마음이 기계라면 누가 행위자인가? 책임, 정신, 영혼은 어디에 있는가? 마음이 기계라면 새로운 사고 질서가 불가피하다. 물론 신경과학과 AI는 위와 같은 문제 상황을 해결하고 마음의 비밀을 기술적으로 해결하는 방식을 연구할 것이다.

코페르니쿠스(N. Copernicus)에 의해 인간이 우주의 중심에서 변방으로 물러나게 되었고, 이로 인해 인간은 감성적 에고이즘을 포기하고 새로운 우주관에 따라 자신을 객관적으로 보아야 했지만 폴라니(M. Polanyi)는 이 점에 대하여 회의적이었다. 인간은 불가피하게 우리 자신을 중심에 놓고 우주를 보아야 한다(S. Turkle, 1984: 309). 폴라니는 그 중심이 바로 인간의 마음이라고 생각했다. 그는 우리가 비록 물리적으로 우주의 중심에 서 있지 않지만 지능적인 사유자로서 중심에 있어야 한다고 주장했다. 이러한 중심과 주변의 문제는 이후로도 지속되었다.

예를 들어 인간이 하등동물로부터 진화해 왔다는 다윈(C.R. Darwin)의 생각과 이에 반대하여 인간의 존엄한 지위를 강조하는 입장이 갈등하였다. 인간은 분명 다른 동물들과 비슷한 모양을 하고 있지만 그럼에도 진화과정의 왕자였다. 이러한 논쟁의 연속성 속에서 마음에 대한 컴퓨터모델이 인간의 중심성에 대한 새로운 논란이 되고 있다. 비록 코페르니쿠스와 다윈이 인간을 창조의 중심에서 물러나게 했을지라도 인간은 여전히 자기 자신을 중심으로 여기고 있다. 예전에 프로이트가 제기했던 무의식의 문제처럼 이제 컴퓨터 문화는 self의 새로운 개념에 위협을 가하고 있다. '나는 무의식이다.', '나는 나의 무의식에 영향을 받는다.' 등과 같은 ego의 이해방식은 I에 대한 컴퓨터의 위협과 매우 흡사하며 이것은 다른 경우들과 달리 잔인한 측면이 있다. 그것은 비(非)중심적 자아의 이데아를 취하고 나아가 마음을 마이크로프로세싱 기계로 모형화함으로써 더욱 공고해져 나가고 있다.

그러나 이러한 경향에 대항하여 바이젠바움(J. Weizenbaum)처럼 인간의 마음이야말로 컴퓨터 이상의 것이라는 반향도 일었다(S. Turkle, 1984: 310). 그는 선형(線形), 논리적, 규칙적인 컴퓨터가 우리의 사고방식에 영향을 미침은 물론 도구적 이성의 지위까지 확대되고 있다고 보며, AI로부터 촉발된 심리학이론이 인간의 본질을 기계적이고 평범한 것으로 간주하려는 경향에 대하여 우려를 표명했다. 바이젠바움은 컴퓨터와 다른, 인간의 우수성에 대하여 가치를 부여하고 인간의 본질에 대한 표상을 '인간은 말할 수 없는 것을 안다.'라는 명제로 표현했다.[3]

무의식이나 비합리성을 중심으로 하는 정신분석학의 생각들에 저항하는 것은 본질적으로 논리적인 존재의 또 다른 관점으로 향하게 만든다. 이와 마찬가지로 인간을 프로그램화된 정보시스템으로 여기는 컴퓨터모형에 대한 거부는 언어나 형식주의에 의하여 말로 표현할 수 없거나 간취할 수 없는 관점으로 인간의 본질을 보도록 향하게 만든다. 우리 행동에 대하여 더욱 정보처리모형을 통해 설명하려 든다면 그 정보를 넘어서 우리가 생각할 수 있는 핵심적인 것들로부터 고립되도록 재촉하는 것처럼 보일 것이다. 이러한 생각은 바로 '인간은

---

3 예를 들어 잠자는 아이의 침대 옆에서 말없이 자식을 바라보는 부모의 시선과 같은 것이다. 바이젠바움은 AI에 열광하는 사회적 흐름에 비판적이었다. 그러나 '인간의 본질은 결코 코드화할 수 없다.'는 그의 생각은 AI이론가들이나 인간과 기계를 대척점에 두고 생각하는 사람들에게도 공감을 얻었다.

결코 코드화할 수 없다.'는 바이젠바움의 주장과 맞닥뜨리게 되고, 시얼(J. Searle)의 주장에 의하여 더욱 반박되었다. 그는 컴퓨터 시뮬레이션의 생각이 아무리 완전하다 할지라도 그것은 생각이 아니다. 왜냐하면 컴퓨터는 이해가 필요 없는 단순한 규칙에 따르기만 하면 되기 때문이다. 시얼의 주장에 동조하는 사람들은 깊은 정서적 관여라는 다소 중요한 문제를 놓고 AI이론가들을 공박한다.

여기서 관여란 인간의 고유성에 따라, 어떤 자극으로부터 구별되는 방식으로 실재에 대한 중심적인 자아의 헌신을 의미한다(S. Turkle, 1984 : 311). 인간의 고유성에 대한 논쟁은 시얼의 주장처럼 컴퓨터가 무엇을 하든 인간의 생각은 별개라는 것에 기초를 두고 있다. 그에 의하면 생각은 특별한 생물학적 산물이고 뇌 활동의 결과다. 태어나서, 양육되고, 성장하며 노화에 이르는 인간의 생물학적 특성들은 인간의 삶에 커다란 의미를 부여한다. (컴퓨터처럼) 상실의 고통을 알지 못하고, 어린이의 취약성을 느끼지 못하며, 성욕이나 죽음을 모르는 것은 단지 에일리언에 불과할 뿐이다. 어쩌면 우리는 기계일는지 모르지만 그것을 초월하게 만드는 것은 종교, 역사, 예술, 살만한 가치를 느끼게 만드는 관계 등과 같은 도덕성이다.

인간의 본질에 대한 재론과 유사한 일이 있었다. 그 반응은 낭만적인 형태였다. 그것은 마치 19세기 낭만주의운동이 과학의 승리와 이성의 지배에 의하여 자극받은 것과 흡사하게 신기술, 일반논리구조에 의하여 자극받았다. 터클에 의하면 계몽적 합리주의에 대한 자의식의 반응처럼 낭만주의가 추구한 것은 분명했는데 그것은 정서, 즉 마음의 법칙(law of heart)이었다. 그런데 20세기가 시작되면서 컴퓨터의 등장과 더불어 인간의 생각은 감정에 초점을 맞추게 되었다. 마치 어린애들에게 말하는 것처럼 사랑과 영향, 영혼과 감각, 동기, 친근함 등의 측면에서 인간과 컴퓨터는 다르다고 말할 수 있다. 20대 프로그래머인 데이비드(David)는 이러한 센티멘털한 설명을 일축하여 다음과 같이 말한다. "만약 사람과 같이 스마트한 컴퓨터가 있다면 아마 그것은 많은 일을 할 것이다. 그러나 여전히 인간이 해야 할 일이 많이 남아 있을 것이다."(S. Turkle, 1984: 312).[4]

---

4 예를 들어 인간은 레스토랑에 가기도 하고 교회에도 가야 할 것이다. 데이비드의 주장에 따르면 기술은 이성적이고 인간은 감성과 정서적이라고 말하는 것이 이상할 것이 없음을 알 수 있다. 그러나 대부분은 상당한 수준의 인간이성을 필요로 하고 미묘한 형식주의를 찾아

인간의 이중성은 플라톤이 설명한 바 있는 두 마리의 말(흑마와 백마, 이성과 열정)을 몰았던 마부의 이미지에 이미 개진되었다. 두 가지는 결코 평등하지 않았다. 컴퓨터를 이용하는가 여부에 따라 사람들은 이러한 불평등성을 다양하게 설명한다. 각각은 이를 서로 다른 용어, 즉 이성과 열정, 논리와 감성, 에고(ego)와 이드(id)로 구분한다. 이러한 경향에 컴퓨터가 많은 영향을 미쳤다. 이러한 연유로 분열된 자아를 설명하기 위한 새로운 담론이 필요하게 되었다. 한 측에는 자극하는 것이 자리하고, 다른 한 쪽에는 자극될 수 없는 것이 위치한다. 기계로서의 마음에 완전히 만족해하는 사람들은 사고를 자극하는 것이 곧 사고라는 것을 주장한다.

터클의 생각에 의하면 새로운 낭만적 반응은 19세기 낭만주의가 과학을 거부했던 방식과 같은 형태로 컴퓨터를 거부할 수 없는 사람들에 의하여 형성되지 않는다. 감정이나 표현할 수 없음에 대한 주장은 기술을 느끼는 사람들이 아니라 오히려 그것을 소유하거나 채택한 사람들에게서 비롯된다. 이것은 1960년대 사람들이 기술주의나 합리주의에 대항했던 낭만주의와는 차이가 있다. 60년대의 가치들-단순함, 자기표현, 순수함, 감정의 참됨 등은 냉정한 과학주의에 대항하여 주장되었다. 신비주의와 동양종교들은 도구적 이성주의에 대항하는 무기들이었다.

컴퓨터의 출현은 많은 사람들이 적합하지 못하다고 여기거나, 과학이나 이성과 부합하지 않는 동양사상과 연관된 가치체계에 새로운 적법성을 부여하기 시작했다. 문화는 본래 유동적, 갈등적, 모순적이다. 컴퓨터는 기계적인 용어로 인간심리를 탐구하는 사람들에게 상당한 도움이 되었고, 이성은 물론 감성(영향)에 대단한 가치를 부여하는 사람들에게 중요한 준거의 관점을 제공하였다. 이제 우리는 이성의 힘을 컴퓨터에게 양도하였다. 동시에 방어적으로 정체성에 대한 우리의 감정은 인간기계라는 용어 속에서 영혼과 정신의 문제에 점차 초점을 맞추기 시작하였다.

인류 역사상 지금까지 인간에게 가장 친근했던 이웃은 바로 동물이었다(S.

야 할 필요성이 있음을 발견할 것이다. 인간과 기술을 양분하는 이분법은 '인간(자아)이란 무엇인가?'라는 문제도 세분화하는 방식으로 몰고 갈 것이다. 한 학생은 자신을 기술적 자아와 감성적 자아로, 어떤 학생은 기계적 부분과 동물적 부분으로 자신을 구분하게 될 것이다.

Turkle, 1984: 313). 그러나 오늘날 비록 조각조각의 지성을 지녔을지라도 컴퓨터는 인간과의 상호작용성, 컴퓨터심리를 통해 그 자리를 넘보고 있다. 우리는 지능을 컴퓨터에게 양도하려는 아이들을 만날 수 있다. 이러한 아이들은 동물과 다른 자신의 차별성에 대한 존경이 아니라 '자신이 컴퓨터와 어떻게 다른가?'에 의하여 자신의 정체성을 규정한다. 한때 우리는 이성적인 동물이었을지라도 이제 우리는 감정을 가진 컴퓨터요, 정서를 지닌 기계가 되고 있다. 그러나 이 두 가지를 실질적으로 통합할 수 있는 방법이 없다. 정서적 기계라는 자기모순적인 개념은 '우리가 살고 있다.'는 것이 '아주 심각한 긴장을 느끼며 살고 있다.'는 사실에 사로잡히게 한다.

컴퓨터문화에 빠져들수록 아이들은 지능의 기계적 전망과 순수한 정서의 미스터리한 전망 사이에서 균열된 형태로 존재할 것인가? 아마도 컴퓨터의 위협은 아이들로 하여금 동물체, 지성체, 기계체에 근거해 각각의 인간실재에 대한 이해의 분열성에서 비롯된 새롭고도 복합적인 자기이미지를 만들어내도록 더욱 더 자극할 것이다. 여기서 한 가지는 분명하다. 오랜 철학자들의 탐구주제였던 마음의 수수께끼가 긴요한 문제로 떠오를 것이라는 점이다. 다시 말해 컴퓨터문화의 확산과 더불어 기계와 관련된 '마음'의 문제는 핵심적인 문화적 전제가 될 것이다.

3) 이중자아와 컴퓨팅적 사고

터클의 관찰에 의하면 컴퓨터적 은유가 정치학, 교육학, 사회과정 및 심리분석과 관련된 자아 이해에 광범위하게 사용되고 있다(S. Turkle, 1984: 317). 호프스타터(D. Hofstadter)는 컴퓨팅적 아이디어, 재현적 사고라는 새로운 개념을 만들어냈고, 이 용어들은 마음, 음악, 문학, 생물학, 인식론은 물론 심지어 신학 등과 연관지어 생각하는 방식으로 사용되었다. 일련의 경험을 통해 터클은 마음의 자기반성 행태에 대한 문화인류학적 연구에 관심을 두기 시작했다. 핵심적인 관심사는 고도의 과학사회에서 개발된 아이디어가 거대문화에서 어떻게 적합할 수 있는가? 컴퓨팅적 아이디어가 일상생활에서 어떻게 변용되는가? 등의 문제들이다. 이러한 탐구방식은 개인의 경험사에 대한 특별한 주의를 요하는 연구의

질적 수월성을 요하는 것이다. 심리분석은 사람들의 도덕적 책무에 대한 감각, 자신의 행위에 대한 의미와 절차에 대한 감각 등을 파고드는 것이다.

　마찬가지로 프로그램으로서의 마음은 사람들이 어떤 행위를 할 때 행위자로서의 감각 속으로 들어가는 것이다(S. Turkle, 1984: 318). 심리분석의 대상이 되는 개인들은 자신에 대한 이해와 자신의 삶 속에 있는 컴퓨터 생태계와 일정한 연관성을 유지한다. 그러나 최근 이러한 개인심리들에 대한 관찰과 연구는 집단심리의 국면으로 전환되고 있다. 컴퓨터에 관한 한 상이한 하위문화가 실재하는 것이 포착되는데, 예를 들어 개인적 차원, 해커의 세계, AI의 세계 등으로 세분화된다. 이러한 연구의 연장선에서 사회학적 관점으로 컴퓨터와 인간의 관계를 바라보는 시도가 등장하였다.

　그것은 '사람들이 어떤 대상과 관계를 맺어 가는가?'의 문제와 '이러한 관계적 자아들이 어떻게 문화적 블록으로 형성되어 나가는가?'의 문제에 초점을 맞추었다. 물론 기술영역에서 컴퓨터가 단독으로 강력한 감정을 야기하는 능력이 있다거나, 개인적 의미를 부여하거나, 부(富)나 개인에 대한 표현적 환경을 만들어 내는 것은 아니다. 사람들은 다양한 기계문명과 복잡한 관계맺음을 만들어 나가는데, 이를 통해 기계들과 관련된 하위문화(생태계)들이 형성되어간다. 여기서 컴퓨터와 관련된 기술생태계도 예외는 아니며 오히려 더욱 강력한 수준으로 새로운 문화유형들을 야기할 것이다.

　터클은 오늘날 컴퓨터가 개인의 관심사를 투영하는 스크린으로서 로샤흐(Rorschach)검사처럼 기능한다고 간주하였다(S. Turkle, 1984: 320). 컴퓨터에 대한 아이디어들은 개인적이면서 문화적인 의미에 쉽게 연관된다. 문화적 대상으로 컴퓨터의 영향은 어린이에게 국한되지 않는다. 기계는 어린이의 삶에 일상으로 자리매김되고 있다. 컴퓨터의 영향력에 대한 이해는 그것들과 함께 성장하는 아이들에 대한 연구와 관련되어 더욱 필요하다.[5] 컴퓨터 생태계 안에서 살고 있

---

5 컴퓨터생태와 인간의 자아에 대한 연구는 두 가지 측면에서 그 중요성이 있다. 첫째, 컴퓨터는 발달의 과정에서 새로운 창(window)을 제공한다. 예를 들어 아동이 형이상학으로부터 숙련(mastery)단계로 이행하는 통로는 그들의 흥미가 승리에 대한 철학화로 옮아갈 때 컴퓨터와 아동의 관계를 통하여 전이적으로 이루어진다. 컴퓨터와의 관계는 발달적 순차 이상의 의미를 나타낸다. 그것은 상이한 개인적 스타일에 대한 투사적 스크린이 된다. 둘째, 상호성, 애니메이션, 통제와 숙련과 관련된 가능성 등으로 인하여 컴퓨터는 아이들의 인지적 혹은 정

는 아이들과의 대화는 그들의 사고와 감정을 이해하는 중요한 단서를 제공한다.

예를 들어 피아제의 인지발달 모형을 적용하여 '컴퓨터는 생물인가? 아니면 무생물인가?'라는 질문을 통해 그들의 발달 상태를 알아낼 수 있다. 사람들은 컴퓨터를 하나의 도구로 여겨 단순히 도구적으로 사용하는 사람도 있지만 문제는 그들이 아니라 컴퓨터와의 연관이 자신이나 다른 사람에 대하여 생각하는 방식과 관련되어 나타난다는 사실이다. 컴퓨터는 사용자들로 하여금 AI세계에서의 형이상학, 해커들의 숙련, 정체성 등의 측면에서 컴퓨터 생태계와 연관되어 간다.

이러한 형이상학, 숙련, 정체성 등은 의미심장한 개별적 차이를 기반으로 하는 계층적 시스템을[6] 만들어내기도 한다(S. Turkle, 1984: 321). 이는 컴퓨터 생태계가 결코 동등하거나 평등하지만은 않다는 것을 의미한다. 형이상학, 숙련, 정체성을 다루는 사람들의 방식은 차별적이거나 극단적으로 차이가 나는 국면이 있다. 예를 들어 숙련도에 있어 고수준 대 저급함, 프로그래밍에서의 위험 대 확신, 컴퓨터를 사용하는 방식에서 투명성 대 복잡성 등의 구별이 가능하다. 이러한 구별방식은 병리적 진단 및 치료적 국면은 물론 교육적으로 유용하다. 그러나 학생들로 하여금 컴퓨터는 표준화된 교육과정의 과제가 되어서도 안 되고 그렇게 할 필요도 없다. 국면의 차이와 무관하게 컴퓨터는 새롭고도 주의를 환기시키는 미디어를 제공한다.

터클은 '과연 컴퓨터는 유용한가? 아니면 나쁜가?'의 물음에 몰두했다고 한다. 이 문제는 아이들과 연관지어 제기되는 문제점이기도 하지만 컴퓨터가 대중에 보편화된 사회 환경과 함께 성인의 문제로까지 확대되어야 한다. 컴퓨터와의 관계 맺기는 실제 사람들과 관계가 좋은지 나쁜지에 대하여 묻지 않는다. 그 대신에 특별한 관계를 맺어가는 자신만의 독특한 방식에 관한 정보들을 찾아 헤맬 뿐이다. 그러나 이러한 관계 맺기의 가능한 영향력에 관한 판단을 뛰어넘어 기술과의 관계 맺기에 대한 좀 더 짜임새 있는 방식에 대하여 생각해야 한다. 컴퓨터는 좋지도 나쁘지도 않다. 다만 그것들을 사용방식에 있어 강력할 뿐이라

서적 발달의 양면에 실제적으로 간섭하게 된다. 그것은 성장을 위한 (긍정적인) 매체가 되기도 하지만 어느 경우에는 중독으로 가는 길이 될 수 있다.

6 프랑스 사회학자 프레데리크 마르텔(F. Martel)은 인터넷을 통해 물리적 경계와 언어의 차이에서 벗어나 사람들이 동등하게 교류하는 세상을 만들겠다는 미국 IT업자들의 이상은 결코 실현된 적이 없다고 주장하였다(조선일보. 2016. 5. 7일자).

고 말할 수는 있다.

2 디지털 이중자아와 인성교육

1) 디지털 이중자아의 개념적 구성요소

(1) 디지털

이는 언어를 기계적으로 숫자화한 것의 총칭이다. 디지털을 기반으로 운용되는 기계를 총칭 디지털 기기라 하며, 이러한 기기들이 인간의 삶과 관련되어 실재하는 현상을 디지털 생태계 혹은 VR, Cyber, Metaworld, 사이버네틱 환경(S. Papert, 1993)이라고도 하며, 이는 디지털화된 거대 네트환경을 말한다. 다시 말해 디지털의 형태로 네트를 누비는 개인과 사회의 환경을 총칭하며, 여기서 우리는 마치 bit처럼 단절되어 살아간다. 지금까지 인간존재가 다양한 요소들에 의하여 구성된 존재였다면 이제 그 구성된 요소들을 해체하고 단절하여 새로운 현실을 구성하는 디지털의 가장 미세한 비트 형태로 전환된다. 한마디로 우리 스스로 비트가 되어 네트를 통해 연결되는 것이다.

비트란 모든 대상을 부단히 단절하여 더 이상 나눌 수 없는 하나의 dot로 전환시킨 다음 여기에 0과 1의 이진법 부호를 입력시킨 것이다. 즉, 본래 대상으로부터 단절해 낸 가장 미세한 단위가 비트인 셈이다. 이러한 비트는 본래의 존재와 무관하게 존재하며 무수한 디지털 언어를 만들어 내어 나타낼 수 있는 값의 범위가 매우 넓다(B. Gates, 1996: 393). 디지털 생태계의 핵심인 인터넷은 비트화된 무수한 존재들이 살아가는 새로운 사회적 공간(생태계)이 된다(라도삼, 2001: 65-67).

(2) 이 중

마음은 본래 단일성의 속성이 있다. 그러나 누구나 성장하면서 개별경험의 다양성에 의해 이중성, 다중성 등으로 분열되어 나간다. 이러한 분열성의 특징은 첫째, 양면성 혹은 반대심리 병존/양가감각(ambivalence)으로 이는 주어진

대상에 이끌려 그것을 향하기도 하고 반대로 멀어지려는 모습이다. 둘째, 착각 혹은 속임수로 이것은 겉으로 말하고 행동하면서 드러내는 동기는 실제 동기와 전혀 다른 양상이다. 디지털 이중자아는 이 두 가지를 모두 아우르는 개념으로 사용되는 경우가 많다(C. Williams, 2005: 27).

(3) 자 아

교육심리학자 가드너(H. Gardner)는 자아에 대한 두 가지 상이한 시각에 대하여 설명한 바 있다. 하나는 통합적으로 현실에 구현된 개인이다. 자아는 고도로 발달되어 있고 타인으로부터 완전히 차별화된다. 개인은 자기 자신과 그를 둘러싼 사회를 잘 이해하고 있는 것처럼 보여야 하고, 때로는 나약할 수밖에 없는 인간의 기본조건들에 대해서도 잘 알아야 한다. 또 다른 하나는 하나로 묶을 수 있는 여러 개의 자아다. 생각과 행동과 목적을 조정하고 조율하는 어떤 중심적인 자아의 존재가 있다기보다 개인은 여러 개의 페르소나를 가진 존재로 파악된다. 이러한 가면들은 우열을 가릴 수 없으며 각각 필요할 때 전면에 나올 뿐이다. 디지털 생태계와 관련된 논의에서 말하는 자아는 두 번째의 시각과 일치한다(H. Gardner, 1983: 252).

한편 마이어스(N. Myers)는 다른 동물과의 차별성을 지닌 생물학적 종 특성으로서의 자아, 사회적 지위와 관계에 기반을 둔 사회적 존재로서의 자아, 직장이나 커뮤니티와 같은 다양한 장면에서 타자에 의하여 구성되는 상황적 자아 등으로 구분하고 있다. 특히 세 번째의 경우는 대개 본질적 자아(myself)와 무관하게 형성되거나 처리되는 자아상태를 지칭한다. 이 때 사람들은 자신의 본유성으로부터 벗어나 우리 몸은 마치 기계처럼 인식되고 마음은 관리의 대상으로 전환되기도 한다. 디지털 생태계의 자아 논의는 세 번째 자아개념과 일치한다(N. Myers, 1990: 46).

2) 문제점의 도출

터클은 현대사회를 나르시시즘[7]의 문화라 부른다(S. Turkle, 1984: 306). 이는

---

7 "심리학자인 장 트웬지(J. Twenge) 교수는 디지털세대(일명 넷 세대)가 역사상 가장 자기애

적절한 표현이면서 동시에 왜곡되어 이해될 가능성도 있다. 왜냐하면 그것은 이
기심 혹은 자기열중으로 이해될 수 있기 때문이다. 우리는 자기 자신에 대한 이
해에 관한 한 불안정하며 이러한 불안감으로 인해 '우리는 누구인가?'라는 물음
에 새로운 전제를 야기한다. 누구나 인간은 자신에 대한 이해방식이 있기 마련
이다.

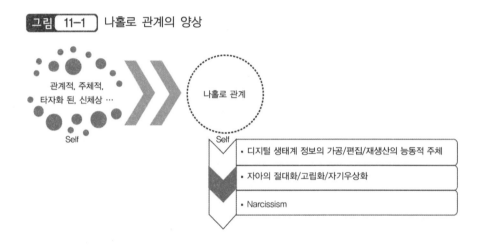

그림 11-1 나홀로 관계의 양상

이러한 문화 속에서 컴퓨터는 심리적 기제라는 새로운 투영체(mirror)가 되
었다. 즉, 논리적 기계로서의 본질을 넘어 영혼을 담지하는 물체라는 제2의 본
질을 낳고 있다. 컴퓨터에 강력하게 몰입된 사람들에게 그것은 반성(反省)적 미
디어이면서 동시에 철학적인 자극체가 된다. 몇몇 사람들은 전문적인 수준까지
컴퓨터에 몰입하지만 대다수가 그런 것은 아니다. 컴퓨터에 강력하게 몰입한 사
람들은 컴퓨터를 자기 자신으로 여긴다. 이러한 현상은 컴퓨터 하위문화가 형성
된 1980년대 이후부터 일반화되었다. 컴퓨터가 없는 가정이나 개인은 친구, 동
료, 이웃이 없는 것으로 여겨지고, 우리는 컴퓨터의 제2의 본질과 친근해지는

가 강한 세대라는 의미에서 me generation이라고 부른다. 그녀는 나르시시즘에 빠진 사람들
은 자기 자신에 대해 긍정적이면서 과장된 시각을 갖고 있다고 말한다. 그들은 자신이 실제
보다 더 강하고 더 중요하다고 생각하며 이것은 그들의 대인관계 양상에도 큰 영향을 미친
다."(D. Tapscott, 2009: 171에서 재인용). 일반적으로 나르시시즘이란 개인주의 윤리에서 만
족의 극단적인 형태로 하이퍼 계급의 토대가 되기도 한다(J. Attali, 1999: 70).

방식으로 컴퓨터와 상호작용하는 문화(디지털 생태계) 속에 살고 있다. 이러한 현상이 발생함으로 인해 컴퓨터 하위문화 속에서 이루어지는 인간과 기계의 상호작용은 새로운 긴장의 조짐이 되고, 이러한 문제를 해결하기 위한 노력은 인간의 새로운 문화를 구성하게 될 것이다.

컴퓨터는 해커들에게 갈증의 원인을 제공할 것이며, 성적(性的) 억압의 근원인 히스테리아는 프로이트가 설명한 것보다는 덜 느끼겠지만 다양한 양상으로 전개될 것이다. 고독감의 문제도 향후 심각한 공허감, 소외감, 자아의 비(非)실재성 등의 문제들을 광범위하게 겪게 될 것이다. 이 때 컴퓨터는 (사람과의 관계 맺기에 필요한) 정서가 필요 없는 친구가 될 것이며, 동시에 우리는 고독자이거나 외로운 존재자의 굴레를 벗어날 것이다. 우리는 새로운 친구인 컴퓨터에게 상처받기 쉬운 존재로서의 취약성을 느낄 필요가 없다(S. Turkle, 1984: 307).

해커들은 새롭게 대두되는 컴퓨터와의 관계에서 새로운 국면을 보여줄 것이다. 컴퓨터에 대한 그들의 반응은 예술적이면서 또한 낭만(공상)적일 것이다. 그들은 자신의 프로그램을 보다 아름답게 만들고 자신의 독창성과 천재성을 고상하게 표현하고자 원할 것이다. 그들은 전문성의 측면보다 컴퓨터를 통한 창조성의 공유를 더욱 원하게 될 것이다. 또한 기술적인 전문가가 아니라 창조적인 아티스트로서 서로 서로 관계 맺기를 시도할 것이다.

로맨틱(낭만, 공상)의 본질은 합리주의자들의 에고이즘에서 벗어나기를 바라는 것이다. 따라서 해커들은 기계 속에서 어떤 영혼을 발견하려 들 것이다. 그들은 마음이 마음을 구축한다는 생각과 자신의 마음을 전체적인 시스템으로 통합한다는 느낌 속에서 자기 자신을 상실하게 된다. 사회의 경쟁적 메커니즘에 대한 대안을 찾았던 19세기의 낭만주의는 완전한 우정과 완전한 사랑을 갈구했다. 이것이 새로우면서도 복합적인 형태로 재현되고 있다. 이상적인 자아의 문제 대신에 컴퓨터를 '제2의 자아'로 간주하고 있는 것이다.

새로운 표현의 미디어로서 또한 고독과 친근함의 공포 사이에서 발생하는 균열적 조정(compromise)을 야기하는 컴퓨터의 이미지는 기계와 인간의 정서적 삶 사이에서 발생하는 충돌(encounter)의 표상이 되고 있다. 이것은 컴퓨터와 철학적 실존, 특히 인간의 본질에 대한 우리 생각 사이의 충돌을 야기한다. 마음과 비(非)마음, 생물과 무생물의 선상에 위치한 컴퓨터는 마음의 본질과 생명의 본질에 관한 성찰을 자극하고 있다. 컴퓨터로 말미암아 인간은 '우리는 누구인가?'에 대하여 성찰하도록 촉구한다.

터클에 의하면 '컴퓨터를 기반으로 이루어진 디지털 환경은 사람들로 하여금 자기 자신을 유동성, 긴박성, 탈(脫)중심성, 증식성, 가변성 등의 속성을 가진 존재로 여기도록 촉구한다.'고 주장한다.(D. Brown, 1997: 239) 그녀는 이로 인해 어른이건 아이건 컴퓨터를 사용하는 사람들은 누구나 자기 나름의 스타일을 만들어낼 수 있다고 본다(S. Papert, 1993: 146).

이러한 스타일은 디지털 생태계에서 일종의 페르소나로 작동한다. 한마디로 디지털 생태계란 일종의 가면극이 벌어지는 가상현실이라고 정의할 수 있다. 이러한 디지털 기반 사이버공간에서 소통하는 사람들을 디지털 시민이라 부르며 그들은 온-라인 페르소나(터클과 에이그리(Agre)는 이에 대하여 네트 페르소나라고 부르는데, 이들은 second self의 다른 표현으로 보아도 무방함)에 대하여 크게 신경을 쓰지 않는다. 따라서 디지털 생태계에서는 디지털 언어로 구현된 온-라인 페르소나가 관계 양상의 전부다.

예를 들어 디지털 생태계의 핵심환경이라고 할 수 있는 인터넷을 이용하는 사람들은 서로 어떤 사람이 따뜻한 사람인지 아니면 차가운 사람인지 오직 디지털화된 언어만을 단서(clues)로 삼아 작의(作意)적으로 판단할 뿐이다(황상민, 2001: 32-35). 그럼에도 불구하고 수많은 사람들은 다양한 방식으로 자신(my self)은 누구이며 어떤 관심사를 갖고 있는지를 표현하면서 디지털 인상을 형성하고 온-라인 페르소나를 치장한다(황상민, 2001: 61).

텍스트 기반(영상기반의 경우는 다소 예외적임)으로 실재하는 디지털 생태계에서 my self의 온갖 정보를 생생하게 구현하는 것은 어렵다. 왜냐하면 권위, 지위나 권력(인터넷에서 그런 것들의 단서는 명확하게 보이지 않고 오히려 지위 평등화현상이 벌어지나 이것이 오히려 사이버 관계 맺기의 오류나 왜곡의 원인이 됨), 인상, 능력, 태도, 외양 등의 모든 속성이 대부분 블라인드 상태로 모니터(컴퓨터 모니터는 물론 모바일의 소형 스크린을 모두 포함)와 헤드셋에서 관리되기 때문이다.

따라서 오프라인 상태에서 사람들과 face to face로 관계 맺기를 할 때 필요한 인상관리나 태도제약, 감정조절 등이 필요 없게 된다. 이러한 생태계에서

my self에 대한 인상을 다른 사람에게 표현할 수 있는 유일한 도구는 키보드(인상 형성 도구)일 뿐이다. 각자의 my self는 가공의 second self(인터넷 ID)를 주체삼아 키보드를 이용하여 무한대의 은폐, 발견, (거짓) 노출, 가공, 재발견 등이 순환하는 익명의(대부분의 경우) 정보공유나 정보탈취의 온라인 게임이 이루어진다. 물론 많은 사람들이 홈페이지(의사소통이 일차적인 목적은 아님), 블로그, 이－메일(의사소통이 일차적인 목적임) 등을 통하여 실명으로 my self를 적나라하게 노출하는 경우도 있지만 이 경우에도 물론 정보의 가공이나 조작은 그리 어렵지 않다. 특히 홈페이지를 만드는 일은 자아상에 더 많은 관심을 기울이게 만들고, 남들이 나의 자아를 '은밀하고 담대하게' 관찰하고 있다는 느낌을 강조하고 증폭시킨다. 대개 디지털 생태계에서는 자기중심적 특징인 상상 속의 청중이라는 지각적 착각이 나타나고 이로 인해 second self는 마치 실재하는 것으로 느끼는 환영이 발생한다. 그러므로 인터넷은 사용자에게 정체성의 실험장이며, 각 개인이 실험을 해볼 수 있는 놀잇감과 청중 그리고 놀이참가자들이 널려 있다.

비록 많은 사람들이 현실의 자아와 유사하게 행동하지만 내성적인 사람들이 외향적으로 보이고 싶어 장난을 치는 등 자신의 인상관리와 속임수 사이의 경계를 교묘하고 창조적으로 넘나드는 사이버 행동들이 있다(황상민, 2001: 86). 이러한 상황에서는 거짓 혹은 속임수에 의해 가공된 정체성에 대한 상호 간 탐지 노력이 발생하게 된다. 디지털 시민이 누군가의(나와 관련이 있건 없건 관계없이) 속임수 행위를 탐지한 경우 보복, 공격, 경쟁, 배척 등 다양한 형태로 접근한다. 이것이 가능한 것은 바로 익명성 때문이며 이는 두 가지 얼굴을 갖고 있다.[8]

"익명성 혹은 익명성에 대한 환상은 인터넷에서의 공격행동을 설명할 때 언급되는 또 하나의 강력한 인터넷 속성이다. 사람들은 자신들의 행동이 직접 자신에게 귀인(attribution)될 수 없으리라고 믿을 때 사회적 인습이나 제한을 덜 받게 된다. 이는 서로 안전하다고 느끼는 조건 아래에서 어려운

---

[8] 그러나 여기서 우리가 생각해 볼 문제가 하나 있다. 온갖 언설(言說)에 대한 책임이 myself로 귀인되지 않는 익명의 방법으로 나의 감정을 쏟아 냈을 때 그 결과는 어떨까? 그것은 일종의 카타르시스 효과라 부르는 악감정의 배설로 인한 분노의 최소화로 이어질까?

개인적 문제를 사람들이 논의할 기회를 가졌을 때는 오히려 매우 긍정적인
효과를 갖고 있다 … 그럼에도 불구하고 익명성은 움직이는 표적이다."(황
상민, 2001: 197-198).

"인터넷(생태계)에서 누비고 다닐 수 있는 이런 저런 환경과 이러한 환경들
이 사람들에게 영향을 미치는 정도는 인터넷 속에서 우리가 느끼는 익명성
과 책임감의 수준에 좌우된다. 사람들은 다른 사람들이(others) 나 자신
(myself)이 누구인지 알 수 없다고 생각할 때 억제되지 않는 방식으로 행
동한다. 이것이 가능한 한 또는 최소한 이러한 특성이 있는 곳에 노출되면
사람들은 누구나 긍정적이거나 부정적인 방식 모두에서 (인습적인 금지나
제약으로부터 해방되어) 풀어지려는 경향이 극대화된다."(황상민, 2001:
362).

디지털 생태계에서 사람들은 실제세계에서의 리더를 따르기보다 인터넷 상
에서 자기조직화(self-organize)를 추구한다(D. Tapscott, 2009: 122, 131). 디지
털언어는 이러한 자기조직화의 산물이 되고, 순환적으로 이러한 언어들은 온라
인 페르소나의 강력한 표현수단이 된다. 여기서 사람들은 내가 중심이 되고 주
인이 되는 세계를 만들어 낸다(라도삼, 2001: 12).

"디지털 생태계에서 진정한 개인화의 시대를 여는 나(myself)는 나를 중심
으로 세계를 만들어내며 전 세계 네트워크에 페르소나로서 나(second self)
를 현존(現存)시킨다. 그 어떤 누구에게도 구속되지 않는 나(myself)는 글
로벌 네트워크를 따라 근대의 이념과 구조로부터 벗어난 '또 다른 나'를 건
설한다. 즉, 모든 인과론적 결정이나 구조로부터 이탈된 사회에서 '나'는
스스로 타자화된 나(second self)가 되어 세계를 지배하기 시작한다."(라도삼,
2001: 175).

디지털 생태계에서 자아나 정체성의 문제에 대한 시각은 대립적인 양상을
보인다(S.B. Barnes, 2002: 365-367에서 참조함). 터클(1984)은 온라인 인터넷 게

임과 같은 디지털 생태계를 자아의 구성이나 재구성에 관하여 자기주도적인 설계를 바탕으로 사회적인 실험이 가능한 장소로 여겼다. 또한 윈과 카츠(E. Wynn & J.E. Katz, 1997)에 의하면 '인터넷은 새로운 가능성들이 만들어지는 곳인데, 여기서 새로운 가능성이란 다양한 정체성 실험이 가능하든지 언어유희, 게임이나 놀이(정체성 형성에 있어 온라인이나 오프라인 모두에서 중요한 부분을 차지한다고 여김)를 즐길 수 있음을 의미한다.'라 하여 다양한 경험의 조직화를 통해 안정적이고 지속가능한 정체성 형성을 가능하게 만드는 긍정적 측면이 있음을 강조했다. 현상학적 측면에서 보더라도 TV와 달리 디지털 미디어는 양방향 소통이 가능하여 자아형성에도 영향을 미치게 된다(D. Tapscott, 2000: 162).

에릭슨(E. Erickson)의 정체성 발달이론에 근거하여 디지털 생태계에서 사람들은 묻고, 생각하고, 분석하고, 탐구하는 과정을 거쳐 삶에서 자신에게 주어지는 다양한 역할을 수행하면서 일관성을 갖춘 자아의 기반을 닦게 된다. 반면 거겐(K.J. Gergen)은 『포화상태의 자아(The saturated self)』에서 현대인들이 매스미디어를 통해 너무나 다양한 문화와 아이디어를 접하게 되어 안정적이고 지속적인 자아상을 갖기 힘들다고 주장한다. 그는 다양한 시각에 노출된다는 것이 그만큼 개인적으로는 갈등의 소지가 확장되는 이유가 된다고 여겼다.

고프만(E. Goffman)은 『일상생활에서 보여지는 자아』라는 책에서 디지털 미디어와 자아의 갈등 관계에 대하여 매우 흥미로운 논의를 제기한 바 있다. 그는 인간관계를 자신이 바라는 인상을 심어주기 위하여 행하는 일종의 배경과 등장인물이 있는 연기와 같은 것으로 정의했다. 각 개인들은 타자에게 내가 누구인지 이해시킬 수 있는 일종의 전선을 구축한다. 이 '전선'은 외모, 성격, 태도를 형성하는 데 기초가 되어 개인의 행동양식을 일관되게 형성시킨다. 실세계와 마찬가지로 디지털 생태계에서도 동일하게 어른이나 아이들은 자신의 전선을 만든다. 그러나 디지털 텍스트 환경의 소통공간에서 상대방이 구축한 전선은 무시된다. 디지털 환경에 필요한 새로운 전선이 형성되어야만 한다. 이것이 바로 디지털 이중자아를 만들어내는 조건이며 생태학적 특성인 셈이다(D. Tapscott, 2000: 166에서 재인용).

디지털 생태계에서는 누구나 자신의 정체를 언제든지 바꿀 수 있다. 이는 이중적일 수도 있고 다중적일 수도 있다. 터클은 이 점에 대하여 '윈도우의 멀티

태스킹 기능에 의해 다중인격형성이 가속화 되었다.'고 하였다. 실제세계에서는 오직 하나의 실존적 자아만 기능하지만 가상공간에서는 동시에 여럿의 자아가 기능할 수 있다. 이는 곧 자아의 분열, 혼란, 상실의 단초가 되기도 한다. 그럼에도 불구하고 다중인격체 형성은 긍정적인 측면을 담지한다.

디지털 생태계에서 자아에 영향을 미치는 가장 중요한 가치는 관계의 지속성과 신뢰의 구축이다. 현실에서의 다중인격은 정신병리로 간주되는 반면, 디지털 생태계에서 그것은 좀 더 나은 관계를 형성, 유지하고 자신의 다양한 잠재적 성향을 발견하여 자기분열보다는 오히려 자아수용과 조화의 경험을 제공한다. 이에 대하여 터클은 '사계절용 자아'를 만들어 사시사철 동일한 사람으로 세상을 사는 것이 아니라, 자기 자신을 여러 가지 모습으로 수용하고 이를 효과적으로 관리하는 기술과 의식의 교육이 더 필요하다고 여겼다(D. Tapscott, 2000: 171에서 재인용).

3) 디지털 이중 자아의 교육적 시사

터클의 관찰과 연구에 의하면 아이들은 마치 사람과 대화하듯 컴퓨터를 대한다. 이것은 다양한 방식의 심리적 작동을 통해 그들에게 영향을 미친다. 디지털 생태계에 개인적 삶을 총체적으로 지배당하는 사람은 컴퓨터를 마치 살아있는 생물체처럼 취급한다. 특히 아이들은 아동 애니미즘이라는 전통적인 견해(피아세 등)에서 비롯된 매우 다양한 흥미를 바탕으로 컴퓨터를 살아있는 생명체로 여긴다(S. Turkle, 1984: 324). 이러한 살아 있음에 대한 이슈에서 비롯된 논쟁은 본질적으로 흥미로운 것이다. 즉, 컴퓨터를 생물적인 존재로 이해하는 방식에 대한 논쟁은 다음 두 가지 측면에서 흥미롭다.

첫째, 어떤 사물(물론 컴퓨터도 해당됨)에 관련된 담론은 문화(컴퓨터 생태계처럼)를 구축하는 데 기여한다는 점이며, 둘째, 어린이들은 이를 통해 보다 심리적인 관점의 사고를 하게 만든다는 것이다. 터클은 '컴퓨터가 심리적 사고체나 이론수립체로서 어떻게 아동의 발달에 개입하는가?'에 흥미를 느꼈다고 한다. 이 때 가장 핵심이 되는 문제는 '아이들이 컴퓨터라고 하는 대상체를 어떻게 생물체로 인식하는가?'이다(S. Turkle, 1984: 325).

하나의 지각대상체로서 컴퓨터를 이용한 학교의 수업장면에서 학생들은 컴퓨터 자체를 이용하기도 하지만 그것은 대화참여자로서 개입한다(S. Turkle, 1984: 326). 이와 관련된 아동 애니미즘 연구는 두 가지 국면으로 전개되었다. 그것은 첫째, 대상체의 생물성에 대한 아동의 판단에 대한 것이고, 둘째, '어떻게 아동들의 사고 속에서 무생물체가 생물체가 되는가?'에 대한 것이다.

(1) 판단준거

피아제의 아동 연구방법과 발달이론을 차용할 경우 생물과 무생물에 대한 아동들의 판단준거는 움직임이다. 움직임에 대한 준거는 생물성과 무생물성에 대한 판단상황에 가장 빈번하게 인용된다. 그러나 터클은 이러한 준거들을 움직임(이동), 물리적 행위, 실재, 도덕, 생물학적 특징(숨쉬기, 점차 자라기, 신진대사 등), 심리학적 특징(기억에 의한 행위의 반복), 반응 등과 같이 세분화하였다. 터클의 연구에 의하면 컴퓨터가 아닌 일반사물에 대한 생물성을 판단할 때 68%가 물리적인 준거를, 11%가 심리적인 준거를 사용하였다.

그러나 이를 컴퓨터에 적용할 때 상황은 역전되어 17%의 아이들이 물리적인 준거를 사용한 반면, 67%의 아이들은 심리학적 준거를 사용하였다. 이는 마치 우리가 TV를 처음 보았을 때 화면에 구현되는 다양한 동작들에 의하여 TV를 마치 살아있는 물건으로 생각했던 것과 유사한 심리화 현상이다. 그 후 사람들에게 TV를 마치 살아있는 괴물로 여기는 심리적 습관이 형성되었고 급기야 일상적 삶에서 본래 무생물인 이 희귀한 물체가 나의 친구인양, 나의 이웃인 양 여기게 되었다.

(2) 판단전이

아동들이 보여주는 컴퓨터와 관련된 심리화(애니미즘)는 컴퓨터가 아닌 일반사물에 대한 전통적인 심리화(애니미즘)와 세 가지 방식에서 차이가 있다(S. Turkle, 1984: 329). 첫째, 움직이는 공이 구르는 모습을 본 아이들은 물리적인 관점에서 그것을 생명체라고 설명한다. 그러나 컴퓨터의 경우는 다르다. 심리적인 특성의 유무가 기계의 생물체 여부를 판단하는 준거가 된다. 둘째, 4－12세 아이들이 동일하게 반응하는 것이 아니라 발달수준에 따라 심리화에 차이가 있다. 발달수준이 높을수록 보다 세련된 것, 예를 들어 의지, 소망, 감정, 이해력 등의 부족의 관점에서 컴퓨터가 무생물이라는 점을 분명하게 설명한다. 셋째, 원인과 결과에 대한 차이에 대한 주의는 움직임에 관련된 것이 아니라 오히려 심리적 영역에서 발생한다는 것이다.

이처럼 컴퓨터의 마음에 관한 생각은 점차 심리적인 문제에 관한 여러 가지 물음들을 야기한다(S. Turkle, 1984: 330). 우리는 누군가 속이고 있다는 사실을 알지 못하고 누군가를 기만할 수 있을까? 감정은 프로그램화될 수 있을까? 우리가 무언가에 대한 프로그램화된 생각을 하게 될 때 그것을 알 수 있을까? 사람의 생각이 프로그램화된다는 것은 무엇을 의미하는가? 컴퓨터가 사기를 칠 수 있는지 여부에 대한 아이들의 지각과 컴퓨터와 사람이 어떻게 다른가? 등에 대한 지각성향은 주요한 이슈가 될 수 있는데, 이것들은 아이들이 어떻게 자신들의 심리화를 구축해 나가는가?를 이해하기 위한 좋은 창이 된다. 이 문제점들에 대한 연구결과를 요약하면 다음과 같다.

첫째, 연구결과에 의하면 컴퓨터의 사기행위 여부를 인지하는 성향은 나이가 들어감에 따라 물리적-행동적-심리적인 수준으로 전개된다. 둘째, 나이 어린 아이들이 물리적 측면에서 인간과 컴퓨터의 차이를 인식하는 반면, 좀 더 자란 아동들은 감정이야말로 인간과 컴퓨터를 구분하는 두드러진 차이라고 말한다(S. Turkle, 1984: 331). 디지털 생태계에서 감정과 관련된 개인의 자아상이 어떻게 전개될지는 단언할 수 없다. 터클은 '인터넷 경험은 포스트모던한 시대에 맞는 심리적 행복상태가 무엇인지를 알아내는 데 유용하다. 인터넷에서는 복수의 개념이 수용되고 유연성의 개념도 통용된다. 자아, 타자의 개념이 구성되는 것이라는 점에 대해서도 알려 준다.'고 하여 디지털 생태와 자아형성이나 발달과의 긍정적인 연관성에 대하여 지적한 바 있다(S. Turkle, 1995: 263).

향후 디지털 기반 사회시스템은 가속화될 것이다(미래전략포럼, 2008: 251). 궁극적으로 사람을 잊고 디지털 디바이스와 절대적 관계를 유지하려는 일종의 중독 혹은 디지털 매몰자들은 컴퓨터가 없으면 아무 일도 못하게 될 것이다. 이는 어른은 물론 아이들에게도 개연성이 충분한 일이다. 마침내 디지털 디바이스는 성인에게 직무, 게임이나 여가를 통해, 아동에게 학습, 게임을 통해 그들의 실제자아까지 지배하는 상황이 도래할 것이다.

이는 최근 AI의 열풍과 더불어 사람의 마음을 읽는 Affective computer의 발달로 인해 사용자의 감성을 자유롭게 조절하여 좋은 감성을 유지하고 나쁜 감성은 감소시키며(김수병, 2000: 193), 실존적 자아가 디지털 자아로 자의식이 확장되는 상황, 즉 생체의 주도성을 완전히 장악하는 아찔한 상황도 충분히 예견 가능하다. 한마디로 모바일 디바이스를 뛰어넘는 AI디바이스가 보편화될 것은 자명하다(조선일보. 2016. 5. 7일자).

"컴퓨터의 속도와 용량을 높이는 것으로 인간 삶의 질을 향상시키는 것은 한계가 있다. 이로 인해 생명론 패러다임에 따른 컴퓨터의 진화적 예술에 관심을 기울일지 모른다. 이는 second self인 컴퓨터에 창조성을 부여함으로써 인간의 삶을 더욱 풍요롭게 만들기 위해서다. 그러나 이와 동시에 컴퓨터의 창조성은 인간의 자리(특히 이성적 우월성)를 위협할 가능성도 있다."(김수병, 2000: 212).

3 디지털 생태계와 인성교육

이제 우리 교육(학)계에는 다소 환상적이기도 하고 두렵기까지 한 디지털 퓨처에 잘 적응하도록 학생들을 교육하기 위한 인간학적 원리와 방향을 어떻게 정립할 것인가?의 문제가 남아 있다. Second self 개념을 매개로 하여 디지털 생태계와 인간의 자아에 대하여 연구하고 성찰한 터클의 생각은 긍정적인 측면이 강하다. 학교에서의 인간교육을 위한 방향수립을 위해 필요한 그녀의 중요한 아이디어를 재고함으로써 인간교육의 방향을 도출할 수 있을 것이다.

첫째, 디지털 생태계의 본질은 인간과 디지털 디바이스 간의 무제한적인 소통이다. 바람직한 소통은 결코 정치적이지 않다. 편향과 왜곡이 개입된 소통은 결코 민주적일 수 없다. 소통은 실재자아(my self)들 간의 상호 간섭과 중첩작용이다. 비록 디지털 생태계에서 이루어지는 소통이 온라인 페르소나를 기반으로 익명의 상태로 이루어진다 할지라도 실세계에서의 고상함(nobility)과 마찬가지 수준으로 고도의 도덕성과 신뢰가 학습되지 않는다면 디지털 커뮤니케이션은 결코 인간화될 수 없다. 디지털 생태계에서 수많은 사람들과 혼재되는 의식과 자아는 좋은 학습경험으로 정치(定置)될 수 있을 것이며 이것을 우리 교육학자들은 소망해야 한다.

둘째, 터클의 생각대로 디지털 생태계에서 형성되는 second self는 자기조직화, 자아통정, 독창적 아이디어 창조라는 긍정적인 측면을 담지하고 있음이 분명하다. 학교에서의 인간교육은 바로 이를 극대화하고 자기분열, 중독, 개성매몰, 인격의 타자화, 공격성 등 부정적인 정서특성을 극소화하기 위한 탁월한 교육장면을 구안해야 한다. 물론 이것이 학교만의 책무가 아니다. 가정, 사회의 건전성을 동시에 회복해야 함은 자명하다.

셋째, 코페르니쿠스, 다윈, 프로이트 등이 인간(의 마음)을 우주의 변방으로 내몰아냈다 할지라도, 폴라니의 생각처럼 인간정신을 중심성으로 복원하려는 노력이 학교교육 프로그램을 통하여 녹아나야 한다. 그것은 지식의 문제를 넘어서는 것이다. 인간은 탁월한 과학적 지식으로 AI를 만들 수 있지만, AI의 무한 능력을 일정하게 제한하거나 극단의 경우 장악하기 위한 방편을 궁구해야 한다. 그것은 인간정신의 위대성에 대한 인문학적 소양과 인간으로서의 위엄을 가르치는 교육의 본연성 회복에 의하여 가능할 것이다.

넷째, 첨단과학의 시대가 요구하는 창의성보다 우선하는 것이 상실된 인간성 회복이라는 점에 대한 사회보편적인 동의가 이루어져야 한다. 경제논리, 경쟁논리가 지배하는 사회가 고도의 디지털 디바이스에 의하여 더욱 비인간, 몰인간, 탈인간의 방향으로 탈주하는 것에 대항하여 인간학적 가치를 회복하는 인간교육이 이루어져야 한다. 디지털 생태계에서 거스를 수 없이 만들어지는 second self가 바람직한 인간의 삶에 필요한 지속 가능한 가치를 기반으로 형성, 소통, 공유될 때, 우리는 비로소 디지털 이중자아가 만들어낸 온갖 문제들을 해결하기 위한 효과적인 비상약을 확보하게 될 것이다.

디지털 네트워크 생태계(digital network ecosystem, 이하 DNeS라 함)에서 익명성과 관련된 논쟁은 악플(충동 악플, 악플 폭주, 악플러의 먹잇감, 악플 잔치, 악플

디즈), 마녀사냥, 희생양, 명예훼손, 사이버폭력, 허세 샷(허세를 의미하는 있다 +ability의 합성어 '있어빌리티'라는 신조어가 생김), SNS허언증 등의 회색빛 담론으로 무성하다(특히 SNS허언증이란 DNeS에서 재력, 경험, 욕구, 직업 등을 거짓으로 꾸며대며, 이를 마치 진실인 것처럼 상습적으로 포장해서 말하는 이상증상을 말한다).

행복이 담보되지 않는 현실세계의 차가운 벽에 좌절하고, 이러한 살벌한 환경에 적응하기 힘들어하며, 자신의 역량을 과소평가하거나 자신의 정체에 대하여 실망한 사람들이 가상현실로 도피하는 일종의 exodus(life shift)가 이루어진다. 즉, 현실세계에서 주목받지 못한 사람들은 외로움을 견디지 못하고 결국 DNeS로 도피하는 일종의 심리적 생존욕구를 자연스럽게 발동한다. 이것이 각종 디지털 디바이스를 이용한 소셜 미디어 속에서 살아가는 우리의 슬픈 자화상이다.

오늘날 DNeS는 자발적 네트워크의 무대요, 소리 없는 전장이다. 문제는 이러한 자발적 네트워킹이 역설적으로 실세계에서의 '진짜 연결'을 방해하는 데 있다. 왜냐하면 전통적인 오프라인 사회공동체가 DNeS로 대체되고, 실세계 상호관계는 일방적으로 파괴할 수 있는 개인적 의지(나홀로 관계)로 대체되었기 때문이다. 이러한 현상의 문제점에 대하여 바우만과 돈스키스(Z. Bauman & L. Donskis)는 『도덕적 불감증(moral blindness)』에서 '주변인에 대한 무관심과 타인의 아픔에 무감각해지는 도덕적 불감증을 유발한다.'고 주장한다. 그들은 특히 SNS야말로 곧 들통이 날 거짓말(허언)이나 사이버폭력이 난무하는 무대요, 전장이 되어 인간이 스스로 선택한 (익명의 문패를 단) 디지털 감옥이 되고 있다고 비판한다.

표 11-1 사이버폭력 현상 [단위: %]

사이버폭력 이유			사이버폭력 대상(성인)	
	성인	청소년		
남들도 하니깐(사회적 동조)	38.1	–	온라인에서 알게 된 온라인 지인	41.8
특정대상 보복을 위해 (보복 감정)	35.8	43.9	친구나 선후배 등 오프라인 지인	39.9
상대방이 싫어서 (특정대상 혐오감)	32.8	34.8	유명인(연예인이나 정치인)	36.6

내 생각과 달라서 (왜곡된 비판의식)	25.7	16.5	인터넷에서 ID만 아는 사람	28.4
재미나 장난으로 (그릇된 유희의식)	25.0	22.8	특정기업이나 업체	19.0
아무런 이유 없이 (맹목적 행동)	4.1	14.8		

*출처: 동아일보. 2016. 5. 12일자, 5. 13일자.

　　익명성이 보장되는 환경은 맹목적인 충동을 조장하거나 충분히 자극하는데, 모든 인간이 이러한 환경(익명의 보장)이나 조건(충동의 자극)으로부터 자유롭지 못한 것이 사실이다.

표 11-2 디지털생태계의 다양한 병리현상

구 분	주요한 내용들
맹목적 관심과 참여	왜곡된 정의감, 사회적 동조행위, 사회적 폭포효과 등에 의하여 형성된 휩쓸림에 편승하거나, 특정사안 및 사람에 대한 댓글이 자신의 정당한 관심과 참여행위라고 생각(착각)함
맹목적 충동과 폭력	스타 방송연예인이나 유명정치인의 사치행태에 대하여 자신의 상대적 박탈감을 이유로 그들을 화풀이 대상으로 삼거나, 상대적 박탈감을 유발하는 유명인물에 대한 분노표출이야말로 약자(弱者)가 행할 수 있는 지극히 정당한 행위라고 생각(착각)함
맹목적 허위와 과시	그릇된 대결의식에 의하여 세력을 과시하기 위해 사실을 왜곡, 허위, 과장하거나, 자신의 나약한 존재감을 과시하고 디지털유목민들(대중)로부터 인정받거나 추앙받기 위해 허언(위)을 하거나 사실을 과정, 날조, 과장함

　　피할 수 없이 DNeS에서 형성되는 second self는 다음의 두 가지 얼굴을 갖고 있으며, 이는 우리가 향후 사이버윤리교육의 이념과 방법, 내용 등을 설정하는 데 유의한 지침이 될 것이다.

표 11-3 디지털 이중자아의 교육적 이중성

Merits of second self	Demerits of second self
편견 없는 소통: 지위, 외모, 능력, 성별, 인종, 거주, 학력, 재력 등의 사회적 디바이드(divide)로부터 자유로움 • 디바이드로부터 자유로운 상태는 자기표현의 세밀화, 자신감, 능력발현 환경을 극대화함 • 자신의 스토리를 포장하거나 연출하여 자신을 브랜딩하는 구성적 역량을 향상시킬 수 있음 ex) 멕시코 루차리브레, 영화 반칙왕, 오페라의 유령, 탈춤, 복면가왕.	**익명성에 숨은 왜곡**: 극단적인 사회적 동조현상을 조장하며, 자기중심성의 부정적인 측면이 극대화됨 • 자존감은 낮으나 대중의 관심에 목말라 하는 자기중심성이 모든 행동의 강력한 동인으로 작용함 • 자기중심성에서 비롯된 행위와 사고는 개인, 사회의 모순을 합리화하거나 성급하게 일반화하는 경향을 초래함
무한실험과 도전: 새로운 아이디어를 대중적으로 검증하고, 판단이 필요 없는 문제해결 방안을 자유롭게 개진함 • 건전한 소통과 교류의 공간 • 자기개념과 정체성을 형성하는 공간 • 이상적인 나를 구현하는 공간	**부정적 감정의 배설**: 개인차원의 악감정이나 피해의식을 여과 없이 표현하고, 표현의 자유를 빌미로 자기행위를 정당화함 • 자아매몰의 공간(남들도 하니깨!) • 양가감정(이중성)의 공간(되든 말든!) • 리플리증후군(허언과 과시)의 몰입 공간
⬇ 건전한 자아통정과 자아의 객관화	⬇ 자아분열과 왜곡된 자아의 정당화

　　DNeS에서 디지털 인텔리전스(digital intelligence)는 과연 스트렝스(strength)인가? 아니면 스트레스(stress)인가? 왜곡과 일탈로 치닫는 위기사회에서 인간성을 회복하고 자아상실을 예방하기 위한 윤리교육, 즉 DNeS에서 second self의 약점은 최소화하고 장점은 극대화하기 위한 사이버/미디어윤리교육의 대강(大綱)은 다음과 같다.

표 11-4 디지털 생태계의 사이버/미디어 윤리교육 원리

이념	• 민주적 소통과 공감의 인류애
목적	• 인간성의 회복과 지속 가능한 가치기반의 휴먼-넷 및 DNeS구축에 앞장섬 • DNeS에서의 자아상실, 자아왜곡 실상을 직시하고 이를 현명하게 극복함
방법	• 자신의 인간적 가치나 바람직한 정체성에 대한 자기주도적 각성에 도움이 되는 다양한 내러티브를 발굴, 수업환경에 적용함 • 학교교사는 단편적인 지식전달자가 아니라 학생들에게 긍정적인 영향을 끼치는 '영향사'로서의 직무정체성을 재정립함
내용	• 인간은 누구나 존경받거나 인정받고 싶은 욕구가 있지만 자신의 정체성이 타인에 의하여 판단 및 의존되면 안 된다는 사실을 깨닫게 함 • 타인의 평가나 시선을 의식하는 것이 올바른 자아정체성 확립에 결코 도움이 되지 않는다는 사실을 깨닫게 함 • 나의 흥미나 관심을 디지털 네트워크가 아니라 나와 내 주변으로 되돌리는 관계 맺기를 연습함 • 세상에 실재하는 다양한 디바이드를 인정하고 존중하려는 '마음의 습관'과 이를 행동으로 보여주는 심신의 일관성을 유지하게 함 • 공감능력을 고양하고 공동체적 가치를 공유하기 위한 인간본위 관계 맺기의 의미를 알고 이를 DNeS에서 실천하도록 안내함

참고하거나 더 읽을 책

김수병(2000). 사이언티픽 퓨처. 서울: 도서출판 한송.

라도삼(2001). 블랙인터넷. 서울: 자우.

미래전략포럼(2008). 퓨처 코드. 서울: 한국경제신문사.

이어령(2010). 디지로그. 서울: 생각의 나무.

조선일보. "스마트폰 능가하는 거대한 기기 혁명 온다". 2016. 5. 7일자.

조선일보. "착각하지 마라 인터넷 세계는 결코 평등하지 않다". 2016. 5. 7일자.

Attali, J.(저), 편혜원·정혜원(역)(1999). 21세기 사전. 서울: 중앙 M & B.

Barnes, S.B.(저), 이동후·김은미(역)(2002). 온라인 커넥션: 새로운 커뮤니케이션의 공간. 서울: 한나래.

Brown, D.(1997). *Cybertrends*. London: Penguin Books Ltd.

Gardner, H.(1983). *Fames of mind*. New York: Basic books.

Gates, B.(저), 이규행(역)(1996). 빌게이츠의 미래로 가는 길. 서울: 도서출판 삼성.

McGraw, P.C.(저), 장석훈(역)(2002). 자아(Self Matters). 서울: 청림출판.

Mead, H.(1934). Mind, Self, & Society ed. by Morris, C.W.. The University of Chicago Press.

Myers, N.(1990). *The gaia atlas of future worlds*. New York: Anchor Books.

Papert, S.(1993). *The Children's Machine*. New York: Basic Books.

Tapscott, D.(저), 이진원(역)(2009). 디지털 네이티브. 서울: 비즈니스북스.

Tapscott, D.(저), 허운나·유영만(역)(2000). N세대의 무서운 아이들. 서울: 도서출판 물푸레.

Turkle, S.(1984). *The Second self: Computers and human spirit*. New York: Simon & Schuster, Inc.

Turkle, S.(1995). *Life on the screen: Identity in the age of the internet*. New York: Simon & Schuster.

Wallace, P.M.(저), 황상민(역)(2001). 인터넷심리학. 서울: 예코리브르.

Williams, C.(저), 최규택(역)(2005). 마음의 혁명. 서울: 그루터기 하우스.

제12장

내러티브기반 인성수업 설계

물리적 신체는 한줌의 흙으로 환원되어 거대 자연계에서 흔적조차 없이 사라진다. 망자(亡者)의 존재흔적은 살아있는 몇몇 사람들에게 그에 관한(story on) 의미 있는 이야기로 실재한다. 결국 개체로서 인간의 현존은 개별적인 이야기(a story)일 뿐이며, 이러한 이야기들의 모음이 바로 역사(history)가 되는 셈이다. 개인의 이야기는 물리적으로 위인전, 자서전, 다큐멘터리, 저작물, 창작물 등의 형태 속에서 유전되며, 심리적으로 뭇사람들의 기억과 추억 속에 잔존한다. 이야기로서의 삶, 이야기로서의 역사가 지닌 교육인간학적 의의는 그것들이 사라진 세대와 후속세대를 연결하는 학습의 소재요, 교육의 주제가 된다는 중요한 사실에 기반을 두고 있다.

일반적으로 내러티브와 스토리는 우연적으로 발생한 일련의 사건들과 관련된 기술(account)이라는 의미에서 동의어(synonyms)로 사용된다. 그러나 이러한 단순하고 상식적 차원의 개념정의는 논쟁거리가 될 수 있다. 몇몇 사람들은 주인공, 플롯, 해결을 위한 전환국면 등을 포함하는 잘 만들어진 이야기라는 협소한 의미로 스토리를 규정하는 반면, 내러티브는 광의의 의미로 더 나은 선택들에 의하여 만들어지는 것이라고 주장한다. 또 다른 사람들은 이와 반대로 스토리가 광의의 의미로 사용되어야 하는 반면, 내러티브는 화자(narrator)에 의하여

말해지는 이야기라는 협의로 제한해야 한다고 주장한다(S. Denning, 2011: 13).[1]

이러한 내러티브를 기반으로 하는 인성교육의 주요한 프레임은 데닝(S. Denning)이 제시한 Narrative의 8가지 패턴을 기초로 하고 있다. 그는 ① 학습자의 행동을 동기화시킴은 물론 새로운 아이디어를 촉진하는 원천으로서 narrative, ② 인간관계 상황에서 신뢰구축과 소통을 위한 방법으로서 narrative, ③ 미디어사회에서 개인의 브랜드를 구축하기 위한 활용방안으로서 narrative, ④ 조직의 가치를 고양하고 학습자의 가치를 전환시키기 위한 narrative, ⑤ 콜라보레이션을 위한 협업(協業)수단으로서 narrative, ⑥ 지식의 전이, 공유, 창출을 위한 수단과 방법으로서 narrative, ⑦ 비(非)정상적인 정보를 약화시키고 상황을 정상화시키기 위한 수단으로서 narrative, ⑧ 학습자와의 비전(vision)을 공유하고 창조하기 위한 narrative 등에 대하여 조직적으로 잘 정리하고 있다.

1 이념과 목적

내러티브기반 인성교육 이념과 목적의 키워드는 소유모드의 학습양식, 탈(脫)학습과 재(再)학습이다. 첫째, 내러티브기반 인성교육은 근본적으로 소유가 아닌 존재모드의 학습양식을 추구한다. 이 점에 대한 가장 적확(的確)한 논리와 주장은 프롬(E. Fromm)의 『소유냐 존재냐』에 잘 드러나 있다. 그는 인간의 생

---

1 이야기의 광범위함을 고려할 때 사실 여부에 대한 논리적인 논쟁이 전혀 필요 없는 '전승된 이야기, 잘 만들어진 이야기, 최소화된 이야기, 반(反)이야기, 분절된 이야기, 종결이 없는 이야기, 다양한 결과로 이끄는 이야기, 다양한 도입부를 가진 이야기, 끝이 처음으로 되돌아가는 이야기, 코미디, 비극, 추리 이야기, 연애 이야기, 민속 이야기, 소설, 영화, TV 시리즈' 등이 이야기에 해당된다. 일반적으로 이야기는 그 속에 다양한 변수들이 내재된 일종의 거대한 텐트라고 할 수 있다. 이야기 속에서 우리가 사실 여부를 확인할 수 없는 다양한 변수들도 다수 포함되어 있다. 한마디로 내러티브는 우연에 의하여 발생한 일련의 사건들을 연결시킨 이야기인 셈이다(S. Denning, 2011: 19). 우리는 이야기 속에 외적인 측면과 더불어 내적인 측면이 있음을 간과해서는 안된다. 여기서 이야기의 '외적인 측면'이란 관찰되고, 분석되고, 구성요소들로 분해되는 어떤 것들을 의미한다. 반면에 이야기의 '내적인 측면'이란 (청자나 독자가) 마치 그 이야기에 참여하는 사람처럼 간접경험을 유발하거나 살아가는 것을 의미한다. 이러한 이야기의 외적인 측면의 가치는 안정적이고 분명하다는 점이며, 내적인 가치는 생생하고, 직접적이며, 참여적일 수 있다는 사실이다(S. Denning, 2011: 14).

존방식을 존재모드(to be)와 소유모드(to have)로 구분하고 있는데, 특히 학습에 대한 다음의 주장은 내러티브기반 인성교육을 하나의 조직화된 이론으로 만드는 데 유용한 시사점을 제공하고 있다.

"소유모드의 생존방식을 가진 학습자는 단어들을 듣고, 그 논리적 구조와 의미를 이해하고, 할 수 있는 한 노트에 그 단어를 일일이 적을 것이다. 그리하여 추후에 노트한 것을 암기하여 시험에서의 성과를 기대할 것이다. 그들은 화자가 말한 내용을 고정된 사고군(群), 즉 총체적 이론으로 전환시켜 이를 기억에 저장한다. 다른 사람의 내러티브를 모아놓은 주인이 된다. 그들의 학습목표는 단일한 목표, 즉 배운 내용을 기억력에 맡기거나 노트한 내용을 소유함으로서 배운 것에 단단히 고착되는 것이다. 이들은 새로운 것을 창조하거나 생산할 필요가 없다. 소유모드의 학습양식을 가진 사람들은 새로운 생각이나 관념에 상당한 불안감을 느낀다. 반대로 존재모드의 생존방식을 가진 학습자는 위의 학습자와 전혀 상이한 특징을 지닌다. 갖가지 어휘나 관념을 담는 수동적인 저장고(그릇)가 아니라 이들은 화자의 이야기를 잘 경청하고, 듣고, 능동적이고 생산적으로 수용하거나 민감하게 반응한다. 이들은 화자에게 들은 내용이 자신의 사고 작용을 자극하도록 만든다. 이들이 참여하여 내러티브를 통해 획득한 학습경험은 하나의 살아있는 경험이다. 이들은 관심을 기반으로 경청하고, 화자의 스토리를 잘 듣고, 들은 내용에 능동적으로 반응을 보이며 정신을 차린다. 암기할 수 있는 지식의 획득을 넘어서서 행위변화의 모티브가 된다. 여기서 가장 중요한 단어는 관심(to list)이다. 이는 남의 강요를 받는 욕망이 아니라 자유롭고 적극적인 관심과 노력을 의미한다."(E. Fromm, 2003: 42-43).

내러티브기반 인성교육의 이념과 목적설정은 소유가 아니라 존재모드의 학습양식을 가장 우선적이고 핵심적인 원칙으로 삼는다.

둘째, 내러티브기반 인성교육은 탈학습과 재학습을 추구한다. 스타이넘(G. Steinem)은 학교교육과정을 통해 배운 것보다 일상생활의 경험으로부터 쓸모 있는 것을 더 많이 배웠다고 자조(自嘲)적인 고백을 하면서, 그 경험의 주요내용은 자연, 예술, 공정함, 권력, 정당함, 그 외의 것들로 그로 인해 '나 자신'의 능력에 대하여 더 많은 것을 배웠다고 주장하였다(G. Steinem, 1992: 187). 그녀는 마음과 몸, 사고와 정서, 감각으로 느끼는 지성 등을 분리시키는 교육(특히 여성의 경우)을 통하여 학습자들이 자신의 경험을 온전히 믿는 어리석음을 겪는다고 파악하였다. 또한 그녀의 관찰과 구체적인 심리학적 이론에 디해 학교교육과정은 (비인간화된) 보상을 통한 적극적인 학습방법에 매달리는 근본적인 문제가 있다고 적시(摘示)하였다(G. Steinem, 1992: 192).

이 방법은 앞서 프롬이 말하는 소유모드의 학습방식을 객관화 혹은 정당화시키고 모든 학습자들로 하여금 학습의 수동적인 존재로 고착시키는 탁월한 교수법이다. 소유모드의 학습방식에 대한 관행과 적극성은 시험이라는 메커니즘에 의하여 가속화되거나 정당화된다. 스타이넘이 이해하기에 우리는 시험을 잘 치르기 위하여 시험을 보는데, 이는 교육의 근본적인 목적에 대한 가장 잘못된 것 그 자체를 만들어 내며, 대개 (교육의) 진실성을 묻어버린다고 강조했다(G. Steinem, 1992: 226). 그녀가 주장하는 탈학습론의 핵심은 인간이야말로 어느 상황이든 학습경험의 주관자이어야 하며, 그러한 경험의 주체성에 대한 인간현상의 필요성과 가능성이다.

스타이넘은 학교교육장면을 통해 비수의적으로 얻은 온갖 트라우마를 반복하지 않고 이를 극복하는 것은 학습사회가 그것과 전혀 다른 학습경험을 새로이 추구하거나 실제로 학습자에게 제공하는 것이라고 주장한다. 그녀에 의하면 이러한 재학습의 핵심은 학습자로 하여금 진실된 자아(authentic self)를 다시 배우기 위한 것이며 이를 위한 여러 가지 방법들이 있다. 그 중에서 가장 유용한 것은 내러티브를 기반으로 하는 학습 콘텐츠의 구성과 실질적인 교수기법이다. 그녀는 어른들이 보는 것보다 쓰고, 그림 그리고, 웃고, 노래하고, 누군가의 이야기를 듣는 것으로 지식을 더 잘 받아들인다고 보았다(G. Steinem, 1992: 239).

그가 주장하는 재학습의 목적은 긍정적인 사고방식을 지향하도록 전형적인 사고모형을 변형하는 것과 재학습의 참여자들로 하여금 '미래자아'를 형성하도록 도와주는 것이다. 이는 한마디로 자아 재창조(recreation of self)를 의미한다. 이러한 미래자아는 글을 쓰고, 명상하고, 좋은 대화를 통하여 형성되며, 이러한 미래자아를 현재로 병합시키는 것은 시간을 허비하는 습관을 개선하는 데 목적이 있다(G. Steinem, 1992: 239). 이는 다음에 논의하게 될 내러티브기반 인성교육의 유용한 교수법에서 다시 논의하게 된다. 스타이넘이 주장하는 이상의 두 가지 학습에 대한 개념과 논리는 프롬이 정립한 소유모드의 학습양식과 더불어 내러티브기반 인성교육이 추구하는 이념과 목적 설정에 가장 부합하는 이론으로 손색이 없다고 평가할 수 있다.

탈학습은 형식 혹은 제도교육을 통하여 이루어진 학습경험의 트라우마에서 벗어나려는 원심력의 특성이 있고, 재학습은 성인기의 발달특성, 사회문화적 제반조건 등에 부합하는 학습양식을 바탕으로 새로운 학습경험을 설계하고 실천하는 구심력의 특성이 있다. 탈학습과 재학습의 교육적 이데아는 학습참여자로 하여금 결코 지식을 소유하려 들지 않게 만든다. 존재 자체가 학습의 내용이며 목적이 된다. 전통적으로 학교교육프로그램은 지식의 소유를 장려하거나 미화하는 것의 정당성을 사회적으로 용인받고 있다.

여기서 학습자는 물론 가르치는 자의 존재양태와 자아는 철저히 자본주의 이데올로기화 혹은 물화(物化)되어 온전한 자아로부터 스스로를 소외시키는 비(非)교육, 반(反)교육, 무(無)교육의 아이러니가 만연하게 된다. 이것이 제도 및 형식을 기반으로 이루어지는 오늘날 학교교육생태계의 슬픈 단면이며 불편한 진실이다. 물화된 교육생태계 속에는 어떤 생생한 삶의 이야기도 없다. 삶은 살아있는(혹은 살아가는) 이야기다. 이러한 이야기는 학습의 좋은 소재다. 이야기는 그 어느 누구도 절대적이거나 배타적으로 소유하는 것이 아니다. 교육이 생태적인 삶을 기반으로 하는 학습경험의 설계와 제공이라면 결국 이야기를 기반으로 하는 것과 다를 바 없다. 이것이 내러티브기반의 교육이론이 지닌 내적 정당성을 주장하는 근거다.

2 활동목표

1) 행위유발과 변화촉진

유형을 불문하고 리더십의 본질은 사람들을 변화시키는 것이다. 리더는 회의적인 집단이나 조직을 열정적인 방향으로 변화시키는 다양한 특성들과 부단히 소통해야 할 필요가 있다. 데닝은 이 때 사용되는 내러티브를 스프링보드 스토리라 명명하는데, 이는 어느 집단이 처한 환경의 거대한 변환을 시각화하여 구성원들로 하여금 구체적으로 행위하도록 만드는 기능을 한다. 스프링보드 스토리는 구체적인 사건에 기반을 두며 주인공이 누구인지를 누구든 쉽게 가늠할 수 있는 특정인을 대상으로 한다. 이 스토리는 대개 행복한 결말이나 그렇게 되도록 만드는 구성적 장치를 담고 있다. 스프링보드 스토리는 학습참여자들이 완전히 그것에 휩싸이게 만드는 것보다는 쉽게 이해하거나 믿을만할 정도의 구성이면 충분하다(S. Denning, 2011: 27).

2) 학습참여자 간 신뢰구축

만약 학습조직의 구성원들이 교수자를 신뢰하지 못한다면 왜곡된 변화를 통하여 학습참여자들을 이끄는 것은 불가능할 것이다. 만약 사람들이 당신을 신뢰하기 위해서 그들은 당신의 출신, 성격, 주장 등에 대하여 알아야 한다. 이를 통해 당신을 이해함은 물론 당신과 공감할 수 있게 된다. 이러한 목적을 이루기 위하여 대부분의 스토리는 화자가 살면서 경험한 사건들을 기반으로 한다. 위에서 설명한 행위유발을 위한 스토리와 달리 이것은 전형적으로 화려한 구성과 맥락을 가진 잘 만들어진 이야기(well told)로 이루어진다. 이때 화자는 청자가 그 이야기에 흥미를 느끼거나 들을 만한 충분한 시간이 있다는 점을 확신해야 할 필요가 있다(S. Denning, 2011: 28).

3) 학습가치의 전이

스토리는 학습조직 내에 있는 (부정적이거나) 파괴적인 행동들을 금지시키는 분명한 원칙을 수립함으로써 미래의 문제를 예견하는 데 도움이 될 만한 가치들을 전이시키는데 유용한 도구가 될 수 있다. 이것은 구성원들로 하여금 '여기서 우리가 무엇을 해야 하는가?'의 문제를 이해시키는데 유용하게 작용한다. 이러한 내러티브는 대개 비유(parable) 형태를 띤다. 이러한 비유의 내러티브들은 아주 복잡한 맥락으로 구성된 요소들보다는 일반적이거나 포괄적인 역사성으로 구성된다. 그러한 스토리가 지닌 사실성은 비록 억측이나 가상적일지라도 청자들이 믿을 만한 것들이어야 한다. 물론 스토리 자체만으로 학습조직에서 바람직한 가치를 구축하는 법은 없다. 스토리를 말하는 학습조직의 리더는 그러한 가치 기반의 삶을 실제로 보여주어야 한다(S. Denning, 2011: 29).

4) 협업(collaboration) 촉진

경영 관련의 텍스트들은 대부분 협업의 가치에 대하여 언급한다. 그들은 대부분 소통을 강조하지만 '어떻게?'라고 하는 측면에 대하여 약점을 지니고 있다. 이를 위하여 좋은 방식은 학습참여자 중의 한 사람이 말한 내용을 소통의 시점으로 삼는 것이다. 그것은 다른 사람들을 자극할 것이고 이러한 현상은 연쇄적으로 일어날 것이다. 이 과정이 끝나면 자연스럽게 드러난 공동체의식을 가능하게 만드는 공유된 가치를 발달시키게 된다. 여기서 중요한 것은 맨 처음의 이야기가 다른 사람들에게 대화참여의 부담감으로부터 자유로운 정도의 정서 상태에서 시작되어야 하며, 학습참여자들로 하여금 더 많은 스토리를 듣고자 하는 관심(준비)을 유발시키는 것이어야 한다(S. Denning, 2011: 29).

5) 지식전이와 공유

비록 학습조직의 지적(知的) 자산이 가시적으로 기록되지 않지만 학습조직자의 마음속에는 실재하기 마련이다. 이러한 노하우들은 학습조직 전(全) 차원에서 공유된 스토리들을 통하여 비형식적인 형태로 소통된다. 지식공유와 관련된 스토리들은 영웅담이 많은 경우 일상적으로 이루어진다. 대개 그 스토리들은 '어떤 어려운 문제를 어떻게 해결했는가? 혹은 해결하지 못했는가?'에 관련된 것들이다. 이 경우 스토리 대부분이 문제 장면에 초점을 맞추고 공유되기 때문에 부정적인 톤의 경향이 강하다(S. Denning, 2011: 30).

또한 특정한 문제 및 이에 대한 해결과 같이 국지적인 것들에 초점을 맞추기 때문에 이해당사자들에게만 관심사가 된다. 그러나 비록 그것이 스토리 요소가 부족할지라도 학습조직의 차원에서 무시할 수는 없다. 문제와 관련된 스토리들은 무언가 잘못된 경우 닥치게 될 결과에 대한 두려움과 같이 다양한 이유에 의하여 학습조직 내에 쉽게 유포되기 마련이다. 결국 임의성을 기반으로 형성, 유포되는 지식공유 스토리를 척결하기란 쉽지 않다(S. Denning, 2011: 31).

6) 비전제시 및 공유

학습조직에서 리더의 중요한 역할은 사람들로 하여금 실질적인 시나리오에 대한 구체적인 용어를 통하거나 혹은 비전에 대한 좀 더 개념적인 용어들을 사용함으로써 미래를 준비하게 만드는 것이다. 이러한 스토리는 학습참여자들로 하여금 '현재 자신들의 위상이 어떠한가?' 그리고 '미래에 어떻게 적응해 나가야 하는가?'의 문제를 생각하게 만드는 데 유용하다. 문제는 알 수 없는 미래에 관한 믿을 만한 스토리를 만들어내는 것에 달려 있다. 이것이 성공적으로 이루어지면 학습참여자들은 그 스토리를 나름대로 재구성할 수 있게 된다. 또한 그 스토리는 그들로 하여금 변화와 관련된 불확실성을 극복할 수 있도록 긍정적인 방식의 청사진을 구상하게 만든다(S. Denning, 2011: 31).[2]

---

2 이러한 스토리 구조는 스프링보드 스토리로 시작하여 미래대응에 이르기까지 스토리의 가치가 순차적으로 구현되기도 하며, 개인의 정체성(who am I)에서 시작하여 현재의 공동체 (who we are)는 물론 미래의 공동체(who we are going to be)와 같은 조직의 정체성을 구축하는 전략적인 방향으로 이루어진다. 여기서 우리가 유의해야 할 사항은 부정적인 음조 (tonality)의 이야기를 사용하는 것은 일반적으로 구성원들의 행위유발을 어렵게 만든다는 점이다. 전통적인 방식의 개인적인 이야기도 그들의 행위유발을 방해하는 요소다. 또한 어떤 스토리든 청자들로 하여금 흥미를 유발하게 만드는 것이 좋다. 성공적인 스토리만 활용하는 경우 세상에서 벌어지는 성공과 실패라고 하는 형평성을 기반으로 하는 지식의 소통을 어렵게 만든다(S. Denning, 2011: 32).

표 12-1 교육목표별 스토리 유형

목 표	스토리의 주요 구성요소	스토리텔링의 방식(교수법)
행위유발	과거에 이루어진 변화의 성공사례를 기술함. 청자들로 하여금 그것의 상황적 조건을 상상하게 함	청자들로 하여금 그들의 도전의식을 저해하는 지나치게 상세한 내용은 배제함
신뢰구축	청자가 몰입할 수 있는 서사를 제공함. 과거사례의 강점과 약점을 제시함	의미 있는 사항을 제시함. 청자들이 화자의 이야기를 듣기 위한 시간확보와 더불어 듣고자 하는 성향을 분명하게 함
가치전이	청자에게 친숙한 것. 장려할만한 가치에 의하여 제기된 이슈에 관한 토론을 증진시킴	청자가 믿을만한(가설을 통하여) 성격과 상황을 활용함. 이야기는 청자 자신의 행위와 부단히 연관되어 있어야 함
협력촉진	청자도 마치 함께 경험하는 것 같은 상황을 감동적으로 전달하는 이야기. 이야기 주제가 그들 자신의 이야기인 양 공유할 수 있도록 조장함	이야기의 교환을 저해하지 않는 공동과제를 설정함. 내러티브 연계행위에 의해 발생하는 자유로운 에너지를 촉진하기 위한 액션플랜을 마련함
지식공유	문제 자체에 초점을 맞춤. 문제해결의 방법에 대한 해명. 잘못됨을 바로잡는 방식을 제시함	대안을 요구함. 실현가능한 최적의 해결방안을 모색함
비전제시	장차 잘못임이 판명될 수도 있는 과도한 사항을 제시하지 말고 장차 구현되기를 원하는 미래를 환기시킴	나 자신의 스토리텔링에 대하여 확신함. 지난 과거가 미래에 대한 스프링보드로서 기능할 수 있는 이야기를 사용함

*출처: S. Denning, 2011: 33-34의 내용을 표로 재구성함.

3 학습경험(내용)

1) 지식의 측면

인습적인 지식에 반하여 우리가 알고 있는 대부분은 이야기로 구성되어 있다. 우리는 수많은 이론, 원리, 과정, 회상에 유용한 발견, 반복과제 등과 같은 추상적인 이해를 지니고 있다. 예를 들어 비행기조종사는 기기 조작의 주요한 순서를 잊지 않고 정해진 체크리스트에 따라 쉽게 비행기를 이륙시킬 수 있다. 동시에 우리는 경험을 통하여 획득한 암묵적인 이해를 상당히 많은 부분 지니고 있다.[3] 인지과학자들의 연구에 의하면 사람들은 자신이 겪은 경험을 이야기로 만들어 다른 사람들로 하여금 기억하기 쉽게 하거나 효과적으로 의사소통하게 만든다(S. Denning, 2011: 181). 이른바 암묵지의 전이와 확산이라고 할 수 있다. 인식과 지식의 과학적 형식성과 객관적 명시성과 더불어 실재하는 암묵적 측면에 대한 도발적 아이디어는 폴라니의 이론으로부터 도움을 얻을 수 있다.

폴라니는 전통적인 인식론들, 경험주의, 논리실증주의, 행동주의, 요소환원주의, 과학주의 등이 지닌 지식형성에 대한 불완전성에 대하여 도전의식을 초점식, 보조식이라는 현상학적 인식 과정을 통해 해명하였다. 다시 말해 우리가 어떤 기술을 숙달하거나 과학적인 지식을 창출하는데 작용하는 현상으로 보조식과 초점식의 과정이 있다고 보았다. 암묵지는 이러한 보조적인 제반 특수사항으로부터 출발하여 명시적으로 기술할 수 없는 통로를 거쳐 하나의 통합된 초점식에 이른다고 하였다.[4] 그는 일반적인 앎의 구조에 기능적, 의미적, 현상적, 존재적 측면이[5] 있다고 분석하였다.

---

3 예를 들어 우리가 딱히 배운 적은 없지만 자전거를 타게 되고, 비록 정확하게 설명할 수 없지만 복잡한 기기를 조작하는 경우가 있다. 대체로 우리들이 갖고 있는 전문기술(expertise)은 과거에 익숙하지 않은 상황을 어떻게 다루었는가를 묘사한 이야기들에 의존한다.

4 예를 들어 노련한 야구선수는 자신이 친 타구가 어느 방향으로 날아갔는지를 굳이 보지 않고도 손으로 느끼는 감각만으로 파울 타구인지를 알아챈다.

5 이러한 측면을 통합한 용어로 대부분의 학자들이 자득지(自得知)라는 용어를 쓰는 대신 장상호(1994)는 Polanyi의 인식론적 견해들을 인격적 지식이란 표제어를 제창하였다. 이외에도 직관지, 절차적 지식, 경험지, 실용지, 개인적 지식, 당사자적 지식으로 부르는 학자도 있다. Kant는 형식지와 암묵지의 유사개념으로 직관지와 개념지로 분류하여 직관 없는 개념은 공허하고, 개념 없는 직관은 맹목적이라고 하였다. 개념과 직관, 즉 암묵지와 형식지를 균형 있게 발달시키는 것은 매우 중요하다는 점을 상기시켰다. 한편 Anderson은 형식지와 암묵지의 구분을 선언적 지식과 절차적 지식으로 구분하였다(Sternberg 외, 2008: 173). Sternberg는 암묵지의 두드러진 특징에 대하여 다음과 같이 세 가지로 요연하게 정리하였다(Sternberg 외, 2008: 171-175). 첫째, 암묵지는 대체로 환경의 도움이나 지원을 거의 받지 않은 채, 즉 가르침을 통하기보다 개인적 경험을 통해 스스로 습득된다. 둘째, 암묵지는 성격상 절차적인 지식으로 여겨진다. 그것은 특별한 용도와 관련이 있다. 따라서 암묵지는 어떤 것을 아는 것(know what)보다 방법을 아는 형태(know how or know where)를 취한다. 셋째, 암묵지는 그 사람 자신의 경험을 통해 획득되기 때문에 그 사람 본인에게 아주 특별한 정서적, 물리적 가치를 지닌다. 어떤 용어를 차용(借用)하든 각각의 용어에는 공통적으로 진리와 지식의

암묵지(tacit knowledge)란 형식지와 달리 비록 외현적으로 드러나거나 과학적으로 설명되지 않지만 일상의 경험을 통해 몸과 마음의 습관에 깊이 형성된 지식들이다. 형식지는 언어나 문자를 통하여 겉으로 표현되거나 형식화된 지식체로서 일종의 문서 또는 데이터화된 지식이라고 할 수 있다. 형식지는 일정한 형식을 갖추어 표현되고 전파, 전승이 가능하기 때문에 일종의 공유지식이라 할 수 있다. 따라서 형식을 갖추지 못한 비(非)정형의 지식을 암묵지라 하고, 그러한 암묵지가 어떤 형식을 갖추어 표현된 것을 형식지라 한다. 지금까지 전승된 지식론에 의하면 지식은 명시적이고 객관적인 성격을 띠어야 하며, 철저히 가치중립성, 객관성, 환원성을 바탕으로 하는 확실한 방법을 통해서 획득한 지식만이 '참 지식'이라고 간주했다. 폴라니는 이것이 지식의 전일성을 설명하는데 한계가 있음을 적시(摘示)했다.

인격적 지식, 절차적 지식, 자득지, 암묵지, 경험지, 실용지, 직관지는 내러티브기반 인성교육이 추구하는 학습경험에서 지식의 차원을 설명하는 가장 적확한 이론으로 간주할 수 있다. 비록 우리 어머니들은 유명 요리교과서를 보면서 잡채를 만들지 않지만 자신의 경험과 인간애를 바탕으로 정성껏 만들어 세상에서 제일 맛있는 잡채를 가족에게 만들어 주신다. 낚시를 오래 하다보면 과학적으로 잘 설명이 되지 않는 의외의 현상이 발생하기도 한다. 이 때 낚시기술, 어머니의 기술과 그로 인한 일련의 성과행동에 작용한 것이 바로 인격적 지식이며 암묵지인 셈이다. 암묵지는 언어와 같은 기호형식으로 표현될 수 없는 지식체로 경험과 학습에 의해 체현된다. 암묵지는 만약 어떤 지식이 있다면 그 배후에는 반드시 암시적 차원의 '안다.'라는 현상이 있음을 나타내는 개념이다.[6]

형식지, 개념지, 선언적 지식은 기존에 형식화 되어 있는 텍스트를 통해 간접적으로 배울 수도 있지만, 인격적 지식, 절차적 지식, 자득지, 암묵지, 경험지,

---

주관성(지식과 인식 주체의 비분리성), 통합성(초점식과 보조식의)이라는 특성을 내포하고 있다.

6 예를 들어 자전거를 타는 경우 사람은 타는 법을 한 번 기억하면 아무리 세월이 흘러도 그 타는 법을 잊지 않는다. 자전거를 타는 데는 어려운 기술이 있음에도 불구하고 그렇다. 그것을 타인에게 말로 설명하는 것은 곤란하다. 즉, 사람의 신체는 명시적으로 의식화되어 있지 않지만, 암묵적으로 복잡한 제어를 실행하는 과정이 작동하고 그것이 자전거 타기를 가능하게 한다. 암묵지는 학습과 경험을 통하여 습득함으로써 개인에게 체화(體化)되어 있지만 언어나 문자로 표현하기 어렵거나 겉으로 드러나지 않는 지식을 말한다.

실용지, 직관지는 반드시 직접 경험을 통해서만 획득되기 때문에 세상과 부딪혀가며 얻은 암묵지식이 없다면 우리가 아무리 많은 형식지를 소유하고 있다 해도 그것은 무용(無用)할 수밖에 없다. 이러한 암묵지 수준을 측정하는 일의 기초는 지식의 현실적이고 맥락적인(contexted) 특성을 고려하는 것이다. 대부분 현실의 문제상황(딜레마나 가상적 시나리오 등)에 대한 반응이 그 사람의 암묵지 수준을 나타내는 지표(index)로 사용된다. 성인을 대상으로 하는 학습조직에서 경험과 실용 기반의 암묵지로 자신의 내면을 충실하게 만들거나 자아를 외연적으로 확장시켜 나갈 때 개인은 물론 공동체의 지적(知的) 자산 확충과 이에 따른 부가가치 창출이 가능하게 된다.

2) 지능의 측면

마빈토케이어(M. Tokayer, 1996)는 '배운다'를 Learn과 Study로 구분하고 있다. Learn은 학습경험이 평가목표로 동기화된 경우이고, Study는 그것이 학습목표로 동기화된 것이다. 그는 동양교육(일본에서 체험한)의 경쟁력은 Learn학습풍토에 있지만 이는 전(全) 생애발달의 측면에 볼 때 결코 바람직한 것은 아니라고 신랄한 비판을 가했다. Learn학습풍토에는 시험을 통한 선발과 경쟁의 메커니즘 속에서 오로지 학습지능만이 위력을 발휘하는 속성이 있다. 형식지, 명시지의 능기(能基)적 측면인 학습지능은 선언적 지식의 배타적 소유를 추구한다. 이러한 소유는 철저히 객관화되고 비교된다.

객관성의 신화에 고착된 학교장면에서 지적 효능은 일종의 학습권력 혹은 무형(종종 자격증과 같은 유형물로 증명되기도 하는)권력으로 간주되고, 궁극적으로 향후 이루어지는 모든 개인적 성취의 예측지표로 작동한다. 그러나 내러티브 기반 인성교육이 추구하는 학습내용의 지능적 측면은 이로부터 광활한 외연적 확장을 추구한다. 지능의 확장은 규격화된 어떤 원칙이나 방법론적 단일성을 단호히 거부한다. 오늘날 지능의 확장은 개인의 기질적 혹은 인지적 본성으로부터 무한 확대되어 개인의 학습경험, 관계성, 비지적(非知的)인 정서능력 등과 같이 다양(원)성을 바탕으로 산포(散布)하고 있다. 그것은 복합적 지능의 실체와 학습가능성을 가능하게 만드는 동력이다. 그 내용을 요약하면 다음과 같다.

표 12-2 복합지능의 구성요소

지능명	주요내용	대표학자
감성지능 정서지능	감성을 정확하게 지각하여 평가하고 표현하는 능력, 감정들이 사고를 용이하게 할 때 감정을 평가하거나 생성하는 능력, 정서와 감성적 지식을 이해하는 능력, 정서적, 지적(知的) 성장을 촉진하기 위하여 감성을 조절하는 능력의 총체(總體)	P. Salovey D. Goleman J. Mayer
다중지능	각각의 독립적이고 개별적인 지능들로서 논리-수리지능, 언어지능, 공간지능, 음악지능, 신체-근육운동 지능, 인간관계지능, 자기이해지능, 영성지능, 자연친화지능, 실존지능 등이 있음	H. Gardner K. Koch T. Armstrong
도덕지능	인간의 보편원칙들이 개인의 가치관과 목표, 행동에 어떤 방식으로 적용되어야 하는지 결정짓는 심적(心的)인 능력	D. Lennick F. Kiel M. Borba R. Coles
윤리지능	정의로움, 인간을 존중하는 태도, 포용성, 권리와 책임감, 의무와 공익성 등에 대한 보편적인 의식을 포괄하는 개인의 가치판단 수준과 능력	D. Gabol
문화지능	새로운 문화적 환경에 적응하는 능력으로 다양한 국적(國籍)과 문화적 배경을 지닌 사람들과 함께 일할 때 필요하지만 자국(自國) 내에서의 지역 간 이동이나 기업 내부의 부서 이동, 업무영역 변경 등의 상황에서도 요구되는 능력	C. Earley B. Peterson
성공지능	자신이 정의(定義)한 성공의 기준에 따라 사회문화적 상황 속에서 자신의 강점을 활용하여 약점을 수정하든가 보완하여 인생에서 성공을 거두는 원천인 분석적, 창조적, 실용적이라는 세 측면의 생각을 균형 있게 해내는 능력	R.J. Sternberg
사회지능	세상을 살아가는데 필요한 일종의 관계 능력으로 빠른 상황파악으로 타인에게 좋은 인상을 주고 다른 사람과의 감정과 의도를 감지(感知)하는 능력	E. Thorndike D. Goleman
에코지능	인간과 자연의 상호 영향을 인식하거나 이해하는 능력을 포함하여 자신의 소비와 생산 활동이 지구환경에 미칠 영향 전반을 파악할 줄 아는 예민하고 현명한 통찰력	D. Goleman
결정지능	통찰력, 판단력, 이해력, 소통능력 등 인간답고 풍요로운	R.B. Catell

	사회생활을 하는 데 근본이 되는 중요한 지능의 총체(總體)	사토 신이치 (佐藤眞一)
실행지능	업무의 완수, 다른 사람들과 함께 혹은 사람들을 통한 업무수행, 자기 자신에 대한 판단 및 행동의 조정으로 구성된 역량	J. Menkes
인성지능	신뢰성, 독립성, 정직성, 자기발표력, 자기성찰 능력, 관용, 도덕적, 사회적 무결(無缺)성 등으로 구성되며 자신에 대한 왜곡되지 않은 인지(認知)를 구성하는 힘이며 누군가와 교제할 수 있는 관계능력	G. Zenger V. Hoffman
실용지능	일상생활에서 쓸모 있는 착상과 실생활에서의 문제해결 방식을 활용하는데 필요한 능력, 일상에 적응하고, 환경을 바꾸어나가는 능력의 총체	R. Sternberg K. Albrecht G. Forsythe
예측지능	미래의 불확실성에 맞서 현재 상황을 적절히 분석하고, 계획하며, 행동하는 능력의 총체(總體)	E. Shapiro H. Stevenson

4 교수학적 원리와 기술

1) 옳은 스토리 선택하기

우리가 누군가를 이끌거나 그들과의 효율적인 의사소통을 원할 때 최선의 방식은 스토리를 통해서 이루어지는 것이다. 그것의 영향력은 실제적이거나 교육적이다. 교육적 측면에서 리더십 스토리텔링은 다른 여타의 것과 마찬가지로 일종의 행위예술(performance arts)로서 생각하는 것 이상으로 상호 간의 집중력을 향상시키는 힘이 있다(S. Denning, 2011: 1). 한마디로 '이야기를 말한다.'는 것은 일례를 제시하는 것이다. 명명백백하거나 누구나 직관적으로 알 수 있는 좋은 예시(good example)는 이해를 쉽게 하고 동시에 기억을 쉽게 만든다(S. Denning, 2011: 6).[7]

---

7 보통 사람들이 스토리텔링에 관하여 논란의 여지가 없다고 여기는 잘못된 믿음과 경향들은 다음과 같다. 스토리텔링은 수천 년 동안 변하지 않고 이어온 고대로부터 전승된 유산이다. 어떤 조직에서 스토리텔링을 효과적으로 사용한다는 것은 잘 만들어진(well made) 이야기를 만들거나 적용한다는 것이다. 스토리텔러는 이야기의 맥락 속에서 오감(五感)을 환기시킴

스토리텔링은 냉담하거나 멍 때리는(abstract) 학습참여자들로 하여금 리더(교육자)가 추구하는 목적의식에 부합하는 행동을 야기하도록 개선시키거나 전환시키는 위력이 있다(S. Denning, 2011: 19). 이러한 사실은 오늘날 학급의 학습장면에서 벌어지는 교수학적 위기에도 시사하는 바가 많다. 학습장면에서 스토리텔링은 효과적인 리더십에 유용하다(S. Denning, 2011: 35). 학습조직에서 어떤 변화를 시도함에 있어 스토리텔링은 강력한 영향력을 지닌다. 실제 연구를 통해 드러난 결과를 보면 기업을 포함하여 많은 작업장에서 성공적인 변화의 핵심적인 요소 중 하나는 바로 스토리텔링이었다. 물론 스토리텔링 하나의 요소만이 성공요인이 되는 것은 아니다(S. Denning, 2011: 36).[8]

2) 옳은 방식으로 말하기

스토리텔링의 완성은 옳은 이야기를 말하는 것과 더불어 스토리를 바르게 말하는 것으로 이루어진다. 스토리텔링은 행위예술이다. 스토리텔링의 방식은 (어떤 방식으로든) 청자들에게 영향을 미치고 극단적으로 그들의 정서적인 톤(tone)을 변화시킬 수 있다. 따라서 화자는 탁월한 이야기를 갖고 있어야 함은 물론 고도로 숙련된 언어기술을 갖고 있어야 한다. 스토리텔링이 대화가 아니라 독백의 차원에서 수행되는 경우는 피해야 한다. 대부분의 화자가 제한적인 언어기술을 갖고 있다할지라도 교호(交互)나 호혜(互惠)의식(reciprocity)을 기반으로 효과적인 스토리텔링을 구사하려는 열정을 가슴에 품는 것이 중요하다. 스토리

으로써 청자(audience)들의 주의를 이끌어낼 수 있다. 잘 만들어진 이야기는 이야기 자체의 목적과 무관하게 효과적으로 사용될 수 있다. 스토리텔링은 뛰어난 몇몇 사람들에게만 국한된 희귀한 기술이다(S. Denning, 2011: 7). 리더십 스토리텔링의 (이론적) 기초는 누구나 쉽게 배울 수 있으나 구체적인 행위로 구현하기 위한 훈련은 시간이 걸리는데 이는 스토리텔링이 일종의 행위예술이기 때문이다(S. Denning, 2011: 11).

8 대개 이 때 활용된 이야기들의 공통점은 이야기의 단순성, 명료성이며, 이는 어떤 이야기가 혼재된 메시지로 만드는 것을 막는다. 내러티브는 조직 혹은 기업의 브랜드가치를 만드는 기초가 된다(S. Denning, 2011: 36). (물론 이러한 사실은 개인적 차원에도 적용된다.) 스토리는 청자의 상상력을 불러일으키고, 지속적인 긴장(문제 장면이나 위축 등)과 해결(통찰이나 문제해결)상태를 만들어낸다. 이 때 청자는 스토리의 의미를 고려해야 하고 그것에 민감해지도록 노력해야 한다. 이러한 과정을 통하여 청자는 (이야기를 기반으로 하는) 대화나 소통의 적극적인 참여자가 되고 주의와 흥미가 고양될 수 있다. 사회심리학의 연구결과에 의하면 처음에 어떤 사례나 이야기의 형태가 제시될 때 청자들은 빠르고도 정확하게 그 정보를 기억해낸다(S. Denning, 2011: 37).

텔링에서 스토리, 화자, 청자는 의미 있는 앙상블의 형태로 상호 작용한다(S. Denning, 2011: 40). 리더십 스토리텔링에서 이야기의 형태와 내용, 청자 그리고 화자는 서로 불가분의 연관성을 내포하고 있다. 효과적인 스토리텔링의 수행기술을 높이기 위한 네 가지는 다음과 같다.

(1) 스타일

수많은 스토리텔링의 스타일 중에서 현대사회에 가장 적합한 것은 평이하게 (plain), 단순하게(simply), 직접적으로(directly), 명료하게(cleary)의 속성을 지닌 것이다. 물론 이러한 스타일이 만능은 아니다. 다양한 스타일을 상정할 수 있다.[9] 대개 탁월한 스토리텔링의 공통된 특징을 보면 개인이 활용하는 어법이 대화의 목소리(voice of conversation)라는 점이다. 이러한 스타일은 청자들로 하여금 흥미로운 무언가를 말해야 할 필요성에 의하여 자연발생적으로 동기화된다 (S. Denning, 2011: 43). 화자는 자신과 관련된 사건들을 (복잡하게 다양한 사건들을 거론하는 것이 아니라) 하나씩 꺼내 말하면서 자신의 생각을 점차 진전시킴으로써 자연스럽게 청자들이 따라오도록 만든다.

이러한 스타일의 스토리텔링에는 매 사건의 연속으로 구성되는 일정한 리듬이 있다. 좋은 스토리텔링이 되기 위해서는 작가들이 종종 잠재적이거나 드러난 반대나 비평으로부터 스스로를 방어하기 위하여 사용하는 일종의 장애들(hedges) (예를 들어 편견, 선입관, 고정관념 등)을 피해야 한다(S. Denning, 2011: 44). 좋은 스토리텔링의 기본은 초점을 잃지 않고 단순함과 명료함을 바탕으로 이루어지

---

9 ① 이야기꾼(raconteur): 행위를 동반하는 이야기를 바탕으로 비록 신뢰가 가지 않을지라도 세련된 매너로 입담 좋고, 우아해 보이는 사람의 이야기 스타일. ② 코미디언(stand-up comedian): 청자를 재미있게 만든다는 일념으로 시원시원하고, 재치 있고, 냉소적인 어투로 시사문제에 능통한 사람의 이야기 스타일. 물론 정형화된 스토리텔러도 조크를 활용하지만 그것은 청자를 재미있게 하거나 즐겁게 하려는 목적이 없다. ③ 웅변가(orator): 개인적으로 이야기 하는 것보다 (다수를 대상으로 할 때) 명료한 문장을 바탕으로 다소 시끄럽게 말하는 사람의 이야기 스타일. 대개 정치적인 연설에서 등장하는 스타일일지라도 조직의 맥락 속에서 장소를 불문하는 경우도 많다. ④ 학자(reflexive, self-conscious academic): 자격사항이나 단서를 기반으로 하는 학술담론체에서 잠재적인 반대에 방어하기 위해서 행하는 이야기 스타일. 이는 모든 비평에 자신을 보호하려는 경향을 지니지만 결국 그들이 전달하려는 메시지 자체가 종종 불명료해지는 경우도 있다. ⑤ 낭만주의자(romantic): 어떤 얘깃거리를 단순하게 전달하기보다 풍부한 감정을 기반으로 이야기하는 스타일. 맥킨토시 회사시절에 스티브 잡스가 보여준 스타일이 대표적이다(S. Denning, 2011: 41).

는 것이다. 이 때 모호함, 어떤 자격이나 조건, 의심되는 것들을 스토리에 끌어들이지 않는다. 좋은 화자는 자신이 전달하게 될 이야기의 내용을 신중하게 고려하여 선택하고 청자의 시각에서도 생각해 본다. 또한 그가 사용하는 언어들은 '언어 자체'에 대한 집중이 필요 없는, 그가 말하는 이야기의 내용을 드러내는 일종의 창문(window)으로 기능한다(S. Denning, 2011: 45).

좋은 스토리텔링은 이야기의 정당성을 옹호하기 위하여 시간을 낭비하지 않는다. 다만 화자는 내적인 가치를 지니고 있는 그 무엇으로서 자신의 이야기를 활용할 뿐이다. 이야기의 가치는 이야기 자체에서 나오게 된다. 상식수준의 이야기 소재를 선택하여 그것에 폭넓은 의미를 부여하는 방식으로 전체적인 이야기를 구성한다. 이야기의 스타일은 사람이나 이야기의 내용과 분리된 그 무엇이 될 수 없다. 좋은 화자는 자신의 현재 위상이나 명예를 무시하고 자신도 하나의 생각하는 존재 이상이 아님을 드러내는 태도로 이야기를 전개한다. 그는 청자들을 설득하고자 이야기를 하는 것이 아니라 있는 사실을 그대로 드러내는 것을 통하여 이야기를 한다(S. Denning, 2011: 46).

(2) 진실성

좋은 화자는 청자들이 '어떤 교육을 받았는가?'의 문제와 상관없이 청자들이 '어떤 진실을 확인하는 데 근본적인 것이 무엇인가?'를 알고자 의도한다는 점을 염두에 두고 이야기를 전개한다(S. Denning, 2011: 46). 그는 자기 자신이 청자들과 동등한 위치에 있음을 전제로 삼는다. 비록 화자 자신이 청자들보다 풍부한 경험과 식견을 지니고 있으며 어려운 정보에 접근하는 능력이 있다할지라도 그는 청자들 역시 자신이 알고 있는 것들을 정확히 알 수 있다는 것을 믿는다. 이 경우 화자는 청자를 대결 상대로 여기지 않는다(S. Denning, 2011: 47).[10]

좋은 스토리텔러는 바로 이 점을 정확히 인식한다. 다시 말해 그는 스토리텔

---

10 예를 들어 누군가 테니스 시합에서 어떤 상대를 반드시 이겨야 하는 것이 평생과업일 때, 이 게임이 좋은 것이 되기 위해서는 상대를 물리쳐야 할 적으로 여기지 않고 게임이 끝난 후에도 편안한 마음으로 상대와 이야기를 할 수 있어야 한다. 어떤 행위가 동반될 때 스토리텔링은 확실해지고, 두려움이 배제되며, 부드러운 상태에서 어떤 사물이 진실된 모습으로 나에게 다가온다(S. Denning, 2011: 47). 그러나 인생이란 것이 항상 어떤 확실성을 기반으로 하며, 두려움 없이 평안한 상태가 지속되는 것만은 아니다.

링을 행하는 것이야말로 마라톤이 아니라 스프린터의 속성을 지니고 있음을 잘 안다. 우리가 할 수 있는 최선을 다하여 진실을 말한다는 것이 결코 쉬운 것은 아니다. 현실의 세계에서는 수많은 일들이 잘못되어 가고, 우리의 기억들은 우리를 기만하도록 작동하는 경우도 많다. 우리는 자신이 본 것을 표현하는데 어려움이 있고, 통찰에도 한계가 있으며, 종종 오도되기도 한다. 이 점이 사람들로 하여금 효과적인 이야기를 꺼내기 위하여 자신의 입을 여는 것을 방해하기도 한다. 말한 내용이 누구에게는 의심의 대상이 되기도 한다. 이러한 점들로부터 자유로운 스토리텔러가 되기 위해서 가능한 한 진실을 바탕으로 대화를 하는 것이다. 자신이 본 바대로 진실을 표현할 수 있는 역량은 누구에게나 있다(S. Denning, 2011: 48).

(3) 준비도

스토리텔링을 행하기 위한 준비는 다소 수고스러운 반복 작업이다. 그러나 이것은 스토리텔링을 실제로 행하는 순간이 마치 래프팅을 하는 것과 같음을 생각한다면 별거 아니다. 리허설을 통하여 수많은 생각들이 교차하고, 어느 것을 선택해야 하는지, 그렇게 선택한 내용이 어떤 영향력이 있는지 등에 대하여 숙려해야 한다. 스토리텔링을 행하는 순간은 차선책에 대하여 생각하거나 반성할 여유가 없다. 입이 마음에 앞선다. 충분한 준비와 리허설은 실제 상황에서 물 흐르듯이 진행되도록 만드는 원동력이다(S. Denning, 2011: 48). 이러한 노력을 무시하는 경우 청자들은 무언가 불편함과 괴리감을 느끼게 된다. 결국 충분한 준비야말로 스토리텔링의 필수조건이다.

완성도가 높고 좋은 스토리텔링일수록 주저함, 내용을 수정함, 횡설수설함 등이 거의 없다(S. Denning, 2011: 49)[11] 한마디로 좋은 내러티브의 핵심사항은

---

11 좋은 스토리텔링의 가장 강력한 측면은 (화자의) 완전성과 (청자의) 자발성(자발행동)의 결합에 있다. 그것은 어떻게 가능한가? 완전성은 행위에 의하여 비롯되지만, 자발성은 한번 이야기된 것들을 정신적인 차원에서 다시 소생하게 만드는 것에서 비롯된다. 만약 17세기에 회자된 이야기를 오늘날 다시 듣거나 말한다면 우리는 그것을 마치 처음 경험하는 것처럼 마음속에 새로운 것으로 받아들인다. 이야기가 만들어진 최초의 상황과 다름없이 본래의 참여자로서의 감정을 느끼게 되고, 청자들도 역시 이와 동일한 경험을 하게 될 것이다. 좋은 스토리텔링이 되기 위해서는 효과적인 스토리텔링을 만들기 위한 골격을 디자인해야만 한다(S. Denning, 2011: 49). 내러티브를 행하는 실제 상황에서 예기치 못한 해프닝이

이야기의 구조와 자발성 간에 엄밀한 균형성을 유지하는 것이다. 이야기가 너무 경직된 절차에 따라 빡빡하게 행해지면 이야기는 거짓되거나 조작된 것으로 여겨질 수 있다. 반대로 아무런 목적 없이 마치 횡설수설하듯 두서없이 이야기를 하게 되면 수다스런 허풍으로 전락되어 청자들은 듣기를 곧바로 중단하게 될 것이다. 좋은 스토리텔러로서 이야기 구조와 자발성 간의 균형감을 달성하기 위하여 필요한 것은 향후 전개될 모든 국면들에 대하여 예측하거나 그러한 국면을 청자들에게 설득시키는 것이다(S. Denning, 2011: 50).

(4) 전달하기

대화는 목소리 톤, 얼굴표정, 제스처 등과 같이 다양한 비언어적 행위의 측면들에 의존하여 이루어진다. 이러한 비언어적 측면이 대화에 어느 정도 영향을 미칠까? 메라비안(A. Mehrabian)은 대화에서 단어가 지닌 의미전달은 단지 7%에 불과하고 나머지는 비언어적 의사소통 양식에 영향을 받는다고 하였다. 그러나 분명한 것은 이야기의 방식이 청자의 마음속에 있는 정서적 톤을 근본적으로 변화시킬 수 있다는 점이다. 따라서 '어떤 방식으로 언어적 의사소통이 이루어져야 하는가?'가 매우 중요하다는 사실을 생각할 때 메라비안의 견해는 옳다(S. Denning, 2011: 50). 우리가 이야기의 구조를 만들고 내용을 취사선택하는 과정은 그 이야기를 구현할 때의 상황에 대비해서 이루어져야 한다.

이야기는 어떤 잘못이나 누락됨, 잘못된 진술 없이 완벽하게 수행하도록 정해진 시간 안에서 준비해야 한다. 화자가 입을 열었을 때 그는 완전히 청자들을 위하여 말할 준비가 되어 있어야 한다. 그 때 화자는 온갖 종류의 불안, 긴장, 어려움들에 의하여 고통을 당할 수 있다. 그럼에도 불구하고 스토리텔링이 시작되면 화자는 자신의 마음으로부터 이야기를 꺼내야 하고, 화자 자신을 청자들에게 완전히 유용하도록 만들어야 한다. 화자가 청자와 함께 하기를 위한다면 청자도 역시 화자와 함께 한다. 필요하면 잠깐 멈추어 생각을 정리하는 것도 좋다. 이야기를 전하기 전에 긴장되고 생각이 혼란스러우면 깊게 심호흡을 함으로써 이에 대비하는 것도 좋다. 서두를 필요가 없다.

벌어지면 화자는 동요하거나 흔들리게 된다. 이러한 (돌발 혹은 위기)상황에 처했을 때 좋은 화자라면 이야기의 기본적인 골격구조에서 결코 벗어나는 법이 없다.

　　이야기 초반에 잠깐 멈추는 행동은 화자가 이야기하려는 것에 청중들이 집중하도록 만드는 드라마틱한 초점 맞추기가 될 수 있다(S. Denning, 2011: 51). 대화가 이루어지는 공간의 제반 물리적 조건들, 예를 들어 강단, 노트, 마이크 등을 잘 정리하고 효과적으로 사용할수록 더 나은 스토리텔링이 될 수 있다. 청자들로 하여금 화자가 자신들에게 완전히 흥미를 갖고 있다는 점을 표시하기 위하여 화자는 적당히 몸동작을 활용할 수 있다.[12]

　　파워포인트(PT)와 같은 시각적 도구들은 현명하게 사용해야 한다. 화면은 화자가 전달하려는 이야기의 이미지를 담거나 이야기를 효과적으로 전달하기 위한 보조수단이어야 한다. 화면은 화자의 이야기를 강력하게 만들기도 하고, 화자가 이야기의 흐름을 잃지 않도록 만드는 프롬프트의 역할을 할 수 있다. 언어나 시각자료에 대한 인간의 반응은 결코 중성적이지 않다는 점을 유념해야 한다. 평균적으로 여성은 언어적 메시지에, 남성은 시각적 메시지에 더 민감하게 반응한다. 화자가 모든 청자들로 하여금 자신이 전달하려고 의도하는 메시지에 부합하도록 만들기 원한다면 언어적 메시지는 물론 시각적 메시지를 혼용하는 것이 바람직하다. 화자가 만든 슬라이드를 청자들이 공유할 수 있도록 허용하는 것(자료를 다운로드 받도록 함)은 제 3자를 대상으로 하는 이야기의 산포(散布)를 가능하게 만든다(S. Denning, 2011: 53).[13]

---

12 화자 자신은 대화에 참여하는 모든 사람들에게 똑같은 관심을 갖고 있음을 보여주기 위하여 특성 위치에 앉아 있는 청자들만 바라보며 이야기하지 않는 것도 매우 중요하다. 눈 맞춤, 거리두기, 유연하고 허용적인 태도를 보여주는 자세 유지 등을 통하여 모든 청자가 참여하도록 유도해야 한다. 화자는 단지 마음으로만이 아니라 온 몸으로 '지금 자신이 이야기하는 것이 모두 진실되다.'는 것을 청자에게 증명하고, 이야기의 핵심적인 내용을 강조하기 위하여 적절한 제스처를 활용할 수 있다. 제스처는 마치 물 흐르듯 자연스러워야 하며 청자들과 함께 하고 있다는 것이 유쾌하다는 사실을 공표하기 위한 것이다. 화자가 느끼는 어려움은 청자도 동일한 수준으로 겪게 된다. 이야기를 하는 도중에 청자들의 흥미를 잃지 않도록 만드는 것도 중요하다. 준비한 이야기를 생생하게 재생함으로써 청자들의 흥미를 자극할 수 있고 이야기의 속도와 톤을 조절함으로써 청자들의 주의집중을 이끌어낼 수 있다. 목소리의 높낮이를 조절하고 필요한 경우 그림을 그려가며 설명하는 것도 좋다(S. Denning, 2011: 52).

13 여기서 생각할 만한 주요원칙은 '화면구성을 가급적 단순화시켜라! 숫자를 활용하는 것이 핵심적인 의미를 전달하는 강한 힘이 있다. 하나의 슬라이드에 하나의 메시지를 담아라!' 등이다. 누구나 다양한 방식으로 이야기를 전달할 수 있지만 자신이 선택한 특별한 스토리텔링의 스타일이야말로 편안하다는 점을 스스로 느껴야 한다. 내러티브의 방식은 다양한 대안들 중에서 자신이 선택할 수 있다. 시각자료를 통하여 이야기를 하는 경우 화자 자신

　　화자가 자신이 가진 제반 특성들을 기반으로 선택한 내러티브 기법은 청자
들에게도 편안함을 제공할 수 있다(S. Denning, 2011: 54). 화자가 청자의 특성
을 많이 알면 알수록 효과적인 내러티브가 이루어질 수 있다. 무엇이 청자들을
움직이는지, 그들의 희망과 두려움은 무엇인지, 최근의 관심사가 무엇인지 청자
들과 관련된 정보들은 스토리텔링을 신선하게 만들거나 업데이트된 PT를 가능
하게 만드는 데 결정적이다. 여기서 초점을 맞추어야 하는 것은 청자의 흥미다.

　　청자들은 '화자가 말하는 것이 과연 나에게 어떤 의미가 있는가?'를 생각하며
참여한다. 청자는 변화의 과정에서 자신들이 어떤 역할을 할 수 있는지 그 방법
을 알기 원한다. 아마 청자들이 가진 중요한 질문사항은 '이야기가 자신들의 삶
과 어떤 연관이 있는가?' 등이다. 어떤 청자들은 상세한 수치로 제시되는 이야기
소재를 선호하는 경우도 있을 것이며 반대로 아이디어를 떠올리게 만드는 방식
을 좋아하는 청자도 있다. 어떤 이는 새로운 것이나 어려운 것을 좋아할 수 있
고, 어떤 이는 위험에 관한 것들에 집중하는 것을 좋아할 수 있다. 다(多)문화사
회 환경을 고려할 때 지리학적, 문화적 차이에 따른 청자의 특성도 고려할 사항
이다(S. Denning, 2011: 54).[14]

이 이야기에 집중할 수 있는 장점이 있지만 반대로 배포된 이야기 자료를 보면서 학습하는
것을 선호하는 청자들에게 강력한 영향을 미치지 못하는 위험을 감수해야 한다.
14 화자는 청자들과 공동으로 스토리텔링을 만들어가는 방식을 통하여 화자 자신과 청자들을
연계시킬 수 있다. 청자와 화자의 관계는 '상호 조화를 바탕으로 이루어져야 한다.'는 사실
에 기반을 두고 있어야 하며, 이를 전제로 하여 내러티브를 진전시켜야 한다. 화자는 마치
청자가 대화과정에서 언제든지 화자가 될 수 있는 것처럼 생각하면서 내러티브를 진행해야
한다. 물론 화자와 청자 간 권력과 지위 간에 상당한 차이가 있을 수 있다. 그럼에도 불구
하고 청자와 상호작용하는 스토리텔러가 되려면 이러한 차이들을 무시하고 화자 자신도 청
자와 다를 바 없는 '그저 한 인간'이라는 점을 유념해야 한다. 이를 통하여 인간 사이에 실
재하는 정치적, 사회적인 소통장벽을 극복하고 의사소통을 인간화하도록 만들 수 있다. 청
자는 본질적으로 적대적이거나 회의적이라는 점도 고려할 만하다(S. Denning, 2011: 55).

5   스토리별 교수학적 내용

1) 스프링보드 스토리

사람들로 하여금 변화된 행위를 촉발하고 새로운 아이디어를 만드는 수단으로 내러티브를 활용하라! 스프링보드 스토리는 화자가 의도하는 것을 매우 유용하게 만드는 기능을 수행하며, 복잡한 아이디어들을 용이하게 소통하도록 만들고, 청자들에게 행위를 촉발하게 만드는 촉매제가 될 수 있다. 일반적으로 내러티브 리더십은 사람들로 하여금 장차 새로운 아이디어를 만들어 낼 수 있도록 영감을 부여하는 것이 핵심이다. 불행하게 인습적인 리더들은 사람들로 하여금 이성적이거나 논리적인 방식을 통하여 새로운 아이디어 창출이나 그들의 행위가 유발되도록 시도한다(S. Denning, 2011: 59).

이 때 그들로부터 되돌아오는 것은 감격이나 열광 대신에 회의감, 적대감, 이질감일 뿐이다. 어느 조직의 리더나 화자가 요구한 것에 대한 직접적인 해결방안은 특별한 형태 그러나 가장 쉬운 형태의 이야기에 달려 있다. 그것은 청자들로 하여금 그들의 미래의식에 어떤 열정을 불러일으키는 단초로 작용하므로 스프링보드 스토리라고 부른다(S. Denning, 2011: 60).[15]

---

15 이러한 스프링보드 스토리가 내러티브 리더십에서 매우 중요하며 여기에 일반적인 패턴이 있다는 사실은 많은 학자들의 연구나 주장에 의하여 확인되고 있다. 예를 들어 티치(N. Tichy)의 리더십 엔진, 가드너(H. Gardner)의 마음 읽기, 코제와 포스너(J. Kouzes & B. Posner)의 리더십 변화, 히트와 히트(C. Heath & D. Heath)의 열중하게 만들기, 시몬(A. Simmon)의 이야기 요소, 로흐(J. Loeh)의 이야기의 힘 등은 우리가 이야기의 위력을 이해하는데 유용한 지혜를 제시하고 있다(S. Denning, 2011: 63). 스프링보드 스토리의 주요한 성격들은 다음과 같다.
 • 이야기를 통하여 다듬어진 아이디어(change idea)는 명료하고 가치가 있어야 한다.
 • 이야기는 어떤 변화가 성공적으로 이루어진 실제적인 사례를 기반으로 한다. 다시 말해 그것은 실제 이야기다.
 • 이야기는 한 주인공의 시각에서 말해지는 것이어야 한다.
 • 이야기의 주인공은 청자의 전형(typical)이다. 즉, 청자는 누구든 그 이야기의 주인공이 될 수 있다.
 • 이야기는 사건이 발생한 시간과 공간에 관한 데이터를 제공한다.
 • 이야기는 변화된 아이디어가 없을 때 발생할 수 있는 사건의 개연성을 분명하게 예시해

이 스토리에서 핵심적인 네 가지는 변화된 아이디어의 명료성과 가치성, 이야기 소재의 진실성, 내용의 긍정과 낙관성, 형식의 단순성 등이다. 명료하고 가치 있는 아이디어는 웃음을 자아내기 위하여, 단순한 재미나 흥미를 위하여 스토리텔링하는 경우보다 조직적인 방식으로 스프링보드 스토리를 전달하는 것에서 쉽게 얻을 수 있다. 새로운 아이디어는 사람들의 마음과 공명(resonate)할 수 있는 잠재력을 지닐 때 가치가 있다(S. Denning, 2011: 64). 스프링보드를 통하여 이루어지는 아이디어 변화는 이야기의 모든 다른 국면에 영향을 미치는 기초가 되기 때문에 중요하다. 내러티브 장면에서 화자가 분명한 목적의식이 결여되었을 때 그 이야기는 대개 실패하고 만다.

따라서 화자는 자신이 만든 이야기의 명료성에 대하여 부단히 고민해야 한다. 이를 위한 가장 좋은 방법은 적절하거나 특별한 사례를 발굴하는 것이다(S. Denning, 2011: 65). 스프링보드 스토리는 그저 일어날 듯한 개연성이 있는 상상으로서의 이야기가 아니라 실제로 일어났던 어떤 사건에 관한 것이다. 다시 말해 스프링보드 스토리는 일어난 사실을 기반으로 하기 때문에 화자는 참으로 정직하게(authentically true) 그리고 사실적으로 그것을 내러티브해야만 한다(S. Denning, 2011: 67). 스프링보드 스토리를 구성함에 있어 피해야 할 위험 중의 하나는 사실성의 결여다. 다시 말해 그것은 정당하면서 옳은 아이디어를 바탕으로 구성되어야 한다는 점이다(S. Denning, 2011: 79). 스토리텔링은 일종의 행위예술이다. 화자는 단지 자신이 말하고자 하는 것을 '지적(知的)인 차원으로 알고 있다.'는 것만으로 충분하지 않다(S. Denning, 2011: 80).[16]

준다.
- 이야기의 형식은 지극히 단순화되어 최소한의 내용만을 담고 있다.
- 이야기는 긍정적인 톤으로 이루어지며 진실로 행복한 결말로 끝맺음한다.
- 이야기의 내용은 화자가 이야기하면서 의도하는 목적을 이루는 것과 연계되어 있다 (S. Denning, 2011: 63−64).

16 철학적이거나 심리적인 차원에서 다루는 해피엔딩 스토리와 달리 행복한 결말로 이끄는 스프링보드 스토리란 화자 자신 혹은 화자의 관점과 관련되어 있다. 긍정적인 결말은 그 이야기를 통하여 화자들로 하여금 어떤 행위를 촉발하는 데 필요하다. 단순히 청자의 주의를 환기시키거나 전형적인 방식으로 지식을 전달하기 위한 이야기는 대개 부정적인 톤을 유지한다. 부정적인 이야기로 행위를 유발하도록 노력하는 것은 잘못이다. 따라서 내러티브 장면에서 청자들로 하여금 열정을 자극하거나 유발하기 위하여 부정적인 정서, 내용, 방식을 사용하는 것은 금물이다(S. Denning, 2011: 81). 그러나 어떤 조직이나 교육장면에서 행복하지 못하거나 끔찍한 결말을 담고 있는 이야기를 전해야 하는 경우도 있다. 이 경우 화자

표 12-3 스프링보드 스토리의 구조

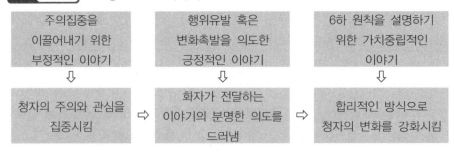

*출처: S. Denning, 2011: 84.

위의 구조를 볼 때 스프링보드 스토리의 주요기능에는 청자의 주의를 끌어
내고 합리적인 방식으로 변화를 촉진하도록 자극하는 것도 있지만 가장 중요한
것은 두 번째 단계인 긍정적인 스프링보드 스토리 기반의 내러티브다. 이야기를
듣거나 대화경험을 통하여 자신이 변화하려는 어떤 의지가 없는 청자들에게 열
정이나 감동의 에너지가 있을 수 없다. 그러나 그 누구든 스토리텔러는 자신의
이야기에 의하여 대부분의 청자들이 '긍정적인 변화를 자극받을 수 있다.'는 점
을 확신해야 한다(S. Denning, 2011: 84). 청자들로 하여금 긍정적인 변화를 촉
발하도록 만드는 중립적인 이야기에는 변화란 무엇인가?(what), 어떻게 그러한
변화를 추진할 것인가?(how), 왜 변화를 해야만 하는가?(why) 등의 내용이 포함
되어야 한다(S. Denning, 2011: 86).

는 비록 부정적인 이야기라 할지라도 자신의 진심을 바탕으로 그 속에 담긴 긍정적인 내용
을 발굴하여 이야기를 긍정적으로 전환시키는 역량이 있어야 한다(S. Denning, 2011: 82).
예를 들어 타이타닉호 침몰이라는 엄청난 불행 속에서 피어오른 아름답게 고양된(uplifting)
사랑의 이야기를 내러티브의 핵심으로 삼을 수 있다. 이 경우 화자는 이야기의 주인공들과
똑같은 수준의 불행한 감정을 느끼게 된다. 그러나 그러한 엄청난 재앙 속에서도 긍정적인
그 무엇, 혹은 놀랄 만큼 감동적인 그 무엇이 반드시 있기 마련이고 화자는 이를 이끌어내
야 한다. 스프링보드 스토리의 내러티브가 성공하기 위해서 화자는 청자들이 진심의 이야
기에 충분히 몰입하고 있다는 점을 확신해야 한다. 여러 가지 이유에 의하여 청자들은 화
자의 스토리텔링에 몰입하지 않을 수 있다. 화자는 이 점을 분명하게 파악하여 청자들을
이야기에 끌어들이기 위한 적절한 방안을 모색해야 한다. 이를 위한 첫 번째 방법은 '청자
들의 문제점이 무엇이고 그들의 관심사가 무엇인가?'를 말하게 하는 것이다. 또 다른 방법
은 화자 자신이 '어떤 사람인가?'를 청자들에게 솔직하게 드러내는 것이다(S. Denning, 201
1: 83).

2) 아이덴티티 스토리

학습조직참여자들에게 '내가 누구인가!'를 알리기 위하여 아이덴티티 내러티브를 활용하라!(S. Denning, 2011: 89). 낯선 사람과 마주할 때 생기는 의심의 눈초리와 제한적인 정보만 갖고 있는 생경한 청자들에게 화자의 정체성을 드러내기 위하여 내러티브를 활용하고 이를 통해 신뢰기반의 대화 장면을 구축할 수 있다. 화자의 이야기는 자신의 출생, 성장배경, 현재 지위, 감정과 정서적 특징, 주요경험들 등의 내용을 담게 된다. 내러티브 장면에서 화자가 자신의 숨겨진 이야기를 활용하는 것은 자신에 관한 사실적인 정보들을 청자에게 단순히 전달하려는 것은 물론 화자의 신실함, 정직함, 정의로움을 드러내기 위한 주요통로나 핵심적인 수단으로 기능하는 것을 목적으로 한다.[17]

그렇다면 효과적으로 화자 자신의 이야기를 전달하는 방법은 무엇인가?[18]

---

[17] 화자의 이야기를 내러티브 상황에 끌어들이는 경우 다음의 몇 가지를 고려해야 한다. 첫째, 장황하지 않고 함축적이고 단순하게 제시해야 한다(S. Denning, 2011: 92). 화자가 직설적인 어법으로 자신이야말로 정직하고 믿을만한 사람이라는 사실을 마치 청자들에게 윽박지르듯 강요할 때 청자들은 경탄하기보다 다소 의아해하거나 두려움을 갖게 된다. 둘째, 자신의 정체성을 드러내는 이야기는 다면적이지만 일종의 통일성을 지닌(fractal) 본질을 개발해야 한다. 이는 화자의 성격이나 성향이 단지 하나의 사건에 의하여 만들어진 것이 아니라 전(全) 생애에 걸친 경험을 통하여 이루어진 것이기 때문이다(S. Denning, 2011: 93). 화자의 정체성에 대한 이야기 구조의 핵심은 자신이 '과연 삶의 목표가 있는가?'의 여부를 스스로 결정하여 제시하는 것이다(S. Denning, 2011: 95). 셋째, 화자의 이야기가 효과적인 것이 되기 위한 조건은 바로 내적인 확신에서 비롯되는 참됨(authentic)이다(S. Denning, 2011: 97).

[18] 첫째, 화자가 자신의 스토리를 구성하거나 실제로 청자와 대면하는 내러티브 상황에서 자신이 경험한 일종의 생애전환(tuning point in one's life)과 관련된 내용에 초점을 맞출 때 그것은 청자들에게 아주 매력적이고 달콤한 이야기의 원천이 될 수 있다. 사람은 누구나 아주 일상적이거나 반복되는 생활방식으로 살아간다. 그러나 이러한 피상성 혹은 일상성 속에는 보다 심층적으로 작용하거나 전환이 예견되는 행위나 감정들이 숨어 있다(S. Denning, 2011: 100). 둘째, 자신의 경험에서 비롯된 적극적이고 능동적인 톤으로 자신의 이야기를 말하는 것도 중요하다. 이야기가 담고 있는 메시지가 희망적이어야 함도 중요하다. 물론 이야기 속에는 역경과 실패의 경험담이 포함되기 마련인데, 그 이면에는 그러한 경험으로부터 배우게 된 소중한 것들을 반영하기도 한다(S. Denning, 2011: 102). 셋째, 이야기의 맥락 안에서 혹은 맥락을 충분히 고려하여 이야기를 해야 한다. 화자의 이야기는 그의 기본적인 세계관을 함축적으로 반영하게 된다. 자신의 정체성에 대한 이야기는 행위를 촉발하게 만들기 위한 스프링보드 스토리와 다르다. 또한 이야기는 감정과 맥락을 기반으로 하는 플롯(plot)으로 이루어지는 것이 전형적이다(S. Denning, 2011: 102). 넷째, 화자는 자신이 겪은 어렵고도 고통스러웠던 순간의 이야기를 희화하기 위하여 유머를 적극 활용할 필요가 있다. 그러한 어려움의 순간이 나 자신을 파멸시킨 것이 아니라 오히려 그것

화자가 전달하고자 하는 삶의 이야기는 전 생애에 걸쳐 경험한 것을 기반으로 하는 것이 아니라 실제로 경험한 삶의 여러 가지 이야기들 중에서 대표적인 것들을 간추린 것들로 구성된다. 걸러진 화자의 이야기는 화자 자신의 참된 자아를 반영한다. 또한 화자의 이야기는 전체적인 이야기의 응집성을 지향하는 데 있어 기초의 역할을 수행한다. 화자가 더 많은 자신의 이야기를 할수록 이야기의 응집성에 접근해 들어가게 된다(S. Denning, 2011: 99).

성공적인 스토리텔링의 여러 조건 중 하나는 청자들이 화자 자신의 이야기를 듣고자 시간을 투자하거나 흥미를 갖고 있음을 화자 스스로가 확신하는 것이다. 내러티브가 이루어지는 장면에서는 청자들이 자신의 이야기를 실제로 귀담아 듣고 있다는 점을 확신해야 한다(S. Denning, 2011: 105 – 106). 화자가 이야기를 통하여 자신의 정체성을 명료하게 하기 위한 대응적 전략 중 하나는 청중의 이야기를 재빨리 포착하여 활용하는 것이다. 이를 위해 화자는 자신이 살아온 이야기를 묘사하는 동시에 청자들의 흥미, 권위, 역할 등과 같은 이야기들을 이해하려는 노력을 시도해야 한다.

결국 이야기의 적절성이라는 것은 맥락적(contextual)인 특성을 바탕으로 한다. 화자가 청자에 관한 이야기(혹은 정보)를 많이 알면 알수록 화자는 그들의 요구에 부응하는 이야기를 쉽게 선택할 수 있게 된다. 중요한 것은 어떤 화자가 청자 자신들에게 도움이 되거나 적합한 스토리텔러인지 여부를 결정하는 주체가 화자 자신이 아니라 청자들이라는 사실이다. 이 때문에 내러티브의 적합성을 높이기 위하여 화자는 과거의 기억, 현재에 대한 지각, 미래에 대한 비전 등을 통합함으로써 심미적 진술이 이루어지도록 부단히 노력해야 한다(S. Denning, 2011: 106).

을 극복하여 현재의 나로 발전시킨 원동력이 되었다는 점을 웅변하기 위하여 유머러스한 방식을 사용할 수 있다. 대통령 후보로서 위기를 맞았을 때 재치 있는 유머와 화술로 이를 슬기롭게 극복한 케네디 대통령의 일화는 유명하다. 다섯째, 화자 자신의 빼어난 뒷배경이나 능력을 과장하거나 장황하게 설명하지 않아야 한다(S. Denning, 2011: 103). 자신을 반대하는 사람들이나 경쟁상대를 어떻게 물리쳐서 승리를 쟁취했는가를 말하기보다 마음씨 좋은 주변 친구들의 도움으로 커다란 난관과 장애를 극복했다는 사실을 말하는 것이 오히려 청자들의 마음을 움직이는 동인(動因)이 된다(S. Denning, 2011: 104).

3) 패러벌 스토리

학습조직이 추구하는 가치를 주입시키기 위하여 비유의 내러티브를 이용하라!
(S. Denning, 2011: 126). 이는 교수－학습장면에서 가치기반의 학습내용을 효과
적으로 전달하기 위하여 가르치는 사람이 수행할 수 있는 교수방법의 측면에
강력한 모티브를 제공하고 있다. 학습조직이 진실로 윤리적인 공동체가 되기 위
해서는 세 가지 구성요소, 즉 신뢰감, 충성심, 유대감의 특성을 갖고 있어야 한
다. 이를 가능하게 만드는 두 가지 원칙으로 첫째, 집단의 가치와 개인적 가치
를 구분하는 것, 둘째, 옹호하는 가치와 실제로 적용하는 가치를 구분하는 것이다
(S. Denning, 2011: 132). 어느 조직이든 공유하는 바람직한 가치가 없다면 그것을
재수립하기 위하여 행동해야 한다. 다시 말해 (단순한 이론이나 과시용 선전이나
정책이 아니라) 오로지 행동으로 바람직한 가치를 수립하거나 구현해야만 한다.
좋은 리더는 행동으로 가치를 수립하는 사람이다(S. Denning, 2011: 138).[19]

전이시키고자 의도하는 어떤 가치를 담고 있는 이야기를 만들 때 명목적 가
치를 전면에 내세우는 것은 바람직하지 않다. 예를 들어 '지금부터 용기에 대하
여 말하려고 하니까 잘 들어라!'는 식으로 이야기를 꺼내는 것은 오히려 비효과
적이다(S. Denning, 2011: 141). 이 경우 청자는 '화자가 나를 도덕화(moralizing)
시키려고 작정하고 있구나!'라고 생각하여 듣기를 중단할 것이다. 좋은 내러티
브는 이야기 말미에 '그러니까 너는 앞으로 이렇게 행동해야만 해!'라고 말하기
보다는 '이 이야기가 나에게 어떤 의미가 있을까?' 혹은 '이것이 경험으로부터
내가 받은 교훈이야!', '그것이 이 이야기를 만들기로 결정한 계기야!'라고 말하
는 것이다(S. Denning, 2011: 142).

내러티브를 통해 어떤 가치를 전이시키는 것은 화자로 하여금 어떤 특별한
가치를 예시 혹은 예증할 수 있게 만들고, 나름대로 그 가치의 의미를 제시할

---

19 이렇게 수립된 가치는 내러티브를 통하여 조직 내 구성원 사이에서 혹은 일반 개인 간 전
    이시킬 수 있다. 이를 위한 방법으로 사람들에게 가치에 관한 내용을 직접 가르치거나 가
    치목록을 예시하여 포스터와 같은 형태로 제시할 수 있다. 만일 가치목록에 제시된 사항을
    위반하는 경우 제재를 가하는 방식에 대하여 이야기할 수도 있다(S. Denning, 2011: 140).
    작업의 결과는 기록할 수 있으나 행위는 단지 영향을 미치는 것일 뿐이다. 이 때문에 가치
    를 어떻게 전이시킬 것인가?의 문제가 발생한다. 전이하고자 하는 가치를 하나의 이야기로
    만들어 청자들이 그것을 깨닫게 만드는 것이 효과적일 수 있다(S. Denning, 2011: 140).

수 있으며, 이와 동시에 다른 사람들로 하여금 그 가치에 대한 자신만의 독자적인 해석을 너그럽게 허용하게 만든다. 이것은 또한 청자들로 하여금 그 가치와 연관된 자신의 처지나 입장을 반성할 수 있는 기회를 제공할 수 있다(S. Denning, 2011: 142).

효과적인 가치 전이를 위한 방안으로 가치갈등 상황에 대한 비유(parable)를 활용할 수 있다. 비유는 이야기에 담긴 대상, 사건, 행위자, 목적의 복잡성을 심상화시킴으로써 그 내용을 이해시키는 데 유용하다. 성경에 나오는 '달란트의 비유'는 내러티브에서 비유가 활용된 가장 유용한 사례로 꼽을 수 있다. 이러한 비유의 내러티브는 화자나 청자가 사용하는 다양한 방식과 목적에 따라 시간이 지남에 따라 응용, 변용되기도 한다(S. Denning, 2011: 144).

스프링보드 스토리와 마찬가지로 비유 내러티브는 등장한 인물의 성격 확장이나 상황설정을 가급적 배제하여 최소화된 형태로 만들어져야 한다. 사실 기반의 스프링보드 스토리와 달리 비유의 이야기는 종종 가상이나 상상을 기반으로 하는 경우가 많다. 비록 시간제한이 없는 가상의 이야기를 기반으로 할지라도 비유는 반드시 믿을 만한 정황이나 내용을 근거로 해야 한다.[20]

---

20 비유는 성경의 '달란트의 비유'에서처럼 긍정적인 톤과 부정적인 톤이 동시에 포함될 수 있다. 그러나 그 톤들은 행위촉발의 차원이 배제되어 있고 기대되는 가치의 이해를 공고히 하기 위한 이유 때문에 스프링보드 스토리보다는 덜 중요하게 작용한다. 비유 내러티브를 통하여 가치를 발견할 수 있고 가치들로부터 이야기를 찾아낼 수 있다(S. Denning, 2011: 145). 어떤 바람직한 가치를 제시하거나 전이시킬 목적으로 이야기를 개발할 때 사용될 수 있는 주요한 토픽들은 다음과 같다. • 화자가 직면한 어려움의 국면이나 상황, • 두 가지 가치가 갈등하는 시간, • 일을 수행할 때 발견한 가장 만족할 만한 것, • 조직이 개인에게 진짜로 좋은 것이라고 제시한 것, • 개인에게 발생한 최악의 사건, • 좋지 않았던 사건이나 인물이 결국 좋은 방향으로 변화된 것, • 가장 행복했던 기억이나 사건, • 많은 사람들이 알지 못하는 개인이나 조직의 강점 등이다(S. Denning, 2011: 147). 또한 청자들에게 익숙하거나 영향을 미칠 수 있는 인물을 이야기에 끌어들이는 것도 가치전이의 내러티브 개발에 유용하다. 이를 통하여 청자들은 이야기 속에 등장하는 인물과 자신들을 연관시킴으로써 가치의 내면화를 비교적 용이하게 만들 수 있다. 대개 가치의 전이는 스토리텔링을 통하여 일어나기도 하지만 규칙, 규약, 지원책, 보상책 등과 같은 구조를 통하여 이루어지기도 한다(S. Denning, 2011: 148). 구조와 가치가 경쟁할 때 구조가 항상 이기기 마련이다. 그러므로 조직의 가치나 그것의 형식적 협의가 안정적이고 지속적이라는 점을 구성원들에게 확신시키는 것이 무엇보다 중요하다. 여기서 아마도 가장 중요한 것은 인간적인 보상체계일 것이다(S. Denning, 2011: 149).

4) 콜라보 스토리

어떤 일을 협력적으로 수행하기 위하여 협업촉진의 내러티브를 활용하라!(S. Denning, 2011: 151). 이는 학습장면에서 협동학습을 수행하기 위한 교수학적 방법론의 강력한 모티브를 제공하고 있다. 대부분의 학습조직체에서 협업에 대한 구성원들의 불만은 있기 마련이며 외적으로 보이는 활동들은 마치 협업인 것처럼 보이는 경우가 많다. 그러나 협업은 학습조직효과성 차원에서 가장 필수적인 요소다. 이러한 협업은 공동과제나 공동의 목표를 수행하기 위한 작업그룹 혹은 팀, 커뮤니티의 형태(커뮤니티는 네트워크와 다소 차이가 있다)로 이루어진다. 이들은 공동의 목표, 관심사, 흥미, 가치 등을 공유한다. 협업의 근본적인 목표는 참여자의 행위극대화(high−performance, 이하 HP라 함)와 학습조직의 성과를 창출하는 것이다.[21]

관료적 성격을 지닌 학습조직의 매니저는 결코 HP팀을 만들 수 없다. 왜냐하면 그는 위계화 된 학습조직에서 의사결정에 필요한 것들에 대하여 인습적인 관리기술, 지시, 명령, 통제, 비참여적 결정에 기초하여 일을 수행하기 때문이다 (S. Denning, 2011: 157). 학습조직에서 협업의 핵심 혹은 성패 여부는 (독단과 전횡에 의한 가치설정과 일방적인 전이가 아니라) 공동의 목적과 공유된 가치에 달려있다(S. Denning, 2011: 158). 이와 더불어 내러티브는 팀이나 커뮤니티가 행위를 극대화하거나 성과창출을 촉진한다. 콜라보 내러티브는 구성원의 HP나 조직의 성과창출에 필요한 특성적 가치를 공유하게 만들거나 전이시키는 역할을 한다. 콜라보 내러티브 기술에 숙달된 리더는 HP팀이나 커뮤니티가 되도록 인도하고 성과창출에 대한 기대치를 능동적으로 조형한다. 이 때 HP팀의 각 구

---

21 이것을 달성한 팀에는 몇 가지 특성이 있다(S. Denning, 2011: 156). • HP팀은 성과창출의 기대치를 능동적으로 조형한다. • HP팀은 상황변화에 그들의 수행역량을 신속하게 적응시킨다. 혁신과 변화에 유연하다. • HP팀은 지속적으로 성장한다. 시간이 지남에 따라 구성원의 강점과 약점을 분명하게 알게 되고, 각자 공동 작업에 효율적으로 참여할 수 있는 역량을 고도화시킨다. • HP팀에 속해 있는 각 멤버들은 개인적으로 성장한다. 상호이해나 영향을 통해 각 구성원들은 유연성과 같은 필요한 기술을 획득하고 이를 기반으로 개인은 성장한다. • 개인 간 참여가 충만하게 되면 HP팀의 목적은 더욱 고상해지고 구성원들의 역량이 폭발적으로 증가한다. • HP팀은 공유된 열정으로 공동 작업을 수행한다. '누구 하나라도 실패하면 그것은 우리 전체의 실패다.'라는 공동체 의식이 고양된다. • HP팀은 단순히 경쟁력만 있는 팀과 큰 차이가 있다. 경쟁력만 있는 팀은 적의(敵意)나 소외가 결코 용납되지 않는다.

성원은 팀의 요구에 재빠르게 적응하고, 현 상황에 기반을 둔 내러티브에 자신
이 포함되어 있다는 점을 스스로 발견하게 된다(S. Denning, 2011: 159).

표 12-4 협업의 다양한 형태들

구 분	작업그룹	팀	커뮤니티	네트워크
목적	각 개인은 그룹 전체의 목적 안에서 특수한 책무를 가짐	한 팀이 특수한 조작적 목표를 지님	공통의 관심에 대한 정보, 지식, 행동양식을 가짐	각각의 멤버는 독자적인 차원으로 교류함
시간 프레임	각자의 책무에 따라 시간프레임을 가짐	목적이 달성되면 팀은 자동 해체됨	더 이상 존재해야 할 가치나 이유가 없다고 생각하면 해체함	멤버들 간에 상호 이익이 되지 않을 때 해체됨
자율성	그룹의 상위지도자에 의하여 그룹의 목적이 결정됨	권위를 가진 특정인에 의하여 팀의 목적이 결정됨	권위를 가진 다수의 멤버들에 의하여 목적이 결정됨	어떤 권위의 개입도 배제한 채 자기결정에 의해 목적이 결정됨
멤버십	상위지도자가 구성원을 선택함	팀 리더십이나 매니저로서의 권위를 가진 누군가에 의하여 선택함	자기선택적임	자기선택적임
추진력	미리 설정된 책무	작업을 옳게 수행하기 위한 참여	커뮤니티의 초점을 위한 열정	각 멤버들의 유용성
존재이유	공동의 작업수행	공동의 작업수행	정보, 지식, 행위의 공유	다른 사람들과의 관계 맺기
공통성	단일의 지도자, 공통의 작업장, 공동운명체	공유된 목적	공유가치와 지식	멤버 간 상보성
성패	명시적 혹은 암시적	대개 명시적	대개 암시적	암시적

위험	효과적인 협업의 부재나 잠재적 시너지의 상실	불명료한 목적	열정, 자원, 리더십의 부족	상이한 관심사, 시간의 부족
사례	전통적인 작업 단위	프로젝트팀, TFT	취미동호회	교육대학원 동창회

*출처: S. Denning, 2011: 153-154.

콜라보 내러티브는 사람들에게 열정을 야기하고 한 개인의 실패는 전체의 실패라는 (비록 드러나지 않지만 깊이 내재된 공유된) 감정을 불러일으킨다. 협업은 작업 자체의 필요에 의하여 이루어지기도 하지만 개인들이 자원하여 행해지는 경우도 있는데, 이를 가능하게 만드는 원동력은 현대사회의 놀라운 기술발전이다(S. Denning, 2011: 160). HP팀이 갖는 공동 목적의 특성은 명료성, (자발성을 기초로 하는) 구속성, 유연성에 있다.

HP팀이 공동 목적을 설정하는 경우 과거 이야기, 현재 이야기, 현재와 과거의 사례를 결합한 이야기 등의 형태를 적절하게 활용할 수 있다. 목적이 너무 완벽하면 창의력을 억누를 수 있다. 목적이 명료하지 않으면 혼란스러워질 수 있다. 효과적인 목적은 부분적으로 다소의 혼선이 있을지라도 특수성을 갖고 있어야 한다(S. Denning, 2011: 166). 콜라보 내러티브는 학습 조직이 학습참여자들과의 의사소통을 가능하게 만드는 기능을 한다(S. Denning, 2011: 167).[22]

학습조직의 리더는 참여자들과 관련된 이야기를 말하거나 발굴함으로써 그룹의 역동성을 자극해야 한다. 이를 위해 '그룹에 이름붙이기, 자율적인 활동공간을 보장하기, 팀워크를 높이기 위한 공유된 목적을 채택하기, 그룹 역량의 제

---

22 그렇다면 공동의 작업과 공유된 가치를 기반으로 하는 협업을 효과적으로 수행하기 위해 활용되는 내러티브의 특성은 무엇인가? 첫째, 내러티브는 각기 다양한 성장과 문화적 배경을 지닌 구성원들로 하여금 공동의 가치, 열망, 희망, 목적이 있는지 여부를 발견하는데 유용하다. 스토리텔링은 전염성이 강한 측면이 있다. 조직 내의 어떤 한 사람이 스토리를 강력한 열정으로 말을 하면 이를 듣는 다른 사람들도 자신의 경험에 비추어 그 이야기에 공감하게 되고 또 다시 그는 다른 사람들에게 열정을 자극할 수 있기 때문이다. 이야기의 전염성은 자의적이고 임의적인 특성을 바탕으로 이루어진다. 둘째, 건전한 그룹은 시간이 지남에 따라 서로 서로의 이야기를 알아가게 된다. 이러한 과정은 멤버들이 면대면으로 만나는 상황에서 자연스럽고 용이하게 이루어진다. 따라서 내러티브가 효과적으로 영향력을 행사하기 위해서는 화자를 면대면 장면으로 참여시키는 것이다(S. Denning, 2011: 171).

고를 위한 스포츠 이벤트나 사회적 참여를 고려하기, 역동적인 커뮤니티나 성공한 팀의 사례를 만들어 내기, 지속적으로 팀 유지하기' 등의 행동강령을 적용할 수 있다(S. Denning, 2011: 173). HP팀이나 커뮤니티에서 이루어지는 학습의 형태를 보면 '코칭'과 같은 인습적인 방식과는 전혀 다른 측면이 있다. 조직과 개인, 개인과 개인 간 허용되는 이야기 교환은 그룹학습에 크게 기여할 수 있다. 이러한 그룹학습은 협업이 진행되는 이전단계, 도중단계, 이후단계 등의 차원에서 다양하게 이루어진다(S. Denning, 2011: 177).

5) K-셰어링 스토리

학급조직의 참여자들로 하여금 지식과 이해를 전이시키기 위하여 지식공유 내러티브를 활용하라!(S. Denning, 2011: 181). 이는 학교교육장면은 물론 성인교육 분야에서 적절한 교수－학습상황을 설계할 필요가 있을 때 특히 내러티브 기반의 수업설계를 도모하는 경우 가장 강력한 모티브를 제공하고 있다. 이야기를 통한 지식의 공유현상은 은근히 이루어지며 평범하게 이루어진다. 대화는 어떤 문제가 발생했을 때 문제의 원인을 진단하고 해결책을 모색하게 만드는 일련의 이야기를 제공한다. 특히 제품사용자가 느끼거나 발견한 문제점에 대한 자신의 이야기(경험담)는 고장수리전문가나 제품생산자에게 문제해결을 용이하게 만드는 결정적인 계기를 제공한다(S. Denning, 2011: 183).

지식공유에 관한 이야기의 교환은 일상에서 부단히 일어난다. 들은 이야기를 통해 우리 자신은 '내가 무엇을 알고 생각하는가?'를 깨닫고 또 이러한 이야기를 남에게 전달하기도 한다. 한 번 듣게 된 이야기는 사람들에게는 생생한 경험이 된다. 이러한 새로운 경험 획득을 통하여 현재의 생각과 믿음을 개선시킬 수 있다. 이것이 우리가 무언가를 배우는 방식이고, 왜 지식의 전이가 대부분 스토리텔링에 의하여 이루어지는가를 잘 설명하는 답이다. 자신이 겪은 경험담을 어떤 이야기 속에 담을 때 우리는 실제 경험으로부터 얻은 상세한 정보를 묘사하기도 하고, 때로는 허구적인 묘사를 통하여 그 내용을 미화하기도 하며, 동시에 대부분의 경험을 무시하기도 한다.

이 과정을 소위 정지하기(leveling) 및 정치시키기(sharpening)라고 부른다.

이렇게 함으로써 본래 경험한 내용의 생동감을 잃지 않게 하며, 화자가 경험을 통해 얻은 핵심적인 사항을 청자들에게 충분히 전달할 수 있다. 우리는 이야기를 하는 매 순간마다 현재상황의 맥락에 부합하도록 다양한 방법으로 그 이야기를 정지하기와 정치시키게 한다. 이 때문에 이야기가 변함에 따라 그 사건에 대한 우리의 기억도 동시에 변화하게 된다(S. Denning, 2011: 184).

유용한 이야기의 대부분은 의외성, 예외성에 초점을 맞춘다. 반복되는 일상도 이야기의 소재는 아니다. 이야기의 기초를 만들기 위하여 우리는 일상적이지 않은 어떤 것, 좀 더 상이한 것, 일상과 다른 것, 좀 이상한 것 등을 필요로 한다. 명백한 의외성에 관심을 갖는 것은 인간이 하나의 종족으로 살아가게 만드는 이유 중의 하나다. 의외성을 담지한 대부분의 이야기들은 한두 가지 정도의 잠재적인 나쁜 소식을 포함하고 있다. (확실한 인과관계를 파악하기 어렵게 만드는) 충분치 않은 표시들(signals)(다시 말해 불확실한 정황들)은 지식공유의 이야기를 만드는 데 있어 대단히 좋은 소재들이다.

우리들은 쉽게 무시해버리는 이야기들로부터 상당히 많은 것을 배울 수 있다. 우리가 사소하게 여기는 이야기들에 주의를 기울이게 되면 장차 벌어질 재앙을 쉽게 예방할 수도 있게 된다(S. Denning, 2011: 185). 사람들은 종종 성공이 아니라 실패로부터 많은 것을 배운다고 말한다(S. Denning, 2011: 186). 이 때문에 긍정적인 톤의 교훈적인 이야기는 부정적인 톤의 이야기에 비하여 적다. (사람은 성공이나 실패의 실제경험이 아니라) 긍정적인 톤을 바탕으로 하는 단순한 이야기를 통하여 배운다는 것도 사실이다. 그것이 우리에게 일깨워주는 것은 대단한 가치가 있는 것들이다(S. Denning, 2011: 187).[23]

---

23 지식공유 스토리가 일상적이지 않은 형태로 만들어지는 것은 아리스토텔레스가 『시학』에서 언급한 바 있는 잘 만들어진 이야기의 원칙을 반드시 따르지 않아도 된다는 점 때문이다. 잘 만들어진 이야기는 도입, 전개, 결말의 구조로 이루어지며 플롯과 다양한 캐릭터가 등장한다. 스토리텔러는 행위를 통해 이야기 내용을 시각화하고, 청자들로 하여금 자신들이 마치 이야기 세계 속에 있는 것처럼 느끼도록 등장인물과의 교감을 나눈다. 지식공유 스토리는 '현안 이슈나 당면한 난제를 어떻게 극복했는가? 왜 행위과정이 그 난제들을 해결하도록 만들었는가?' 등의 문제를 다루는 경향이 있다. 지식공유 스토리에서는 주인공, 두드러진 글의 구성(plot), 전환점, 재인 등이 반드시 필요한 것은 아니다. 사건의 전개를 재미있게 만들기 위하여 무섭거나 재미있는 것을 덧붙일 수도 있다(S. Denning, 2011: 188). 이미 만들어진 어떤 이야기를 인간적인 맥락(human context) 속에 끼워 넣거나, 전통적으로 잘 만들어진 이야기처럼 전환시키는 것을 통하여 나레이터는 그 이야기를 재미

청자의 준거 틀(frame of reference) 안에서 이야기를 유발하는 세부사항을 포함시킴으로써 화자는 청자들로 하여금 이야기 속에 자신들이 있는 것처럼 상상하도록 도울 수 있다. 만약에 (이야기의 내용이) 청자가 이미 예전에 경험했거나 미래에 부딪칠 상황이라면 개별적인 연관성이 높아진다. 이야기가 개별적 연관성이 높아질수록 청자의 기억 속에 (그 내용이) 선연해지며, 미래 상황에서도 그것들을 용이하게 회상해낼 수 있을 것이다(S. Denning. 2011: 190). 비록 지식공유 스토리가 잘 만들어진 이야기의 요소들을 결여하고 있을지라도 그것은 전통적인 이야기의 약점인 설명을 지니고 있다.[24]

'설명'은 우리가 세상을 바라보기 위한 렌즈를 상징하게 된다. 우리가 어떤 일을 계획하거나 행위를 시도할 때, 우리의 선택은 우리 자신의 정신유형(mental model) 혹은 의도한 결과대로 일이 잘 진행될 것이라는 믿음을 주는 이야기에 기반을 두게 된다(S. Denning, 2011: 191). 지식공유 스토리는 전형적으로 상당히 맥락적인 세부사항 안에서 전달된다. 세부사항은 청자들로 하여금 어떤 사례가 새로운 맥락에서도 다른 것과 합리적으로 부합하는지 여부를 결정하게 만드는 사례기반의 추리(reasoning)를 가능하게 만든다. 이러한 점에서 지식공유 스토리는 스프링보드 스토리와 정반대다.[25]

있게 만들기도 하고 감동을 자아내게 만든다(S. Denning, 2011: 189).

24 과학지식을 포함한 인간의 지식은 근본적으로 설명으로 구성되어 있다. 이러한 설명형식의 스토리는 우리들로 하여금 과거를 종합적으로 이해하거나, 미래가 어떻게 전개될 것인가를 조망하는 이해틀을 제공한다(S. Denning, 2011: 190). 만약 설명이 없으면 어떤 사건빌생에 관한 이야기는 단순히 정보가 된다. 설명을 구축하기 위하여 우선 초기진술, 결말 진술, 우연적 요인 등을 규정하고 각각의 요소들을 한데 묶는 행위의 순차를 구성한다. 그리고 난 후 구성된 이야기의 응집성(coherence), 적응가능성(applicability), 완성도(completeness) 등을 점검한다. 이러한 점검을 마치면 발생한 사건에 대한 설명이 뒤따른다.

25 스프링보드 스토리 자체는 하나의 촉매제일 뿐이다. 스프링보드 스토리는 단순히 청자의 이야기를 유발시키기 위하여 만들어진 일종의 비계(scaffolding)일 뿐이다. 반대로 이야기 자체를 기억하는 것은 지식공유 스토리의 존재이유다. 누군가 오리지널 이야기로부터 단편(fragment)을 추출하여 그것을 새로운 상황에 적용했을 때 새로운 이야기가 창조된다. 과거에 관한 이야기는 과거에 대한 감각을 유발함은 물론 미래를 향하게 만들기도 한다(S. Denning, 2011: 192). 지식공유 스토리는 미래시제 이야기를 회상하는데 초점을 맞추는 반면, 스프링보드 스토리는 청자들의 마음속에 현재의 처지에서 무엇을 해야 하는가에 관한 새로운 이야기를 만드는 데 초점을 두고 있다. 만약 스프링보드 스토리를 아주 상세한 맥락을 바탕으로 전달하면 그것은 마치 청자의 기억공간을 도둑질 하는 것과 같은 일이며, 청자 자신의 맥락 속에서 새로운 이야기를 상상하려는 경향성을 떨어뜨리는 결과가 된다(S. Denning, 2011: 191).

스토리텔링을 통하여 경험을 확장해야 한다. 전문가들은 전형적으로 어떤 단서들로부터 패턴을 인식함으로써 의사결정을 내린다. 그들은 그러한 패턴을 재빠르게 간파하고 그것의 적용가능성을 검토한다. 적용가능성이 희박한 경우 재빠르게 다른 것들을 모색한다. 명백한 패턴이 없는 경우에만 전문가들은 대안 모색을 중단한다. 이러한 합리적인 분석은 경험이 부족한 초보자들에게도 일반적으로 적용된다(S. Denning, 2011: 193). 우리가 경험의 폭을 확장하면 할수록 개입된 역동성에 대한 이해를 증진시킬 수가 있다. 이것이야말로 여행가가 진정한 전문가의 반열에 오르는 이유를 잘 설명하고 있다. 확장된 경험의 획득은 이미 경험한 사람들의 이야기를 들음으로써 직접적이고 사실적으로 달성될 수 있을 것이다(S. Denning, 2011: 194). 잘 기능하는 조직에서는 경험의 교환이 아주 빠르게 이루어진다. 그러나 대개의 스토리들은 파편화, 암시형태를 띠면서 지속적인 유동상태로만 실재한다.

우리는 스스로 중요하다고 여기는 것에 주의를 기울이는 일련의 정신적 거름망을 통하여 세상을 관찰한다. 우리는 새로운 것들이 현재의 정신적 거름망과 일치하지 않을 때 더욱 주의를 기울인다. 우리 앞에 있는 것이 무엇인지 관찰할 때 기억은 교사처럼 기능한다. 만약 이러한 기능들이 최초의 이야기를 제시했을 때 청자에게 나타나지 않으면 화자는 정지하기와 정치시키기를 통하여 이야기를 새롭게 다듬을 필요성이 생긴다. 화자는 이야기를 하는 매 순간마다 맥락에 부합하도록 해야 한다. 시간이 흘러 다양한 변용을 통하여 그 이야기는 의미 있는 것이 될 것이다.

이야기가 변화함에 따라 사건의 기억도 따라 갈 것이다(S. Denning, 2011: 195). 최초의 이야기에 대한 기억과 나중에 이를 기억해내는 것을 개선하기 위하여 일정 순서를 따르는 것은 매우 중요하다. 지식을 공유하는 시기에도 사건은 매우 빠르게 발생한다.[26] 아무리 주의를 기울이는 사람일지라도 그들 사이

---

26 실질적으로 지식이란 사람들이 배우기를 원하고 또한 배울 수 있는 것들에 한하여 유용하다. 지식의 공유는 대개 신뢰라는 기초가 이미 만들어진 커뮤니티나 팀에서 잘 일어난다. 어느 조직에서든 신뢰가 기반이 되지 않았을 때 추출, 형성된 이야기들은 대개 어렵거나 경멸적인 내용들을 담고 있다(S. Denning, 2011: 197). 우리는 사람들로 하여금 어떤 방식으로 새로운 지식에 도전하도록 자극할 수 있을까? 이에는 이야기를 위장의 방법으로 사용하는 것이 있다. 즉, 화자는 A에 대한 위험스러운 지식을 이야기하기 위한 방편으로 잠재

에서 벌어지는 대화의 흐름을 완전하게 따라가지 못한다. 대화 흐름을 잘 따라가는 사람일지라도 주의를 기울일 시간이 없기 마련이다(S. Denning, 2011: 196).[27]

지식공유 내러티브는 이슈나 난제에 관한 것들이 대부분이기 때문에 그것들은 전형적으로 부정적인 색채가 강하다. 여기서 조직이란 지속성, 일관성의 성격이 강한 사무조직이나 위계조직이 아니라 임의성, 우연성의 성격이 강한 학습조직을 포함시켜야 한다. 지식공유에 대한 대부분의 도전은 학습조직자들에게 도대체 '무엇이 잘못되어 나가고 있는가?'에 대하여 말해 줄 수 있는 제도적 장치 마련 여부에 달려 있다. 학습조직 내에 전체적인 신뢰수준이 낮을 경우 이것은 중대한 문제가 될 수 있다. 물론 가장 좋은 방법은 근본적인 원인을 다루거나 불신문제를 공론화하는 것이다.

학습조직에서 신뢰수준을 높이는 것은 장기간에 걸쳐 이루어진다. 학습조직의 신뢰수준과 무관하게 우리가 알고 있는 모든 것을 말한다는 것은 불가능하다.[28] 비록 이야기의 주제가 실제로 일어난 것이 아닐지라도 마치 발생한 것처

적으로 B라는 이야기를 사용한다(S. Denning, 2011: 197).

27 이야기의 내용파악(story capture) 능력을 향상시키기 위한 또 다른 방법들을 소개하면 다음과 같다(S. Denning, 2011: 196). • 요약하기: 각자의 의견을 모아 공유된 이야기의 축소판을 만드는데 이것은 장차 이루어질 협업을 증진시키는 기초가 될 수 있다. • 녹음하기: 이야기를 녹음자료로 만들어 반복하여 들을 수 있다. • 하이퍼링크하기: 녹음된 텍스트는 다른 보고서나 참고자료들과 연계시킴으로써 다소 빈약한 자료를 풍부한 자료 망(web)이 되도록 한다. • 협업하기/확인하기: 이야기를 요약하기로 책임진 사람은 잘못된 이해나 실수가 생기지 않도록 협업과 사실 확인의 필요성을 탐구해야 한다.

28 이 때 지식공유 스토리에서 추출한 것이나 나음과 같은 몇 가지 예시적인 방법이 효과적일 수 있다(S. Denning, 2011: 199). 첫째, 가장 분명한 접근방법은 형식이 필요 없는 장면에서 자유로운 대화를 촉진시키는 것이다. 서로가 모여 어떤 일이 왜 일어나게 되었는지 혹은 자신이 겪거나 생각하고 있는 어려움이나 그것이 더욱 악화되고 있다는 점에 대하여 서로 대화할 수 있도록 자극하는 것이다(S. Denning, 2011: 199). 둘째, 또 다른 접근방법은 인류학적 방법의 하나로 관찰의 방식이 있다. 이는 어떤 커뮤니티에 들어가 함께 생활하면서 그 커뮤니티가 어떻게 기능하는가를 알아보기 위하여 직접 행동으로 관찰하거나 그들 내부에서 서로 나누는 이야기들을 수집하는 것이다. 이를 통해서 커뮤니티에 속한 사람들이 사용하는 이야기와 근사(近似)한 이야기를 구성할 수 있을 것이다. 셋째, 역할극을 통한 접근방식이 있다. 지식공유 스토리가 어떤 잘못에 관한 것이라면 자아와 관련된 것들일 수도 있다. 사람들은 자신의 잘못을 이야기할 때 대부분 자신이 결코 어떤 잘못을 저지를 만큼 어리석지 않다는 말투로 자신의 공적(公的)인 정체성을 드러내느라 분주하다. 역할극은 당사자로 하여금 이러한 오도된 정체성을 벗어나, 실제로 벌어진 일의 진실을 드러내는 데 있어 그들을 자유롭게 만들어준다. 넷째, 만약 ～했더라면 혹은 ～이었더라면?(what－if) 토론방식도 유용할 수 있다. 이것은 실제로 일어난 사실을 기반으로 하지 않기 때문에 누구든 자신의 자아이미지를 크게 손상시키지 않는 이야기가 될 수 있다.

럼 하거나 또는 앞으로 이 일 때문에 또 다른 '어떤 일이 벌어질 것인가?'와 같이 그 이야기를 외연적으로 확산시킬 수도 있다(S. Denning, 2011: 200).[29]

대부분의 유용한 지식들은 조직이나 학회(회합)에서 종종 주고받았던 일상적인(부드러운) 통칙이나 개론들에 숨어있기보다는 오히려 모든 생활의 맥락 속에서 '어떤 문제가 어떻게 해결되었는가?'를 보여주는 일화나 내러티브의 틈새에 더 많이 있다(S. Denning, 2011: 203). 이것들은 특히 조직 내의 비사무적, 비공식적인 것들, 예를 들어 가십, 루머, 소문처럼 떠도는 이설(異說)과 같이 소위 언더그라운드 스토리의 경우가 대부분 해당된다. 대개 이러한 언더그라운드 스토리들은 부정적인 경향이 강하고 심지어 학습조직의 분위기를 훼손시키기도 한다. 물론 다 그런 것이 아니라 그들 중 몇몇 이야기들은 잠재적인 가치가 충분하다. 좋고 나쁨을 떠나 언더그라운드 스토리는 학습조직의 건강성 구축과 유지에 도움이 되고, 그것에 대하여 '리더가 무엇을 할 수 있는가?'의 문제는 곧 나와 관련된 것일 수도 있다.

6) 비저닝 스토리

사람들을 미래로 인도하기 위하여 미래에 대한 비전을 창조하거나 공유하는 내러티브를 활용하라!(S. Denning, 2011: 228). 우리가 우리 자신에게 미래에 관한 이야기를 하는 것은 하나도 어렵지 않다. 사실상 과학적 연구들은 인간의 뇌가 부단히 이러한 활동에 매진하고 있음을 보여주고 있다. 살아가는 매 순간마다 우리는 본능적으로 1초, 1분, 1시간, 한 주, 한 달, 1년 이후 등과 같이 미래에 대한 생애설계와 액션플랜을 구상하게 된다. 잠재적인 자극들은 잠재적인 행

---

29 대부분의 이야기들은 사람들로 하여금 현실감(sense of the world)을 갖게 만드는데 도움이 되지만 지식공유 스토리에는 다음의 몇 가지 특수한 형태가 있는데 일반적으로 크게 도움이 되지는 않는다(S. Denning, 2011: 201). • 희생양 스토리: "이 모든 게 너의 잘못이야!"와 같이 일이 잘못된 결과를 내가 아닌 임의의 누군가에게 탓으로 돌리는 이야기이다. 어떤 조직에서 이러한 이야기가 생겨났다면 그 상황을 만들어낸 자기 자신의 역할에 대하여 한번 쯤 재고해 볼 때다. • 희생 스토리: "이 모든 게 우리 잘못이야!"와 같이 일이 잘못된 결과를 청자나 화자 자신에게 탓을 돌리는 이야기이다. 이러한 이야기가 발생했을 때 조직력에 대하여 토론하는 것이 도움이 될 수 있다. • 무기력 이야기: "우리가 할 수 있는 거라곤 아무 것도 없어!"와 같이 마치 죽음에 직면한 사람이 삶에 대한 열망을 포기하는 태도처럼 조직 활동에 참여하고자 하는 의도가 상실된 이야기다. 이러한 이야기를 누군가한테 듣게 되거나 나 자신이 말을 하게 되면 현실을 직시하는 생각을 시작할 필요가 있다.

위와 그에 의한 결과들의 연속이다. 이것이 미래로 가는 길이다. 인류에게 이러한 미래상상은 아주 안정적인 맥락 속에서 이루어져 왔다. 전통은 대부분 혁신에 의하여 전복되었다. 모든 변화는 예상치 못한 방식으로 이루어졌다. 각 세대는 전 세대의 복사품이다(S. Denning, 2011: 229).[30]

미래에 대한 스토리텔링은 리더십의 핵심적 과제로 띠올랐다. 티치(N. Tichy)는 『리더십 엔진』에서 '성공한 리더는 친숙한 현재 상태를 벗어나 과감하게 미래창조에 도전하는데 도움이 될 만한 미래관련 이야기를 만들어 내거나 사용하는 사람'이라고 했다. 그들은 개인적인 차원에서 미래를 묘사할 뿐만 아니라 그와 동시에 공동체 구성원들로 하여금 '왜 그리고 어떻게 미래가 될 것인가?'의 문제를 이해시키는 데 도움이 되어야 한다. 미래에 대하여 대부분의 사람들이 나누는 이야기 속에는 용기, 창의, 재미, 시너지, 유쾌 등과 같이 성공을 위한 사명진술(mission statement)이 포함된다(S. Denning, 2011: 230).

그러나 이러한 사명진술이나 전략적 계획이 형식적으로 만들어진 문서에 드러나는 경우는 거의 드물다. 오히려 미래에 관한 스토리는 구체적인 기업이나 조직에서 실제로 벌어진 일들로 구성된 이야기들 속에 유용한 사례들이 많다(S. Denning, 2011: 231). 실제로 우리가 미래를 이야기하는 것은 그리 쉽지 않다. 아무리 지적으로 미래를 파악하는 능력이 있다할지라도 미래는 여전히 불확실하고 내적으로 알 수 없는 부분이 많다. 어떤 확실성과 예견가능성을 보여주는 미래 스토리는 단지 예상일 뿐이다. 미래의 이야기가 지나치게 상세하면 상세할수록 예견이 실패할 확률은 높아질 뿐이며 신뢰를 잃게 될 것이다.[31]

---

30 최근의 사회에서는 급격한 변화가 일상생활에 스며들고 있다. 사람들은 비록 미래가 불확실할지라도 어쨌든 우리 손안에 달려 있다고 믿고 있다. 이러한 상황에서 목표설정과 전략계획은 조직경영의 핵심적 기능으로 자리 잡아가고 있다. 러더십은 이제 미래문제와 분명하게 관련되어 있다. 쿠제와 포스너(Kouzes & Posner)가 지적하듯 리더는 현재의 문제에 대한 관심은 물론 미래의 가능성에 대하여도 함께 고민하는, 즉 미래에 대한 비저닝(visioning)의 성격을 공유해야 한다(S. Denning, 2011: 229).

31 미래에 대한 내적인 예측불능 현상은 사람들과 관련되어 변화된 미래를 믿지 못하게 만드는 세 가지 심리적인 현상들에 의하여 더욱 강화된다. 첫째, 우리 인간이 과거와의 연계 속에서 존재하는 속성인 앵커링(anchoring) 때문이다. 둘째, 손실혐오로 사람들은 미래에 맞이하게 될 번영에 대한 흥분보다는 손실의 위험에 대하여 더욱 관심을 갖게 마련이다. 셋째, 이와 동일한 편기로서 노력효과가 있는데, 이는 우리가 현재 가지고 있는 것에 지나치리만큼 집착하거나 가치 있는 것으로 여기려는 강력한 의도를 만들어낸다. 사람들이 심각한 불행을 포함하는 미래의 이야기를 만들지 않거나 듣지 않으려는 것은 대개 사실이다.

사전의 정의(定義)에 의하면 미래 스토리는 거짓된 이야기다. 아직 발생하지도 않은 것을 듣고 이를 믿는다는 것은 불가능하다. 미래예측가능성을 주장하는 첫 번째 단계는 현재 상태와 미래에 벌어질 어떤 사건 사이에 관련된 임의연관(casual chain)의 폭을 탐구하는 것이다. 그 폭이 넓을수록 연계성은 파괴될 것이다(S. Denning, 2011: 233). 미래에 관한 이야기는 현재와 미래상태 사이의 임의연관의 폭과 관련되기 때문에 스프링보드 스토리를 말함으로써 그 이슈를 비켜 피할 수 있다.

스프링보드 스토리는 이미 벌어진 과거에 대한 이야기다. 그래서 그 이야기는 모든 이에게 익숙하고 내용에 새로운 것들을 덧붙일 필요가 없다. 그런데 그러한 스프링보드 이야기는 청자의 마음속에서 미래의 이야기를 추출할 수 있다. 다시 말해 화자가 스프링보드 스토리를 이야기를 하는 동안 청자는 자기 자신의 상황이나 현재 조건 등의 맥락에 부합하는 미래의 이야기를 새롭게 구성해 나갈 수 있다. 시간이 지남에 따라 그 이야기는 새로운 현실에 부합하도록 부단히 업데이트될 것이다. 반면 스프링보드 스토리는 변경이 불가능하기 때문에 따로 업데이트가 전혀 필요 없다(S. Denning, 2011: 234).[32]

미래 스토리에서는 진부하고 상투적인 표현(cliché)의 이야기는 가급적 피해야 한다. 이러한 부담감을 떨쳐 버리기 위하여 강박적으로 청자들이 새롭게 느끼고 그들이 놀랄 만한 이야기를 의도하는 스토리텔러가 있을 수 있다. 이처럼 감동적이고 영감을 자극하는 비전을 만들어내기 위한 노력으로 인해 이야기를 만들어내는 사람들이 언어적 기술과 비판능력을 남용하는 경우가 종종 발생한

그렇다면 이러한 상황에서 리더는 무엇을 해야 하는가?(S. Denning, 2011: 232).

32 미래 이야기의 적합성을 잘 드러내는데 가장 적절한 두 가지 담화사례는 처칠(W. Churchill)수상이 1940년 행한 'We shall fight on the beaches'와 루터 킹(M. L. King)목사가 1963년 링컨 기념관 앞에서 행한 'I have dream'이라는 연설이다. 특히 킹 목사의 연설 속에는 결코 특별하지 않은 미래의 모습들이 담겨 있었다. 또한 임의연관에 관련된 내용들도 가급적이면 최소화시킴으로써 특별함 없이도 감동적인 언어로 미래에 관하여 주장한 가장 성공적인 이야기로 평가받고 있다(S. Denning, 2011: 235). 위의 두 연설은 공통적으로 다소 정치적인 색채를 띠고 있다. 경제적인 측면에서 투자자들에게 설득력 있게 미래에 관한 이야기를 들려준 가장 성공적인 사례는 디즈니(W. Disney)의 혁신프로젝트에 대한 비전이었다. 어떤 형태이든 청자들로 하여금 감동을 자아내는 미래 관련 이야기는 수없이 반복되어 회자되기 마련이고, 그것은 사람들의 마음속에서 일상적인 것처럼 여겨지게 된다(S. Denning, 2011: 238).

다. 이때 스토리텔러는 자의(恣意)적인 것은 물론 작위(作僞)적인 표현들에 길들여지거나 이야기를 과시용으로 전락시킬 위험성이 있는데, 이는 조직(학습조직을 포함)의 건강성, 역동성과 더불어 조직 내 신뢰는 물론 구성원 간 신뢰구축에 어려움을 줄 것이다. 이는 내러티브기반 인성교육이 지향하는 교수학적 속성에 매우 중대한 시사점을 제공하고 있다. 가르치는 자의 언어사용상 특성은 진부함과 상투성 배제, 자의성과 작위성 금지, 과시용 및 전시용 표현 금지 등을 들 수 있다(S. Denning, 2011: 239).

미래 비전에 대한 표현은 '가급적 단순해야 한다!'는 것은 아주 좋은 생각이다. 이 점은 인간의 이해능력이 무한대가 아니라는 사실에서 더욱 정당하다. 심리학 연구에 의하면 사람의 마음은 7±2정도의 요소들만 동시에 다룰 수 있다. 현실세계가 아무리 복잡다단할지라도 이야기는 행위의 유사성을 바탕으로 청킹(chunking)함으로써 단순화시켜야 한다. 결국 우리가 미래에 관한 어떤 이야기를 전할 때 청자들의 워킹메모리 수준에 대하여 충분히 고려하는 것이 중요하다. 어떤 스토리가 유용한 것이 되기 위해서는 너무 지나치게 상세해도 안 되고 너무 일반적인 것도 좋지 않다. 스토리가 단순할수록 사람들이 더욱 이해를 잘하고 더불어 기억도 잘 할 것임은 자명하다(S. Denning, 2011: 240).

미래 스토리는 가급적이면 긍정적인 톤으로 구성하라! 스프링보드 스토리처럼(지식공유 스토리와 달리) 미래 스토리는 대부분 낙관적이다. 이것은 미래 스토리가 사람들로 하여금 의도된 미래로 인도하려는 경향이 강한데, 의도된 미래는 긍정적인 특성(행복해지고, 부자가 되고, 좀 더 만족스럽고, 나아지는)으로 가득 차 있는 것이 전형적이기 때문이다. 그럼에도 불구하고 부정적인 스토리는 사람들의 주의를 불러일으키고, 평온함으로부터 그들을 흔들어 깨우고, 새로운 대안을 생각하도록 강하게 자극하는 강렬한 플랫폼의 역할을 수행하기도 한다(S. Denning, 2011: 241).

미래 스토리를 청자의 현재 의식의 흐름(mind-set)과 연결시키는 것은 중요하다. 다른 스토리와 달리 미래 스토리는 다소 일상적이지 않은, 예기치 못한 내용들을 전할 필요가 있다. 그렇지 않으면 누구도 흥미를 느끼지 못할 것이다. 그러나 효과적인 미래 스토리가 되기 위해서는 일종의 세계관인 현재의 정신모형(mental model)과 충분한 연계가 이루어져야 한다. 청자가 그들 자신의 세계관과 미래 스토리 간 어떤 연계성을 느끼지 못한다면 그들은 마치 공상과학과 같은 비(非)실제적인 차원에서 그 이야기를 경험하게 된다(S. Denning, 2011: 242).[33]

갈등상황에서의 의사결정은 전문가에게도 만만한 작업은 아니다. 역할극(혹은 시뮬레이션)은 전문가의 예상보다 더 정확한 미래의 스토리를 만들어 낸다는 것이 연구결과에 의해 밝혀졌다. 역할극은 다소 실제적인 방식으로 이루어진다. 특히 역할극은 전문가도 확신하지 못하는 예측을 이끌어내는데 특히 유용하다.[34] 미래 스토리는 근본적으로 믿을 수 없는 내용들로 구성되어 있어 사람들이 믿지 않으려는 중대한 위험이 있다(S. Denning, 2011: 247).[35] 미래 스토리는 일반적으로 학습조직이 지향하는 미래의 모습을 그리고 있다. 미래 스토리는 학습조직으로 하여금 현재 처하고 있는 제반 환경에 대한 올바른 인식을 촉구하고, 구성원들의 행동(변화나 성과행동)을 동기화시키며, 조직과 개인 혁신을 위한 길을 포장하게 만든다(S. Denning, 2011: 248).

---

33 만약 신뢰할 만한 미래 스토리를 전달하는 데 어려움이 있을 때 이야기의 존재처럼 살아가는 화자의 일상을 예증한다면 그 상황에 중요한 영향을 미칠 수 있다는 점을 유념해야 한다. 간디(M. Gandhi)는 평화로운 방법으로 자국의 독립이 이루어져야 함을 대중에 역설했다. 그는 이와 동시에 자신의 검소하고 비폭력적인 생활스타일을 바탕으로 하는 도덕적 책임과 신뢰의 가치를 예증하였다. 간디의 단식(fasting)과 검소한 의복은 자기희생의 상징이 되었고 이것은 세상을 바꾸는 원칙이 되었다(S. Denning, 2011: 243).

34 미래 스토리를 전달하는 다양한 방식들을 예시하면 다음과 같다(S. Denning, 2011: 244-245). • Informal Statement: 비형식적인 형태로 의도를 진술하거나 미래의 위기를 기술하는 것, • Plans: 구체적인 자원 활용 향후 계획서를 만드는 것, • Premortems: 일명 '죽은 이유 미리 찾기'로서 프로젝트를 수행하기 전에 실패한 것을 가정하여 그 원인을 가상해서 찾아보는 것, • Business Model: 누구 고객인가? 고객가치는 무엇인가? 사업성은 있는가? 경제논리는 무엇인가? 등과 같은 경영이론을 바탕으로 미래를 설명하는 것, • Strategies: 비즈니스모델에 경쟁 개념을 부가한 것, • Scenario: 미래의 불확실성에 대하여 몇 가지 맥락들을 고려하여 이야기를 만드는 것, • Visions: 공공선(common good)을 지향하는 조직/단체의 공유된 목적의식 혹은 이상들을 함축하여 제시하는 것, • User stories.

35 어느 조직에서나 사람들에게 과감하다고 느껴지거나 다소 생경한 미래의 이야기가 유포되기 시작하면 비록 겉으로 드러나지 않지만 거대한 anti-stories의 기류가 동시에 시작된다. 시간이 지남에 따라 사실, 분석, 논리 여부와 관계없이 anti-stories는 광범위하게 유포될 것이다(S. Denning, 2011: 248).

6 교육인간학적 의의

'한국인, 학교 졸업 후 공부 안 한다'(동아일보. 2013. 10. 9일자). OECD가 국제 성인역량 조사 결과를 보도한 내용을 보면 현재 우리나라 성인의 학습성향이 잘 드러나 있다. 기사에 의하면 '한국성인의 수리력과 컴퓨터 기반 문제해결력은 OECD국가 평균보다 낮은 반면 청소년층은 최상위층에 들어… 한국성인은 학교만 졸업하면 공부를 하지 않는 것으로 풀이된다.' 왜 그럴까? 학령기의 학습수준, 평생학습 인프라, 국가경제수준, 문화적 위상 등을 고려할 때 쉽게 납득이 가지 않지만 이는 엄연히 불편한 진실이다. 학교교육을 통한 심각한 학습트라우마가 작용한 것은 아닌가?

내러티브기반 인성수업의 환경 설계는 기본적으로 내러티브를 매개로 하여 이러한 트라우마의 극복과 치유를 지향한다. 또한 이것의 목적은 현행 학교교육 프로그램이 알면서도 무시할 수밖에 없는 지식의 주관성, 경험의 개별성, 지능의 다양성에 기반을 둔 참 배움(ecological & authentic learning)의 경험을 설계하고 학습참여자들에게 제공하는 것이다.

표 12-5 교육생태계의 두 가지

구 분	Schooling	내러티브기반 교육생태계
지식차원: 학습의 소기(所期)	• 형식지 • 수험지/기능지 • 선언적 지식 • 물화된 지식	• 암묵지/경험지/자득지 • 실용지 • 인격적 지식 • 절차적 지식
지능차원: 학습의 능기(能期)	• 학습지능 • 선천지능	• 감성지능(emotional intelligence) • 다중지능(multiple intelligence) • 도덕지능(moral intelligence) • 문화지능(cultural intelligence) • 성공지능(successful intelligence)

	• 사회지능(social intelligence)
	• 에코지능(ecological intelligence)
	• 결정(結晶)지능(crystallized intelligence)
	• 실행지능(executive intelligence)
	• 실용지능(practical intelligence)
	• 예측지능(predicted intelligence)

표 12-6 내러티브기반 인성수업모형의 구조

구 분	내용요약
교육이념 및 목적	• 소유양식이 아닌 존재양식의 학습경험을 제공함 • 성과 및 수험지양의 탈(脫)학습과 경험기반의 재학습 기회를 제공함 • 비저닝과 자아통정을 통하여 변화와 개선을 위한 행동계획을 안내함
학습내용	• 지식차원: 형식지가 아닌 암묵지, 경험지, 자득지를 추구하는 내러티브 기반의 학습콘텐츠로 구성함 • 지능차원: 학습지능이 아니라 복합지능(지능의 다양한 측면)의 확장과 연습을 도모하기 위한 내러티브기반의 학습콘텐츠를 설계함
교수방법	• 경험기반의 재학습이 가능한 내러티브기반교수법 • 협력학습 경험의 설계 및 구체적으로 실시하는 내러티브기반교수법 • 학습자의 참여 및 소통기반의 학습경험이 가능한 내러티브기반교수법 • 자아이해, 자아통정 지향의 학습경험이 가능한 내러티브기반교수법 • 단위텍스트(unit text)가 아닌 맥락(context) 중심의 내러티브기반교수법 • 인간화된 수업설계와 이를 기반으로 하는 보상체계를 활용한 내러티브 기반 교수법

결론적으로 내러티브기반 인성수업은 학습경험의 자유와 인간화를 지향한다. 그것은 지식이 아니라 지혜를, 극성이 아니라 정성을 다하는 참여와 소통을 통한 배움의 즐거움을 경험하는 적극적인 감성작용에 의해 가능하다. 학습 프로그램과 실천이 Pedagogy의 모순, 부조리, 불합리, 반(反)교육성을 확대 재생산하는 메커니즘으로 작용할 때 삶은 의미를 망실한 허깨비들의 잔치일 뿐이다. 내러티브기반 인성교육은 개별화된 학습경험을 통하여 외우기, 되뇌이기, 승부내기가 아닌 감동, 감탄, 감사를 자극하는 정서뇌를 활성화하고 개발하는 교육의 본질을 회복하려는 의지가 투영되어야 한다. 이와 더불어 다양화, 다변화, 다극화(고령화 사회, 다문화사회, 세계화)의 사회특성을 염려하고 고려하는 교육인간학적 고민과 성찰이 반드시 뒷받침되어야 한다.

참고하거나 더 읽을 책

고요한(2013). 가르침의 교육현상학적 이해. 서울: 학지사.

고요한(2011). 인간교육의 심리철학적 이해. 서울: 일문사.

인효일(2009). Polanyi의 통합교육과정이론. 서울: 원미사.

장상호(1994). 인격적 지식의 확장. 서울: 교육과학사.

장상호(1992). 학습의 인간화. 서울: 교육과학사.

정숙(2011). 스토리텔링으로 소통하라. 서울: 차림.

한국내러티브교육학회(2012). "내러티브, 교육 그리고 IT의 융합". 내러티브교육학회
    2012년 학술대회자료집.

한승희(2006). 평생교육론: 평생학습사회의 교육학. 서울: 학지사.

한준상(1999). 호모 에루디티오. 서울: 학지사.

한준상(편)(1998). 앤드라고지-현실과 가능성. 서울: 학지사.

Albrecht, A.(저), 조자현(역)(2009). 실용지능이 성공의 기회를 만든다. 서울: 흐름출판.

Amstrong, T.(저), 전윤식 외(역)(2007). 다중지능과 교육. 서울: 중앙적성출판사.

Borba, M.(저), 현혜진(역)(2004). 도덕지능. 서울: 한언.

Bruner, J.(1996). *The Culture of Education.* Harvard University Press.

Ciarrochi, J. 외(저), 박재현(역)(2005). 정서지능. 서울: 시그마프레스.

Coles, R.(저), 정홍섭(역)(1997). 도덕지능(Moral Intelligence). 서울: 해냄.

Cropley, A.J.(1980). *Towards a system of lifelong education.* New York: Pergamon
    Press.

Dave, R.H.(1978). *Foundations of Lifelong Education.* New York: Pergamon Press.

Denning, S.(2011). *The Leader's Guide to Storytelling.* San Francisco: John Wiley &
    Sons, Inc.

Dryden, G., Vos, J.(저), 김재영, 오세웅(역)(1999). 학습혁명. 서울: 해냄.

Earley, C.외(저), 박수철(역)(2007). 문화지능. 서울: 영림카디널.

Fromm, E.(저), YBM시사편집국(역)(2003). 소유냐 존재냐. 서울: YBM Si-sa.

Gardner, H.(저), 문용린 외(역)(2007). 다중지능. 서울: 웅진지식하우스.

Gardner, H.(저), 문용린(역)(2001). 다중지능-인간 지능의 새로운 이해. 서울: 김영사.

Goleman, D.(저), 장석훈(역)(2006). SQ 사회지능: 성공 마인드의 혁명적 전환. 서울: 웅진지식하우스.

Goleman, D.(저), 황태호(역)(1997). 감성지능(Emotional Intelligence). 서울: 비전코리아.

Goleman, D.(저), 이수경(역)(2009). 에코지능. 서울: 웅진지식하우스.

Griffin, C.(저), 김수일(역)(1987). 평생교육과정. 서울: 대한교과서주식회사.

Lennick, D. & Kiel, F.(저), 정준희(역)(2006). 성공하는 사람들의 도덕지능. 서울: 북넷.

Lovell, R.B.(저), 김영채(역)(1988). 성인학습. 서울: 교육출판사.

Menkes, J.(저), 강유리(역)(2008). 실행지능. 서울: 더난출판사.

Merriam, S.B. & Brockett, R.G.(1997). *The Profession and Practice of Adult Education.* San Francisco: John Wiley & Sons, Inc.

Merriam, S.B., Caffarella, R.S., & Lisa, L.M.(2007). *Learning in Adulthood.* San Francisco: John Wiley & Sons, Inc.

Shapiro, E. & Stevenson, H.(저), 안진환(역)(2006). 예측지능. 서울: 북플래너.

Shot, E.C.(1991). *Forms of curriculum inquiry.* State University of New York.

Steinem, G.(저), 이경자(역)(1992). 내부로부터의 혁명. 서울: 본당기획.

Sternberg, R. 외(저), 정명진(역)(2008). 실용지능. 서울: 부글북스.

Sternberg, R.(저), 이종인(역)(1997). 성공지능. 서울: 영림카디널.

Tokayer, M.(저), 이원호(역)(1996). 교육을 잃은 사회. 서울: 배영사.

Wikinson, B.H.(저), 홍미경(역)(2001). 배우는 이의 7가지 법칙. 서울: 도서출판 디모데.

左藤眞一(저), 이정환(역)(2007). 나이를 이기는 결정지능. 서울: 비전하우스.

古本均(지), 박병학(역)(1994). 수업과정의 인간화. 서울: 교육과학사.

찾아보기

【 인명색인 】

【 내용색인 】

고 요 한(高耀翰)
johnhoch@yonsei.ac.kr

학력사항

연세대학교 교육학과 졸업(문학사, 교육학석사, 교육학박사(Ph.D.)).

경력사항

한국교원대학교 조교, 연세대학교, 배재대학교, 서원대학교, 대전대학교, 공주교육대학교, 상명대학교 시간강사 역임. 한국교육철학학회 이사 및 학회지 편집위원, 강원고교평준화추진공동대표, 대한민국-우간다 글로벌교육지원 교육전문가 역임.

현 재

대교협 대학기관평가인증 평가위원, 원주역사박물관 운영위원, 강원도의회 교육정책자문교수, 한국교육철학학회 이사, 한국청소년효문화학회 이사, 한국인격교육학회 이사, 연세대학교 CTL교수팀장, 상담코칭센터 전문상담교원, CK-I사업추진위원, 교양교육학부 부교수로 재직 중.

주요저서 및 논문

교육의 수월성과 평등(1989), 교육이해의 구조적 탐구(공저, 2001), 교육이해의 다양성 탐구(공저, 2003), 교육의 역사와 사상(2004), 교육과학입문(공역, 2004), 비교교육철학(2005), 교육학연구의 논리(공저, 2006), 교육의 철학-소유에서 존재로(2007), 포스트모던 문화교양과 여가교육(공저, 2007), 몸과 배움의 철학(2008), 교육정책형성의 철학적 기초(2010), 인간교육의 심리철학적 이해(2011). 용례로 배우는 교양심리학(2011), 가르침의 교육현상학적 이해(2013) 등이 있음. 주요논문으로 "선초 정치변혁과 정교이데올로기에 대한 연구" 외 다수.

수상경력

2009년, 2011년, 2012년, 2014년 연세대학교 강의우수교수상 수상, 2011년 연세대학교 우수업적교수상(교육부문) 수상, 2009년 대한민국학술원 기초학문우수도서 선정(포스트모던 문화교양과 여가교육, 2009년 대한민국학술원 기초학문우수도서 선정(교육의 철학-소유에서 존재로), 2011년 한국연구재단 기초학문 우수저서 선정(교육정책형성의 철학적 기초), 2011년 자랑스러운 동문상 수상.

인간현상과 인성교육의 현상학

초판발행	2016년 11월 23일
중판발행	2018년 2월 10일

지은이	고요한
펴낸이	안상준

편 집	배근하
기획/마케팅	서원주
표지디자인	권효진
제 작	우인도·고철민

펴낸곳	㈜ 피와이메이트
	서울특별시 마포구 월드컵북로 400, 5층 2호(상암동, 문화콘텐츠센터)
	등록 2014. 2. 12. 제2015-000165호
전 화	02)733-6771
f a x	02)736-4818
e-mail	pys@pybook.co.kr
homepage	www.pybook.co.kr
ISBN	979-11-87010-59-3 93370

정 가   20,000원

박영스토리는 박영사와 함께하는 브랜드입니다.